金融前沿讲堂

FINANCIAL
FORESIGHT
LECTURES

巴曙松 主编
任颋 本力 副主编

图书在版编目(CIP)数据

金融前沿讲堂 / 巴曙松主编. —北京:北京大学出版社,2019.10
ISBN 978-7-301-30556-0

Ⅰ. ①金… Ⅱ. ①巴… Ⅲ. ①金融市场 - 文集 Ⅳ. ①F830.9-53

中国版本图书馆 CIP 数据核字(2019)第 103101 号

书　　名	金融前沿讲堂 JINRONG QIANYAN JIANGTANG
著作责任者	巴曙松　主编
责任编辑	裴　蕾
标准书号	ISBN 978-7-301-30556-0
出版发行	北京大学出版社
地　　址	北京市海淀区成府路 205 号　100871
网　　址	http://www.pup.cn
电子信箱	em@pup.cn
新浪微博	@北京大学出版社　@北京大学出版社经管图书
电　　话	邮购部 010-62752015　发行部 010-62750672　编辑部 010-62750667
印　刷　者	涿州市星河印刷有限公司
经　销　者	新华书店
	787 毫米×1092 毫米　16 开本　28 印张　473 千字 2019 年 10 月第 1 版　2019 年 11 月第 2 次印刷
定　　价	98.00 元

未经许可,不得以任何方式复制或抄袭本书之部分或全部内容。
版权所有,侵权必究
举报电话: 010-62752024　电子信箱: fd@pup.pku.edu.cn
图书如有印装质量问题,请与出版部联系,电话: 010-62756370

为什么创办"北大汇丰金融前沿讲堂"?

(代序)

巴曙松

北京大学汇丰金融研究院执行院长

中国银行业协会首席经济学家

香港交易所集团董事总经理、首席中国经济学家

摆在大家面前的这本书,是"北大汇丰金融前沿讲堂"的文字整理合集,我们希望通过这样的梳理,让更多读者可以从这个讲座中受到启发。

为了将"北大汇丰金融前沿讲堂"办好,由海闻院长主持,多次召集多位具体负责的老师开会,进行了反复的讨论和研究。根据此前会议的讨论意向,我将"北大汇丰金融前沿讲堂"的定位和目标总结为四个方面。

第一,希望通过这个系列讲座,让老师和同学们了解金融市场的前沿动态,促进金融专业领域的学习研究与金融市场一线的互动。

我们在这个系列讲座中邀请的专家,主要是在金融市场一线的不同领域有丰富经验和深入思考的专家。他们在长期的金融实践中,拥有大量专业的判断、出色的见解和对市场的独到看法,高校的教授们和同学们常常可以从他们的看法中找到很好的研究切入点。主讲专家也可以由此建立与高校研究人员之间的联系与合作互动,使金融实践界与学界契合得更好,无论是金融实践还是研究都可以更有针对性。

同时,这个系列讲座也能对在校学生产生对金融学习的督促作用。书到用时方恨少,我自己学金融的时候,也曾经历过不少比较迷惑的阶段:"学

这些金融专业知识有什么用呢？"如果不能感受金融市场的一线脉动，往往容易造成主动学习和钻研的动力不够。等到一个现实的金融问题摆在你面前的时候，你就很容易发现自己的金融学理论、工具的功底不够了。常常是等到你已经参加工作的时候，才发现积累得不够，但此时已经有点晚了。所以，如果在上学期间就能接触到一线的金融实际问题，通过思考和尝试解决这些问题，来反观自己理论和专业学习的不足，就能够起到一个实践与理论学习互相推动的作用，让金融业界具有丰富经验的优秀专业人士，和金融研究、教学以及同学们的学习之间建立起一种良性互动，建立一个生机勃勃的金融理论与实践互动场景。

第二，希望前来主办讲座的金融机构负责人和优秀的金融专业人士能够深入了解这所位于深圳的优秀的学院——北京大学汇丰商学院。

经过十余年的持续努力，北大汇丰商学院已经发展成为一个生机勃勃的商学院。通过举办此系列讲座，我们可以让相关金融机构负责人，以及各个领域的优秀的金融专业人士，能够较为深入地了解这个具有国际水准和开放视野的"商界军校"，这个以金融学为重点学科的商学院。

第三，希望通过这个系列讲座，构建一个不同领域的优秀的金融家和金融专业人士交流合作的互动平台。

从外部看，金融业好像是浑然一体的，但实际上内部划分十分精细，相互之间的交流也很欠缺。其实，这些优秀的金融家和金融专业人士之间也缺乏专业的、高水平的交流平台。海闻老师曾在北京发起一系列高水平的讲座，得到了很多金融家的热烈响应。我想，这除了与海老师个人的号召能力有关，还和金融家本身也希望有一个交流平台，希望与金融相关细分领域的专业人士系统交流自己的看法的需求直接相关。

客观评估一下当前全球和中国金融行业的现状，我认为存在一个基本的不足，就是"脱节"比较严重。这主要表现为各种形式的脱节，例如：监管和市场之间的脱节，金融理论研究和金融市场、金融机构、金融监管之间常常离得比较远；金融市场内部也容易脱节，公募、私募、信托、租赁、商业银行、投资银行以及互联网金融业的从业者，相互之间的交流及了解也很不充分。所以，我们希望把这个系列讲座打造成优秀的金融家和金融专业人士相互交流的平台。我们将每次讲座的内容整理出来，结集成书，以期与金融界的朋友共同交流。

在启动这个系列讲座之初，我们便进行了周密的准备，希望做好相关内容的整理和收录工作。每次讲座之前，主讲专家都会认真准备讲稿。讲座结束后，讲座的要点会通过适当的渠道与金融行业分享，完整的文字整理稿请主讲人和多位老师与同学编辑审定后，结集出版。

我们作为组织者，期望将不同细分领域的优秀的金融家所讲授的相关金融领域的前沿内容，一期一期地积累下来，展示出来，使这个系列讲座成为一个前沿的金融专业交流的平台。

第四，希望把系列讲座打造成一个观察中国和全球金融市场发展新趋势的"风向标"。

有人说深圳是金融开放的前沿，同时贴近国际金融中心香港，两者之间的联系也越来越紧密，这为我们举办这个讲座提供了坚实的市场基础。在金融行业的许多细分领域，其他城市的金融企业可能很大，但是往往难以具备深圳的金融机构那么强烈的创新活力。

中国香港作为国际金融中心，专业人才优势十分突出。以珠三角和香港的金融专业人士和金融家为基础，延伸到全国的市场，就可以逐步把这个系列讲座办成观察中国和国际金融市场发展新趋势的"风向标"。通过参加这个讲座或阅读本系列图书，读者就可以大致了解国内外金融市场发展的新动向。

一个金融理论一般要等到金融实践或相关金融市场现象发展得比较成熟稳定后才能被总结出来，写进教科书里。如果从时间流程上观察，理论写到教科书中的时候，可能已经比市场一线晚了很多年。那么，从这个意义上说，北大汇丰金融前沿讲堂可以说是一个"活页版的金融前沿教科书"。

如果说一个系列讲座也要不忘初心的话，那么，以上设想和期许，正是我们当初组织这些讲座时经过多次讨论之后认定的初心。当讲座已经持续组织了这么多期之后，我们有必要重温这些初心，一方面通过系统梳理现有的讲座，与更多的读者分享，同时，也为下一步更好地组织讲座积累素材和经验。

是为序。

目 录

为什么创办"北大汇丰金融前沿讲堂"?(代序)

——巴曙松　北京大学汇丰金融研究院执行院长

中国银行业协会首席经济学家

香港交易所集团董事总经理、首席中国经济学家

第一篇　宏观经济：辨析与前瞻

01. 跳出"新周期"之争：中国经济的波动与趋势　　　　3

——陆挺　野村证券中国首席经济学家

02. 中美贸易的风险分析　　　　30

——张智威　德意志银行中国区首席经济学家

03. 人民币国际化的前世今生　　　　49

——孟小宁　天风国际证券集团行政总裁

04. 债务风险与不良贷款　　　　　　　　　　　　　　74

　　　　　——丁安华　招商银行首席经济学家

05. 从 PMI 看中国经济形势

　　——分化的时代，看改革发力 L 底趋明　　　　　97

　——于颖　中国 PMI 分析小组秘书处主任　中采咨询公司（CLII）总经理

第二篇　行业创新：趋势与路径

06. 在变革中求发展

　　——中国基金公司的机遇与挑战　　　　　　　　117

　　　　　——林传辉　广发基金管理有限公司总经理

07. 中国信用产业的发展与监管模式　　　　　　　　141

　　　　　——毛振华　中诚信集团创始人、董事长

08. 如何打造本土的私人银行？　　　　　　　　　　158

　　　　　——王菁　招商银行总行私人银行部总经理

09. 香港内资金融业：母集团国际化第一步　　　　　177

　　　　　——张丽　浦发银行香港分行行长

10. 会计的明天会怎样？　　　　　　　　　　　　　191

　　　　　——吴卫军　德勤中国副主席

11. 绿色金融前沿趋势与中国的实践　　　　　　　　199

　　　　　——唐斌　原兴业银行董事、董事会秘书

12. **中国金融创新：制度与技术**   214

    ——朱灿　新沃资本控股集团有限公司董事长

第三篇　市场前沿：方法与经验

13. **中国债券市场发展的新趋势**   237

    ——巴曙松　北京大学汇丰金融研究院执行院长

    中国银行业协会首席经济学家

    香港交易所集团董事总经理、首席中国经济学家

14. **商品衍生品市场发展情况**   253

    ——李正强　大连商品交易所党委书记、理事长

15. **世界黄金市场格局下的中国机会与选择**   275

    ——焦瑾璞　上海黄金交易所理事长

16. **新中介的崛起与房地产价值链的重构**   294

    ——杨现领　贝壳研究院名誉顾问

17. **香港保险热销之分析与思考**   316

    ——陈东　香港中国金融协会副主席

    时和资产管理有限公司董事长兼总裁

18. **互联互通推动"共同市场"发展：从"沪港通"到"深港通"**   340

    ——巴曙松　北京大学汇丰金融研究院执行院长

    中国银行业协会首席经济学家

    香港交易所集团董事总经理、首席中国经济学家

第四篇　投资方向：理念与策略

19. 价值投资在中国股市　　　　　　　　　　　　　355

　　　　　——邱国鹭　高毅资产董事长兼 CEO

20. 当前经济格局下的资产配置建议　　　　　　　368

　　　　　——李迅雷　中泰证券兼齐鲁资管首席经济学家

21. 面向中产人群，受益于中国以及亚洲的长期成长机会　388

　　　　　——梁信军　复星集团联合创始人

22. 风暴前的平静？

　　——新常态下的全球资产配置　　　　　　　　398

　　　　　——浦永灏　弘源资本创始合伙人兼首席投资官
　　　　　　　　　香港中国金融协会副主席

23. 当前资产配置和股票市场投资策略　　　　　　415

　　　　　——王庆　重阳投资管理股份有限公司总裁

编后记　　　　　　　　　　　　　　　　　　　　435

第一篇

宏观经济：辨析与前瞻

01. 跳出"新周期"之争：中国经济的波动与趋势

陆挺

野村证券中国首席经济学家

关于"新周期"的争论，我认为"新周期"本身没那么重要，关键是要跳出"新周期"之争，研究中国经济的波动与趋势。

"新周期"的历史

"新周期"这个词从 2016 年开始进入大家的视野，现在更是特别火爆。2016 年年初华泰证券的一次会议上，我们就使用了"新周期"这个词汇，但那时的"新周期"与现在的"新周期"意义并不相同。

真正关于"新周期"的争论是从 2017 年年初开始的，当时金融界围绕中国经济是否进入了"新周期"展开了激烈讨论。因为那时中国经济已经开始向好，于是大家产生了疑问：经济增长加速，各方面情况都在变好，那么中国经济是不是进入一个新时代了？尤其是 2017 年年初的时候，大家总感觉会出现一个很新的东西。

在 2017 年第二季度，由于金融监管行政叠加造成经济增速下行风险加大时，这场争论悄然停息。但超预期上行的 6 月份和二季度宏观数据重新点燃了"新周期"拥趸者们的热情，金融圈有关"新周期"的辩论进入一个新阶段，政策理论界和学术界也逐渐卷入这场辩论。

2017 年 7 月经济数据虽然明显下行，但由于环保督查等因素造成新一轮商品价格上涨，带动周期板块上扬，有关"新周期"的辩论变得更为激烈。

而 2017 年 8 月的数据公布之后，大家开始认为"新周期"的说法终于被证伪，但是仍有很多人大呼"新周期"。

由此，本文力图理清如下几个问题：

首先，对"周期"的理解中外有何不同？研究的重点有何差异？

其次，在此基础上，我们梳理一下有关"新周期"的话题，看看大家到底在争论什么。

再次，如果将单个周期或经济波动分成四个阶段，也就是复苏、繁荣、衰退和萧条，我们现在最有可能处在哪个阶段？

最后，我们讨论的是中国经济是否进入了一个不一样的周期。这体现在潜在经济增速是否有明显变化，抑或是波动幅度发生改变，或者两者兼而有之。

对经济周期最权威的经济学定义应该是由美国经济学家 Arthur Burns 和 Wesley Mitchell 在其 1946 年版的《衡量商业周期》（Mesasuring Business Cycles）一书中给出的。其要义是经济体的主要宏观经济变量，如 GDP、就业、消费者需求以及生产等往往会同向波动。这个波动方向的一致性，综合起来看就是一个周期。

当时，经济学家并没有观察到这种波动是定期发生的。"周期"这个词（英文对应的是 cycle）潜在的含义是什么？该词隐含在时间维度上有规则、反复出现的波动。Burns 和 Mitchell 在 1949 年写这本书的时候，虽然沿用了这个定义，但当时主流经济学家并不认为宏观经济会定期波动，而且波动也并不呈现固定的久期，他们更多的是对波动的研究。他们对周期的定义是很多指标在同时变动。

后来，尽管学界由于约定俗成的原因经常用"周期"这个词，但经济学家使用这个词时十分小心，有时候会特意指出，叫作周期但实际上并不是真正的周期，只是一个波动的含义。而有时经济学家更愿意用别的英文词汇。

因为经济波动并不是有规则的，机械地套用所谓的"四周期嵌套理论"来做经济预测缺乏理论基础，也得不到实际数据的支持，往往谬误百出。自从 20 世纪 30 年代美国的大萧条以来，学术界和政策理论界对经济周期的研究，核心是研究经济波动的成因、内在机制以及危机处理方法。

相对于国际上对于周期的研究，国内学者和证券研究人士在研究和使用"周期"这个概念时，可能是出于实用的目的，倾向于认为经济波动会定期发生，从而热衷于套用海外早就罕用的"四周期嵌套理论"，而非将研究的重心放到中国经济波动的成因、机制和政策应对方面。

我在美国读宏观经济学的时候，只在经济史学里学到了一些商业周期（business cycle）的相关内容。在国内，很多宏观经济学者甚至认为宏观经济学本身就是研究经济波动，尤其在20世纪30年代凯恩斯主义之后。

我于2006年回国，慢慢发现国内的同行也做很多关于周期的研究。2015年我到华泰证券工作之后，有机会接触到更多的投资者，才发现国内研究商业周期或经济周期的侧重点很不一样。国内将国外的很多思想、观点复活了，如国内比较重视"康波周期"，还有"朱格拉周期"，而这些词汇在国际主流经济学界里很少会用到。

宏观经济总有波动起伏，从19世纪初开始就有不少学者努力去研究经济波动（英文为wave，swing或fluctuation）的成因和规律。由于这种波动曾经一度较有规律，所以被称为"周期"。久而久之，不管经济波动是否有规律，"周期"这个词汇逐渐替代了"波动"。在西方文献里，一般用"商业周期"来描述宏观经济的波动，原因是工商企业是经济活动的核心。

20世纪30年代大萧条之前有关经济周期的研究，确实有注重经济波动规则性的一面，希望从收集的大量数据中找到波动的规律。

19世纪至20世纪20年代，经济波动比较频繁，甚至由于部分原因导致波动产生一定的规律性。原因有以下几种：

第一，18—19世纪是资本主义快速发展时期，尤其19世纪全球爆发了第二次工业革命、第三次工业革命，每次工业革命对经济的触动都非常大。工业革命背后的技术革命恰好呈现了一定的跳跃性，引发经济的波动性增长，给人一种周期的感觉。

第二，19世纪爆发了几场比较重要的战争。

第三，在19世纪，有些国家是有央行的（如英国的英格兰央行），但是有些国家在很长一段时间里都没有央行，如美联储在1914年才成立。

与此同时，人们对经济运行机制的认知还处于启蒙阶段，政府支出占GDP的比例较低，政府驾驭经济社会的能力不足，不少后来才有的机构和制度，如中央银行和社会保障体系等，当时或处于较为不作为的初级阶段，或尚未建立。此时的资本主义社会出现了较为频繁的金融信贷危机，定期引发的经济波动给人以经济波动有规律发生的印象。

所以西方学者研究周期，最重要的时代是19世纪和20世纪初的二三十年。

熊彼特、周期嵌套理论、康波、库兹涅茨周期和美国经济

研究商业周期和经济周期的集大成者是一位知名度特别高的经济学家——熊彼特。很多人知道熊彼特并不是因为商业周期理论，而是因为他强调企业家贡献的创新理论。实际上，熊彼特的创新理论与商业周期理论高度相关。

20世纪30年代，不少经济学家、社会学家努力寻找社会、经济发展的各种周期，熊彼特收集了很多数据，也收集了之前各种学派的学说和观点，最后发展出了一套"三周期嵌套理论"，即包括50年左右的康波、10年左右的朱格拉周期和3年左右的基钦周期。库兹涅茨在同时期通过对美国经济数据的系统整理，发现了一个约20年左右的周期波动特征，这就是著名的库兹涅茨周期。后人将两者整合，发展出"四周期嵌套理论"。

熊彼特在其"三周期嵌套理论"中介绍并发展了苏联经济学家康德拉季耶夫的长波理论，就是现在被大家简称为"康波"的理论，这个理论认为当时发达资本主义经济体中存在着为期约50年的周期性波动。

但经济史学家一般认为，即使在大萧条之前，经济波动的周期性规律也是有限的，1929—1933年的大萧条，其破坏性和持久性更是颠覆了之前学者对周期的认识。实际上，对20世纪30年代研究经济周期的熊彼特而言，介绍"康波"的主要目的是发展他自己的创新理论。熊彼特认为创新特征的表现不是离散的，而是在一段时间内集中爆发集聚，并且这种爆发集聚带有一定的偶然性。虽然18世纪工业革命开始之后的一段时间内，这种集聚式的技术爆发大约是每隔50年发生一次，但熊彼特并没有特别强调其后的技术发展也会遵循类似的周期。

到了熊彼特的时候，周期理论已经到达顶峰，在熊彼特写作完《经济发展理论》之后，人们已经不太研究周期理论了。80年以后，"四周期嵌套

理论"却在中国的资本市场被重新捧红,为什么是这样?

原因在于,1929—1933年,大萧条发生之后,整个人类社会对经济运行周期、政府在经济中的作用的理解发生了翻天覆地的变化。当熊彼特将注意力放在研究周期的时候,另外一位经济学家凯恩斯在研究当时经济波动的原因,而且想找出解决的方案,于是诞生了凯恩斯主义理论;实际上凯恩斯主义本身就是研究波动,就是研究周期的。

熊彼特对周期的研究固然是经典之作,但他没有站立在历史的潮头,因为他在20世纪30年代对历史上"商业周期"的研究过度重视,错失了研究当代大萧条的绝佳机会,拱手把机会让给了凯恩斯和费雪。

熊彼特研究的周期,在一定程度上是建立在新古典经济学基础之上的,他认为周期波动主要由外因产生,比如,水本来是平静的,扔一颗石子之后会产生涟漪。凯恩斯的《就业、利息与货币通论》对当时的经济学思想进行了革命性的颠覆。在凯恩斯理论中,之前的新古典经济学理论只能简化,因为后者认为供给和需求只能自动匹配,每次波动均来自外部冲击,包括科技革命等。但是人类社会不需要外部的冲击,也能折腾出很多周期来,这就是凯恩斯的理论。

也正因为有些波动是人类自己折腾出来的,就需要人类自己去解决,而非坐以待毙,这就是凯恩斯主义理论的核心。到了1929—1933年大萧条期间,乃至第二次世界大战爆发,经济都没有整体复苏,人们发现当时的经济出现了一种带有螺旋式下降的非常恶劣的波动状态,极大地冲击了大家对新古典主义经济学理论和周期的认识。

1929年以后,经济的波动就没有那么多规律可循了。库兹涅茨在整理美国数据的时候发现,1836—1925年期间美国经济十分神奇,经济波动大约每18年发生一次。

当然这里也有一些数据处理的问题,后来有学者说库兹涅茨的数据处理本身有问题,有人说这太巧了,也有人说库兹涅茨周期的确很神奇,甚至前一段时间我国有研究员讲到库兹涅茨周期,说中国也要面临库兹涅茨周期。他用库兹涅茨周期做预测,中国住房改革从1998年开始,加上18年就是2016年、2017年左右,要发生房地产崩溃。

库兹涅茨对美国1930年之前经济周期的描述，基本上不适用于第二次世界大战以后的美国经济。1930年以前的库兹涅茨周期较为明显，经济波动大约每18年一个周期，但这很大程度上是美国移民政策变化的结果。当时美国移民政策规定，每20年放松政策允许一批移民进入，但1925年以后就没有这个规定了。1973年爆发第一次能源危机，1979年爆发第二次能源危机，1989年美国爆发住房储蓄银行危机，再到2008年全球金融危机，这些危机之间没有太多的规律。

为什么1930年前后，美国的经济周期波动形态发生了很大的变化？第一，此一时彼一时，美国政治、社会、人口和经济结构在1930年前后发生了很大的变化。第二，大萧条带来了严厉的金融监管，商业银行与投资银行分离，成立了储蓄保险。第三，美联储权力快速扩大。1914年美联储成立，第一任主席退位之后到第二任主席上任，美联储基本上形同虚设。到了大萧条时期，尤其后半期，美联储权力急剧扩大，真正开始扮演央行的角色。第四，凯恩斯主义的货币和财政政策开始实行。第五，第二次世界大战以后，移民对美国人口增长的影响式微，而战争结束所带来的婴儿潮对经济社会产生了很大的影响。我们研究经济波动时不能刻舟求剑。19世纪美国经济是以农业为主，之后以工业为主，再到后来以服务业为主；产业结构发生的变化，对经济波动也会产生很大的影响。

总体而言，现在西方国家的经济波动很随机，并不是这个顶点到那个顶点，或者两次萧条之间隔着固定的时间。

进入20世纪80年代中期以后，经过美联储主席沃尔克的铁腕整治通胀，美国经济进入一个黄金时代，表现在增长率上升企稳、通胀温和、经济波动率大幅降低，因此被称为"大缓和"（Great Moderation）。

从图1.1中可以看出，20世纪80年代之前美国经济波动幅度比较大，80年代中期到2008年经济波动幅度很小，所以那时候有一场关于美国是否已经进入大缓和的争论，有人说美国进入了一个新的时代。

到2008年9月15日雷曼危机发生之后，就没有人再争论这个问题了。最近有些人说，雷曼危机已经过去了，我们又回到了大缓和时期，但是也有很多人并不相信存在所谓的大缓和。

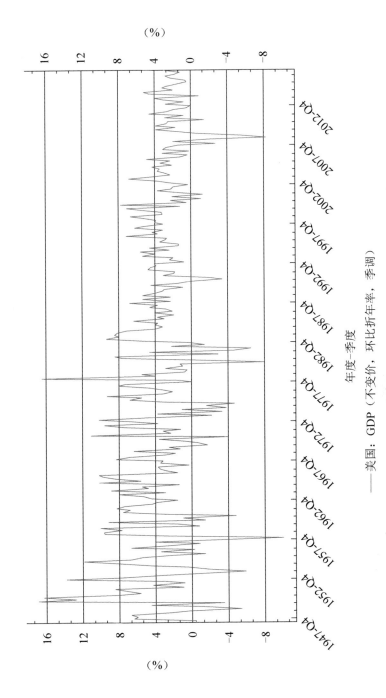

图1.1 美国的经济波动（1947—2012）年

资料来源：Wind资讯。

当然也有很多学者认为有大缓和，其主要的倡导者就是美联储前主席伯南克。这背后的原因是什么？很多人认为主要是政策因素导致的，央行或者财政部高技巧的政策带来了经济的稳定。尤其是当大学教授成为政策制定者，如有了泰勒法则之后，美国经济运行得十分稳定，所以现在有人呼吁由泰勒担任美联储主席。

2008年全球金融危机发生后，有一个人的名字被重新提起——已故美国经济学家明斯基。明斯基是一位非常优秀的经济学家，也是一位主流经济学家。他的理论在一定程度上继承了凯恩斯的理论，他认为很多人错误理解了凯恩斯，明斯基认为很多东西是内生的，类似于中国的古话"分久必合，合久必分"。明斯基的理论指出，稳定本身蕴含着不稳定，当大家都在谈论大缓和的时候，灾难就快来到了。正如明斯基所预测的，长久的稳定必然带来不稳定，长期的低利率、金融去管制、资产价格的暴涨和衍生金融工具的泛滥，最终导致了2008年的全球金融危机。

传统经济学思维是任何扰乱都会回归均衡，明斯基一向倡导任何均衡本身一定会产生扰动，这是明斯基理论最精华的部分。从新古典主义经济学到新凯恩斯理论，所有经济学理论都有一个均衡，然后产生扰动，最后回到均衡，只不过有的时候需要我们人类超级聪明的经济学家，还有政府去帮忙。但是在明斯基看来，由于人类的劣根性，均衡本身会带来不均衡，所以有了后来的金融危机。

这也是我个人的亲身经历。我于2006年年初加入美林，当时美林濒临倒闭，后来美国政府出手相救，把它卖给了美国银行。在此之前华尔街的确有一段相对疯狂和充满泡沫的年代，但当时繁荣已经隐隐为后面的大萧条埋下了伏笔。

经济波动在中国

很多人经过非常复杂的数学分析、统计分析、光谱分析后，认为中国的经济波动有某种因果规律，并提出了非常多的周期理论。我们不能说中国的经济波动完全没有规律，但中国经济结构变化太快，波动即使有规律，这些规律也在不断变化。改革开放前后，中国经济的基本运行机制、驱动因素和潜在增速发生了根本性的变化。

在 1949 年以后，中国的经济波动没有什么特别的规律。中国处于动荡的大时代之中，第一个最大的波动发生在 1959—1961 年，第二个波动发生在 1966—1968 年。

过去三十多年，中国市场经济地位确立，民营经济崛起，进入 WTO 引致出口剧增；20 世纪 90 年代中期的财政改革和 90 年代末开始的住房体制改革使我国基础设施建设和房地产行业发生了革命性的变化。

图 1.2 中第三个波动是 1998 年亚洲金融危机，第四个波动是全球金融危机。1998 年与 2008 年正好隔了 10 年，研究周期的人总是能找到一些特别有意思的数字——3 年、7 年、10 年、18 年，但其实并没有太多的规律。中国所处的是一个特别大的时代，有的时候我们研究中国，更多的是研究来自外部的冲击，如亚洲金融危机和全球金融危机，中国在这个过程中也起到了一定的作用，但是关系并不是很大，所以我们是被动的。有些危机，包括一些股灾是内生的，对经济也是有影响的，但事实上并没有太多规律。

那些试图套用西方资本主义社会在 18 世纪和 19 世纪的经济波动规则（也就是所谓的周期嵌套理论）来预测中国经济波动的做法，无疑是刻舟求剑、缘木求鱼。即使通过复杂的数据处理方法，观察到在一段时间内某些有规律的波动，也应该谨慎解读。

举例来说，我国是从 1998 年左右开始实行住房体制改革的，于是有人套用所谓的库兹涅茨的住房建设周期（20 年左右的周期），预测 2018 年房地产行业会出现拐点。事实上，即使在库兹涅茨发现此周期的美国，那个 20 年左右的住房建设"周期"也是近一百年前的事了，直接套用到当今中国，虽然省却了烦琐的分析步骤，但确实太草率了一些。

金融界的投资者们希望通过研究经济周期来寻找经济波动的顶部和底部，然后通过套用不同资产价格在周期不同阶段的表现，给出资产配置的建议，包括对股票板块投资的建议。著名的美林时钟就是这方面的典型例子。

国内投资者往往夸大了美林时钟的作用，美林时钟在美林内部很少被提起，在华尔街的影响也很有限。主要原因是，美林时钟虽然能够对不同经济周期阶段做何种资产配置提供一个直观简洁易懂的方案，但观点没有新颖之处，只是一个较为完整的总结，有特色的地方是通过一个类似时钟的图做了一个清晰的表达。由于国内同行热衷于各种周期理论和基于周期

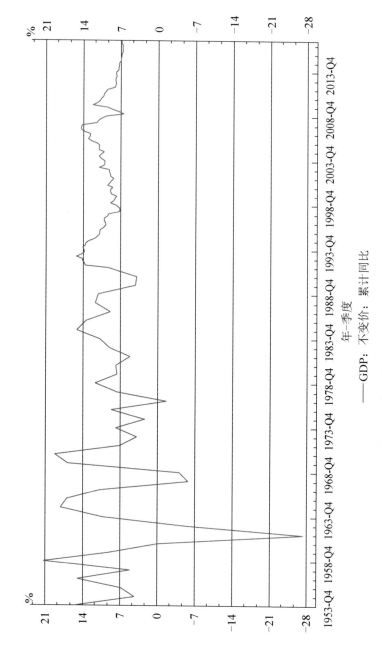

图1.2 中国的经济波动（1953—2013年）

资料来源：Wind资讯。

的预测，简洁的美林时钟能够直接与周期挂钩，导致美林时钟在中国投资界的盛行。实际上，在国际投资界，投资分析的难度在于判断经济波动处于什么阶段，经济指标何时出现拐点，出现拐点的原因是什么。只有这些分析做好了，才能套用所谓的美林时钟或者其他资产配置方案。也就是说，研究的重心和难点在宏观经济，而非在资产配置方面。

美林时钟的另外一个问题是，它只能针对普通经济周期提出资产配置方案。对于诸如美国20世纪70年代发生的滞胀危机，美林时钟无法提供合适的投资建议。

如果美林时钟的作用是基于对经济波动拐点的判断，那么经济波动是否呈现了确定的规律？在我们掌握这个规律（如四周期嵌套理论）之后，是否就可以准确判断周期波动的拐点了呢？事实绝非如此。前文已经简略讨论过，经济波动在时间维度上并无明显的规律，所以"周期"是一个误称。严肃的学者即使因为约定俗成而使用"周期"这个词，一般也并不认为经济波动会定期发生。

周期研究极简史：新古典、大萧条与凯恩斯

在波动的成因研究方面，20世纪30年代以前的主流新古典经济学认为市场是能有效出清的，供给能快速调整适应需求的变化，因此需求的波动只能带来短期的扰动。经济波动的主要因素来自供给侧，如战争、自然灾害、瘟疫、殖民地开拓、移民、重大科学技术突破等。

但1929—1933年的全球大萧条的长期性和破坏性彻底颠覆了经济学家对当时已成为主流的新古典经济理论的认同。大家发现需求的波动，如投资需求不足导致储蓄过剩，因为不确定性、价格黏性和流动性陷阱等问题，并不能很快通过利率的下调来出清。充分就业和充分利用产能未必是唯一的均衡，经济中存在未能达到充分就业的均衡。因此经济波动的幅度和久期是不规则的。凯恩斯开出的药方是为了达到充分就业，政府应该通过货币和财政政策刺激需求来达到充分就业。换句话说，政府可以通过货币和财政政策来降低经济波动的幅度，缩短波动的久期。

20世纪30年代的大萧条和凯恩斯《通论》的出版，标志着对周期的研究出现了一个革命性的改变。在此之前，周期的研究注重于对外因的归纳

和周期久期的统计，熊彼特在1939年出版的《经济周期：资本主义过程的理论、历史和统计分析》可谓这方面的集大成之作。但这本书在写作的过程中就已经过时了。大萧条之后对经济周期的研究，无论是支持或反对凯恩斯理论的，几乎都是围绕凯恩斯的理论展开，几乎都认同经济波动没有久期上的规则性，研究重心都是放在经济波动的成因和政策应对之上。一部分经济学家如汉森和萨缪尔森等将凯恩斯的理论用数学形式描述出来，这实际上奠定了现代宏观经济学的基础。

1973年，石油输出国组织（OPEC）为了打击对手以色列以及支持以色列的国家，宣布石油禁运、暂停出口，造成油价急剧上涨，引起了西方发达国家的经济衰退和严重通胀，造成所谓的"滞胀"。这次由外因导致的经济波动有别于之前的主要由内因引发的数次经济波动，传统的凯恩斯派在石油危机之时采用传统的应对政策，结果导致价格与工资的连环上涨，从而引发了经济学界对凯恩斯主义的深度质疑，新古典经济学也因此重新流行。

危机之后，大家对周期的研究更多转向周期的内生性。正因为研究了内生机制，我们对整个国家、社会的宏观经济有了更深刻的认识。

费雪、弗里德曼、明斯克、伯南克与金融周期

目前有一部分学者开始研究"金融周期"。实际上大萧条之后，金融一直是研究经济周期的重要一环，对有些学派来讲甚至是最重要的一环。所谓的"金融周期"，不过就是经济周期（更严格来说，是经济波动）的一个组成部分而已，或者说是经济周期的一个侧面。

大萧条期间和大萧条之后，研究经济周期的重要线索之一就是货币和金融体系在经济波动中的作用。大萧条时，美国著名经济学家费雪就提出了著名的"债务—通缩"理论，这个理论后来被日本经济学家辜朝明吸收，根据日本经济在20世纪90年代和21世纪初的遭遇，发展出"资产负债表衰退"的一套理论。

直到今天，"债务—通缩"理论都非常有远见、非常深刻，甚至前几年中国也出现了债务和通缩的问题。中国2008年借了很多钱，尤其2012年、2013年以后，大宗商品价格大幅下跌，一定程度上造成了中国的很多行业中出现通缩的现象，使得很多企业的债务情况相当严重。

费雪研究其中的内生机制，如在央行或者政府的主动出击之下，国家经济是否会出现螺旋式下降的现象。后来的凯恩斯也吸纳了费雪的很多观点。

部分基于费雪的"债务—通缩"理论，弗里德曼从货币供应角度出发，认为大萧条主要是错误的货币政策所致。曾任美联储主席的伯南克更进一步，从分析作为信贷提供者的商业银行角度来研究大萧条的成因。与货币和信贷观点紧密相连，有些经济史学家基于大萧条时主要资本主义国家复苏的早晚，认为金本位制度扩散了大萧条，而摆脱金本位取得货币发行的独立权是摆脱萧条的关键。

伯南克最重要的几篇论文也与大萧条相关，伯南克将费雪理论继续发扬光大。费雪理论指出了第一层——债务和通缩，伯南克则对债务有更深刻的理解，他研究了在大萧条时期，美国银行体系的产生、恶化和恢复。伯南克的研究本身也直接奠定了 2008 年以后美联储救助美国金融系统的理论基础。

研究周期也应该与研究金融结合在一起，因为现代社会是一个高度依赖信贷的社会。原来依赖信贷，主要是因为做投资需要信贷。比如开发一个殖民地，需要借钱，或者发行股票。商业生产也需要信贷，到后来大家买东西也需要信贷。我们那一代中国人用信贷不多，我到了美国之后，发现大家买电视机都用信贷。使用信贷比例越高，整个社会与金融的联系就越密切，这也是 1929 年美国那场大萧条是从金融危机开始的的原因，日本的危机也是从地产和金融危机开始的。所以研究金融危机和商业周期已经是同一个概念，完全不可分割。

1973 年的石油危机之后，新古典主义经济学有了一定的复兴。对西方发达的经济体来说，石油危机是一个典型的外部冲击，尤其是供给侧的外部冲击，而且是负面的冲击。典型的凯恩斯主义研究内生，而非外部冲击，这使得凯恩斯主义在 20 世纪 70 年代的影响力下降。另外，对凯恩斯主义的理解也存在偏差。

21 世纪的全球金融危机之后，从华尔街到华盛顿，从美国到欧洲的学界，明斯基这个一直处于边缘地带的经济学家的名字突然被频频提起。原因是明斯基早在 20 世纪六七十年代就在凯恩斯学说的基础之上提出一套完整的理论，核心思想是稳定本身会孕育和导致不稳定，人性使然，投机性泡沫内生于金融市场，只有通过合适的经济制度和管制才能降低这种不稳定。根据明斯基的理论，经济长时间的表面上的"稳定"只会带来更大的投机和金融监管上的松懈，引发更大的危机。从20世纪80年代中期开始长达20年的"大缓和"，最后导致了大萧条以后最严重的金融与经济危机。

在奥地利学派、费雪、明斯基、伯南克等人的基础上，最近有些学者提出"金融周期"的概念，因为金融和地产的关系重新激活了库兹涅茨周期这个概念。

自研究大萧条开始，实际上货币金融始终是研究商业周期的重要一环，甚至是关键一环（弗里德曼、伯南克、明斯基对此做出了重要贡献）。所以单独提出一个"金融周期"的意义有限。

在我看来，其实并没有什么金融周期，金融周期就是商业周期。只不过现代社会与金融的关系越来越密切，方方面面用到金融，方方面面需要信贷，使得金融更为重要，尤其有些衍生品能够把一些东西放大。总体而言，谈金融周期也很有用，但是研究整个经济波动，研究波动中金融产生的作用，本身就是研究金融周期、宏观经济。

大家研究金融周期时，绑定了一个行业——房地产业。一个国家最需要大量信贷的就是房地产业，另外房地产资产也更容易获得信贷。所以，房地产周期往往与一个所谓的金融周期绑在一起。其实并没有什么周期，只不过是实体经济中的房地产行业与金融密切相关，一荣俱荣、一损俱损。

我们不能用历史上的库兹涅茨周期来判断当前的金融周期。从美国的储贷危机（1989年）到全球金融危机（2008年），时隔恰巧18年，是由多种因素导致的：

（1）技术进步的爆发集聚特征；
（2）"9·11"事件；
（3）金融去管制化；
（4）中国的崛起，中国储蓄流入美国。

有关"新周期"，大家到底在争论什么？

过去七八年间中国的潜在经济增长速度一直往下走，中间也有一些波动。现在中国经济的潜在增长速度是否稳定了？有人认为稳定了，但是并没有人乐观地预测潜在经济增长率会重新提高。之前也有人比较乐观，认为中国的经济增长率还能回到8%、9%，但是现在几乎没有学者这样说了。所以，第一种争论是，中间的趋势线，究竟有没有变化？

第二个争论是，中国经济正在往上走还是往下走？在单个波动中，中国处于什么阶段？争论的焦点是：当前是一个周期的"新"的开始，还是一个"不一样"的周期的开始？

什么"不一样"？潜在增长率不一样；抑或潜在增长率一样，但波动方式不一样，如波动幅度减小；又或潜在增长率和波动幅度都不一样。

大家真的都假定L到了"横"的那一部分了吗？

关于"是否产生了新的周期形态？"这个问题，参与争论的都是很著名的经济学家，这是一个非常好的思想交流机会，可以大胆提出假设，然后论证。

对此持正面观点的有曾任国务院发展研究中心副主任的刘世锦和曾任国家统计局局长的邱晓华。

刘世锦先生认为，中国经济在2017年上半年已经触底并转入新的增长平台，主要是终端需求已经趋于稳定。"稳定增长有两层含义，一层含义是它脱离了长达七年的下行轨道，会逐步稳定并进入L形的底部。另一层含义是经济波动幅度比以前明显变窄。过去两年经济波动幅度还是比较大的，今后整个波动幅度可能都会变窄，进入稳定增长期。"

邱晓华先生的观点并没有直接提及周期形态，但从其讨论的增长驱动因素来看，应该属于上述第二个有关周期形态的争论，因为他提出"新周期不同于旧周期，它是由非理性增长转到理性增长的"。邱晓华认为，新的周期将在2018年下半年开启，这个周期更多是以提质增效、美化环境、增进民众福祉为重点的新周期，不同于以往以高投入、高消耗、高污染、高债务，追求高增长为重点的周期。

对此持反对观点的，有清华大学的白崇恩教授和中国人民大学的刘元春教授。

白崇恩教授认为，尽管2017年前7个月宏观经济数据有比较靓丽的表现，但不能说明经济增长已经走完增速换挡期。理由是经济增长还需靠投资拉动，尤其是基础设施投资，但基础设施的投资主要由政府主导，投资的动机在一定程度上是保增长，对效率的考虑不够充分。民间投资的增速尽管上升较多，但很大一部分投资的可持续性和效率并不乐观。当前的投资结构还不合理。

金融界有关"新周期"的辩论，处于一个较为混乱的状态，有时聚焦在周期形态发生的变化，有时聚焦在周期处于哪个阶段，有时两者交错，有时同一作者自己也在切换定义，因此缺乏一个在同一框架下讨论问题的基础。

最近的辩论逐渐清晰，聚焦到产能是否出清，出清后是否能带动新一轮的制造业投资。比方说某券商宏观研究员在2017年3月份讲"新周期"时，就涉及三个维度："第一，新周期需求的复苏是超预期的。第二，是供给的出清。第三，新政治周期的开始"。但最近的观点已经收敛到"产能周期"："新周期不是需求U形复苏，而是经济L形下的供给出清；新周期的核心是从产能过剩到供给出清，行业集中度提升，行业龙头资产负债表持续修复为新产能周期蓄积力量"。

最近一批宏观研究员虽然反对"新周期"的提法，但认同所谓朱格拉周期复苏，也就是产能投资加速。因此两派之间虽然为是否用"新周期"这个名词而争辩，但实质上观点并没有什么特别的不同。若要说两者有何区别，则是有些研究员认为当前的经济形势很好，复苏还会持续相当长一段时间，而有些研究员认为当前的经济已经处于顶部附近，因此已经没有那么"新"了。

也有卖方研究员直截了当地谈及周期阶段的，认为本轮周期复苏早就开始了，当前时刻谈论周期，没有什么"新"可言。有研究员认为，"站在现在（2017年）的时点来看，中国这一波所谓周期实际上早已开始。如果我们从PPI数据、大宗商品价格走势来看，经济已经复苏一年半了。所以现在我们还在讨论是否进入新周期的问题，那是后知后觉的问题了"。

中国处于"周期"（复苏、繁荣、衰退、萧条）的哪个阶段？

图1.3是2000—2016年中国经济的波动情况，如果只看GDP和中国工业增加值，从2008年年底以后，波动不算大，但是整体趋势是往下走的。其中有一段时间，"新常态"被提出。当时，我在美林做研究员，提出一个观点——2010年以后，中国潜在经济增速会一直下降，当时判断2020年要降到4%~5%，现在看来，当时的预测还是比较准确的。

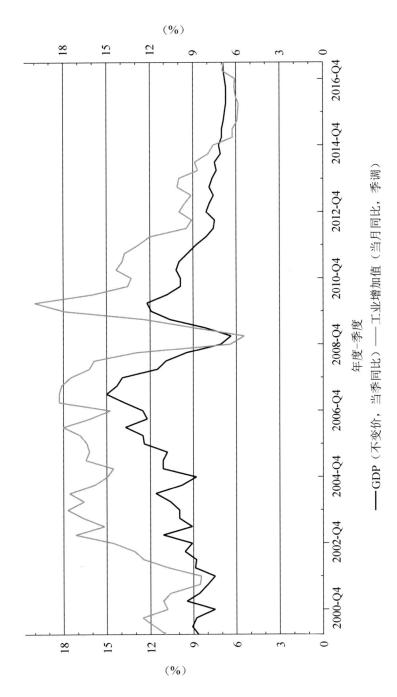

图1.3 中国经济波动（2000—2016年）

资料来源：Wind资讯。

相对于十几年以前，现在的高速公路已经取代铁路，成为中国交通运输的主体部分。中国绝大部分能源是通过电进行转换，所以采用发电量做指标，而钢铁、水泥则体现了房地产和基建投资。

2009年以后有三次小的波动，第一次小的波动是在2010年、2011年；第二次小的波动是在2012年7月、8月；第三次波动在2015年，是幅度最大、持续时间最长的一次波动，在2014—2015年前后持续两年左右。2014—2015年，当时整个中国经济都处于下行的状态，GDP在6.7%，但是其他很多数字包括发电量都是负增长。

从GDP增速和工业增加值（IP）增速这两个重要指标来看，全球金融危机之后，我国"四万亿元"的刺激计划维持了增长的稳定，但2009年以后，经济增速持续下行，进入了一个后来被称为"新常态"的阶段，其实质就是我国潜在经济增速持续缓慢下行。但宏观数据，尤其是GDP和IP数据在此过程中由于种种原因，失真严重，使其表面看起来是一个先匀速下行后平稳的过程，中间很难看到短期的波动。

事实上，因为基建和房地产投资在我国经济增长中的关键地位，如果我们观察粗钢和水泥的产量以及发电量三个指标的同比增速，可以发现全球金融危机之后我国出现了三轮经济波动。第一次波动的底部就是在2008年年底，顶部在2010年年初；第二次波动的底部在2010年11月，顶部在2011年9月左右；第三次波动的底部在2012年6月附近，顶部在2013年10月左右。经济在2016年年初复苏，进入危机后的第四次波动。可以看出，前两次波动的久期较短。第三次波动的复苏期也较短，但从顶部到底部的萧条期明显变长，持续了约两年半时间。

换个角度来看价格指数，2011年的7月PPI（生产者价格指数）到达顶部之后，除了中间出现的短暂且小幅的上行之外，一直下行，底部在2015年12月到达。所以从价格角度来看，第三次波动的复苏期只是中间一个因为政策干预而出现的扰动而已。第三次波动的萧条时间长，下行幅度大，在底部时，发电量和粗钢水泥产量的同比都是负增长，而且负增长的持续时间接近一年。可以说，尽管2015年上半年有股市泡沫，但2015年几乎全年经济都处于一个2008年全球金融危机之后最糟糕的阶段。

第三次萧条没有一个绝对的主导原因，这里面有很多综合原因。我列了以下九个原因：

一是长期因素。2009 年以来，中国经济就已经进入"新常态"，所谓新常态，在现阶段不是指 GDP 增速将维持在一个新的稳定水平，而是指中国经济已经进入潜在增速持续小幅下降的通道。从世界各国的经济发展历程来看，这个阶段没有逆转的可能。唯有通过改革来提高生产率从而防止增速下降过快。中国劳动力人口总量已经连续两年下降，剩余劳动力消耗殆尽，年轻劳动力人口呈较快下降趋势。资源缺乏，大量依赖进口。本国环境遭到较大破坏，承压能力有限，城乡居民环保意识快速上升，不再愿意牺牲环境来换取增长。从投资效率角度来看，以往多年的大规模投资已经导致新增投资对经济增长的贡献大幅下降。

二是反腐初期的干部不作为。2013 年是新一届领导上任后雷厉风行推行反腐运动的第一年，虽然反腐从长期来看利国利民，但在短期内消费和投资需求却不免受到冲击。2014 年反腐运动升级，地方政府官员和国企管理层的不作为现象普遍，对经济（尤其是基础设施建设）的影响加剧。

三是房地产行业的影响。2013 年中国房地产市场强势复苏，房地产投资强劲复苏，从而抵消了当年反腐对消费和投资的影响。但房地产市场因为 2013 年的过度繁荣而透支了需求，加上诸多政策限制，房地产投资增速大幅下行，从 2013 年的 19.8%下降到 2014 年的 10.5%，再下降到 2015 年的 1%。

四是在 2013 年到 2015 年期间，市场融资成本居高不下，压抑了民间投资；加上中央政府大力清理影子银行，地方政府还本付息压力加大，波及地方的基建投资。民间投资增速从 2013 年的 23%一路下跌到 2016 年一季度的 5.7%。

五是企业高企的债务受到通缩的影响，经营状况加剧恶化，出现了经典的债务—通缩恶性循环（前文提到的美国经济学家费雪的贡献），直接影响其生产和投资。我国非金融企业的债务在全球金融危机之后迅速上升，其占 GDP 的比例从 2008 年的 85%上升到了 2015 年的 160%左右。而中国大宗商品价格指数在此两年间下跌了 43%，对众多本身负债率就较高的上游企业而言，无疑是雪上加霜。

六是去库存导致的影响。库存变化对经济增速的影响非常难以统计量化，但从所能得到的数据来看，其对 GDP 增速确实产生了一定的影响。去库存的原因有主动和被动两方面。因为全球大宗商品价格在2014年到2015年期间的下行，中国大宗商品价格指数在此两年间下跌了43%，企业和商家买涨不买跌，去库存有主动的一面。另外中央的供给侧改革也迫使某些行业去库存，这是被动的一面。

七是人民币升值的影响。从2013年年初到2015年的"8·11"汇改，尽管人民币对美元只升值了3%，但因为美元升值的因素，人民币对其一篮子货币升值了19%。事实上，从2010年6月人民币重启对美元波动到2015年"8·11"汇改，人民币对美元升值了11%，对一篮子货币升值了23%。2010年到2013年间的升值，已经打击了中国出口商，因为设备投资和订单造成的时滞，直接影响了2014和2015年的出口增速。出口增速（以美元计）从2013年的7.8%下跌到2014年的6.0%和2015年的-2.9%。粗略计算，仅仅因为出口增速下行，拉低2015年GDP增速达0.4个百分点。

八是2015年上半年的股市泡沫和下半年的股灾的影响。泡沫导致金融资产脱实向虚，企业家也过多关注市值管理而荒废主业，对实业发展极为不利。而股灾后的财富效应和一系列的干预政策（如停止IPO和再融资）又暂时切断了企业股权融资的渠道。

九是2015年8月11号的汇改。前面讲过人民币升值对出口不利，降低经济增速，"8·11"汇改之后人民币对美元和一篮子货币以较快速度贬值，难道不是好事吗？但8月11日当天的一次性2%的贬值和2016年年初的较快速度贬值，使得民众的人民币贬值预期剧升，资本大量外流，当时每个月流出的外汇达1 000亿美元左右，大规模的资本外流对经济的影响是多方面的。第一，居民调低国内投资回报的预期，如此一来，民间投资会加速下行；第二，国内货币供应快速下降，如果央行不能及时反应，通过其他渠道增加货币供应，国内的货币供应及信贷都会受到影响；第三，汇率快速贬值导致股市熔断（当时正好股市开始实行熔断政策），加剧了居民对国内资产价格的恐慌，尤其对是股票和人民币汇率的恐慌。

上面罗列的因素，有些是不可避免的长期因素（第一个），有些是历史遗留下来的因素（第二、三、四、五个），有些是短期政策因素（第六、七、八、九个）。只有充分理解了这些因素，才可以理解经济为何在2016年春季时见底并开始复苏。

从PMI数据来看，本轮经济复苏的起点是2016年春天。

首先，在2016年年初的股市熔断之后，人民币对美元的汇率暂时稳定，虽然之后还有更大幅度的贬值，但央行一方面大幅收紧资本管制，严控外汇流出，另一方面采取了更加有艺术性的贬值手段，资本外流的趋势得到遏制。

与此同时，人民币对美元和一篮子货币的贬值降低了国内产品的价格（从"8·11"汇改到2016年年底，人民币对美元贬值了12%，对一篮子货币贬值了7%），提升了出口竞争力。

从内需角度来看，2015年下半年股灾后一系列稳增长政策推动了经济复苏。2015年下半年起，中央下调了项目资本金比例，发改委连续批复基建项目，6 000亿元专项金融债以股权形式注入实体。PPP被大规模推广，从2016年年初到2017年7月，财政部PPP项目库总投资额从8.8万亿元跃升至16.5万亿元，落地率从21.7%上升至34.4%。2016年伊始，各地党政机构换届加速，准备迎接党的十九大。而且经过数年的反腐，许多地方党政机构的主要负责人上任，客观上提升了经济增长的动力。在我国，公路几乎全部为地方政府投资，公路投资增速从2016年的15.1%升至2017年前7个月的24.0%，即使考虑到物价上涨因素，还是能看到公路投资的提速。同时铁路投资增速终于上行，从2016年的–0.2%升至2017年前7个月的3.3%。

房地产政策方面，非限购城市住房贷款首付比例下调至25%，央行对地产的信贷政策明显放松。股灾之后，居民储蓄也需要寻找新的出口。商品住宅销售面积增速从2015年的6.9%跃升到2016年的22.4%，2017年前7个月虽有下降，但还是保持着11.5%的较高增速。房地产投资增速从2015年的1.0%上升到2016年的6.9%，继而上升到2017年前7个月的7.9%。2016年一线和部分二线城市房地产销售过热、形成严重泡沫风险时，政府在2016年9月底出台了一系列限购限贷等措施。但在城市化的需求、一线二线城市的溢出效应以及民众担心货币贬值等因素的影响下，民众的购房热情转入三线和四线城市，客观上延长了本轮房地产销售投资复苏的时间。

消费刺激政策促进了经济的复苏。2015年9月30日，财政部、国家税务总局联合发布通知显示，自2015年10月1日起至2016年12月31日，对购置1.6升及以下排量乘用车购置税减半，按5%的车辆购置税率计算，一辆10万元车的购置成本将下降4 000余元。此举大幅刺激了汽车消费，乘用车销售增速从2015年的7.3%跃升到2016年的14.9%。2017年乘用车购置税率上调到 7.5%，并确定自 2018 年 1 月 1 日起，恢复到 10%。2017 年前 7 个月的乘用车销售量增速由此下降到 2.0%。2016 年汽车销售的加速为 GDP 增速贡献了约 0.2 个百分点。

去产能提高了大宗商品价格，有助于拉动存货投资，改善上游企业的盈利状况，一定程度上缓解了上文提到的债务—通缩恶性循环。2015 年中央经济工作会议将去产能确定为 2016 年五大结构性改革任务之首。与此同时，政府的执行能力在经过三年的反腐之后大幅提升。去产能的重任从钢铁、煤炭两大行业开始。2016 年年初，设定的任务为去掉粗钢产能 4 500 万吨、煤炭产能 1.5 亿吨，实际上，当年粗钢产能削减达 6 500 万吨，煤炭产能下降达 2.9 亿吨。2017 年粗钢去产能任务是 5 000 万吨，截至 2017 年 7 月底，已经去除产能 5 800 万吨，超额完成任务，去除煤炭产能 1.3 亿吨。由于环保督查力度大幅上升，从 2016 年到 2017 年年中，保守估计约 1.2 亿的地条钢产能被彻底清除，大大改变了钢材的供需结构。从 2016 年年初以来，粗钢和钢材的价格已经翻了一番，其他大宗商品如煤炭有色的价格也都大幅上行。

存货上升也推动了本轮经济复苏。因为不同企业使用不同的存货统计方法，这几年工业品价格变化也较大，统计存货对 GDP 增速的贡献难度较大。使用中国工业企业数据，综合 PPI 数据，我们大致估算存货变化对 GDP 的影响在 2014、2015、2016 和 2017 年上半年的影响分别为 –0.7%、–0.5%、0.6% 和 0.5%。也就是说，从 2015 年到 2016 年，存货变化对 GDP 增速的影响达到 1.1 个百分点，但从 2016 年到 2017 年上半年，存货变化对 GDP 增速的影响趋近于零。存货变化在经济复苏初期（2016 年下半年）对拉动经济增长起到了相当大的作用。但在经济复苏接近顶点时，对 GDP 增速的进一步推动作用就大幅减弱，甚至会很快开始拉低 GDP 增速。

总之，这一轮经济复苏的原因包括地方政府换届、央行货币政策、房地产政策放松、大宗商品价格上涨以及去产能等因素，使得这次反弹走势比较不错。

对于这个问题，我们的答案是到目前为止，产能扩张对经济拉动的影响有限。

很多人在讨论朱格拉周期。我的观点是，在中国并不存在特别明显的朱格拉周期，即使存在，也只是在个别行业。

美国有没有朱格拉周期？到现在为止，美国的产能利用率明显低于危机之前，现在的产能利用率大概在76%左右，相较于危机之前并没有明显上扬。而美国的国内私人投资在波动，但是并没有出现趋势性走势，所以美国没有所谓的朱格拉周期。

欧元区的产能利用率和固定投资也在上升，但在我看来，这更多的是因为欧洲在摆脱了欧元危机阴影之后，整体经济复苏。

当然这里面有一点设备投资周期的影子，1995年、2005年都出现了一个高点，所以有人说这是一个朱格拉周期，但是背后更重要的因素是欧洲央行成功的货币政策使欧洲整体经济得以改善。作为经济的一部分，投资也在改善。

对中国来讲，周期最明显且呈现出一定规律的行业，就是重型工程机械业。在2008年年底到2009年，因为4万亿元刺激政策，重型工程机械业到达一个高点；到2013年，因为折旧因素又有一个小高点，但是如果没有本轮经济复苏，很多地方就算设备报废，也可以过几年再买设备，过几年等经济复苏后再带来设备投资复苏。所以不能说完全没有周期，但是不能将经济复苏完全归功于工程机械设备行业，因为它占中国经济总量的比例微不足道。

产能扩张升级不是本轮经济复苏的主导因素，中国制造业的投资速度还是非常慢的。

从宏观数据来看，制造业投资增速从2015年的8.1%下行到2016年的4.2%，2017年前7个月虽略有上行，达到4.8%，但若考虑到PPI在同时期同比上升了5.5%，实际的制造业投资增速甚至略有下行。

民间的制造业投资增速从2015年的10.1%下行到2016年的3.2%，2017年前7个月略有上升，达到6.9%，但估计主要是PPI上行所带来的影响。

采矿业投资方面，2016年矿业投资增速是-20.4%，2017年前7个月为-6.1%，对GDP增速的负面影响降低不少。但仔细分析数据，民间采矿业投资2016年下降了13.0%，2017年前7个月同比下降了13.2%，下降速度变化不大，而国有采矿业投资增速从2016年的-29.4%大幅上升到2017年前7个月的4.7%，显示出明显的"国进民退"。

我们基本上可以确定本轮波动的顶点已过。虽然做这个判断需要一定的胆量，但我认为这个判断是比较清晰的。

首先，人民币贬值促进了出口，但是人民币2017年又重新升值，而且速度较快。出口对中国经济波动的影响如此巨大，就不能机械地讨论周期，而要看人民币升值和贬值。而人民币升值和贬值极为复杂，一方面涉及美元波动，另一方面涉及资本管制和央行对币值的看法，此外，还涉及无数个人、企业的换汇，因此预测并没有那么容易。

2017年年初，绝大部分机构预测人民币对美元的汇率会到7.1—7.3，而写本稿时（2017年年中）人民币对美元的汇率是6.55。汇率预测相当困难，2017年年初的时候没有机构猜对。所以，讨论3年、5年的周期，并没有什么意义。

虽然我们也许没法猜对人民币币值，但没有关系，我们可以找一个简单的方法。人民币开始升值的时候，对出口有影响，这有助于大家判断经济波动的拐点在何处。

还有一些甚至不用判断，因为趋势已经很明显了。中国目前房地产炒得很热，很多三四线城市也炒得很热。但中国房地产行业不可能靠三四线城市拉动，因为人往高处走，最后中国房地产还是要靠大城市，实际上很多地产开发商未必真的愿意在三四线城市继续做投资，因为中国的人口增速已经回落，年轻人越来越少，而年轻人都往大城市走。

再说说低利率。从2016年到2017年利率显著上升，五年期国债利率已经从百分之2点多到达了3.6，票据从百分之2点几到达了4左右，利率已经开始上行，如果你平时投资余额宝，也能觉察到这一趋势。

2016年乘用车的销量增幅最高点是20%左右，现在是0左右。工程机械目前表现还不错，但是根据以往的经验，好日子不会超过一年多，而现在已经过了差不多大半年了，好日子已经快到头了。

环保督促力度空前。2016年压产能提升了价格，对经济增长有正面作用。但是2017年开始压产量、限产，为什么？2017年冬天"2+26"个城市采暖季节要限采，指标受环保措施的影响，接下来环保措施影响的范围可能会更大；按照国家规定，2017年"2+26"个城市冬季的钢铁产能要降一半，铝降30%，这些都会产生一定的影响。

还有一点，天下没有免费的午餐。虽然很多人说，因为价格上涨（钢铁、有色金属、水泥价格上涨），上游企业的利润很高，但是大家别忘了，这是零和博弈，价格高了，购买时付的钱也会增加。比如房屋装修，因为很多装修材料的价格上升，房屋装修的价格也会上涨。上游企业利润上升，但是对中游企业以及消费者有一定的挤出效应，所以依靠产能控制和限采来实现经济的持续增长是很困难的。它们起到的正面作用就是使集中度提升，让中国在行业的竞争方面更健康，所以我们可以说本轮波动的顶点确实已经过了。

我对这个判断度非常有信心，但也有人说我讲得不对，接下来经济还要增长，他们列了很多理由，包括朱格拉周期。但是我可以很负责任地讲，我们要看事物的主要驱动因素，即使存在所谓的朱格拉周期，中国本轮的设备投资增长已经接近顶点，一旦接近顶点，就会快速下降，2018年可能出现负增长，往往是爬得越高，跌得越狠。

中国经济有亮点，如基础设施、互联网、移动支付、科技进步、行业集中度提升、人民币稳定、教育。我们无须过度悲观，但也切勿盲目乐观。现在还很难判断是否潜在增速已经稳定：人口老龄化、劳动力下降、投资回报率下降、环保压力重。中国经济需要进一步的改革，如户籍改革、财政改革、科研体制改革、税收改革等，来获得经济新动能，改善经济结构。同时，还需去杠杆，降低风险，通过改革金融监管体系和央行货币政策操作来消除不必要的周期波动。

潜在增速究竟走向何方？

在历史上，没有哪个国家的经济增长速度长时间稳定在6%~7%，中国现在是6.8%。当一些国家经历了高增长之后，往往能保持5%、6%左右的增长速度，更多的国家是稳定在2%、3%、4%，这些都是很优秀的国家，而有的国家压根儿没什么增长。

首先，只有极少数国家，而且一般来讲，要么是资源密集型国家，如拥有大量的石油资源，要么像新加坡这种城邦国家，由于机缘巧合抓住了特别好的产业，能够在人均GDP达到二三万美元以后，维持10年左右8%的增长率，这是极少数国家才能做到的，具有特殊性。

其次，以中国目前各种要素来判断，维持6.8%的增长速度的难度相当大。假定2017年GDP增长速度是真实的6.8%，接下来，我们判断要出现很多拐点，所以增速其实很难维持在6.8%。这是一个实事求是的判断，在我看来，中国经济总量已经非常大了，第一不可能，第二也没有这个必要人为地说，一定要保持增速在6.5%以上。

2007年的时候中国经济增长速度是14%，2017年上半年中国经济增长速度是6.8%，以此推断全年增速，2017年中国经济绝对值的增量要比2007年全年的GDP还要大一些，因为体量大了很多。我刚加入美林的时候，中国经济总量排名大概是全球第6名左右，2006年以后，每年上升一个排名，到了2010年，排名全球第二。以中国当前的增长速度，如果人民币与美元之间的汇率比较稳定，可能到2023、2025年，中国的经济总量就能超越美国，成为全球第一大经济体。如果按照PPP来计算，中国现在已经是世界上第一大经济体。

中国还面临很多挑战，尤其是面临着对于世界上很多国家来说都是一个对经济增长很负面的因素——未富先老。未富先老是第一挑战，中国15—64岁人口比例以及绝对数量都在下降。

现在年轻的农民数量越来越少，年老的农民数量相对在增加，说明中国农业后继乏人，没有人当农民了，农民的平均年龄越来越大。

20世纪80年代全中国的在校小学生数是1.5亿，现在只有1亿人左右，减少了1/3。中国年轻人的比例会越来越小，而且是在加速下降。

大宗商品包括水泥等行业的拐点已经过了。2017年中国水泥的产量是24亿吨左右，这相当于美国半个世纪的生产量。中国水泥的产能大概是30多亿吨，但利用率只有68%左右，再过若干年，水泥产量到达10亿吨左右就足够了。所以，中国的去产能将是一个长期的、艰巨的任务，当然不排除有些领域面临产能扩张，但传统领域面临的问题是持续去产能。

下面谈一谈中国经济的增长速度，潜在增长速度是不是已经进入L形曲线了？在我看来，中国经济还没有到进入L形曲线的地步。过去30年，中国产生了很多奇迹，但是任何奇迹的背后都存在原因。中国之前被压抑了很多年，有很低的起点。但今天的中国已经跟过去很不一样了，我不敢说中国的潜在增长速度会下降到什么程度，但是基本上不会高于6.8%，而且还有下行的空间。

6.9%是不是乐观的？未必是。6%、5%就一定悲观吗？也未必。当今美国的经济增长速度只有2%左右，应当悲观吗？未必，美国股票涨得比中国好多了。

所以,我今天讲的不涉及乐观、悲观的判断,更多的是学术上的探讨,以及技术上的分析。

(本文根据作者2017年9月15日在北京大学汇丰商学院"金融前沿讲堂"的演讲整理,经作者审阅。)

02. 中美贸易的风险分析

张智威

德意志银行中国区首席经济学家

对于中国经济，现在大家最关心两件事情：一件是中美贸易，另一件是房地产。

中美贸易与中国深圳的相关性非常高。从某种角度来说，深圳是全球化城市的样本，它的兴起完全是全球化创造奇迹的证明。美国大选结果出来后，中美贸易这个话题开始升温。在这之前，没有太多人问我这个问题，因为大家都觉得不太可能，都没把全球化倒退太当回事。2016年11月，美国大选结束之后，变化比较明显，海外投资人的主要问题开始围绕贸易战，包括最近美国政府提出但暂未成形的税法改革，这个改革不仅仅针对中国，而且针对其他所有国家。

其实2017年1月初，在特朗普正式宣誓入主白宫之前，大家都觉得所谓的"贸易战"是天方夜谭。他们认为，很多政客在选举期间往往会说狠话，但选上之后未必遵守承诺。但是特朗普总统给大家的印象不一样，他在入主白宫之后，履行了取消移民签证的承诺。从其一系列人员任命的举措来看，特朗普政府现在也在向"贸易战"的方向发展。据媒体新闻报道，特朗普提名的美国贸易代表罗伯特·莱西哲（Robert Lighthizer）在其任命确认听证会上表示，美国将利用目前所有的工具，让中国和其他国家为"不公平贸易"的做法承担责任，同时考虑新的政策工具。这个发言说得比较明确。

无论是去全球化、新移民政策还是暂未成形的税法改革，这些过去在意料之外的变化，如今都已经成为实实在在的风险。因此，对美国的税法改革及其所带来的贸易战进行分析，显得十分必要。

为什么特朗普会把中国挑出来，单独说中国的事？因为主要的贸易争议在中国。美国贸易逆差分解后，中国大约占一半，德国占10%，日本占9%，墨西哥占8%。从经济学的角度来说，需要调整加工贸易，为什么？比如，所有的苹果手机都是中国产的，而显示屏来自日本，传感器来自韩国，真正中国产的增加值很小，所以要做加工贸易调整。做完调整之后，中国的比率下降到16.4%，但还是比重最高的，日本、韩国等国的比重慢慢上涨。韩国经加工贸易调整的比重是9.4%，未调整的比重是3.8%。所以，虽然看起来中国占美国贸易逆差的一半左右，但是其中很大部分反映的是东亚产业链在中国装配的影响。从增加值角度看，中国所占比重只有美国贸易逆差的16.4%。因此，美国的税法改革并不仅仅是针对中国，而是针对整个东亚产业链。

如果美国决定开展"贸易战"，中国、日本、韩国、马来西亚都有可能成为受损方。但如果美国只选择对升级与中国之间的贸易摩擦，那么越南、印度、孟加拉、墨西哥等生产成本更低廉的国家就有机会成为受益方。如果中国对美的出口额下降10%，这对加拿大、日本和以色列的影响比较小，而韩国等国家和地区的出口额会有所增加。但与此同时，因为这些国家和地区与中国存在着紧密的供应链关系，可能也会因此造成较大的潜在损失，所以它们的最后净效益也会有所减少。同样的道理，作为受益方的新兴市场国家也会因为供应链关系受到一定影响。

我们要思考两个问题：第一，如果美国要升级与中国之间的贸易摩擦，会涉及哪些行业？第二，如果中国还击，会在哪些行业还击？

美国可能会怎样打和中国的贸易战？

特朗普认为贸易赤字是他主要关心的事情。那么在美国，哪些行业对贸易赤字贡献最大？图2.1上的菱形图标是指贸易余额，正值表示贸易赤字，而贸易赤字最大的是计算机和电子产品行业（比如手机），这项贸易赤字大约有2 000亿美元左右。

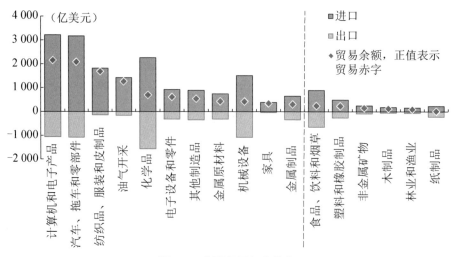

图 2.1　美国贸易行业分布

资料来源：德意志银行、BEA。

贸易赤字由大到小的顺序依次是计算机和电子产品，汽车、拖车和零部件，纺织品、服装和皮制品，油气开采，化学品，电子设备和零件等。美国有可能会对排名靠前的产业采取措施。这是一种看事情的方法，也是比较简单的看事情的方法。

从更深一层的角度来看，我们要看美国产业的贸易和国内需求的关系（如图 2.2 所示）。这个贸易余额，可以看作三个部分的加总：由国内生产满足的国内需求、由进口满足的国内需求、出口。

换一个角度来看图 2.2，比如说纺织品行业，在美国市场中有多少纺织品是美国自己生产的？很少，因为大量的纺织品都是从中国进口的。

图 2.3 中的菱形图标指的是 1997 年的水平，柱形图标指的是 2015 年的水平，二者之间的差距是全球化导致的。在过去的 20 年里，美国把自己的很大一部分市场份额给了其他国家，包括中国，从而确实对世界经济起到了很大的推动作用。

去全球化是什么意思？假设特朗普总统要把图中的份额拉回到 1997 年。1997 年之前，美国对世界其他国家的平均关税是 40% 多。到 20 世纪 90 年代末期，全球范围内逐渐出现一轮规模非常大的关税和贸易削减。在 1997 年左右，中国也得到了好处，因为当时中国从美国享受最惠国待遇。美国每年都要审查一次中国商品，直到中国加入 WTO 之后才结束。

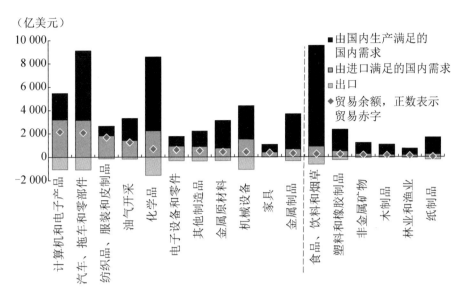

图2.2 美国产业的贸易、国内需求和国内生产（2015年）

资料来源：德意志银行、BEA。

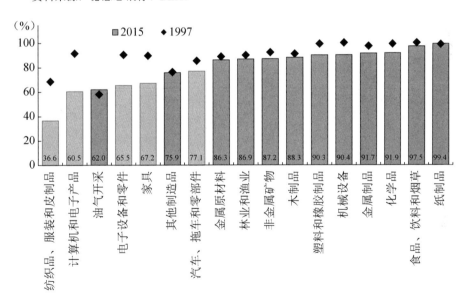

图2.3 1997、2015年美国国内产量与需求之比

资料来源：德意志银行、BEA。

大家现在也许都觉得全球化是理所当然的，但在20世纪90年代之前很长的时间里，世界的格局是非常分裂的，每个国家都有自己小的生产链。中国改革开放的历程恰巧与全球化的过程同步，中国因此受益。但是，全球化的进程可能出现反转，而这种反转的原因应归结于全球化所带来的"不平等"。法国经济学家托马斯·皮凯蒂（Thomas Piketty）的著作《21世纪资本论》，核心观点就是"不平等"，资本的回报比劳动的回报高很多，而且在过去很长时间里都高。美国的经济学关心生产，要使生产效率最高，不关心或者很少关心分配。

收入分配问题在美国经济学界长期得不到应有的重视，并由此引发了一系列问题，这导致了如今反全球化的声音越来越多。在英国"脱欧"公投中，伦敦区和非伦敦区对"脱欧"的态度可谓"泾渭分明"。而在美国大选中，美国中西部出现了爆发式的"特朗普现象"，这些都说明了去全球化的背后潜藏着经济层面的驱动力。特朗普能竞选成功应归因于美国中西部给他的支持。美国中西部是全球化过程中受伤害很大的地区，典型的例子就是底特律。底特律曾经是汽车王国，但现在汽车工厂搬到墨西哥边界，甚至韩国和日本，汽车王国从辉煌走向衰落。主流媒体上听不到他们的声音，也很少有人跳出来反对自由化、全球化。但是如果让劳苦大众投票，很多人会投票反对全球化，他们确实是对全球化非常不满的。至于收入分配，以前蛋糕做大，大家都能多分一点。现在不同了，美国一些中产阶级的收入水平比上一辈更低，而这会在政治、经济等方面出现一些反弹。以前大家都在分一块越变越大的蛋糕，现在这块蛋糕不是继续变大了，甚至在缩小，这是去全球化的背景，背后有一定的经济驱动力。

经济学一直在追求效率，不太关心再分配的事情，对社会的不公平现象很少关注，美国最好的经济学专业的高校里，很少有教授研究收入分配等不平等现象。大家都假设这块蛋糕会越做越大，大家都会满意，而且不平等的情况会被改善，但是现实似乎不是这样。所以经济学的理论也需要逐渐反思，政客、政府在未来的十年、二十年可能会改变收入分配的政策，对社会公平的讨论可能会更多一些。

2016年的事件给所有人上了很生动的一课，英国"脱欧"和特朗普当选都是大家没有预料到的，对精英阶层敲醒了警钟。大家清醒地意识到，之前沉默的没有被听到的大多数人的声音，终于通过投票让大家认识到了。

贸易战对中国和其他国家或地区的潜在影响

美国的进口值是怎么样的？现在美国的进口中，手机行业的份额已经达到 600 亿美元的水平，其中中国的增加值大约为 400 亿美元。

由图 2.4 可知，按照美国的进口值来看，电子产品的进口值最大，其他依次是电话（包括手机）、电气设备、电脑、服装、家具、玩具、鞋履、塑料、汽车，等等。其中，汽车与中国关系不大。但在美国进口的所有中国产品里，电话占 61%，电子产品占 32%，电气设备占 22%，电脑占 63%，服装占 39%，从这些数据看，中国确实是一个贸易强国。

美国占中国出口的比重是多少？总体不到 20%。欧盟占中国总出口的 22%，美国占 16% 左右。在中国出口的相应产品中，出口美国的电子产品占 15.1%，电话占 17.6%，玩具占 36.6%，电脑占 30.9%，这些产品受中美贸易战的影响可能会比较大。

图 2.5 显示了中国大陆出口中其他国家和地区的增加值，其与东亚产业链相关。中国大陆出口的手机中，中国台湾占 36%，韩国占 32.5%，马来西亚占 12%。电脑也主要是向韩国、中国台湾、马来西亚出口，电子产品主要是向韩国、日本出口。如果中美贸易战真的发生，实际上美国不只是对中国，而是对东亚产业链宣战。

如果美国不从中国进口，那么会从哪儿进口呢？耐克在越南生产的比较多，现在服装、鞋履和皮制品的生产地更多在越南、印度、印尼、孟加拉国、墨西哥、以色列，家具是在墨西哥、越南、加拿大、以色列，玩具是在墨西哥、加拿大（如图 2.6 所示）。如果打双边贸易战，美国只与中国打，这些国家就会受益，尤其越南受益明显，墨西哥不是很明显，因为现在美国对墨西哥的制裁比较严厉。

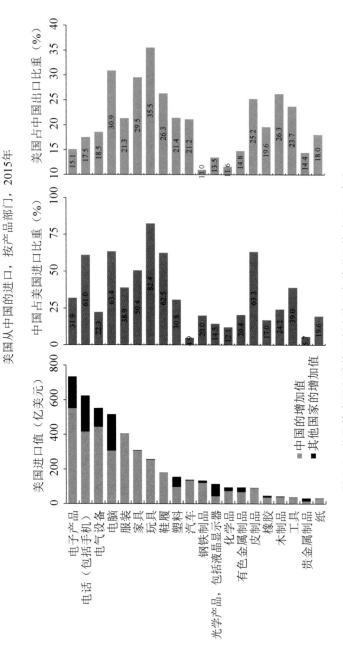

图 2.4 美国从中国和其他国家（地区）的进口值（2015 年）

资料来源：德意志银行，UNCOMTRADE 数据库。

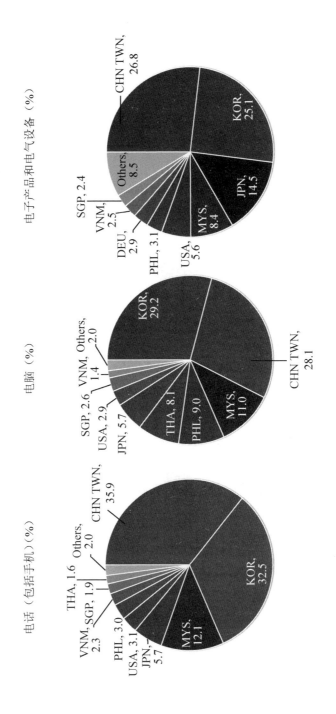

图 2.5 中国大陆出口中其他国家和地区的增加值分解（2015 年）

资料来源：德意志银行、中国海关、UNCOMTRADE 数据库。

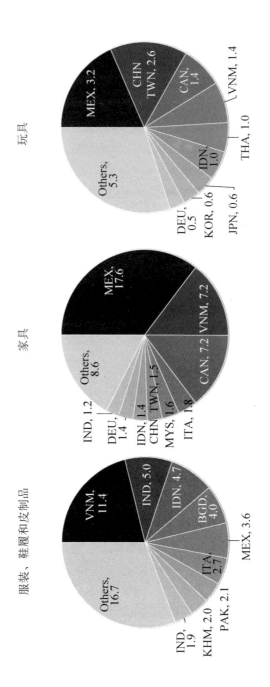

图 2.6 美国从其他国家和地区的进口（2015 年）

从中国的损失中可能获益的其他发达经济体的情况如何？如果中国大陆的出口下降 10%，其他国家和地区的出口会怎样变化？如图 2.7 所示，加拿大会增加 1.3%，日本会增加 0.4%，以色列会增加 0.5%，收益都很小。韩国和中国台湾地区似乎收益比较多，但是由和中国大陆供应链的联系所导致的潜在损失要去掉。比如向美国出口多了，向中国大陆出口少了。所以至少在这个模型里，最后这些发达经济体的净收益比较少。

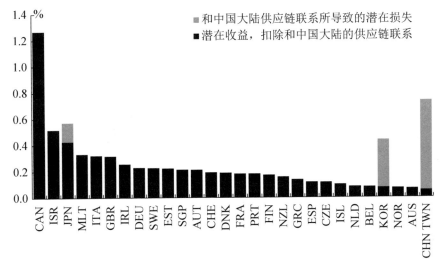

图 2.7 从中国大陆的损失中可能获益的其他国家和地区：发达经济体

资料来源：德意志银行、中国海关、国际货币基金组织、UN COMTRADE 数据库。

中美贸易战对墨西哥、越南、巴基斯坦、菲律宾、印度尼西亚、泰国等新兴市场国家的影响会更大一些（如图 2.8 所示），马来西亚同韩国的情况一样，它们向中国出口很多零部件，所以会受到一定的影响。

中国可能会如何反击？

中国不太容易反击，因为中国向美国的出口值大约为 4 000 亿美元，对美国的进口额只有出口额的四分之一。所以美国打你一记重拳，你想还它一拳，还击的力量很难那么大。如图 2.9 所示，中国进口值最高的是什么产业？电子产品是第一，飞机第二，中国飞机来自美国的进口额为 1 760 亿美元，占美国出口的 12% 左右，占中国进口的 63%。如果中国想在贸易战中做出有力反击，飞机和农产品是两种可能的选择。种子和水果占美国出口的比重高达47%，进口额不低于130亿美金，美国的农民人口数量不少，如果影响到他们的收入，他们对政府也会有一些影响，这是反击的一个方面。

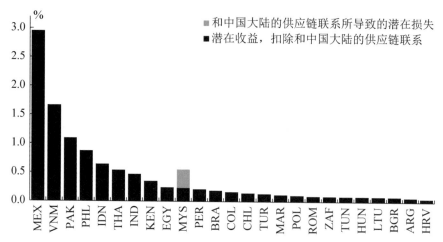

图2.8 从中国的损失中可能获益的其他国家和地区：新兴市场经济体

资料来源：德意志银行、中国海关、国际货币基金组织、UN COMTRADE数据库。

2017年1月初，中国对从美国进口的动物饲料实施了反倾销措施。这也许是中国政府在美国新总统宣誓就职之前给美国的一个警告——如果美国要打贸易战，中国将奉陪到底，而且中国有反制的能力。当时我们报告的结论是，在美国贸易赤字的数据中，中国的计算机、电子产品、纺织品、家具等所占份额最大。如果特朗普想回到1997年的水平，那么美国的油气开采将与中国无关，与全球化也没有多大关系；而其汽车主要和墨西哥、日本、韩国和欧洲国家有关系。但是由于中国的纺织品、家具等行业的出口比重和增加值都比较高，所以很可能会成为比较明确的打击对象。如果时光倒流回到20世纪90年代，电子设备、手机、电脑产品、服装、鞋履、箱包等小产品是最容易被挤压的。所以我们的基本预测是，双边贸易战可能发生，但规模不会特别大。

大家担心美国对中国所有的出口都征收重关税，这也是以前特朗普提到过的。美国总统有签署总统令的权力，不需要他人批准。这将对全球经

02. 中美贸易的风险分析

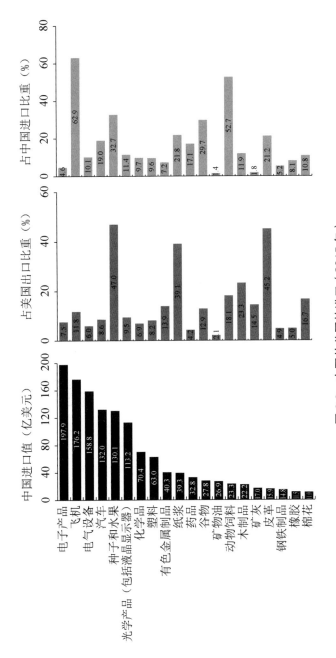

图 2.9　中国从美国的进口（2015 年）

资料来源：德意志银行、UN COMTRADE 数据库。

济，尤其是中国经济产生非常大的影响。现在我们预期美国可能对一些行业而并不是所有产品加征关税。中国会采取报复措施，在讨价还价的过程中，中国能够做出的让步是什么？中国最大的筹码不是贸易。中国的出口值是4 000亿美元，进口值是1 000亿美元，想让中国从美国多进口3 000亿美元很难，中国想买的东西美国不卖，比如高科技产品，美国卖的是服务业。最近中国政府要开放金融行业，之前奥巴马政府向中国要了8年，中国政府一直没开放。未来是否会有一些政策的调整？这是中国政府层面更有利的一个筹码，也是美国政府想要中国政府做的事情。

美国一直说中国是美国最大的贸易赤字来源。贸易是关于商品的，但还要把服务加进去，两国之间就变成"经常项目"的关系，这才是更全面的关系。买不了产品，但是可以买服务，这就是未来的趋势。

我们期待中国在两会之后会有更多的政策，美国政府也在等，等它的团队建立起来。现在美国的贸易代表还没有就职，所有贸易方面的政策，尤其对中国这么大的国家的贸易政策，需要团队建立好之后，才能考虑如何真正实施。贸易代表被确认之后，会建立团队。现在的投资者普遍认为，特朗普总统说过的话，可能做不到100%完成，但是也不会完全忘记，所以中美贸易战只是时间早晚的问题。

中美贸易战对中国的影响

如果中美贸易战真的打起来，对中国经济会有什么影响？

美国是中国的第二大贸易伙伴，欧盟是第一大贸易伙伴，中美贸易战会不会对中国产生巨大的影响？会不会产生经济危机？情况应该没那么严重，小规模的贸易摩擦中国还是可以支撑的，受影响更大的是国内的投资，政府对基建的支持会更多一些，在这些方面会有对冲的措施。

企业层面可能出现的情况是，以前美国大部分的手机都在中国生产，而这些中国企业不可能放弃美国市场，手机的产业链就要被分成两部分：美国有一条产业链，只供应美国市场；中国有一条产业链，供应其他市场。富士康就要在美国进行投资。但企业到了美国，最大的麻烦是找不到工人，美国的失业率不是很高。产业链能有多少回转？能实现多大程度的自动化？尽管现在人工智能、机械自动化和机器人发展得非常快，但在很多方面还不能实现自动化,想实现手机的完全自动化生产,其实是很难的。

为什么产业链还在中国?因为电子产品转型很快,一旦产品转型,制作流程的转型也需要很快。工人的转型相对容易,而机器更新换代的过程还没那么精密,一些生产流程很难自动化。

但是,政府的政策实施之后,会给各大公司更大的压力,实现更多的自动化。比如,如果10美元可以在中国制造一双耐克鞋,如果技术先进到12美元就可以通过自动化的生产线生产一双耐克鞋,那么当税收差别超过2美元时,工厂就可能会搬回美国。所以未来工业化、自动化对产业链的影响是巨大的,自动化和税收会促使产业链向本国转移。

全球化贸易战

全球投资者关心的一件重要的事,也是2017年的一大主题就是美国税法改革。美国提出要进行"边境税调整",关于这个税改有一定共识,这项税改大致的原则是大规模削减美国的企业所得税,使美国的企业大幅提升竞争力。减税少掉的钱从多征收的其他税而来,比如进口税。美国会多征收进口税,而不是多征收关税,因为如果直接提高关税,会和WTO的规定有冲突,而美国是WTO成员。在最极端的情况下,美国会退出WTO,但这个情况是一个比较漫长的过程,从国际法的角度来说,不太容易实现。现在美国可以采取"曲线救国"的方法,美国企业进口某类产品,以前是可以抵税的,但现在不能抵税了。这样的政策将在美国企业和世界其他国家的企业之间人为地造成很大的差别。一个明显的例子是汽车业。墨西哥在与美国的边境上有汽车装配产业,从美国进口零件装配,再卖回美国,这也是"汽车王国"底特律处于下滑状态的原因,而现在这些从墨西哥进口的汽车不能继续进行税收抵扣。

如果进行税法改革,特朗普可能会把工厂都迁回美国,从政治的角度来说,特朗普是在实现当初竞选时候的纲领。特朗普在入职宣誓的时候说,"买美国货,雇美国人",美国中西部的人会给他投票,但东西部的人对这个理念并不十分认同,而只要跟底特律的人说我给你更好的工作,马上就会得到他们的选票。如果特朗普要连任,需要保证中西部的人继续给他投票,他要做的事情就是让中西部的经济逐渐发展起来。2016年12月时,大家还觉得"买美国货，雇美国人"是天方夜谭，因为其影响太大以至于人们认为它不太可能发生。但是现在有一点是肯定的，即使不进行税法改革，特朗普政府也会采取其他措施以实践其"买美国货，雇美国人"的承诺。他会帮助美国企业，赋予它们更多的竞争力。

如果实行税收调整，首当其冲受影响的会是谁？是所有没有在美国设厂的汽车商，丰田在美国有汽车厂，所以受影响会小一点。税收调整后，外国厂商要么把工厂设到美国去，要么降低价格，削减利润。

大家可能会问，这对美国消费者肯定不是好事，价格推上去了，谁来埋单？价格确实会上升，虽然美国厂商卖的车会减少，但是相对于欧洲厂商，美国厂商受的打击更小一些，所以美国本土厂商的市场份额会上升，将其他厂商挤出市场。利润会不会上升？很难说。

现在在美国，税法改革是大家关注的焦点，反对的声音也很多，税改量级较大，是重新划分蛋糕的政策。以前美国是全球自由化的老大，它先把市场开放给其他国家，然后谋求其他国家也把市场开放给它，这是一个互利的过程。现在美国180度转弯，采取损人利己的政策，其他国家是否也会采取类似的政策报复？如果美、中、欧这三大经济体都采取同样的政策，对全球经济将产生巨大的影响，尤其是小国，将回到20世纪八九十年代，每个国家都要自己生产需要的产品，比如电视机、自行车，那么产业链的功能效益将完全消失，对生活质量的影响也是巨大的。去全球化正站在一个转折点上。

（本文根据作者2017年3月15日在北京大学汇丰商学院"金融前沿讲堂"的演讲整理，经作者审阅。）

专家点评

史蛟

北京大学汇丰商学院助教授

我想从宏观的角度阐述一下自己的看法——为什么美国会引起贸易争端？美国一度是引领全球化、自由贸易的旗手，现在为什么突然态度产生180度的大转弯？这对中国有什么影响？中国又该怎样应对？

首先，张博士提到，近年来，因为存在严重的收入分配问题，美国人的生活质量下降。这一点我和张博士深有同感，我们在美国读博士时，都是学宏观经济学的，美国的宏观经济学家对收入分配问题讲得很少。后来我仔细研究了一下，经济学中有一个分支是劳动经济学，在劳动经济学中，学者们一直将收入分配问题作为核心议题在研究。劳动经济学里有一个存在了几十年的谜题——收入分配的 U 形曲线之谜。意思是如果将收入水平按照从低到高放到坐标系的 X 轴上，将工资增长放到 Y 轴，过去几十年平均工资的增长是正数，但是中间有一条奇怪的 U 形凹线。高收入人群的收入增长特别快，低收入人群的收入增长也比较快，但是中产阶级的收入增长不大，甚至停滞。

这个问题在微观层面上比较难解释，还是要引入宏观经济学家的视角去看整个美国经济，以及它与全球贸易的关系。最近几年，收入分配问题成为焦点之后，很多经济学家在研究造成中位收入停滞状况的主要因素，目前学界公认有两个主要的影响因素。

第一个因素是技术发展的高技能偏好。在过去几十年之中，如果你的技能高，收入通常也很高。随着社会技术的进一步发展，拥有高技能的人群的收入会更高。在这个过程中，全社会都想要往高技能方向去发展。一般均衡的结果是，逐渐没有人想做刷盘子等工作，但是这些工作是必要的，所以低收入人群的收入也逐渐提升。但是，中间收入的这部分人因为没有高技能，他们的收入出现停滞。信息技术和人工智能的发展可以在很大程度上替代中产阶级的工作，这是中等收入停滞非常重要的一点因素。

第二个因素是全球化。美国底特律的众多汽车厂关闭，甚至底特律这个城市都破产了，如果一定要究其缘由，似乎因为美国汽车厂商不爱国，纷纷把汽车厂搬到其他地方。甚至可以归因于日本、德国的汽车工业发展太快，把美国的汽车产业挤垮了。

所以，在最近几年的研究之中，经济学家们问，在技术发展和全球化两者之间，哪一个比较重要？美国一位出色的经济学家用一般均衡模型作了一个分解，全球化占11%，剩下89%是技术变化的结果。为什么只占11%的全球化会导致美国国内产生如此大的反应，以至于美国政客因为看到中产阶级不满的情绪，而改变贸易政策？我认为这是出于政治考量：作为一个政客，你如何安抚民众的不满呢？是怪外国人把他们的饭碗抢走了，还是怪硅谷的科学家们推动这个世界变化太快？对于政客而言，怪罪外国人比怪罪硅谷容易得多。全球化和生产技术进步之间的关系及其平衡性，是值得思考的问题。

其次，美国的贸易逆差问题由来已久了，从20世纪80年代开始，美国一直是贸易逆差国。美国唯一变化的是怪罪于谁的问题：20世纪80年代的时候，美国怪罪的是日本。即使日本被迫签署广场协议后，日元升值，日本依然是美国的第一大贸易逆差来源国。进入新世纪，中国超越日本成为美国第一大贸易逆差来源国，于是，现在美国顺理成章地怪罪中国。

另外，美国的中位收入增长缓慢也由来已久，完全怪罪全球化似乎并不恰当。但是现在，美国恰恰出现了特朗普，他成功地说服了不满的、被伤害的中产阶级，使自己当选总统。这对全球贸易的影响非常深远，虽然多年来美国反贸易、反全球化的言论一直存在，但这是第二次世界大战之后，这种声音第一次成为政府的主流。

特朗普政府不仅仅要针对中国，虽然，中国看上去是造成美国贸易逆差的主要国家。其实，中国的贸易顺差与GDP的占比不是最高的，最高的是德国，2017年贸易顺差占到GDP的9%，这是一个很大的数字。从特朗普开始指责德国或者欧洲央行操纵欧元起，他就得罪了欧盟的所有盟友和贸易伙伴。另外，特朗普甚至还表示要重新规划北美自由贸易协定（NAFTA），因为他认为最近其两个邻国——加拿大、墨西哥也占了自己的便宜。美国哈佛大学经济学家将边境税称作"特朗普的虚拟边境墙"。综合来看，美国不是仅仅针对中国，而是要自绝于所有贸易伙伴。

中国与美国一直存在贸易摩擦，在奥巴马任期甚至创造了纪录——美国针对与中国的各种贸易争端向WTO发起诉讼，并在诸如稀土、风力发电设备等产业的诉讼上都取得了胜利。

奥巴马虽然与中国有贸易摩擦，但是他尊重规则，承诺在WTO平台上解决问题。而特朗普对WTO和多边贸易框架表现出了根本的不满和蔑视。所以，我认为特朗普政府最大的危险是不遵守规则。

全球的贸易体系是在WTO规则下维护起来的，特朗普政府所谓"改革"的传导效应会伤害到全球贸易链上的每个国家。在这个背景下，中国的出路如何？美国现在自绝于自己的贸易伙伴。除了美国之外，其他国家还是积极地支持多边贸易。特朗普上台后采取的第一个行政措施，就是宣布要退出TPP（跨太平洋伙伴关系协定，Trans-Pacific Partnership Agreement）。众所周知，TPP的成员国不包括中国。但中国一直在推进RCEP，即区域全面经济伙伴关系协定。RCEP的覆盖范围非常广，包括东盟国家、中、日、韩三个东亚国家，以及澳大利亚、新西兰、印度。协定覆盖了全球贸易供应链上最大的国家。TPP被特朗普推翻的时候，外国媒体，尤其是美国的主流媒体纷纷报道称，这是特朗普送给中国的一个大礼物，现在中国有更多的方式可以推进区域全面经济伙伴关系协定了。

TPP忽略了中国。美国退出TPP后，TPP一些其他国家在智利召开了一场会议，智利作为TPP创始成员国之一，邀请中国参加会议，商讨全球贸易未来的走向。有分析说中国是不是要取代美国成为新"群主"？但是也有外交人士说，中国现在只是在积极推进多边合作和谈判，而且也愿意贡献中国智慧，但是并无意做新的领导者。

但是，现在一个很明显的趋势是，TPP 的成员国想和中国一起合作。这意味着在美国退出之后，TPP 其他国家并不认为这是全球贸易崩溃的开始，相反，它们会更加积极地向中国伸出橄榄枝，与全球其他贸易大国建立更加紧密的关系。如果美国真的要和中国及其他贸易伙伴打贸易战，对中国来说短期会产生重大影响，但是也会产生替代效应，促使美国的贸易伙伴转向中国，转向美国之外的贸易区域。长期来看，这可能会给中国提供更多的机会。

我们如何看待这件事情？我认为，除了看到短期的危机，也应该看到中期和长期的机遇——中国有这样一个机会去加强自己在国际贸易系统中的话语权和地位，以一个负责任大国的形象，高举自由贸易旗帜，坚决对抗贸易保护主义，继续坚持推进全球化。习近平主席出席达沃斯论坛并发表讲话，也表明了中国对联合国体系、世界贸易组织、多边贸易和开放贸易的信心。现在，中国接替了美国，成为下一轮全球化和贸易开放的首倡者。

综上所述，美国的"自闭症"对中国有什么影响？在短期会对中国产生比较大的不利影响，但是我相信，从全球经济调整的大环境看，这很可能成为中国下一个重要的机会，尤其在当前中国"一带一路"倡议的指引下，中国在推进一些由其参与的贸易协定中会有更多的力量和更大的话语权。

03. 人民币国际化的前世今生

孟小宁

天风国际证券集团行政总裁

在过去的十多年的时间里,金融市场发生了翻天覆地的变化,中间经历了2007—2008年美国的次贷危机,2011—2013年的欧债危机,也经历了人民币汇率改革和人民币经常项目、资本项目以及中国资本市场的改革与开放。在十多年的从业经历里,我有幸见证了人民币和中国资本市场的国际化进程以及海外人民币离岸金融市场的兴与衰。

这些年来,无论是在业界交流场合,还是在各种社会活动中,人民币国际化相关的话题不时被谈起。几经风雨,这个题目的表述也多次改变。在2010年至2012年期间,人民币国际化刚兴起的时候,人们一般都喜欢用比较激昂和恢宏的词汇描述相关的事件;2012年至2015年期间,人民币国际化和人民币离岸中心方兴未艾,人们的期待和憧憬达到了前所未有的高度。但随着2015年下半年的外汇市场改革,这一进程似乎又戛然而止,直到接下来的一年人民币加入特别提款权(SDR)才使国际化进程的成果没有完全付诸东流。作为一个见证者和亲历者,我选择了今天这个题目,用"前世今生"来对过去近十年的人民币国际化进程做一次总结回顾,也通过这一起起落落的过程来揭示国际化的得与失。如果有机会,重走一遍人民币国际化，该如何避免走一些弯路？怎样令中国的货币、资本、金融机构和市场能够真正地走向国外，成为国际市场舞台上的一分子？

我心目中的人民币国际化

我心目中的人民币国际化程度可以通过三个目标来判断：第一个是以货币媒介为目标的国际化；第二个是以货币定价权为目标的国际化；第三个则是以使用群体和范围为目标的国际化。

在改革开放和中华民族伟大复兴的浪潮下，中国"冲出国门，走向世界"的声音不绝于耳。站在今天认真去看，我们有哪些品牌和商品真正国际化了？坦率地讲，今天我们自身的品牌和行业，被世界所接受的程度还十分有限。

人民币国际化到底是什么样的？我们的第一个目标是，人民币作为货币媒介可以在跨国消费、贸易、金融交易以及国际政治中被广泛使用。

这个目标已经实现了一点点，至少，在过去5~7年媒体报道的数字里，人民币作为一种贸易货币，已经逐步被国际资本市场接受。但是，在统计数字的时候，有一个口径的问题，这些数据通常把中国香港作为国际地区。因此，中国内地和中国香港之间的很多贸易被统计进了数据里。按照比例，约10%至12%的进出口贸易额是由人民币结算的，但其中绝大部分的数字是发生在中国内地和中国香港之间，所以，这些统计数字真实来看并不能反映人民币作为货币媒介的国际化程度。而在消费领域，我们现在已经不用像十几年前一样必须在出国前先去指定的外汇银行按官方牌价兑换美元等外币，而是可以很轻松便捷地使用银行卡等支付手段。特别随着像"银联卡"这样的支付方式的普及，我们出国消费的方式已经被极大改变了。这背后当然也有人民币国际化的身影。

除此之外，人民币国际化还有哪些成绩？在过去的几年中，我们可以经常从新闻里看到中国人民银行与世界其他国家、地区的央行签署了货币互换协议，或者授权了人民币清算行和批准RQFII投资额度。在国际政治领域，人民币在2016年加入了SDR，成为国际货币储备体系中的一个标的。中国对一些发展中国家提供人民币捐款援助，或者通过人民币对一带一路沿线国家投资基础设施。但总体来看，在真正意义的跨国消费、贸易、金融和国际政治交往中，以人民币为交易媒介的比例还很小，影响力仍然不够。

如果我们做到了上述这一小目标，即人民币成为消费、贸易、金融交易乃至国际政治中的主要货币媒介，那下一个问题就是人民币是否能够起到在这些领域进行定价的基础性作用，也就是我们所常说的定价权。

为什么我们要天天盯着美联储？要看美国的经济数据？就是因为美元是世界性货币，全球的消费、贸易、金融、政治都少不了它的身影，大家自然要关心它作为货币媒介的一些基础性价值，如利率、汇率、波动性等要素。而这些要素来自哪里——来自美国的中央银行：美国联邦储备银行（简称美联储）。而美联储又是根据美国的经济基本面，结合全球的宏观环境和国际形势来给出定价要素和预期的。这就构成了美元这种全球性货币的资金流向和资金成本。你可能不会关心美国以外其他地区的就业数据、汽车销售数据、房屋开工数据，因为它们与你的日常生活相关甚微。然而如果它们发生在美国就不同了，虽然你未必生活在美国，但这些数据构成了经济基本面，成为美联储研判经济的要素，便与生活在美国以外地方的你发生了联系。

所以，我们将个目标推至人民币，在人民币国际化的第一个目标——成为国际贸易、交易的媒介货币——实现之后，下一个目标则是让全世界的投资者和政治家关注人民币最基本的定价要素，比如汇价、利率、货币政策、经济基本面等，这样才能使人民币在国际金融市场中真正占据举足轻重的地位。

我们实现这个目标了吗？现在还远远没有实现。虽然我们在第一个目标上取得了一些数字上的进步和成功，但真正能发挥定价权和影响力的机会目前看还非常有限。这和我国长期处于资本管制的现状有关，也和我们的货币政策框架和调控手段异于西方发达国家有关。

人民币的国际化并不只是在中国人口袋中的国际化。我们目前取得的成绩也许绝大多数还是源于中国人拿着人民币在世界各地应用。因此第三个目标是外国人和外国人之间，在外国的地盘上使用人民币。就像英语一样，我们去国外，去非英语国家，要用英语沟通，说明英语是国际语言。人民币也一样，检验其是否真正国际化的一个指标是其他国家的消费、贸易、金融交易是否以人民币进行。如果有一天做到了这一点，才说明人民币真的国际化了，这也是人民币国际化真正的终极目标。

以上这三个目标，我们称之为人民币成功国际化的三部曲。距离完成这三个目标，我们还有很长的路要走，因此千万不能满足于在媒体上看到的简单的数字。

人民币国际化进程时间表

过去十几年发生的人民币国际化的进程，是一个从消费领域到贸易领域，再到金融交易和投资储备的进程。那么从时间节点上，人民币第一次走出中国内地的边境，是从2003年开始的。2003年发生了一件非常重大的事件——SARS（传染性非典型性肺炎，简称"非典"）。在"非典"之后，中国政府为了支持中国香港地区的经济发展，第一次以官方形式提出了《内地与香港关于建立更紧密经贸关系的安排》，也就是我们所说的CEPA。迄今，CEPA每年都在发展变化，在2003年的CEPA中，就有在香港开放内地居民"自由行"的政策。

"自由行"意味着越来越多的内地居民可以便捷地来到香港旅游消费。但问题来了，内地游客和商务人士带着人民币到香港怎么使用？所以在2003年12月，中国人民银行出台了一项配套政策，与中银香港签署清算协议，首次在中国内地以外的地区开展人民币个人业务，包括存款、汇款、兑换和卡业务。这样一来，内地居民去香港旅游消费，可以直接在香港的银行开立户口，存取人民币，也可以进行兑换或者汇款。而香港的银行通过清算行接入了内地的银行市场和清算网络。这便给香港的银行提供了人民币业务上的很多便利，让其可以清算连接内地的大额支付系统，便于资金交易、往来和清算，清算行也会根据内地外汇市场价格，帮助香港的银行的人民币兑换头寸，进行报价和平盘。这一政策的出台和实施标志着人民币在个人消费领域第一次真正走出国门。

所以，从"非典"到"自由行"算是一连串偶然的事件，而恰巧这个偶然的事件触发了人民币国际化开始的按钮。在此后的很长一段时间，人民币在所谓的国际化进程中，还仅仅止步在个人的消费领域，并没有实现更广的突破。只在个人消费这样的背景下，无论是资金规模还是交易频次都还未成规模和体系，达不到形成金融交易和金融市场的数量级。

人民币国际化进程的第二个时点是2009年。2009年，正值美国次贷危机发生之时，金融市场动荡引发经济危机，其中一个直接的影响便是全世界的货币汇率在很短时间内发生了巨大波动。中国此时虽因资本管制的原因未受到来自市场的直接冲击，但货币汇率波动对刚刚加入WTO而形成出口外向型经济模式的中国造成的冲击和影响，也倒逼我们在人民币国际化领域有了进一步的改革和开放。

当时，为了应对国际金融市场，特别是外汇市场对我国进出口贸易的影响，中国政府提出，尝试使用人民币作为跨境贸易的支付和结算货币，以减少对美元等外币的依赖。2009年7月，中国人民银行公布了《跨境贸易人民币结算试点管理办法》，为人民币经常项目下的资金对外流动打开了一扇通向国际化的大门。

在2009年以前，中国的进出口贸易商在与海外的对手进行贸易往来时，基本上要选择美元或欧元作为贸易结算货币。其原因无外乎是国际贸易伙伴习惯使用美元或欧元这种公认的国际化程度高的货币，而且在我国资本管制的现状下，传统的银行在帮助企业办理结售汇时，也倾向于使用流动性强的美元等主要结算货币进行报价和兑换。2009年出台的《跨境贸易人民币结算试点管理办法》第一次允许进出口商用人民币作为跨境贸易结算的货币。2010年6月，跨境贸易人民币结算的实施范围不断扩大，试点地区扩展至20个省、市，以及境外地域如东盟地区等，随后更扩展至全球，贸易范围也包括商品和服务贸易。

自2010年开始，经常项目下的跨境贸易人民币结算大门打开了。同年6月，中国人民银行与香港金融管理局签署谅解备忘录，就人民币跨境和出境后的监管问题达成共识——一旦人民币来到境外市场，便可以等同离岸的美元、欧元，自由地在境外交易和使用，不再受境内央行的监管。自此，2010年被称为人民币国际化和离岸人民币市场形成的元年。

自2009年、2010年开始的跨境贸易人民币结算，把经常项目下的人民币国际化之门彻底打开了。迄今，即使面临比较强势的资本管制情形，这个渠道仍然是畅通的。

通过经常项目下的贸易结算，人民币流出了中国内地，汇集到了如中国香港及其他海外地区。银行体系接收了企业的人民币存款，这个存款远比早年间个人消费项目下存款积累得要快，规模也更大。到达峰值的时候，中国内地通过贸易结算的方式向海外输出2万亿~3万亿元人民币，中国香港的人民币存款额峰值时也有约 1 万亿元人民币左右。这些钱汇集到银行系统里，就产生了天然的交易动机。比如，钱多的人要把钱借给需要钱的人，就形成了借贷，有的是通过贷款、拆借的方式来完成；有的人因为业务原因又需要把人民币兑换成其他货币，就有了和外汇相关的交易和产品。在 2010 年随后的两三年时间里，在货币沉淀的基础上，一系列形态上以人民币计价的债券、股票、基金等金融工具和交易市场就形成了。

在当时的国际环境下，特别是在国际金融市场处于低利率和流动性过剩的状态下，由于人民币相对强势的汇率和相对高的利率，加之监管部门政策的推行，使离岸市场发展得非常快。以人民币计价的金融产品和金融市场已经初步形成，加上中国自身的资本市场对外开放程度的提高，这推动了人民币成为国际储备货币这一里程碑式的进展。2015 年国际货币基金组织宣布人民币加入特别提款权（SDR），这一事件成为人民币国际化新阶段的开始。

在上述的时间坐标里，无论从最早人民币走出国境的 2003 年，还是离岸人民币诞生的 2010 年，或是人民币正式加入 SDR 的 2015 年，人民币实际上已经经历了从消费到贸易再到金融，甚至是国际政治体系的一系列国际化进程。接下来，我们将从人民币在岸和离岸的金融市场几个基本要素的角度，再来详细分析人民币国际化进程中的精彩片段。

1. 货币

谈到人民币国际化，不能避免地要谈到金融系统里被称为血液的"货币"。自 2009 年、2010 年开始，由于前文提及的跨境贸易人民币结算以及在当时市场环境下的一系列条件，以进出口商为主的贸易结算通道总共向离岸市场输出了 2 万亿~3 万亿元人民币的资金。

为什么会发生这件事？第一，政策的管控放松。中国在资本跨境流动的问题上自始至终都存在管制。在实施跨境贸易人民币结算以前，对外的贸易结算都要在国内市场进行外汇结算，所以人民币是不会发生跨境流入流出的。而自 2009 年起，跨境贸易人民币结算政策的放开，实现了经常项目下人民币的跨境流动。

第二，市场。市场因素是什么？图 3.1 中的阴影部分是中国香港金融管理局每月公布的中国香港银行系统中的客户人民币存款量。

03. 人民币国际化的前世今生

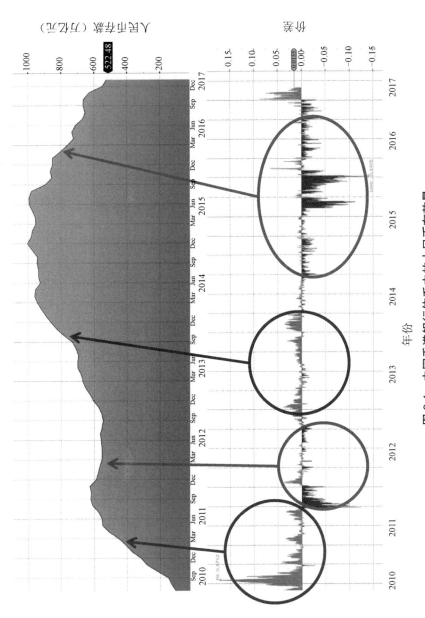

图 3.1　中国香港银行体系中的人民币存款量

资料来源：彭博，截至 2017 年 2 月 28 日。

图 3.1 下方是同一时间内地银行间外汇市场的美元兑人民币价格（USD/CNY）与香港离岸市场美元兑人民币价格（USD/CNH）的价差。

这个价差代表什么？因为两地市场有不一样的外汇形成机制，一般认为在岸的价格是围绕着中国官方公布的中间价的波动形成的市场价格，而离岸市场的价格则更由市场所决定。这个价差我们简单地表示为CNY–CNH，在图 3.1 中如果价差数值为正数，则表明币值上离岸人民币CNH 高于在岸人民币 CNY；相反如果是负数，则说明币值上离岸人民币CNH 低于在岸人民币 CNY。

2010 年离岸市场刚刚形成的时候，CNH 的币值是明显高过 CNY 的，反映出来的价差非常大。因为从 1994 年汇改以来，在很长一段时间内，人民币的定价没有完全市场化，而且伴随着同期中国经济的高速增长，很多市场人士认为人民币币值是被低估的，舆论也认为人民币应加快升值。所以，在离岸市场刚开始以自由的市场定价方式交易人民币的时候，CNH 在币值上要比 CNY 更高。这一过程一直持续到 2011 年的上半年。而从 2011 年 9 月开始，由于欧债危机的影响以及当时跨境结算的一些技术因素，离岸人民币出现了一段时间的贬值，CNY–CNH 呈现负数，这一状况一直持续了近一年。自 2012 年第四季度至 2014 年，整体上人民币又回到升值轨道，表现为 CNY–CNH 转正。而自 2014 年下半年，人民币升值预期见顶，特别是在 2015 年 8 月的新一轮汇改开始之后，长达十余年的人民币升值通道被打破，其中 CNY–CNH 明显转负。

回顾过去离岸市场与在岸市场的价格波动的同时，我们举一个贸易商采购换汇的例子。如果内地一个石油进口企业要去海外采购原油，再运输回国内提炼为成品油销售，这个企业的资金路径是怎样的呢？在 2009 年以前只有一条路径，企业要先和海外的供货商签合同，再拿这份合同向中国的外汇经办银行申请购汇，外汇经办银行按外管局等的规定核实贸易背景，之后按内地银行间外汇市场的汇率价格为企业兑换货款，一般是美元。而企业所付的对价成本，则是按在岸市场价格 USD/CNY 所对应的人民币金额。企业完成购汇后，可以将美元直接跨境付给供货商，完成采购过程。在 2009 年以后，因为有了跨境贸易人民币结算的政策，企业除了与内地经办银行进行购汇，还可以直接用人民币向在香港或海外的离岸窗口公司进行人民币汇款，再由窗口公司经其在离岸的银行账户将人民币兑换成美元。注意这里使用的外汇兑换价格是离岸银行采用的 USD/CNH 的价格，与内地的 USD/CNY 会存在不同。在完成人民币跨境出境，境外购汇后，企业便可以将货款支付给供货商。

在这个案例里，客观的环境是人民币境内、境外价格的不同。刚才我们曾经解释过，由于在岸和离岸在价格形成机制与交易主体之间的差异，CNY 与 CNH 始终存在价差。在这种市场情况下，贸易企业实际上可以根据 CNY 与 CNH 的不同，选择一个对它的方向和价格有利的市场进行兑换。如上述的石油进口企业，如果当时在岸市场的外汇价格 USD/CNY 是 6.8500，而离岸市场 USD/CNH 是 6.8300，显然企业通过将人民币以跨境贸易的形式转至香港，再在香港按 CNH 的价格进行购汇，是更为划算的方式。

所以，本质上跨境贸易人民币结算是给了进出口企业一个外汇价格的选择权，企业可以根据业务和资金的方向，对比两地市场的价格，选择更有利的市场一方完成交易。

从图 3.1 中不难看出，自 2010 年开始，CNH 币值高于 CNY 的时间较多，在这些时间里，像中石油、中石化这样的传统进口企业，利用跨境贸易人民币结算的通道，在较短时间内把大量的人民币汇到香港，以便能够用 CNH 的离岸价格来购汇。所以可以明显地看出，在 CNH 币值高于 CNY 的时期，所对应的中国香港银行体系人民币存款量是增长的，这也印证了我们刚刚分析的进出口商的行为和资金流向。

自 2010 年开始的 7 年时间中，这个模式一直存在。经验表明，如果一段时间内 CNH 币值高于 CNY 市值，则两三个月后香港银行体系中的人民币存款就会增加；反之，如果 CNH 币值低于 CNY 市值，则离岸的人民币存款数值将停滞不前，甚至会出现下降。

从图 3.1 中也不难看出，2015 年 8 月无论离岸人民币存款数额变化还是两地外汇的币值波动形态，都出现了明显的改变。这便是当时 "8·11" 汇改对结束人民币过去长期处于升值通道所造成的市场影响。"8·11" 汇改前，香港人民币存款量的峰值大约在 1 万亿元，之后则一路下跌至现在的 5000 亿元左右。

这说明跨境贸易人民币结算的本质是给予进出口商一个货币价格选择

权,可以在离岸人民币价格和在岸人民币价格之间做出对他有利的选择。选择的结果则导致境内的人民币会在人民币升值周期中（一般认为升值周期中 CNH 的升值速度稍微领先于 CNY）通过经常项目流向离岸市场；而在人民币贬值周期的时候，这一流出过程则变缓甚至停滞；如果人民币长期处于贬值周期中，则离岸市场的人民币资金出现减少，回流至在岸市场。所以，实质上离岸人民币市场的资金并不是在资本项目开放的前提下形成的。恰恰相反，离岸人民币是在资本账户管控下，依靠经常账户的开放，通过进出口商选择有利的结算方向，输送至离岸市场的，这是关于 CNH 货币特性的第一个结论。

试想一下，在资本项目未开放，资金只通过经常项目下的贸易结算来到离岸市场，而管理人民币货币政策和流动性的中央银行也不能直接在离岸市场进行操作的情况下，离岸市场的人民币价格会是怎样的呢？在这种情况下，也许只能通过最朴素的供需关系来看待离岸市场人民币价格的影响因素。也就是说从定性角度来看，如果人民币对美元呈现升值，则离岸市场人民币的资金供给会增多，离岸市场的人民币价格（利率）应该降低；相反，如果人民币对美元呈现贬值，则离岸市场人民币的呈现流出形态，那么离岸市场的人民币价格（利率）应该上升。也就是说，真正决定离岸市场的货币供给和资金价格的要素是美元兑人民币的汇价走势。

这个模式与我们通常认知的一个国家的货币价格应该由中央银行的货币政策和本国基本面所决定的形态有所不同。离岸人民币市场中，货币供给决定了货币价格，而货币供给并不是由央行决定的，不是由中国经济的基本面决定的，也不是由金融市场的直接参与者决定的。事实上，它是由进出口商根据贸易需求，在美元兑人民币的汇率环境下决定的。因此，这是一个非常特殊的现象。有利的一面是，依靠国内庞大的市场、资金量和拥有强大贸易背景的进出口商，可以短时间内把人民币货币输出到离岸市场。但另一方面，这种离岸市场形成的前提并不是资本项目开放，国内人民币市场的资金价格以及中央银行的公开市场操作并不能传导至离岸市场，离岸市场的资金供给和价格是通过贸易商依靠汇率的价差影响的，这与我们所熟悉的货币银行学理论和实践有很大不同。这确实为今后离岸人民币市场的发展埋下了一个不确定因素。特别是"8·11"汇改后，由前期货币升值主导的货币输出模式终结，转化至贬值周期下的环境，离岸市场无论资金规模、产品数量以及参与者都出现了不同程度的倒退。可以说这些结果都与资本项目管制下，离岸人民币市场资金供给和价格的形成因素有关。

该如何解决这个问题呢？在过去的七八年时间里，中国已经经历了一次人民币升值和贬值周期，这个市场经历了从开始发展到繁荣，再到迅速衰退的过程。本质上，不开放资本项目，只开放经常项目，便会导致离岸市场资金和价格无法根据通常市场环境下由经济基本面、央行货币政策以及市场预期这些综合要素而形成的模式和结果。

我们需要解决哪些问题？在资本管制的条件下有什么必要的工具和管道需要创设，形成离岸市场与在岸市场必要的资金价格和流动性连通管道是什么？离岸市场自身的资金价格形成和货币创造问题如何解决？

在资本项目管制，经常项目有限开放的情况下，种类繁多的账户类型和配套政策限制了资金的跨境流动。如何梳理这些宏观政策让资金更有效地流动，简化离岸账户和在岸账户在设立和使用时的壁垒，更好地配合跨境使用？这是第一个要解决的问题。

钱出去了，可能又会回来，始终处在往复循环的状态下。货币要经过一个创造的过程，才能具备形成市场的条件。当然，货币的创造和利率形成机制会是一个"先有鸡"或"先有蛋"的过程。但显然应该先有来自离岸市场的人民币资金使用用途和需求，自然会有金融中介机构来完善资金和价格这些要素。来自离岸市场的人民币资金使用用途和需求，这是第二个要解决的问题。

如果不开放资本项目，国内经济的基本面和经济价格如何向海外传导？这是留给现在的政策制定者、监管机构最现实的问题。过往的尝试是只开放经常项目，但从现在的结果来看，自2010年开始所取得的离岸人民币市场的一点点成绩，在"8·11"汇改之后几乎就付诸东流了。中国央行如何在两个市场中发挥协调作用？资本项目下有哪些可以先试先行的配套改革？是先打造一个离岸人民币市场，还是直接开放在岸的资本市场？这些都是接下来需要长期思考和解决的课题。

2. 离岸债券

我们把在香港发行的以离岸人民币CNH作为计价货币的债券称为点心债。这个市场时间不长，发展极快，但从结果上看消亡得也非常快。这样的从兴盛到衰落的过程，是为什么呢？

图3.2中的这组数据显示了从2010年至2017年第1季度，离岸市场人民币债券和存款证的发行量变化。

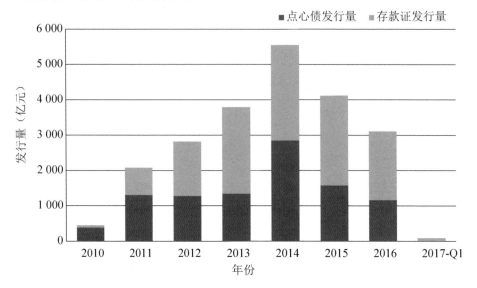

图3.2　2010年至2017年第1季度离岸市场点心债发行量

我们把债券发行细分成两种类型：一是主要向政府、金融机构和企业发行的中长期债券，图中用深灰色表示；二是商业银行发行的存款证，像国内大额存单一样，属于短期的票据存单，图中用浅灰色表示。

先说深灰色的部分，2010年随着跨境贸易人民币结算政策的推出，大量人民币资金从在岸市场来到离岸市场，离岸市场的金融体系里短时间内汇聚了庞大的人民币资金。而一时间，离岸市场并没有形成丰富的如债券、贷款、基金等人民币计价的资产，因此相对而言在资金的用途还比较有限的情况下，离岸人民币资金的价格就很低。这种条件当然有利于企业客户进行融资，特别是因为有了CNH货币市场企业可以轻易地将募集到的人民币资金兑换成其他货币来自由使用。因此，传统上以美元为主要融资货币的债务资本市场活跃起来，开始帮助企业客户发行以离岸人民币计价的债券来筹集资金。而对于手里有大量闲置人民币资金的银行和金融机构，这种离岸的人民币资产固然可贵，虽然可能债券本身带来的票息回报低了一些，但相对资金成本而言，考虑可能的人民币升值，又对比在此时几乎处于零利率环境下的其他主要货币，投资点心债确实是个不错的选择。因此有了金融机构帮助企业客户筹资，又有了金融机构利用离岸人民币投资，这两方面的天然需求，导致点心债市场一炮而红。

另一个客观的市场原因是，2009年至2014年内地的市场利率不断上升，企业的融资成本变高导致其开始寻求其他的融资渠道。在离岸市场进行融资显然在利率价格上具备一定的优势。另外，还有一批企业因为政策的原因不能在内地市场获得银行贷款或债券融资，如房地产企业和博彩企业，这些企业作为中国公司，又为中国投资者所熟悉。因此，这些大企业的加入也做大做强了点心债市场。

因此，由供需主导的点心债市场的发展，既得力于人民币升值周期下离岸市场充裕的人民币资金，又为在国内市场因宏观利率上升而增加融资成本的企业开拓了新的融资渠道，也满足了不便在国内融资的一些发行人的融资需求；同时，对投资人来讲，在离岸更为市场化的环境下获得人民币计价的债券资产，直接或间接地投资于人民币升值带来的潜在回报，使得点心债成为必然的资产配置需求。

同样，再看看图3.2中浅色的部分，为什么银行要发行存款证？因为在港的内资银行发现，在跨境贸易人民币结算的政策和体系下，可以以为企业开展贸易融资为由，使客户获得一笔以CNH利率计价的融资；获得资金的企业客户可以在内地银行开立NRA离岸账户，将资金存于内地银行而获得内地CNY的存款利率。这一做法可能是当时政策和市场环境下的一些灰色地带，因此高额的利率差使得中资银行不断地在市场通过发行存款证来吸纳离岸人民币资金，再利用贸易融资和跨境结算的便利，把钱存放到内地的同业账户里，享受内地相对较高的利率。直到后来因为市场利差的缩窄和对离岸账户征收存款准备金，这一行为才趋于停止。

而 2015 年以后，这一发展进程出现了逆转。首先，人民币升值通道的关闭使得离岸人民币资金呈现净流出，资金成本也不再低廉；其次，在岸市场的宏观利率自 2014 年开始回落，两地的利差在不断缩窄；另外，人民币升值预期的改变和更多的人民币资产（主要是回流投资银行间债券市场）选择使得对点心债的需求降低。特别是在"8·11"汇改后的一年多时间里，货币贬值、离岸市场收益率上升、流动性差等多重因素使得存量债券投资者饱受折磨，而准备新发行债券的发行人也都因此抛弃点心债，转而选择在 2016 年后开始蓬勃发展的中资美元债市场。

因此，从图 3.2 中不难看出，离岸市场人民币计价的债券发行行情与离岸与在岸市场的利率走势、投资人的预期汇报和机会成本、发行人的其他融资渠道密切相关。与图 3.1 中 2010 年至 2017 年香港银行体系人民币客户存款量的走势大体一样，在 2010 年至 2015 年前半段，整个离岸人民币债券市场发行量不断上升，但 2015 年后随着人民币进入贬值通道，整体离岸市场的资金量、债券发行和存量则迅速倒退。

表 3.1 Markit iBoxx ALBI 离岸人民币债券指数

时间	1 个月	6 个月	1 年
累计表现	−0.43%	−0.50%	5.26%
平均久期	3.03		
平均收益率	4.67%		
持仓数量	160		
指数市值	2 086 亿元人民币		

离岸市场点心债在今天是什么行情？看一个市场，我们可以通过抽样统计的方法，一般可以通过一个市场指数的构成和表现来作为代表进行分析了解。在表 3.1 中我们选取了 Markit iBoxx ALBI，即点心债指数。从持仓数量和指数市值上来看，点心债市场正在经历严重的规模萎缩。2016 年年初持仓数量还是 230 只债券，现在只有 160 只，下降了 1/3。市值规模只有约 2100 亿元人民币，且规模肯定还在快速下降。从平均久期上看指数只有 3 左右，因为一般发行的点心债期限都是 3 年以内的。为什么只有 3 年

这么短？因为在离岸市场的利率曲线更多的是靠 USD/CNH 汇价变化折算出的利率，而外汇市场的利率一般也就活跃在 3 年以内，市场无法形成中长期的利率定价，因此长期债券也没有流动性。还是我们之前提到的影响离岸债券市场的两个根本原因：一是离岸货币供给严重依赖货币升值贬值的周期；二是离岸货币价格只依靠外汇变动，而缺乏中央银行和货币政策的影响和传导，市场无法形成完整而有效的利率曲线。

在这里我还要强调一下利率曲线和利率形成机制的重要性。对于债券交易员来说，利率曲线至关重要。如果缺乏利率曲线，交易员则不能对不同期限的现金流准确定价，也不能灵活的使用无风险套利原则不断地进行撮合和交易，形成活跃而有效的利率价格；对于市场来说，如果没有利率曲线和形成机制，发行方无法有效定价，投资方则担心流动性影响会将成本溢价转移到利率和利差中，则出现价差拉宽和流动性减弱。这是整个市场机制的重大缺失，专业的债券交易员和机构是不会大举投入这样的市场的，而缺乏定价基础的市场也不可能发展成熟和繁荣。

我们简单地以美元市场的利率曲线形成机制来进行介绍。美联储会根据货币政策目标、经济基本面等因素制定联邦基金利率的目标，而且其可以通过公开市场操作的方式来干预和影响市场利率，确保联邦基金利率运行在所设定的目标范围内。联邦基金利率是一个隔夜利率，金融机构根据联邦基金利率变化的预期，形成短期利率，作为利率曲线的短端；而利率曲线的中长期则和宏观经济中的增长、通胀等因素相关。总之，中央银行和中央银行给定的货币政策是利率曲线形成的基础，而这一点恰恰是离岸人民币市场所缺失的。

3. 在岸债券

我们在这里谈论中国在岸的债券市场，并不是要探讨银行间债券市场或是交易所市场本身，而是从离岸人民币资金回流投资和银行间债券市场对外开放的角度去看这个话题。

刚才谈论离岸人民币货币和债券市场的时候，遵循的是跨境贸易人民币结算和汇差与利差这样一个主线。在这一主线下，人民币资金流向离岸市场，先是形成了银行的存款，而金融机构低廉的负债成本转移成为企业的融资成本，形成了点心债债务工具。可以说在这一问题上离岸人民币市场和工具是一个由负债端推动的产物。接下来要讨论的关于内地银行间债券市场对外开放则是侧重于人民币的产端。

从 2010 年开始，内地银行间债券市场逐步对外开放，取得了巨大的成就。离岸市场在短时间内汇集了大量的人民币资金，资金自然要寻找能够获得回报的用途。离岸的点心债是天然的资产，但刚刚讲过，离岸的点心债面临很多问题，资金流动性和价格对汇率的依赖、利率曲线形成与货币政策传导障碍等原因会导致交易成本高，流动性变差。因此离岸人民币资金就需要继续寻找一个更好的资产类别。随着 2010 年 8 月 16 日《中国人民银行关于境外人民币清算行等三类机构运用人民币投资银行间债券市场试点有关事宜的通知》的发布，内地银行间债券市场第一次公开允许境外机构使用离岸人民币资金回流投资，为国内债券市场的开放拉开了序幕。

在之后的两年时间内，QFII/RQFII 相继允许境外资金投资银行间债券市场。至此，投资者从境外可以使用人民币资金，通过人民银行的"三类机构"（海外俗称 CIBM 方式）以法人机构的名义，或是通过证监会的 QFII/RQFII 管道以投资产品的名义，投资内地银行间债券市场。

在日后具体的实践过程中，大家发现 CIBM 模式较 QFII/RQFII 模式更为便利。首先，CIBM 计划中的"三类机构"包括境外央行、人民币清算行和参加行，这些以银行为主的机构是最早，也是最容易获得离岸人民币资金的机构，自然体量比较大，对人民币资产需求也大。可以说，在相当长的一段时间里，境外银行为主体的投资资金一直在境外机构投资银行间债券市场的占比中维持在 70%以上。其次，QFII/RQFII 这类产品设立和审批周期过长，初期成本高。一般先要成立基金产品，而管理人要获得 QFII/RQFII 资格，产品/管理人再申请投资额度，获批后还要办理银行间债券交易和托管的开户，而且每成立一只新产品，就要走一遍程序。这些烦琐的流程导致产品准入门槛过高。另外，QFII/RQFII 也缺乏对外汇和利率的对冲工具，而过于直接的暴露了人民币资产的汇率波动风险，因此在 2015 年中后期，这一类投资银行间债券市场的工具几乎绝迹。相对而言，CIBM

的参与者多为商业银行，而银行天生有资产负债相匹配的优势，因此较 QFII/RQFII 受到市场反转的影响更小。

在 CIBM 模式受到市场接纳的基础上，2016 年年初中国人民银行又发布了新规，将原有的"三类机构"主体扩充至包括保险、养老金和更广泛的金融机构及其发行的产品范畴，而且也首次允许境外机构在内地银行间外汇市场进行货币兑换和汇率对冲等操作。随后，还允许银行类投资机构使用 REPO 进行回购，投资额度限制也进一步放宽。至此，CIBM 模式已经实现了完整的升级，成为境外机构投资银行间债券市场的主力。如今，海外投资银行间债券市场账户数量超过 200 家，包括商业银行、中央银行等金融机构及其发行管理的投资产品，持仓总量超过 7 000 亿人民币。

图 3.3 展示了境外机构的持仓量和占比。在图中我们不难发现，在持仓

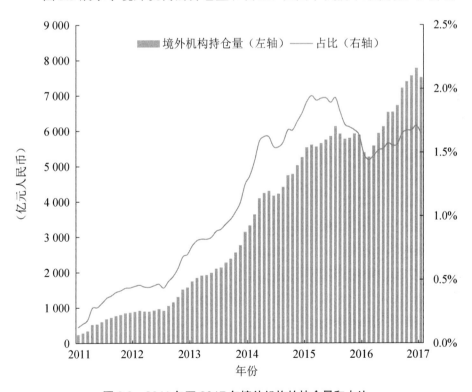

图 3.3　2011 年至 2017 年境外机构的持仓量和占比

量和占比随时间增长的过程中，2015年中曾经经历了一次回撤。这个时点的回撤无疑也是和2015年"8·11"汇改直接相关，类似的变化我们在香港银行体系人民币客户存款（图3.1）与离岸市场点心债发行量（图3.2）中都曾经见过。然而不同的是，并不像图3.1和图3.2那样在2015年后资金规模和点心债发行量出现锐减，境外机构投资银行间债券市场的数量和比例在经历回撤后出现反弹，继续创出新高。这也许是目前不多的在2015年后还得以保留的关于人民币国际化的胜利成果。

为什么数据在2015年"8·11"汇改后没有出现大幅度回撤甚至垮塌？为什么在离岸人民币资金总量出现大幅下跌的情况下投资银行间债券市场的数量和占比还在上升？我个人的判断是因为2016年开始人民币正式加入了特别提款权（SDR），而这也标志着国际组织和金融机构对人民币的认可和需求将持续上升，这种需求可能并不依赖离岸人民币资金的多与寡，或人民币对美元汇率的升于贬的变化。更多的资金会来自国际组织、中央银行、退休金、养老金等追求长期投资回报的投资者，而且投资资金来源也可以通过以美元向内地银行进行汇兑获得人民币的形式来完成，减少了对离岸市场和外汇价格的依赖。从这一点来看，中国促使人民币成功加入SDR对于人民币国际化进入新阶段可谓功不可没。

我们对境外机构在银行间债券市场的投资行为做一个分析。刚才说过，这些投资者中商业银行占大多数，投资比例最高。这类型投资者多以投资配置行为为主，换手率较低。而从投资品种上来看，国债和政策性金融债占了总投资比重的九成，其中国债占60%，政策性金融债占30%，而信用类债券的占比则不足10%。

我们要知道，中国的国债因为免税的原因，债券到期收益率会较同样是主权评级和零风险权重的政策性金融债低。而境外机构在投资在岸市场国债的时候，并不一定可以立竿见影的享受到免税的优惠。即便这样，它们仍然投资收益率相对低的品种，说明境外投资者在投资的考虑上仍然是以安全性和流动性为主，另一个角度也可以看出，这和受人民币加入SDR影响而带动的国际组织和央行等机构的投资行为更为相符。

为什么境外机构对银行间债券市场中的信用债券的接受程度比较低呢？一方面，境外机构的类型（以央行、银行类机构为主）决定了其风险偏好较低。另外，国内信用评级体系与海外不接轨，在中国两三千个信用债发行人中，只有20家左右的发行人具备国际三大评级机构的评级。而中国本土的评级是怎么样的？有57%的信用类债券具备AAA或者AAA以上的本地评级，这个结果显然会让境外投资者对信用评价体系产生怀疑。而其信用风险的对冲，以及公司破产清算的法律程序，都是制约境外机构深度参与信用债投资的障碍。

人民币国际化后市的展望

首先，在广义的人民币国际化进程中，消费、贸易等对应的经常项目下的跨境资金开放已经完成，使用和交易模式也基本成型。未来在金融机构的服务和资金连通和清算的效率上还有提升空间。特别是随着CIPS等下一代支付系统和清算网络的建立，依托内地市场和金融机构，人民币的全球清算会更为便捷高效。

其次，在金融交易和市场领域，由跨境贸易人民币结算推动人民币资金流出从而形成离岸人民币市场的情况,已经在2015年后出现根本性变化。在目前资本项目管制的情况下，再次形成具备较大规模的离岸人民币市场机会并不大，而离岸市场只会在一些在岸市场尚且无法完全发挥作用的领域进行一些尝试和探索，如CNH外汇相关的市场。未来离岸市场会以更加支持投资在岸市场的境外机构为主。

再次，在岸资本市场的开放程度会越来越高，包括银行间债券市场和股票、大宗商品、期货等市场。从目前结果来看，在岸的银行间债券市场是这一轮人民币国际化尚存的丰硕成果。境外投资人占市场总量的比例只有约2%，相比印度尼西亚、韩国、马来西亚等邻国外资持有比例在20%以上，我们仍有较大的提升空间。

值得一提的是，在彭博社等媒体的新闻报道中，将中国银行间债券市场的债券纳入指数已经在考虑之中。虽然过往由于很多技术问题，国际主流债券指数从未包含人民币债券，但我们依然要积极争取加入主流的国际债券指数。目前大约有 5 万亿美元资金是追踪包括彭博巴克莱、花旗和摩根大通在内的三大主流国际债券指数的，而将中国的人民币债券纳入其中，意义不亚于当下的人民币加入特别提款权。

另外，在中国债券市场的生态环境中，还有一些细节需要我们去完善。我们评估一个海外成熟的债券市场，一般会先进入彭博终端的一个页面，如 USSW 页面，可以一目了然地看到从货币政策、短期资金价格，到中长期债券利率等一个完整的资金和利率体系。但目前国内还没有这样一个体系，利率价格的形成处于比较初级的市场阶段。这其中有中央银行货币政策和利率传导的问题，有做市商报价和提供流动性的问题，有市场割裂或者政策不连续的问题，也有交易工具创设和价格体系系统性匹配等问题。面对银行间债券市场的进一步开放，我们更需要培育人才和卖方市场，人民币的国际化是服务的对外开放，我们在心态上要以"乙方"的角度和姿态来服务，提高服务质量和业务的竞争力。

最后，回顾一下人民币国际化的前世今生。从政策导向来看，国际化真正的目标是使人民币在消费、贸易、金融交易和储备投资等方面都有一个广泛的应用，在这些场景的基础上对中国的货币、政治、经济等基本面产生影响。从 2003 年开始，我们经历了人民币在跨境使用范围上的拓展，也经历了离岸市场的兴与衰，而在目前资本项目管制的情况下，鼓励境外机构和资金参与开放中的中国资本市场，成为新的亮点和方向。

坦率地讲，对人民币国际化，我们无法给出成功或失败这样的结论，但在过去的几年间在人民币国际化的过程中确实显示出一些重要的市场经验和改革成果。如何解决资本项目管控与开放的问题，如何推进自身的市场改革和利率传导机制，如何定位离岸市场和在岸市场的关系，如何面对人民币的升值贬值周期变化，或经济周期和利率周期的变化？这些都将是伴随我们一起走向未来的问题。

（本文根据作者 2017 年 10 月 30 日在北京大学汇丰商学院"金融前沿讲堂"的演讲整理，经作者审阅。）

专家点评

史蛟

北京大学汇丰商学院助教授

我从长期和宏观的视角,通过以史为鉴的方式,对人民币国际化的现状和未来进行一些展望和点评。

与孟总的基调稍有不同,从长期和宏观的视角来看,我对人民币国际化的前景抱着谨慎的乐观态度。

首先,从时间上看,众所周知,美元是现在的国际货币。从19世纪后期起,美国已经是全世界最大的经济体,而美元真正崛起是在20世纪早期的第一次世界大战和第二次世界大战期间,美元正式成为真正的世界核心货币是在"布雷顿森林体系"建立之后的1940年,中间相距了几十年。为什么英镑在大英帝国日落西山之后,还能够维持如此长时间的影响力?孟总有一个非常精彩的比喻:货币国际化就像语言国际化,当两个外国人在外国土地上讲你的语言,你的语言就国际化了。

货币与语言之间,有一个非常微妙的相似之处,在经济学上称作"网络效应"。为什么现在世界上大家都讲英语?在一百多年前,有一位语言学家设计了一种完全人工的语言——世界语。尽管这种语言在语法和发音上都经过人工设计,很容易学,也很容易交流,但是没有人讲这种语言。为什么呢?因为其他人都不讲。语言的主要功能就是交流,如果别人都不讲,你就没有理由去学习一门语言。这也是语言和货币的相似之处。货币的主要作用是交易,如果别人都不用这种货币,你也没有理由用这种货币。货币系统具有强大的黏性。以前，世界的主要交易货币在本国经济衰退了之后，还可以保持长时间的主导地位。所以，从这个角度来看，人民币的国际化进程还处在幼年期，我们应该有一些耐心。

其次，还有时机的因素。货币的主导性具有相当大的黏性，在什么情况下，一个先前的主导货币才会退出世界的舞台中心？需要等待一个合适的时机。从美元角度来看，之前的世界中心国——英国连续遭遇了三次"滑铁卢事件"。

首先，第一次世界大战期间，英国为了维持战争的需要，大量地超发货币，并向外国举债。这时，美国政府作为友好国家，借给英国政府很多以美元定价的债务。当然，那时的英国政府无法计较用什么样的货币来定价债务。

其次，第一次世界大战与第二次世界大战之间，当时的英国政府为了维持或恢复英镑在全球货币体系的地位，想到了一个自认为非常好的方法：英国政府认为，英镑之所以被大家信赖和持有，是因为它具有相对黄金固定的定价，价格完全稳定和固定。而在第一次世界大战期间出于战争的需要不得不放弃这种稳定。在第二次世界大战之前，当时的英国首相丘吉尔认为想要恢复英镑的地位，唯一能做的事情就是恢复战前英镑对于黄金的稳定价格。但事后来看，这是一场深重的灾难。因为在战争期间超发了很多货币，造成通货膨胀，唯一让英镑对黄金的价格回到战前的方法，就是让经济体经历一次非常沉重的通货紧缩。在这一政策之后，英国整体经济不但没有强化，反而雪上加霜，所以他们不得不放弃让英镑价值回到战前的努力。这个事件对英镑在国际上的公信力造成了重大打击。

最后，英国刚刚爬起来，又掉进第三个坑里——第二次世界大战。当时，战后的美国作为世界大国，召开了一次会议。这个会议是国际金融史上的分水岭。会议创立的"布雷顿森林体系"一直到现在都对世界影响甚重。"布雷顿森林体系"的核心是将美元作为全世界货币体系中的核心货币，全世界所有的货币都加入固定汇率制度，与美元挂钩。一旦建立这样的制度，其他国家的货币与美元完全挂钩，在所有交易中都可以使用美元，而且没有任何汇率风险，这些国家自然就很愿意持有美元。

人民币国际化的最终目标是什么？

我们经常说人民币要代替美元现在的国际地位。但是，如果回顾"布雷顿森林体系"的历史，我们就可以发现，美元一家独大，并在世界金融体系中占有如此高的地位，这可能是很难重复的。因为当时美国告诉所有参加"布雷顿森林体系"的其他国家，要相信美元的实力。

美国是如何让所有国家相信并愿意持有美元的？美国承诺美元始终与黄金挂钩。美元与黄金挂钩的固定汇率是每盎司黄金35美元。美国当时还承诺所有参加国的中央银行任何时候拿美元到美联储来，就可以以35美元每盎司黄金的价格，直接在美元和黄金之间兑换。在这种保证之下，美国是不是通过"布雷顿森林体系"让所有国家接受了以美元作为世界的中心货币？实际上不是的。在美元的中心货币地位背后的支撑是黄金。与其说其他国家当时相信美元的购买力，不如说是相信黄金本身的储蓄价值。

1971年，尼克松单方面向全世界宣布，让美元与黄金脱钩，用美国一位经济学家巴里·艾肯格林（Barry Eichengreen）的话说，这是美国单方面背弃自己的承诺。因此即使中国举办一次会议，让大家使用人民币，但由于大家已经被"忽悠"过一次了，就不会再"上当"了。所以，人民币国际化的现实目标是什么？不是取代美元国际化的地位，而是要建立一个多元化的国际货币体系，让人民币在国际上拥有自己的地位。

刚刚孟总讲到，国际化的时机是比较微妙的，在我们开始提倡人民币国际化的时候，美国正好也摔了一跤，一轮又一轮QE，造成美元不断贬值。当然，美元跌得不像英镑那么糟糕，过几年之后经济好转，美元又开始回升。

最近几年，人民币国际化进程又陷入了僵局。这是中国的问题，还是外国的问题？中国肯定有很多问题，但是，主要的因素还是人民币的贬值压力。人民币贬值压力是从哪里来的？是中国单方面做得不好吗？实际上不是的，人民币之所以相对美元贬值，其实是因为美元相对于所有的货币都在升值。随着美联储进入加息周期，美元又进入了长期的升值周期之中，这个时机下的外部环境未必在短期内对我们有利。

虽然短期内有一些波折，但我还是对人民币国际化前景保持着谨慎的乐观态度。经济学上有很多研究，一个国家的货币在全世界的地位如何，最终还是取决于其经济实力。一般预测是，在2020年中国的GDP将达到世界第一。现在人民币在国际金融体系中的地位，与中国当前的经济地位是不匹配的。从长期来看，人民币的角色会更加重要。但是，在经济学研究中，除了经济体量基本面之外，还有两个重要的因素决定了一个国家的货币是否能够成为世界货币：一个是金融市场的发达度，另一个是资本市场的开放度。其原因非常容易理解，中国希望外国人能够持有以人民币计价的资产，而海外投资者持有这个资产，最终是以中国国内的资本市场拥有好的流动性、回报率等要素为保障的。在这个前提之下，要同时开放资本账户，否则海外投资者得到的利率很低，就不再愿意持有人民币了。海外投资者必须享有在中国境内的投资机会，才会更加心甘情愿地持有以人民币计价的资产。在这个过程中，出现短期波折有外部因素，但看看国内金融市场的开放程度，也有中国自身应该努力的地方。

综合所有因素，首先，人民币的国际化可能会花一些时间，这很正常。其次，讲国际化的时候，时机选择很重要，但是这个时机反转得很快，并不是我们能够控制的。我们相信，随着中国在世界上的经济地位逐渐提高，人民币一定会取得自己相应的地位，但前提是我们需要反省，修正金融体系中现存的漏洞和弱点。

04. 债务风险与不良贷款

丁安华

招商银行首席经济学家

2017 年，债务风险在中国成为一个重要的问题。关于中国的社会总债务占 GDP 的比重，有各种各样的测算。一般来讲，比较权威的测算有两个：第一个来自 IMF（国际货币基金组织），IMF 认为中国社会总债务占 GDP 的比重中，企业部门债务约为 145%，政府部门债务约为 50%，家庭债务约为 40%。第二个来自著名的麦肯锡咨询公司，麦肯锡的报告认为中国债务总额高达 GDP 的 282%。然而麦肯锡的数据有一个问题，它包含了金融或者银行部分的债务，从而造成了重复计算。剔除重复计算部分，市场共识的数据是 230%~250%。从债务结构来看，一般认为我国企业债务比例偏高，特别是实体经济的企业部门；政府债务低于国际可接受的安全水平；家庭债务则更低。但同时存在质疑的观点，质疑者认为截至本文写作时，中国房屋抵押贷款增长的最新数据是 60%，由于房地产浪潮所带来的杠杆率上升，使相当一部分家庭的债务构成有一个上升的空间。今天，我们要从债务问题出发对银行资产质量进行分析。

问题的提出

IMF 在 2016 年 4 月发表的《全球金融稳定报告》（GFSR）中有几个涉及中国的章节，提到了"在险债务"的概念，这是 IMF 特有的分析工具，体现了 IMF 典型的自下而上的分析方法：从企业的微观角度衡量中国企业的债务负担，进而测算中国银行业公司贷款损失的规模。IMF 估算出中国上市公司的在险债务比率为 14.1%，中国商业银行公司贷款中潜在在险贷款比例为 15.5%，对应在险贷款规模为 1.3 万亿美元。假设在险贷款将遭受约 60% 的损失，对应损失贷款规模为 7 560 亿美元，相当于中国 GDP 的 7%。

2016 年 6 月，IMF 第一副总裁戴维·利普顿（David Lipton）来到中国进行巡回演讲，他援引 IMF 报告的结果，认为银行的公司贷款潜在损失规模相当于中国 GDP 的 7% 仅仅是一个相当"保守的估计"，中国的问题比预估的还要严重。

有两个数据值得大家注意，除了 7% 之外，还有一个是公司的损失贷款。官方数据显示，2015 年年末，中国银行业金融机构（含政策性银行）的不良贷款比率为 1.94%，不良贷款余额为 1.96 万亿元人民币（相当于当年 GDP 的 2.85%）；2016 年中国商业银行不良贷款余额为 1.44 万亿元，不良贷款率上升至 1.75%（如图 4.1 所示）。这与 IMF 估算的数据有很大的差距，不良贷款比率一个为 15.5%，一个为 1.94%，不良贷款规模相差好几万亿元，据此计算出的不良贷款占 GDP 的比例一个为 7%，一个为 2.85%。因此，这个问题必须得到合理的解释和回答。

IMF 的报告产生了很大的影响。中国官方公布的不良贷款规模和不良贷款率数据与 IMF 对公司损失贷款的估算相差甚远，可谓"一石激起千层浪"！国际和国内媒体都对此进行了报道。这份报告的研究方法，也对众多的投行研究报告产生了影响。舆论普遍认为 IMF 的测算结果是权威可信的，并将 IMF 的在险贷款估算结果（15.5%）解读为中国银行业"真实"不良贷款率的下限。部分券商，特别是外资投行，由此推断中国所谓的"真实"不良贷款率高达百分之二三十，甚至出现一个极端的数据：35%，似乎不说得高一点，就吸引不了眼球。IMF 的估算是什么概念？假定中国目前的银行业有 15.5% 的不良贷款率，而银行业的资本充足率为 11%～12%，相当于在

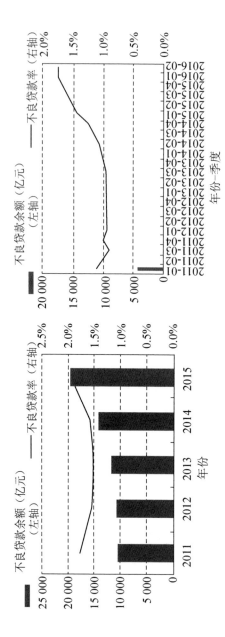

图 4.1 银行的不良贷款余额及不良贷款率

资料来源：银监会、招商证券。

一天之内，不良贷款就可以把所有的资本充足穿透，银行业随之进入技术性破产的阶段。

这份报告引起了政府和主管部门的广泛关注。在 IMF 副总裁来华的两个星期之后，国务院新闻办在 2017 年 6 月就企业债务问题专门举行了两场吹风会来进行说明，但吹风会仍将 IMF 的估算结果作为既定的讨论基础，除了强调"中国特色"的债务风险总体可控之外，针对 IMF 报告的回应不得要领。由于这个问题的影响之大、争论之多，我们必须对此进行回答。

IMF 的计算方法

什么叫作"在险债务"？一家公司被界定为"在险公司"是什么情况？IMF 的研究报告是这样界定的：当一家公司的利息覆盖倍数小于 1 时，就被界定为具有风险的公司。IMF 基于 2 871 家公司（包括 2 607 家上市公司和 264 家非上市公司）的数据，计算了中国公司的潜在在险公司贷款，计算过程如下。

首先，依据利息覆盖倍数<1 的准则从样本企业中筛选出在险公司。计算结果显示，在险公司数量为 590 家，占样本公司数量的 22.6%。其次，将在险公司的债务定义为在险债务，并将在险公司的总债务与样本公司总债务的比值定义为在险债务比率。计算可得，2015 年中国上市公司在险债务比率达到 14.1%。最后，IMF 进一步假设中国各个行业的潜在在险贷款比率等于该行业上市公司的在险债务比率。计算得出在险公司贷款占公司贷款的比例为 15.5%，对应在险贷款规模为 8.2 万亿元人民币。

字面上，IMF 承认在险贷款与银行不良贷款不是一回事。IMF 的报告里说到，NPL（不良贷款）的确认需要满足一定的监管要求，也会导致一定的会计后果。但事实上，IMF 还是将在险债务与银行贷款损失联系起来了。

IMF 的报告里用两张图（图 4.2 和图 4.3）表现了中国的债务风险与不良贷款问题，图 4.2 中的 NPL+SML 曲线是中国银行业"不良贷款＋关注类贷款"占比的官方公开数据；实黑线是 IMF 计算的在险债务比率，可见这两个数据差别很大。图 4.3 最上边为公司在险贷款总规模，下边为对应的损失贷款规模，相当于 GDP 的 7%，即使按照巴塞尔协议 II 假定的 45%的损失率，公司贷款损失规模也有 5 670 亿美元之巨，相当于 GDP 的 5%。

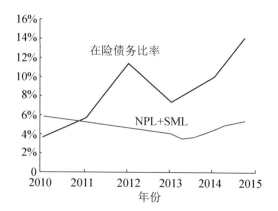

图 4.2　在险债务比率与不良贷款＋关注类贷款占比

资料来源：IMF。

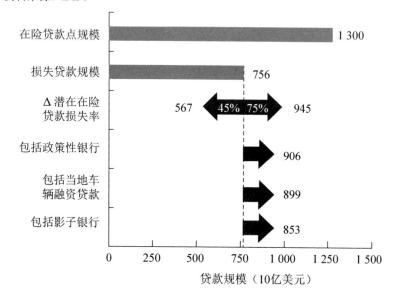

图 4.3　潜在在险公司贷款规模

资料来源：IMF。

重复性检验

重复性检验问题的严重性在于：虽然我们对 IMF 的报告结果存疑，但其计算过程非常清晰，极具说服力。鉴于此，我们在回答这一问题时必须做的一项工作就是重复性检验。

最近，科学研究中重复性检验的重要性变得为众人所知，这与河北科技大学生物科学与工程学院副教授韩春雨的"重大科学发现"有关。他找到了基因编辑的新工具，但实验结果的可重复性被争论了数月之久。这之后，《自然》杂志做了一个在科学研究领域是否应该进行可重复性检验的调查。由此可见，在科学研究和实验室研究里，可重复性检验是一个十分重要的研究方法。

涉及重复性检验的另一个例子是，2013 年发生在美国的关于主权债务与经济关系的学术之争。克鲁格曼 2013 年在《纽约时报》上发表了一篇文章，批评对象是哈佛大学的两位教授，其中一位是 IMF 前首席经济学家罗格夫。起源在于两位教授曾撰写了一篇很有影响力的学术文章，文章在考证了百年来的相关经济数据后发现一个结论：当一个国家的主权债务（即政府债务）超过 GDP 90%的基线时，经济增长率就要下跌 2 个点以上。这篇文章一经发表，在美国引起了很大反响，并为当时欧洲债务危机的紧缩债务政策提供了有力的理论依据。然而，一位美国普通的大学博士研究生，运用从两位教授那里获取的相同数据，尝试做重复性检验时，却无法得到上述结果。克鲁格曼得知这件事后，就撰写了这样一篇讽刺文章，提出"一个数学的结果可以产生很大的误导"的观点。

这个例子同样说明我们在做研究（包括宏观分析、财务分析等）时，重复性检验都是一个非常重要而有力的工具。同时，这也是在研究工作面临毫无头绪时可采取的一种策略。于是，我们基于 IMF 报告中的计算方法，分别使用彭博和万得数据库，对 2015 年非金融上市公司的财务数据进行了重复性验证。这里需要说明的是，IMF 采用了 S&P Capital IQ 数据库，我们尝试向 IMF 索取底层数据，但由于版权问题无法获得。

重复性检验由两个团队分别进行：一个团队使用的是国内万得数据库的 A 股上市公司数据；另一个使用的是彭博数据库的上市公司（含海外上

市中国公司）数据。测算结果发现，两组检验结果均大幅低于 IMF 的估算结果。用万得数据库计算的结果是，上市公司在险债务比率为 9.41%，比 IMF 结论低 4.69 个百分点；用彭博数据库计算的结果是，上市公司在险债务比率为 11.36%，比 IMF 的结论低 2.7 个百分点。两组检验结果之间的差异引发了我们的思考，虽然两套数据库包含的公司样本数目不同，计算结果略有出入是可以理解的，但如此大的差异还是令人困惑。

首先我们考虑这是否是由于样本差异导致的。万得和彭博数据库的样本主要构成大概有 3 000 家完全一致的企业，仅在一些在海外上市的中国企业数据上存在不一致。即使 IMF 使用了 200 多家非上市企业的财务报表，也难以解释用同样年份数据计算出来的结果有 4 至 5 个百分点的差距。经过仔细的比对，我们发现对营业利润处理的不同，造成了 EBITDA（税息折旧及摊销前利润）计算结果的差异，进而扭曲了利息覆盖倍数（ICR），最终导致在险债务比率的计算结果相差几个百分点。在彭博和标准普尔的数据库里，公司申报的财务报表数据被进行了"标准化"处理，其中一项主要变化是将"投资净收益"从营业利润中扣除，将其列入非经常性的营业外收入，这使得 EBITDA 这个数据大幅变小。万得的数据很简单，基本保留了公司申报报表的原有格式，投资净收益包含在营业利润之内。

经过与 IMF 北京办事处确认，IMF 在计算 EBITDA 时的确扣除了"投资净收益"，将其列入营业外收入。因此，IMF 计算的中国上市公司"在险债务"比例高达 14.1% 这一基本结论，以及由此推导的银行公司贷款潜在损失规模达 15.5%，都是值得怀疑的。

IMF 低估了我国企业的偿债能力

这个怀疑是否可靠？为什么 IMF 低估了中国企业的偿债能力？要回答这些问题，首先要了解 EBITDA 的计算方法，简单的方式就是在营业利润上加回折旧、摊销和非现金项目。而为什么我们说投资收益、投资净收益非常重要，尤其是对中国企业尤为重要？

我们可以举两个例子来说明这个问题。第一个是李嘉诚的长江和记实业。这家公司对很多分支机构的股权占比小于 50%，比如电能实业为 38.87%、港灯为 33.37%、特西能源为 40.18%、和记港口信托为 30%。这些分支机构的投资净收益按合营企业权益法合并，最终计入集团的营业利润。

当然，还有一部分是采用全面合并，包括和记电信、和黄中国医药、长江基建集团以及一家澳大利亚的电信公司，这部分没有争议。

从李嘉诚公司提供的财务报表里，可以看到全面合并的影响。在 2017 年上半年的财务报表中，在李嘉诚的长江和黄实业集团 442 亿元港币的 EBITDA 里，有 176 亿元港币来自投资收益。如果按照 IMF 的计算方式，这一部分不能计算在内。从李嘉诚的例子中可以看出将投资净收益划入营业外收入的巨大影响。事实上，IMF 的做法在投资银行通行的公司分析方法中，也不是惯例。

再以招商局港口为例，招商局在香港有一家旗舰上市公司，也是蓝筹股，以前名为招商局国际，现在改名为招商局港口。其主控或参资的码头包括：渤海湾的大连港（21.05%）和天津港（14%）；青岛的 QQCTU（49%）和 QQTU（50%）；长三角的上海港（24.49%）和宁波港（45%、4.55%）。在招商局港口中财务全部合并的主要是蛇口母港，现在招商局港口已通过"一带一路"实现了"走出去"。

2015 年，招商局全面合并的业务所产生的利润为 29.8 亿元港币，而来自权益法合并的合资企业利润有 38.9 亿元港币。如果按照 IMF 的做法，只计算 29.8 亿元港币，来自权益法合并的投资收益不计算在内，会严重扭曲这家公司真正的偿债能力。

投资的净收益是否纳入营业利润，既是会计准则问题，也涉及公司估值。各国会计准则对投资收益的列示要求不尽相同，争议的关键在于：投资收益是否是可持续的经常性收入来源。中国会计准则明确要求将投资净收益纳入营业利润，而多数发达国家在财务报表中，投资净收益并不计入营业利润，属于营业外收入。

S&P Capital IQ 数据库和彭博数据库的"标准化"报表，将投资净收益排除在 EBITDA 之外，背后的逻辑有两个：其一是认定投资收益是在主营业务之外，是非经常性、不可持续的；其二是追求一致性，便于国家间比较分析。将投资收益计入营业外收入，对发达国家有一定的合理性，例如英美企业的投资收益科目，特别是以公允价值核算的短期投资收益，的确不可持续，而来源于长期投资的"联营和合营企业的投资收益"占比很低，不构成显著影响。但是在中国却恰恰相反，分析这一现象产生的原因，就要分析中国企业治理结构和股权结构。

"穿透公司的面纱",一直往上追寻中国企业的控股结构,最后我们会发现顶层控股权大多集中在国企手中;而在西方的大公司,穿透到最后都是极为分散的社会化股权结构。国外大型企业的顶层母公司,股权结构极为分散,而母公司之下的子公司则多是全资附属,美国人不喜欢办合资企业或者联营企业。而中国的情况恰恰相反,顶层母公司股权集中在国企手中,下属的企业则多是采取分散的股权架构,这就导致在营业利润构成中来自权益法合并的部分过大。

为什么会形成今天这样的架构?改革开放以来,中国公司股权架构有以下两个特点:第一,国有企业股份制改革是自下而上的,首先实现的是最底层的单位股权多元化。曾经有一段时间中国为了引进市场机制,把竞争单位无限细分,甚至细分到柜台,但最上层控股的仍然是国有企业。这种改革的结果是,"穿透公司的面纱"之后发现,顶层的国有资本"一股独大"依然屹立不倒,没办法完全市场化。第二,20世纪80年代改革开放之初,一个重要的改革试点是当时的中信集团。作为一个融资的窗口,中信集团的投资领域繁多,下辖各种各样的企业,但很多只占少数股权,不一定完全控股。1995年秦晓先生担任中信集团总经理之后,对这个问题进行了深入的剖析和彻底的改革。中信模式成为当时的一种样本,即控股公司之下投资衍生出来无数复杂的少数股权企业。其结果是,出现很多这种和西方主流的企业形态不同的控股结构,造成的财务结果就是中国企业的营业利润来自对外投资的收益比重过大,这在全球的主要经济体中极为少见。

从图4.4的数据来看,2010—2015年,中国上市公司的投资净收益占营业利润的比重从13.3%稳步上升至26.8%,成为企业正常、持续而稳定的利润来源。对中国企业而言,按权益法合并的投资收益占比非常高,不能忽视。所以,IMF在财务处理中忽略投资收益,极大地低估了中国企业的财务稳定水平和偿债能力。相较于国外大公司的财务报表,中国企业的报表情况更加复杂,在研究中抽掉少数股东权益所带来的利润贡献,肯定是不合适的。

今天的中国,这种结构不仅没有得到改变,还可能愈演愈烈。国际上的大公司顶层股权非常分散,看不到明显的实际控制人。而控股母公司对下属企业的股权则多采用全资拥有方式,简单直接。欧美企业不喜欢"股权乱伦"(学术界将日本的相互持股的模式称为"股权乱伦")。这是在分析中国财务状况和债务风险的时候，直接借用国外的工具所产生的问题。

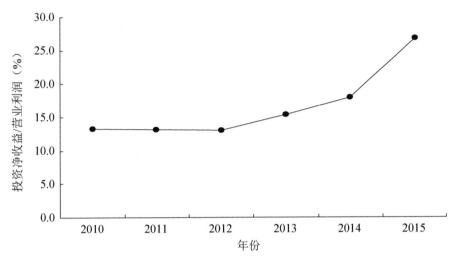

图 4.4　中国上市公司的投资净收益/营业利润（%）

资料来源：万得、招商证券。

在险债务分析与银行不良率的关系

我们选择彭博数据库，使用同样的计算方法，看看把投资收益纳入营业利润，是否会造成在险公司数量和在险债务比率计算结果的明显差异。若不包含投资收益，在险债务比率的计算结果是 11.35%，比 IMF 的结果低 2.75 个百分点；若考虑投资收益，在险债务比率是 9.36%，比 IMF 的结果低 4.74 个百分点（如表 4.1 所示）。

表 4.1　2015 年中国在险债务计算结果比较

	风险公司数	公司总数	在险债务（万亿元）	总债务（万亿元）	在险债务比率（%）
IMF	590	2 871	2.44	17.29	14.10
招商证券（不含投资收益）	583	3 449	1.84	16.18	11.35
招商证券（含投资收益）	491	3 449	1.52	16.18	9.36

IMF 报告的一个关键隐含假设是,在险债务比率的升高会导致银行不良率的上升,甚至隐喻在险债务比率才是真实的不良率指标。从英文文献上看,在险债务比率与银行不良率的关系并没有引起学术界的关注,"在险债务"这个词主要出现在 IMF 相关研究报告之中,更像是一个 IMF 所特有的分析工具,而且 IMF 也没有刻意将其与特定国家的银行不良率联系起来(中国除外)。那么,在险债务比率与不良贷款率之间究竟存在什么样的关系呢?

以中国、美国、英国、日本、澳大利亚、德国和法国为例,基于各国 2010—2015 年在险债务比率与不良贷款率数据计算得到:在险债务比率与不良贷款率的相关系数为-0.64,两者竟然呈负相关关系。观察各个国家的情况,中国的在险债务比率在上升,而不良贷款率一直是一个稳定的数据。2014—2015 年,美国和英国的在险债务比率有一个跳升的过程,但银行不良贷款率一直缓慢下降;其中比较特别的是德国和法国,银行不良贷款率比企业在险债务比率还高。

从表 4.2 可以看出,2015 年各个国家的行业在险债务分析有一些共性:由于众所周知的原因(大宗商品价格下行),能源企业和原材料企业的在险债务比率非常高。

表 4.2 2015 年各国各行业在险债务比率(%)

	中国	英国	日本	美国	澳大利亚	德国	法国
电信业务	0.0	1.0	0.0	0.0	0.0	0.0	0.0
非日常生活消费品	7.0	2.0	0.0	5.0	11.8	0.2	0.2
工业	10.8	4.0	6.7	3.7	17.1	3.6	9.7
公用事业	0.2	0.0	0.0	25.7	0.0	0.0	0.0
房地产	6.1	1.4	0.1	1.7	1.3	14.1	7.8
能源	5.6	18.8	69.3	26.9	36.5	49.5	3.7
日常生活消费品	10.2	15.5	0.2	2.2	5.6	0.0	0.0
信息技术	7.4	1.1	0..6	3.0	2.6	0.9	1.5
医疗保健	2.6	0.4	1.6	1.9	1.1	0.1	1.1
原材料	23.3	24.5	0.0	15.1	4.9	0.0	8.6
合计	9.4	8.2	3.7	7.7	9.9	0.6	2.6

资料来源:彭博、招商证券。

我们不禁要问,为什么在险债务比率与不良贷款率在很多时候是反方向变化的？为什么在险债务比率的波动远大于不良贷款率？为什么有的国家在险债务比率比不良贷款率还要低？此外，2016年上半年中国上市企业的在险债务比率是多少？

首先一点，我们发现在险债务比率并不是不良贷款率的良好替代指标，其中一个重要的理由是，由于税务的原因，各个国家对不良资产的核销态度并不一致。有些国家对不良资产的核销是非常进取的，一旦发现不良贷款就会采取积极核销的政策，财务报表也会发生相应变化。核销是导致在险债务比例与不良贷款率偏离的最重要因素。此外，在险债务比率的波动也远大于不良贷款率，因为在险债务比率的数据不稳定，其中有一些原因是很好理解的，比如利率水平对财务费用的影响。

采用 IMF 的计算方法，并加回投资收益，利用 2017 年上半年的数据计算出来的中国上市公司在险债务比率为 5.9%，相较于 2016 年（9.4%）有了大幅的下降。总的来说，除了在险债务的计算方法值得斟酌之外，把在险债务比率和银行不良贷款率相提并论也是值得商榷的。

IMF 报告的逻辑误区

IMF 有几个逻辑链条是值得质疑的，如图 4.5 所示。其一是自下而上地研究公司的债务，把债务直接认定为公司贷款；其二是虽然自下而上地从公司债务去判断银行的资产质量有一定价值，但是由于银行动态的会计核销，使得两者之间的关系难以简单地构建起来。研究一个国家的不良贷款率或者资产质量的方法有两种：一种是自上而下，根据这个国家的信用周期等一些宏观的变量来测算；还有一种是自下而上地研究企业的报表，例如发现企业有哪些债务出现问题，以此来观察银行的资产质量问题。

具体来讲，IMF 报告的逻辑误区有以下几点：

一是在 IMF 计算方法的第二步中，IMF 不动声色地转换了概念，将企业债务直接等同于银行贷款，这将高估银行贷款的违约风险。企业债务不等于商业银行的公司贷款，银行贷款仅仅是企业融资方式的一种，其他的融资方式还包括发行债券等。从我国社会融资的规模来看，银行贷款占比为七成左右。不仅是债务结构不同，更重要的是在企业的债务构成里，各种构成的安全性是有差别的。在中国，银行债务通常都有抵押品，还款来源安全系数比较高。

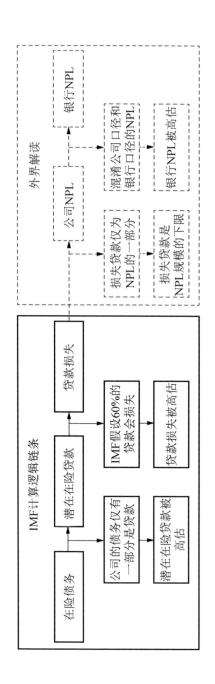

图 4.5 IMF 报告及外界解读中的逻辑问题

资料来源：IMF、招商证券。

二是 IMF 报告假定上市公司和非上市公司的债务负担和风险相同，这一假定过于武断，可能高估非上市公司的风险。中国非上市公司（中小型企业）的杠杆率平均来说低于上市公司（大型企业），这部分是由于中小企业贷款难造成的。

三是 IMF 将企业作为债务人的在险债务规模，与银行作为债权人的不良贷款余额相混淆。即使假定企业所有债务都是由银行贷款形成，也不能将在险债务率与不良贷款率等同起来。不良贷款率是一个动态的会计指标，商业银行可以通过核销、打包转让等方式，来处置不良贷款以摆脱不良贷款的包袱，核销和转让后的不良贷款不会继续显示在银行的资产负债表之上。但是这部分债务却会继续在企业资产负债表上存在，并不会减少企业的偿还义务。中国银行近年来积极处置不良贷款，加回核销和转让的不良贷款总额是现存不良贷款余额的两倍。也就是说，从债务人（企业）角度观察银行不良贷款规模，自然要比从债权人（银行）角度所列示的不良贷款余额高。

结论

IMF 每年 4 月和 10 月会发布两份《全球金融稳定报告》（GFSR），旨在评估全球金融体系和市场的稳定性，并在全球化的语境下分析发展中国家的金融体系。GFSR 主要关注市场环境的最新动态，聚焦可能影响全球金融稳定及金融市场持续发展的系统性事件，因而在全球金融界有着广泛而深远的影响。2016 年 4 月的报告重点讨论了中国的在险债务和贷款损失，引起各界极大的关注是理所当然的。

但是，我们发现了以下问题：第一，重复性检验表明，IMF 采用的财务数据经"标准化"处理后，将投资净收益从 EBITDA 中扣除，客观上低估了中国企业的偿债能力，导致在险债务比率计算结果偏高。第二，IMF 报告将企业债务与银行贷款混淆，须知贷款只是企业债务中一个高等级的构成部分（通常含有抵押担保）。在险债务转换成贷款损失（五级分类的损失类贷款）的过程理据不足，逻辑跳跃太大。第三，IMF 忽视了不良贷款体现在债权人（银行）和债务人（企业）财务报表上的差异。银行作为债权人通过核销转让处置不良贷款之后，这部分不良贷款已经离表；但企业作为债务人所欠的银行贷款，依然在其资产负债表中存在。就中国的实际而言，由于近年来不良贷款处置力度不断加大，使误差更加显著。第四，也是最重要的一点，从不同国家的数据看，在险债务比率与银行不良率之间似乎没有统计意义上的正相关关系。换言之，在险债务率与银行不良贷款率之间隔着一条鸿沟。

随着经济增速的下行，中国商业银行面临着资产质量不断恶化的压力。IMF 告诫我们中国企业部门的债务风险不容忽视，这是 GFSR 报告的积极意义所在。但是，无论是不是 IMF 的原意，外界将在险债务率指标与银行"真实"不良贷款率指标联系起来，进而认为中国银行不良贷款率高达两位数百分比，是不准确的。

大家可能还是会问，中国商业银行的不良贷款率究竟有多高？我认为，还是应该基于商业银行经由中国和国际会计准则审计的财务报表，辅以资本市场的估值来分析。当然，这个问题需要另找时间详细作答。从银行的财务报表来看，在压力测试中，我国银行的不良贷款率会是什么样的情况呢？

有一种方式是把不良贷款和关注贷款加在一起。在与央行稳定局的人员交流的过程中我们得知，央行稳定局和国际几大会计师事务所都做了沟通，用以确认做审计时贷款抽样的比例。我国银行所采取的每笔贷款抽样比例为 40%，是主要经济体当中最高的。换言之，从会计师角度来讲，他们在审计中国的数据时非常认真，所以目前对"不良+关注类贷款"的认定是比较严格的。

值得注意的是，中国对于不良贷款的认定，采取的是已发生损失的模型。2008 年之后，国际会计准则和美国会计准则委员会都对此提出了挑战，即要用预期损失模型代替已发生损失模型。预期损失模型意为把贷款发放之后就能测算出一个预期损失额。德勤最近在进行的一项调研就旨在了解全球大型银行，如果用预期损失模型来划分不良贷款，会产生什么样的结果。对此，60%的银行表示该方法无法量化；40%的银行认为可以进行量化，但它们只能测算出不良贷款余额会上升 25%，而没有给出不良贷款率的测算。这给我们带来了启示，即使按照进取的预期损失模型来划分不良贷款，不良贷款余额可能会上升 25%，但以 1.25 倍计算不良贷款率，其变化实际上也并不大。

　　随着中国经济的企稳回升和企业盈利的改善，中国银行业的资产质量问题应该会得到一定的缓解，银行的不良贷款率不会出现 IMF 所估算的极端情况，对于这一点我十分有信心。

　　（本文根据作者 2016 年 10 月 20 日在北京大学汇丰商学院"金融前沿讲堂"的演讲整理，经作者审阅。）

专家点评一

秦晓

招商局集团原董事长，招商银行原董事长

2008年以后，金融业的问题暴露出来。经济上升的时候银行信贷扩张，经济下行的时候就会出现问题。我们最关心的是不良资产、不良贷款问题。2016年4月份，国际货币基金组织（IMF）有一份报告估计中国银行业不良贷款可能占到GDP的7%。我在银行业待了很长时间，而且一直关注银行业，所以我一开始就比较质疑这个数字。但是，我没有拿出足够的论据来论证。IMF的估算很有影响力，变成了市场上普遍流行的观点。我不知道政策制定者们如何看这个问题。我也和一些业内人士包括监管部门领导讨论过这个问题，他们也说不清楚。也就是说，这是一个说不太清楚，也说得不准确的问题。况且，银行业对经济运行和资本市场的影响都很大，再加上中国现在经济状况直接面临三个大问题：一是产能过剩问题；二是是企业和地方政府的债务问题；三是地产价格泡沫。这些都和金融业、银行业有关。所以，IMF对银行不良资产的看法其实是个大问题，需要认真研究。

在这个意义上，我觉得丁安华这个题目选得很好，很有现实意义。丁安华能找到IMF论证中逻辑、概念和技术上的问题，是对银行不良资产问题的重新认识，也为进一步的研究开了一个好头。

我认为，做研究要先建立一套方法论，首先要剖析概念。概念要清楚，是研究中国银行业、商业银行，还是上市的商业银行？这些概念的内涵是不一样的。一家企业作为债务人的偿还能力不足，造成的债务偿还风险，叫作"在险债务"。借款人不能按原定的贷款协议按时偿还银行的贷款本息而形成的不良，叫"不良贷款"，这两者的关系不是简单的互换关系，而是比较复杂的，需要理清楚。这些基本的概念，我觉得在丁安华的方法论当中讲得很清楚。

另外，资本市场对银行估值背后的逻辑是什么？理解了市场定价的逻辑，就可以理解投资者或者资本市场对银行不良贷款的估算。一家银行按照会计准则公布的不良资产，可能与潜在的不良资产不同，在经济下行阶段潜在的不良资产肯定大于公布值。那么，一个有效的资本市场就会对潜在的不良资产做出定价，这就是为什么目前上市银行的交易市净率（P/B）低于 1 的原因。基于这种理解，我们可以反算资本市场对不良资产规模的估计。丁安华用这个方法估算不良贷款，明显小于 IMF 报告的结论，具有启发意义。

以上是我对丁安华文章的认识。他的文章在选题、论据和方法论上都是很值得肯定的。

对于丁安华做的工作，我们要思考几个问题：

第一，我们做学术研究的时候，如何找到和发现一个问题？这个问题为什么需要被解释？这里的意思就是说，它是不是一个假问题？怎样确认我们发现的是一个真问题？进一步而言，这个问题别人有没有说过？说得清不清楚？说得对不对？这才构成一个题目。如果这一关过不了，下面做的工作没有任何意义。所以，发现问题这一点是很重要的。

第二是方法论。方法论有很多，可以用数学模型，也可以实证研究。实证研究做完了以后，要找到内在的逻辑。为什么会这样？实证研究只是告诉你发生了什么，至多再告诉你是如何发生的。但是，实证研究很难讲清楚为什么是这样。模型要和实践、现实契合。你做完了模型不能和现实契合是不行的，所以无论是做实证还是理论，都要把那一半补上。当然还有归纳、推演等方法。

现在有很多经济现象，也有很多解释和说法。多数人的习惯是选择接受，当然很多不是业内人士。对于 IMF 的结论，甚至专业人士也倾向于直接接受，却没有按严谨的学术范式去质疑这个答案的正确性。这种情况普遍存在。我举个例子，比如 QE（量化宽松）会造成恶性通胀，所有人都这么认为。但是你仔细想一下，其实不一定。现在都是通缩，而且是长期通缩。超发货币推升资产价格，进而带来商品价格上升；资产价格上升，房产价格就上升。那么通胀上去了吗？这是一个简单的例子。

比如，目前所说的"债务太重"问题，究竟指的是中央政府债务，还是地方政府债务？是国有企业债务，还是私人债务？地方债务肯定存在问题，但我们没法直接比较。我估计中央政府负债率是 60%。换句话说，中央有继续加大赤字发债的潜力，并不像美国达到 100%，日本达到 200%或者 250%。地方政府、企业债务多，私人债务却不多。

中国总债务占 GDP 的比例已经突破 250%，我们没有碰到过这么高的债务率，但也没有碰到过这么低的利率。不能按照过去的高利率来算。债务高但利率低，我们要把这个考虑进去。当然，若利率上行，债务高了的确是个问题。如果要说得更准确一点，通缩会加剧债务负担，但低利率会舒缓债务问题；利率上行会加剧债务负担，但利率上行的前提是通胀出现，而通胀本身又会舒缓债务问题。各种因素互相影响，需要更加仔细地测算，需要严谨的模型。

再比如，经济衰退必然影响就业，影响居民的消费能力。但是，有的现象却无法用此规律解释，比如就业问题。尽管大家质疑 4%的城镇登记失业率，但总体而言就业问题并没有我们想象得那么严重。2008 年金融危机以来，坐飞机、坐火车、住旅店、去餐馆，甚至参观博物馆，都是满满当当的人，没看出来经济衰退的迹象。这里面一定有原因，我们不能因为这些否认消费降低的事实，但经济衰退并不像你想得那么严重。为什么呢？现在大家可能忽视了一个最大变量——劳动生产率的提高。过去失业后问题会立刻出现，但是现在劳动生产率提高了，改变了这种状况。

还有，传统理论认为科技发展会扩大贫富差距，资本有机构成比例提高了，资本替代劳动力，认为这是资本主义社会的一个大问题。之前人们认为工业化会加大贫富差距，写《21 世纪资本论》的经济学家托马斯·皮凯蒂认为不平等曲线再创新高，贫富差距越来越大，特别是从工业革命开始统计，这就成了一个问题。

写《人类简史》的尤瓦尔·赫拉利提出另一种观点，他认为20世纪的技术革命缩小了贫富差距，但是21世纪的技术革命将会加大贫富差距。这是一个新的观点，出于什么逻辑？尤瓦尔·赫拉利认为，由于20世纪工业化大生产，技术革新使得新产品的成本大大降低，比如电视机、手表、手机、汽车变得越来越便宜。在中世纪时期，贵族们的生活方式和贫民、平民是有很大差距的，差距大到平民根本不知道贵族在干什么。现在，贵族们干的事情，平民基本上都可以干。个别人坐私人飞机，那是极特殊的，但他睡席梦思床，你也睡席梦思床，没有太大区别。

到21世纪，产生改变的主要是基因技术、生物工程，而且代价将会极为昂贵。为什么昂贵？这是一个可研究的问题，我今天不讲了。结论就是很昂贵，昂贵到有些人花得起，有些人花不起。

我们面临很多问题，需要经济解释。观点可以不同，只要言之有理。

专家点评二

欧阳良宜

北京大学汇丰商学院副院长，北京大学汇丰商学院EMBA项目主任，北京大学汇丰商学院副教授

我在课堂上讲财务造假的时候，曾经提过一个案例：有一年，IBM公司的业绩特别难看，所以IBM就偷偷把投资收益加到收益里去了，结果被我们给抓到了，我说IBM这样做不对。可是在中国，咱们是把这个加进去的。刚才丁总已经把背后的原因解释得很清楚了，有一点很特殊，是持股结构的问题。在东亚和西欧国家，60%以上的公司有第一大股东，可能是家族企业，也可能是国企。美国是高度政策化的国家，所以不像中国有这么多的多元化公司。举个例子，2010年的《福布斯》富豪榜上，美国前三大富豪来自三个行业——科技、能源和金融。而中国有一些公司，如果不把投资收益算进去，就没法算了。像香港的房地产公司，必须把房产算进去。中国香港和内地房地产公司的估值差异非常大。所以，IMF的错误是比较业余的，算出来的数据也比较吓人。

尽管IMF的这个提法有瑕疵，但还是给了我们一个警醒——中国的风险债务可能很大。IMF使用了VaR（在险价值），这个指标在次贷危机期间并没有太大用处，为什么？它只告诉你5%的阈值，可能有5%的概率会突

破损失上限,但究竟突破之后是什么情况?说不清楚。所以现在《巴塞尔协议》用在险价值来确定银行的资本充足率,我个人是不赞同的,因为这个指标从实操上很难获得,非常感谢丁总今天用了一个非常详细的方法为我们说明了这个问题。

另外,中国有一个特色,在中国,上市公司公布的债务并不是全部债务,而且搞不好上市公司的负债率在各类企业中是最高的。当然还有一类是城投公司,丁总也说到,能源类、原材料类的风险债务比例比较高,为什么?之前我给家乡企业做讲座的时候,也说到这个问题。我的家乡是福建晋江。晋江欠了180亿元左右的债务,利息偿付倍数只有0.5,能不能还得起?晋江的风险评级、信用评级评定是AA+,在美国AA+是安全的,但中国 AA 相当于什么?BBB。在中国不仅通货膨胀,连信用评价也是膨胀的。晋江每年的负债30亿元、50亿元地递增,但银行仍然愿意借钱给它。

我再给大家讲一件事,美国有一个家庭的负债已经有16万美元,2016年收入为3.25万美元,支出为3.69万美元。这个家庭的利息覆盖倍数够不够?假定利息是3%,一年负债16万美元,一年要还4 000多美元的利息。每年赤字差额是多少?4 000多美元,如果把刚才那个数乘以亿,这个家庭就叫作"美利坚合众国"。美国政府"借新还旧"实行了多少年?好像一直以来都是如此。

所以,评估债务的不良程度,主要看能不能还得起。晋江政府为什么还得起?就在于有政府最后"兜底"。现在中央政府负债率太低,而地方政府负债率太高,实际上我们的评价是什么?中央把地方的债务给"兜"了。

另外,IMF 提出这个问题确实有历史原因。历史上中国对公贷款不良率在2003 年是32.8%。四大银行所有贷款不良率是25%,农行是40%。所以,北京曾经有一个动议:把农行拆了。后来工行、建行改制成功,农行才得以保留,成为历史上最大的 IPO。

中国最低的不良贷款率应该出现在 2012 年,现在是 1.75%。说句实在话,我是不相信这个数字的,我相信丁总也是不相信的。所以,刚才丁总估算现在中国实际不良贷款率可能是 9%至 10%,这相当于什么概念?现在社会融资存量大概有108 万亿元是贷款,如果是9%或10%的水平,相当于风险债务是 9 万亿~10 万亿元,这个并不是中国不能承担的,毕竟过去 5

年中国已经处置了 2 万亿元以上的不良债务。中国有能力处理,所以大家不用慌。

但是,中国要警惕"债转股"的问题。2017 年,发改委出了一个市场化"债转股"的方案,为什么?其实早在 1999 年、2000 年开始做"债转股"的时候,中央已经意识到这个问题比我们想的严重。

但是,又有一个问题,就目前来说,连财政部都不清楚地方政府、地方国企的总负债是多少。很多地方政府对中央财政是隐瞒数字的。所以,IMF 这个判断尽管有偏,但只是统计学上有偏,而实际的方向是对的。IMF 的报告显示中国的企业指标在恶化,这个方向是对的。这个结论也可以提醒我们,即"有则改之,无则加勉"。别人对我们的恶意中伤,是对我们的一种赞扬。

05. 从 PMI 看中国经济形势
——分化的时代，看改革发力 L 底趋明

于颖

中国 PMI 分析小组秘书处主任
中采咨询公司（CLII）总经理

首先讲一下我这些年研究的逻辑，希望大家能够认可：

第一，经济上的问题都是结构问题。无论是"春江水暖鸭先知"，还是"一叶落而知天下秋"，首先是结构有了变化，然后总体才有变化。

第二，数字上的问题都是权重问题。权重解析好了，数字的问题就找到了解决的方向。

第三，收益率的问题都是配置问题。在我接触的投资界人士中，最厉害的是做资产配置的，大的配置做好之后，投资会变得更加容易。

观察中国整体经济形势，可以得出一些数据结论。首先，不管目前是 L 形，还是 W 形的经济增长，其实都是动力转换、转型升级和提质增效的问题。其次，具体到投资上，行业配置应该是什么方向？一是在新崛起的领域，超配新投资则能超收；二是从 2015 年 12 月以来，不管是数据上还是现实中，都能看到周期类行业中期反弹。如果做好每一个品类（从宏观到行业再到新品）的投资轮动收益，应该是可以做到超收的。

PMI 是什么

PMI 简介

PMI（采购经理指数）有两个绰号，一个叫"荒岛指数"，一个叫"经济晴雨表"。PMI 是国际通行的宏观经济监测体系，具有明显的先导性，是经济先行指标，可以很好地预测经济拐点和走势。PMI 的应用源于美国，目前全球有 20 多个国家建立了 PMI。可以说 PMI 已经是全球范围内非常核心并被广泛应用的经济分析指标，是政策决策、投资分析中不可或缺的工具。

在中国，这一指数的相关工作起步较晚。经历了长达 3 年的研究准备期后，中国物流与采购联合会与国家统计局合作，从 2005 年 1 月开始试验调查，同年 7 月正式对外公布中国制造业采购经理指数，2008 年正式发布中国非制造业采购经理指数，2014 年与科技部战略发展研究院联合发布新兴产业 EPMI 数据。

各个国家都有 PMI，但各国的 PMI 调查中采用的抽样方法不同。全球有 3 个国家采用分层成比例抽样方法——美国、德国、中国。其中，美国采用得比较早，德国的抽样方法比较严格。亚洲的其他国家和地区，都采用概率抽样方法。

中国的 PMI

2006 年我去讲 PMI 时，无论是投资界还是研究界，都没有人知道 PMI，更谈不上了解行业指数了。十多年来，中国 PMI 从无到有，从不尽完美到日臻完善、广泛应用，实现了跨越式发展。

刚开始不仅业界人士不支持，资金问题解决也很困难，财政资金不支持，所以 PMI 经历了艰难的发展过程，才有今天的结果。这个发展过程中有市场的援助，有专家们的援助，统计局、中国人民银行当时的领导都曾给予很多支持和关注。总结一下这个历程就是，我们不断地去做基础分析，不断寻求各界专家的支持和研究院所、投资机构的援助，同时将数据分析发送到各大部委，直到中央各层领导都开始关注 PMI 数据，加上 PMI 数据的良好表现，各界人士都开始关心它了。

PMI 的历史地位

中国建立 PMI，是中国市场经济逐渐走向成熟的重要标志，是社会生产方式转变、采购经理阶层逐渐形成之后的必然产物。由于抽样和样本都非常到位，所以 PMI 数据多次准确地预测了"拐点"。PMI 的数据来自对企业采购经理的直接调查，不再进行人为修订，从而保证了数据的直接性、准确性与可靠性。因此，PMI 能够客观地反映经济运行的变化趋势。市场对它的关注越来越多，之后各种各样的分析不断出现，现在 PMI 影响力已经不同于以往。

中国 PMI 为什么好用

1. 指标

中国参照了美国供应管理协会（ISM）以及其他国家的做法，结合中国的国情，选定了 11 个指标作为制造业 PMI 指标。如果从经济中各个生产环节的传导来看，PMI 指标反映了各个环节的活动，有先有后。具体包括：新订单、生产、雇员、供应商配送、库存、采购价格、出口订单、积压订单、产成品库存、进口、采购量等。这几个方面都是按照生产领域的各个环节，逐步反映经济活动变化，中间有数据链条。此外，我们根据非制造业特点，设计了商务活动、中间投入价格、业务活动预期指数，去掉了进口、采购量指标。最后形成的制造业综合指数，处于在整个数据链条的中央位置。

2. 抽样

中国 PMI 以制造业法人企业（或依照法人单位进行统计的制造业产业活动单位）为抽样单位。世界上只有三个国家采用分层 PPS（probability proportional to size）抽样，也就是以行业大类为层，层内使用与企业主营业务收入成比例的概率抽样方法。首先，按照各行业对总体经济贡献大小选取一定数量企业，贡献大的行业样本多，反之则少。其次，考虑地理分布、企业规模，按比例分配样本数量。这样在推导总体数据时相对比较准确。比如，如果 PMI 调查的全是东北企业，结果就会不准确。所以，一定要有科学的权重，这个数据结果才能在每一个历史时点、每一个阶段都能真实地反映经济的走势。

总体确定了,每个层次比例也确定了之后,在数学上还要确定总的数量。这就需要保持样本数量与准确性的最佳边际比例。确定一个科学的样本数量时,比如一个黑色金属行业,样本数量是 80 家,如果调查 80 家企业与调查 800 家企业的结果所差无几,就意味着调查多出来的 720 家企业的边际成本太高了。在 95%的概率保证程度下,按照最大相对误差不超过 10%来确定样本量。参照其他历史数据测算,需要估计的主要比例分布在 20%和 50%之间,平均值在 35%左右,预计回答率在 95%以上。我们的计算样本量为 725 个,2004 年最终确定样本量为 730 个,当然现在样本量一直在扩充,为的是层次能分得更细致。抽样调查的好处在于可以合理安排样本,成本可以很低,没必要做一个全额的统计才能得出相对准确的结果。

3. 样本分布和回收

设计出一个很好的体系之后,更重要的问题就来了:调查对象为什么会认真地填写问卷?如果调查对象不根据实际情况填呢?这时候采购协会的作用就凸显出来了。当采购协会是采购经理人的主管组织时,问卷的汇报相对比较真实,因为采购协会是行业主管机构,对采购经理人的职业生涯有指导、约束等作用,所以问卷的质量就相当高,回收率也很高。

也是由于这个原因,我们设计的整个样本体系,从样本分布到样本质量再到回收比例,比其他国家要好得多,国外 PMI 样本回收率都在 80%以下。

PMI 怎么用

建立起科学的 PMI 体系之后,怎么应用这个庞大的体系?我的办法是——"把书看薄"。

1 个月的数据,如果算上行业数据,制造业 PMI 包括 21 个行业和全国数据,以国标分类为准,在 41 个制造业行业中进行剔除和合并。非制造业 PMI 包括 19 个行业和全国数据,可大致分为服务业、建筑业两大类,其中服务业又可细分多个中类行业。每个行业有 11 个指标,再加上衍生指标可能有 16 至 17 个;如果再加上每个指标的环比值、同比值、环比率、同比率,每个月几十个行业的 PMI 数据将极其庞杂。所以要选择性地看重点数据。

首先，要重点看购进价格。无论是分析经济现象，还是分析市场，量价的配合永远是最重要的。所以购进价格是一定要关注的，但是购进价格在部分时期是反向的。

其次，要关注新订单，新订单反映的是需求，所以要看PMI总的扩张量有多少来自新订单。

最后，要关注产成品库存。产成品库存跟历史环境有关，大部分时候它是反向的，但是在特殊历史时期又是正向的。在有的历史时期，产成品库存领先于订单；在有的历史时期则落后于订单。但是目前产成品库存依然是一个重要指标。我认为，可能再过一两年，它就不那么重要了。

此外，拟合指标也很重要，推荐使用新订单减购进价格，同类的包括原材料库存减产成品库存、新订单减产成品库存，等等。拟合指标非常领先，也很好用。

以上是制造业的指标，非制造业行业也有多个指标。我推荐使用的第一个指标是经营活动状况，但它实际上相当于制造业中的生产量。但是因为非制造业没有按权重拟合出来的指标，所以用经营活动状况作为综合指标。

第二个指标是新订单，也就是需求部分。

第三个指标是收费价格。制造业与非制造业的体系不同，价格分为两个。一个是收费价格，实际上是企业的收入；另一个是成本方面的中间投入价格。这二者在一起就是价格差，与刚才说的新订单购进价格，有可比之处，也比较好用。

拟合指标中，价格差是最好用的一个。

我们也不需要看所有指标，挑其中重要的指标来看就可以，通过对比这些指标就可以掌握全国各行业的大概状况，如果发现异动，再去寻找其他指标进行论证和比对。

除了数据链，还有一个链条是行业链。每个行业的PMI指标之间的关系是怎样的？

不管是制造业的20个行业，还是非制造业的19个行业，以及统计局在制造业内部划分的41个行业（20个行业是根据统计局的41个行业规定而来的），如何看待？还是归类去看。如上所述，任何经济变化都起源于结构的变化，要从制造业行业链条去观测。制造业行业链条可以分成四大类——原材料制造业、设备制造业、中间品制造业和消费品制造业，资本市场里叫作周期类、设备类、中间品以及后周期类。后周期就是非周期行业消费品制造业，是按照周期性来分类的。这四大类在经济往前运行时，其传导性是刚性的。当一个传统的起点来临，原材料制造类变化之后，后面的行业往往会产生相同的变化，不管是大周期还是小周期，一个完整的经济周期就会形成。

非制造业行业链条相对复杂一点，因为统计局对制造业的分类只有一个大类 C，而对非制造业的分类从 E 开始一直到 Z。

首先，房地产和建筑业在行业当中相对有领先作用。其次是交通运输服务行业，也就是物流，往往跟生产是联动的。最后是环境公用和商务租赁，商务租赁往往是服务行业，只有前面启动了后面才能启动，所以它处在这个链条的末端。

非制造业的另外一个链条比较复杂，往往跟上述链条联动关系不强，所以要单独拿出来看。这个链条包括信息服务、批发零售和住宿餐饮。信息服务软件、互联网、通信，包括现在的传媒、电影、电视、文化等都是信息服务。批发零售包括两个不同的领域，批发是生产，零售是衣食住行。但是，因为批发和零售都被归到统计局的全国销售综合一类里，所以我们会把批发和零售放在一起看。住宿餐饮与批发零售的季节性不同，比如春节，大家都在旅游，零售业会稍微好一些。7 月、8 月的旅游业旺盛，但是零售业会弱。但是如果从长期趋势看，这两者是趋同的。

如果把行业链条整理出一个脉络来，这个数据就更清晰了。

PMI 能做什么

中国 PMI 在哪里

2015 年 2 月 1 日，中国 PMI 数据出来，显示在 50 以下。当年 2 月 4 日晚上央行降了准，可能因为觉得数据太差了，需要一定的政策对冲。由此可以看到，PMI 数据开始影响政策了。在这之前，也有过 PMI 影响政策的其他例子，但是没有这么明显。2015 年 3 月 30 日、2016 年 2 月 29 日等时点，相关政策的出台也应该是基于 PMI 数据的表现。2015 年 3 月 30

日对楼市贷款首付比例的调整，可能是由于政府认为经济不太好。2016年2月的PMI数据不好，为了对冲其短期内对经济的影响，房地产采取了相关的扩张政策。

我们会上报每期的报告，这样政策制定方会利用PMI数据做出一些政策对冲工具。

在金融业界，PMI数据可以作为研究经济形势与制定投资决策的依据。

在产业界，PMI数据也是投融资、企业并购业务中判断产业趋势的依据。在企业并购业务当中，判断一个行业好不好，通过横向、纵向比较也可以得出结论。

在学术界，可以借助PMI数据进行经济预警与学术研究。

中国PMI在投资中的作用

1. 判断股指

图5.1是根据PMI数据做出的模型，该模型利用中采PMI数据选择表现靠前行业，并按一定规则在各行业内选个股。在这个投资模型里，如果找到行业指数变化的规律，去设计自学习系统，是能够得到这样的结果的。关键要了解数据库里的数据特性。

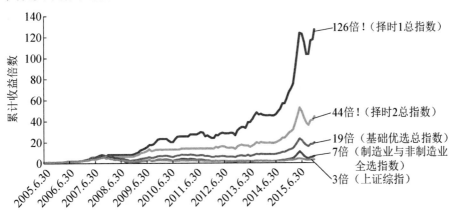

图5.1 中采量化模型累计收益

最后的结果，如果要按PMI的表现做行业轮动，从2005年到2015年，收益应该是19倍，再加上择时因子可以达到100多倍。而上证综指在此期间是 3 倍，如果选全行业指数则是 7 倍。因为模型因子是乘的，所以有些放大，但是原理是对的。业内的东方证券和海通证券也做了同样的模型，都是相对很有意义的研究。

为什么 PMI 能做到这些？刚才说了它是"经济的晴雨表"。在业界，很多人说中国股市跟经济没关系，我认为不是这样，股市从来都是反映经济的，只不过有时没有找到两者之间相关的角度。比如 PMI 拟合指标，图 5.2 是 PMI 利润跟 KDJ（随机指标）这个技术指标的相关性，（截至 2015 年 6 月）前者与上证综指 KDJ PMI 的相关系数是 0.75，可以看出相关性非常高。如果排除奇异点，做一下调整，两者的相关系数能到 0.85 以上。

图 5.3 加上了 2015 年股灾的影响。股灾期间，股市指标确实跟经济基本面没有关系。如果去掉股灾的影响，PMI 利润与上证综指 KDJ 6 个月均值的相关系数还是 0.75，跟上证综指的相关系数是多少？是 –0.93。什么是负相关？实际上是错位的正相关，是一种领先的正相关，利润趋势领先于上证综指。把这两条线平移一下，就是正相关，在数学上用它做模型完全没问题。

但有人提出来，当这个指标越来越广地被业界接受并直接应用的时候，它的领先性就会逐步下降。也就是说，以前领先 6 个月，之后慢慢地只领先 3 个月了，这就是现在正在发生的现象。所以，无论是数据分析还是预测，都不是一成不变的，它们永远在随着环境的变化而发生变化。

2. 模拟创业板走势

2014 年，传统制造业行业发生了内部分化，尤其是设备制造业、通信电子制造业，分化非常明显。我们相应地做了新兴产业指数。资本市场相对应的就是创业板指数，从图 5.4 可以看到，新兴产业 EPMI 与创业板指数的相关性非常强。用生物、高端新订单衍生值代表的细分行业，再跟创业板的走势比，中间的值与创业板的走势拟合程度非常高（如图 5.5 所示）。EPMI 分行业细分指标对创业板指数，领先一阶的相关系数 0.72，其中 2015 年 9 月以前达 0.91。EPMI 分项指数对创业板的长期趋势（6 个月）领先二阶的相关系数 0.70 以上。随时间序列延展，其相关性将更清晰稳定，展现产业与股市之间的逻辑关系。

05．从PMI看中国经济形势——分化的时代，看改革发力L底趋明

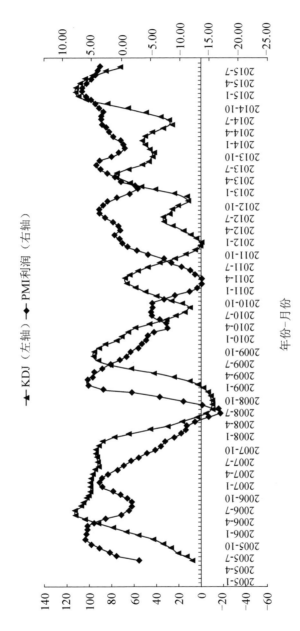

图 5.2 PMI 利润 6 月均与上证综指 KDJ 走势（2005—2015 年）

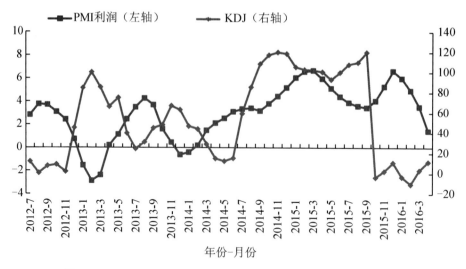

图 5.3　PMI 利润 6 月均与上证综指 KDJ 走势（2012—2016 年）

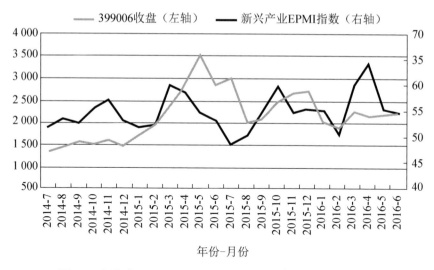

图 5.4　新兴产业 EPMI 与创业板指数走势（2014—2016 年）

PMI 在预测里

在我们的数据研究里有一系列的模板，每半年做一次更新。表 5.1 是 PMI 指标跟其他一些经济指标的相关性。比如，经济学意义上与 PMI 最相关的指标就是增加值，从 2005 年到 2016 年，PMI 指标和增加值的相关系数是 0.814。众所周知，极点数据会影响相关系数，2008 年时它们共同发生了一个非常大的拐点，这样会极大地影响它们之间的相关性。如果不算 2008 年这一段，只算 18 个月的相关系数，或者只算 28 个月的相关系数，仍能保持在 0.6 以上，这说明二者的相关是常态的。

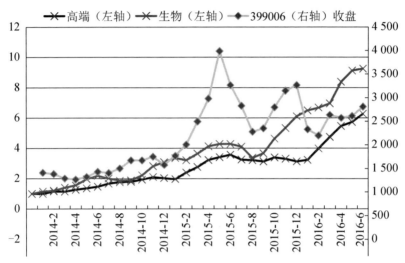

图 5.5 新兴产业 EPMI——生物、高端新订单衍生值与创业板指标走势（2014—2016 年）

表 5.1 PMI 数据与主要经济指标相关性（2005—2016 年）

PMI 指标	其他经济指标	相关系数	领先期数
制造业 PMI	增加值	0.814	同期
制造业 PMI	主营业务收入	0.868	3 个月
制造业 PMI	利润总额	0.663	3 个月
制造业 PMI	上证上市公司利润	0.529	同期
制造业 PMI	上证综指	0.598	同期
PMI 利润趋势	上证综指	-0.915	同期
制造业 PMI	GDP	0.930	同期
服务业收费价格	CPI	0.749	5 个月
制造业购进价格	PPI	0.739	4 个月
制造业购进价格	原材料购进价格	0.817	4 个月
出口订单	海关进出口	0.632	2 个月
出口订单	海关出口	0.655	3 个月
进口订单	海关出口	0.641	3 个月

新闻有时说，PMI 指标和增加值背离了。其实一个单月的走势不能说明问题，从经济意义和数据表现来看，这二者实际上非常相关，即便过去在拐点处出现了有上有下的情况也很正常。PMI 指标在很长时间里与增加值序列的相关系数是 0.814，而且它们阶段性的相关性更强。

既然 PMI 指标和增加值的相关性这么强，那它和主营业务收入的相关性应该也很强，因为主营业务收入主要来自生产；但是 PMI 指标和利润总额的相关性偏低，因为利润总额还受成本因素的影响，所以二者的相关性稍微低了一些。但是问题在于，增加值和主营业务收入、利润总额的统计方法不同，所以相关性的表现上，PMI 指标和增加值是同期相关的，对后两者却领先了 3 个月，这和工业企业在做报表时的一些行为，以及相关的统计制度相关。

不管中间抽取几个月进行模拟，结果都是如此。PMI 指标领先主营业务收入、利润总额 3 个月，而和增加值是同步的。上市公司利润也是如此，如前所述，上证综指与 PMI 指标的相关性更好。

这里又提出一个问题，对不同的指标做拟合时，要用到不同的衍生值，因为这样会取得更好的结果。做拟合是为了预测，而不是为拟合而拟合。要做到预测，需要找到变量之间优的形式，例如和 GDP 拟合时，我们将制造业 PMI 换成年化 PMI。年化 PMI 通过下述方式计算：比如现在是 9 月份，年化 PMI 等于 1 月到 9 月的 PMI 之和除以 9。换成年化 PMI 后，我们得到年化 PMI 与 GDP 的相关系数为 0.93，一直不变。哪怕把拐点去掉，相关系数仍然在 0.85 以上。这样，二者的相关机理就找到了，后面的预测就有办法了。

有人问我，PPI（生产者物价指数）是不是要转为正值了？我说看 PMI 购进价格的走势就行。历史上 PMI 价格很稳定地领先 PPI 4～5 个月。另外，服务业价格、非制造业收费价格与 CPI 之间也有非常强的相关性。

相比之下，相关性比较低的是海关进出口与 CPI，因为海关统计的报关数的，单月波动较大。

图 5.6 中灰线是增加值。可见，即使在一些小拐点，PMI 和增加值的上升和下降都是一致的。如果再用一些其他去除季节性的方法，就可以更多地消除一些反向波动，比如如果用移动平均法去除异常波动，则它们的相关程度会更高，相关系数常年保持在 0.6 以上。

05. 从PMI看中国经济形势——分化的时代,看改革发力L底趋明

上文讲到多个指标,但实际上指标是分行业的。所以我就把涉及增加值的行业数据挑出来,再与PMI的行业数据比较。表5.2中,0期是同步相关,1期是PMI领先1期,2期就是PMI领先2期。在表5.2中的行业中,黑色金属和石油加工及炼焦业属于制造业原材料类行业,这二者的PMI往往会领先增加值。做相关性分析时,如果我们用的是长时间的序列,可能看不出这种领先。但是如果对某一段做区段分析,我们往往会发现二者的PMI领先增加值,会提前显示出拐点,这一点非常重要。

图 5.6　PMI与增加值历史走势

表 5.2　PMI行业指标与增加值增长速度的相关系数

行业名称	领先期数		
	0	1	2
全国-PMI	0.814	0.787	0.754
黑色金属	0.669	0.629	0.571
通用设备	0.666	0.639	0.621
有色金属	0.588	0.577	0.531
交通运输设备	0.563	0.519	0.489
专用设备	0.505	0.524	0.551
金属制品	0.497	0.521	0.576

续表

行业名称	领先期数		
	0	1	2
电气机械及器材	0.487	0.459	0.436
通信计算机电子	0.472	0.447	0.416
化纤制造	0.447	0.387	0.142
石油加工及炼焦业	0.394	0.365	0.313

注：第2列至第4列为不同领先期数的相关系数。

而属于制业设备类行业的PMI与增加值大部分时候是同步的。这些主要是周期性行业，可以看到：相关性好的大部分是周期性行业。非周期性行业的PMI数据表现稍微滞后，而且周期性行业的PMI往往领先于增加值。

PMI的内在逻辑

调查代表性的逻辑

第一个问题是：为什么PMI管用？因为其内在逻辑。如上所述，PPS主要按行业分布确定每个行业的比重，这一点非常重要。

比如对黑色金属行业抽样，80个样本全在上海是不行的。要把新疆的、西藏的、东北的、西南的、中部的地区按照各自地区对总体的贡献率，重新分配样本权重，这样行业的抽样才更合理。大、中、小型企业样本也要按比例抽样。这里涉及一件事——媒体经常说官方PMI都是大中型企业。为什么在中采PMI中，大中型企业占了80%以上？因为小企业对总经济的贡献率不足20%。如果想知道中国小企业的发展状况，可以查看PMI数据里专门的小企业PMI指数。所以大中型企业占样本的大多数，是有理可循的。

数据评价的逻辑

我们经常在新闻中看到PMI的回升或回落，比如2016年3月PMI从49上升到50.1，市场惊呼中国经济瞬间变好，要产生U形了。实际上我们看数据时，数据的绝对值是不太管用的：3月的50.1对比2月的49，为什么2月较差？因为季节性因素大部分落在2月。比如，2015年春节较晚，假期因素一半是在2月，一半是在3月，因此2月和3月的差别就小。制造业企业春节放假远远不只 7 天，我们实际调查当中发现这些企业停工超过 20 天，即前后影响一共是 20 天。季调解决不了假期影响因素，2015 年的 2 月、3 月的数据落差没那么大，而 2016 年节日因素大部分在 2 月，2 月就没有生产，PMI 降到 49 很正常，不用慌，3 月到了 50.1 也不用乐。

所以评价数据多空，首先一定要用往年的均值对比本月绝对值——在与往年数据比的时候，本月处在什么水平。然后看环比值，然而这个方法在 2 月又失效了，因为各年春节时间不相同。只看数据的一个侧面是解决不了问题的：有的月份要看绝对值，有的月份要看环比值，有的月份要看均值环比的同比，所以数据处理量很大。我们有一个解决办法——打分。首先要去掉奇异值，例如 2016 年 2 月，如果你把它计入打分项目，你的评价就不准。

PMI 与同比率数据相关的逻辑

另一个问题是：PMI 数据为什么跟同比数据的相关性这么强，却与环比数据不相关？十年来，我对这个问题的回答都是"不，PMI 不是一个环比数据"。虽然问卷的提问形式是这样，但问卷的结果要经过计算、加总。最后得到的是一个百分比。百分号后面还要再加一个"企业"。问卷的结果是"53%的企业"，而不是"比上个月增加了 3%"。

所以，PMI 不是环比数据，可以说它反映了月度间的扩张程度。同比率数据也是同样的道理。通常同比率数据的表达方式是："今年 3 月比去年 3 月增加了 6%，4 月比去年同期增长了 7%。"所以当它形成一个历史数据系列时，相关分析里的函数关注的是"6%～7%的变化"，也就是说，关注的是这个数据序列中相邻点之间的波动。PMI 也一样，PMI 在形成百分比数据并成为一个数据序列后，中间是有波动的。而中间这种波动幅度的变化，如果一定要选一个词来表述就是"扩张程度"，而且是月度间的扩张程度，这与同比数据的月度扩张程度是相吻合的。

（本文根据作者 2016 年 9 月在北京大学汇丰商学院金融前沿讲堂上的讲座录音整理，经本人审核。括号中的内容，部分为演讲实录，部分为编者根据语境添加。）

专家点评

卢骏

北京大学汇丰商学院助教授

以前,我们看PMI指数,都是外行看热闹。于总对数据进行了详尽的分析,对数据逻辑、数据是如何构建的、PMI指数跟其他的一些指数之间的相关程度和领先、落后等相关性进行了介绍。另外,她还对其中的一些行业进行了分析。于总的讲座对深化我们对PMI指数的理解是非常有帮助的,我以后也要更多地学习。

下面,我简单地讲一下个人的一些理解和看法:

现在,基本每个月,甚至每一周都会发布很多种不同的指数。有些是央行发布的政策、决议,比如美联储决定不加息、日本央行决定实施无限量宽松、中国央行逆回购,这些都是政府政策方面的决策。这些政策是什么?就是政府通过对市场信息的汇总做出反应。

PMI指数就是一个从市场而来的指数,通过对许多分行业的财务指标、物流指标和价格指标进行分析构建出来的一个指数。通过每个月不断地构建这样的指数,从而得到一个数据链条,由此我们可以理解一个行业发展的趋势。另外,上游和下游行业之间有传导关系,通过对某些行业的分析,我们能够判断其他的一些行业是如何发展的。

之前于总提到一个问题:制造业在中国究竟占多大比例是最优的?我

个人认为：一方面，中国发展到目前这样的水平以后，从成本上来讲，不可能留住很多低端制造行业；另一方面，从全球来看，比较常见的制造产品都已经产能过剩。所以，未来中国的制造业要发展，必然是要向更高端、更新型的方向发展。

但是，制造业的创新发展，很多时候是"破坏性创新"。比如 IT 产业的发展、PC 机的发明和发展，本身是对大型机、中型机的破坏性创造。现在移动手持设备的发展，对 PC 端设备又是一个破坏性的创造。所以，从分行业来看，大型机、移动设备都被划分在 IT 设备制造业里。但是，同样的一个 IT 设备制造业，大部分是大型机的生产，或者大部分是移动手持设备的生产，从发展水平看，趋势是非常不一样的。

另外，现在，电动汽车的发展也是对传统汽车业破坏性的创新；机器人的发展是对大部分制造业破坏性的创新。我们在构建 PMI 分行业指数的时候，能否对这些新型行业做一个更细的划分，对未来的发展方向做更前瞻性的预测？比如，创造一些更细分的子行业，进行更深入的分析，借此观察产业发展水平。

不仅对制造业可以这样分析，对非制造业也可以这样分析。比如互联网行业，20 年前根本没有这个行业。现在刚刚开始发展的虚拟现实行业，可以说两年之前，同样没有人会想到。所以，对于新的创新型行业的发展，需要进行一些更实时的跟踪，更多地对新行业进行细致的分析。

于总谈到了制造业内部刚性传导链的过程。我个人有一个问题：大家非常关注的房地产建筑行业被划分在非制造业里面，但是房地产行业本身与制造业、原材料和设备制造行业都是紧密相关的，我不知道有没有类似这方面的行业传导方面的分析，可以跟我们分享一下。

以上是我对宏观政策、宏观经济方面的一些思考。在深圳，做宏观政策分析的人不是很多，但是做金融投资的人很多。从金融投资角度来讲，这几年全球对冲基金过着非常苦的日子，各国央行推出各种各样措施，试图熨平经济周期，导致这两年全球股市波动率非常低。在一个波动率很低的市场里，对冲基金非常难赚钱。

于总给我们提供了一个很好的研究未来策略的方向。因为 PMI 指数本身是一个领先指数，有预测趋势的作用。从金融投资角度来讲，有可能创建出更好的基于 PMI 指数的策略来指导投资。

从这个角度来讲，我鼓励大家（无论是学生，还是从业者）都对指数做更多、更深入的研究。我们也很希望于总的公司能够发布更多的报告，使大家有更大的进步。

第二篇

行业创新：趋势与路径

06. 在变革中求发展
——中国基金公司的机遇与挑战

林传辉

广发基金管理有限公司总经理

如今中国基金行业取得了很多成绩，也遇到了很多问题。现在我们已经不再单独强调基金行业，而更多是讨论资产管理和财富管理行业，基金公司也在逐渐向资产管理公司转型。特别是在"大资管"时代，基金公司面对的竞争对手越来越多样化、实力越来越强大，如何在未来的资产管理"红海"里谋求发展，对于基金行业来说是一个很大的挑战。

中国基金行业的发展概况

经过十余年的积累与发展，基金行业已经成为中国居民一个非常重要的财富管理市场。

从数量指标上看，截至2015年年末，全国共有101家基金管理公司，管理8.4万亿元人民币，从业人员达到1.5万人。

从质量指标上看，基金行业呈现以下积极变化。

1. 经营主体不断增加且多元化

在基金行业的发展初期,根据政策规定,基金公司的发起主体主要为证券公司。这一时期,基金公司是证券公司业务线条的一部分,其经营成为证券公司战略的重要组成部分。单一的股东类型也造成在一段时间内基金行业同质化现象非常严重。从2013年起,随着新基金法的颁布,基金公司发起主体逐渐多元化,公募基金牌照进一步放开,银行、保险、信托甚至自然人都可以成立基金管理公司(如表6.1所示)。这些多元化股东的进入,改善了中国基金公司发起人的禀赋结构,使中国基金行业开始了差异化发展。

表6.1 股东较有特色的基金公司一览

股东类型	基金公司	创立日期	大股东持股比例	大股东
保险	国寿安保	2013/10/29	85.03%	国寿资管
创投公司	金信	2015/7/3	34.00%	卓越创投
	红土创新	2014/6/18	100.00%	深创投
	中科沃土	2015/9/6	51.00%	中科招商
	九泰	2014/7/3	99.00%	昆吾九鼎投资
个人	鸿德	2015/3/3	26.00%	王晓德
产业	前海联合	2015/8/7	30.00%	钜盛华股份(宝能)

资料来源:Wind。

作为从业者,我们很欣喜地见证了这一变化。一个行业呈现出严重的同质化现象是很可怕的事情。业务资源过分聚焦,对行业来说非常不健康。大家可以看到,美国的资产管理公司、公募基金公司其实是非常多样化的,有专业从事被动型资产管理的先锋基金,也有擅长主动管理的美洲基金。业务多元化意味着更加专业,资产定价更合理。

由于股东背景不同,每家基金公司可以根据资源禀赋选择不同的发展路径。表6.2是华泰证券研究所做的一张表格,券商系的基金公司通常更侧重主动管理;渠道系的公司,例如银行发起的基金管理公司,可能更擅长销售,适合做指数型产品或固定收益类产品。

总体来看,多元化的股东背景给基金行业带来了积极的变化。基金公司的业务风格更加丰富多样,发展路径也各有不同。

表 6.2　不同股东背景基金公司的业务优势

基金公司股东类别	能力和资源	适合产品
券商	研究、交易、客户	股票、债券货币
银行	客户、渠道、风控	指数型产品、ETFs
信托	高端客户	另类投资
保险	客户、风控	债券、货币
金控	金融混业平台	股票、债券、货币、另类投资
创投	政府关系	另类投资
产业资本	产业链整合	另类投资

资料来源：华泰证券研究所。

2. 基金公司治理结构逐步完善

完善基金公司的治理结构本来指的是完善基金行业的人才激励机制，但我也想从法人治理结构的角度来谈一谈。

众所周知，基金行业是一个智力密集型行业。以智力为资本的行业流动性比较强。前几年基金经理的流失速度非常快（如图 6.1 所示），

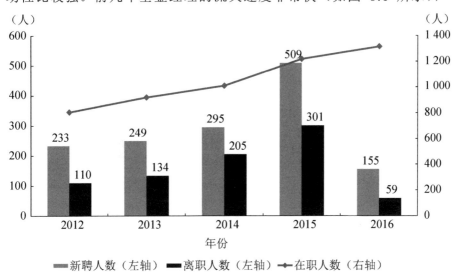

图 6.1　2012—2016 年公募基金经理新聘与离职情况

资料来源：Wind，数据截至 2016 年 5 月 31 日。

不仅对行业发展不利，对持有人的利益也造成一定影响。因为一旦基金经理变更，这只基金就会面临调仓活动，而每个基金经理的教育背景和投资风格不一样，操作肯定不同，调仓活动很可能损害基金持有人的利益。

当然，行业人员流动加快，也倒逼基金公司积极推行激励机制改革。多年来行业一直在摸索，如何把基金持有人和基金经理的利益有效地结合起来，但长时间以来都没有得到有效解决。前两年开始有一些"破冰"迹象，如股权激励、员工持股，这种"破冰"对行业的发展是非常有好处的。

表6.3是美国2010年前十大基金公司的股权情况。我用这张图是想讨论一下，为什么法人治理结构对基金公司的发展如此重要。从图中可以看到，美国前十大基金管理公司主要是私有化企业或上市企业，很少被一个金融集团控股。除了由持有人持股的先锋基金外，所有的基金公司均实行员工持股计划。通过持股计划，基金经理作为公司的核心骨干，与公司、持有人的利益紧密结合在一起，这是行业健康发展的一个重要标志。

表6.3 美国2010年前十大基金公司的股权情况

2010规模排名	公司英文名	公司中文名	公司性质
1	Vanguard	先锋	持有人共同所有
2	Fidelity	富达	员工持股
3	American Funds	美洲基金	员工持股，无外部股东
4	iShares	安硕	隶属贝莱德-员工持股
5	PIMCO	太平洋投资管理	隶属德国安联保险-员工持股
6	J.P.Morgan	JP摩根	隶属摩根大通银行-员工持股
7	Franklin Templeton	富兰克林邓普敦	上市-员工持股
8	BlackRock	贝莱德	上市-员工持股
9	Federated	联邦	上市-员工持股
10	T.Rowe Price	普信	上市-员工持股

资料来源：广发基金。

如果我们认为美国的基金行业是健康的，那么中国的基金行业在公司治理结构上有两步路需要走。

第一，尽快让公募基金员工持股；

第二，让私募基金提高社会公信力，快速成长起来。

3. 基金产品数量和品种日益丰富

前几年,监管部门对基金行业采取了放松管制、加强监管的政策,鼓励行业创新。这些政策激发了基金公司产品供给的积极性,使基金产品不仅在数量上,而且在品种上都有了增长。

图 6.2 是 2003 年至 2016 年第 1 季度公募基金产品数量及规模变化的情况。可以看到,2012 年以来,基金产品数量快速增加。产品越丰富,就意味着投资者的选择越多,个性化的需求更容易得到满足,避险的需求也更容易实现。比如,2014 年以前,中国资本市场的表现不是很理想,但幸运的是中国基金行业开始正式走出国门,发行了不少 QDII 基金。如果投资者从 2009 年开始投资 QDII 基金,这几年的收益应该是非常理想的,因为美国股市经历了 7 年的增长期。

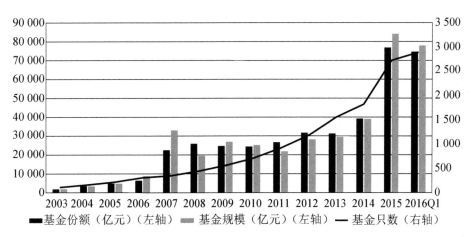

图 6.2　公募基金历年产品数量及规模变化情况

资料来源:Wind,数据截至 2016 年 3 月 31 日。

4. 基金投资已成为居民重要的理财方式

过去的十几年来,作为基金管理人,我们为投资者创造了良好的收益。如果基金持有人投资方法正确的话,可以获得非常好的回报。

从相对收益的角度看，我们选取了中证股票型基金指数、中证混合型基金指数与上证指数、沪深300指数进行比较（如图6.3所示）。截至2016年第1季度，中证股票型基金指数的收益率是660%，中证混合型基金指数是691%，同期沪深300和上证指数的收益率分别为292%和221%。偏股型基金显著跑赢市场指数。

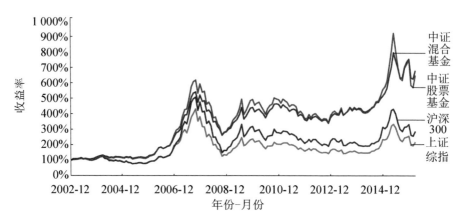

图6.3　中证偏股型基金指数与A股市场指数收益率比较

资料来源：Wind，数据区间：2002年12月31日至2016年3月31日。

从绝对收益的角度看，我们统计了全市场股票型和混合型基金自成立以来的累计收益率。结果显示，绝大部分基金都取得了正收益。其中成立满10年的基金平均累计收益率为446%，并且有三成的产品投资收益率在500%以上。成立满5年和满3年的基金，平均累计收益率分别为102%和92.8%，有四成的产品收益率在300%以上。

基金的年化收益率同样表现良好。成立满10年、5年、3年的基金产品，平均年化收益率分别为15%、8.8%、17.8%。大部分产品的年化收益率在10%以上，高于美国早期的基金年化收益率（20世纪60年代美国的基金年化收益为9%）。

表6.4是广发基金成立满3年、5年、10年的基金收益率，应该说跟行业的收益率差不多，为投资者取得了较好的回报。

表 6.4 广发基金偏股型基金产品总体收益率情况

成立时间	数量	平均累计收益率	平均年化收益率
成立满 3 年	4	77.00%	16.47%
成立满 5 年	5	73.44%	7.02%
成立满 10 年	5	430.75%	16.08%

资料来源：广发基金。

正是由于良好的理财效益，基金投资已经成为中国居民重要的理财方式。据中国证券投资基金业协会统计：截至 2015 年第 1 季度，公募基金个人投资者账户数达到了 4.98 亿户，投资者数量达到 2.2 亿人，意味着每 6 位中国人中就有 1 人投资了公募基金。

2008 年至 2013 年，基金的有效账户数相对稳定，但随着投资收益的上升，在 2014 年、2015 年，基金的账户数量出现显著增长（如图 6.4 所示）。

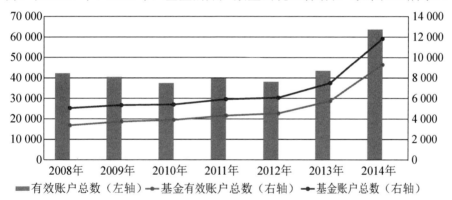

图 6.4 开放式证券投资基金投资者有效账户情况

资料来源：中国证券基金业协会。

可以说，基金行业经过十余年的发展，无论从数量上看，还是从质量上看，都越来越深刻地影响着老百姓的日常生活，基金成为居民一个重要的理财选择。

中国基金行业发展面临的问题

对基金行业发展所面临问题的讨论，角度不一样，看法就不一样。研究者可能更多关注行业的制度建设；行业管理部门通常更看重行业风险管理；而作为基金行业的具体实践者，我们更重视基金公司该如何满足客户的需求，如何保证持有人财富的增值保值。以下是我们在实践过程中，对基金公司，乃至基金行业面临的一些问题的思考。

1. 单薄的投资能力与不断丰富的投资者需求不适应

研究发现，随着财富的积累，投资者的需求会日益丰富，其资产配置也会逐渐地多元化。而长期以来，我国基金公司的投资品种主要为股票、债券和货币。特别是在基金行业发展历程的前中期，基金公司发行的产品几乎都是偏股型基金，2002年以后，才逐渐出现债券基金和货币基金。即便是现在，在整个行业中，从业者仍然把股票投资视为最理想的职业，大家还是更多地关注股票投资市场。

在经济长期高速增长的背景下，股票、债券和货币三类资产基本上能够满足投资者的投资偏好。但当经济增速下降的时候，这三类资产远远不能满足投资者的多元理财需求，如果基金公司的投资能力单一，就会暴露出很多问题。

从2002年筹备广发基金到现在，市场上几次波动我都亲身经历了。2007年，股市从6124点跌到1665点。股票型基金契约规定必须有80%的股票仓位，剩下的才能配置债券和货币，所以对这些基金我们是一点办法也没有。而在2015年，半年时间内，股市从5178点下跌到2638点。所以在特殊时期，单一的投资能力给投资者带来的伤害是非常大的，而且短期内很难再涨回去。

在《股市长线法宝》这本书中，西格尔教授认为在任何时点买基金都是挣钱的。他总结了美国60年来基金投资的情况，大力宣扬"买入并持有"的哲学。书里说哪怕你在最高点买入，7年也能够回本。但是我们想一想，人生又有几个7年？所以投资能力的单薄化，对一家基金管理公司来说，是致命的不足。事实上，不同资产在不同时期的收益是不同的。2017年第1季度，中国股市下跌超过30%。在1000多只基金中，收益率最高的涨了20%，但更多的基金面临的是亏损，表现最差的50只基金亏损超过30%。当然，2017年年初如果购买了黄金或大宗商品，投资者将获得非常理想的回报。所以，不同的资产在不同时期的收益是不一样的。如果投资能力不够多元，很难成为一家尽责的资产管理公司。

2. 金融工具不足束缚了基金公司策略创新与全天候投资能力的形成

基金公司有两个特征：第一，持有人利益高于公司利益和股东利益；第二，为持有人资产保值、增值是行业的核心责任。所以，锻造全天候的投资能力是每一家优秀的基金公司，特别是那些想做大做强的基金公司所追求的目标。

但是，由于目前中国可用的金融工具不足，基金公司的投资策略主要还是基本面投资，而量化策略、对冲套利策略的应用空间非常小，这使得基金公司难以真正承担资产管理人的职责。

这种不足具体表现在以下几个方面：

第一，在金融工具创设上还有较大空间，标的种类有待丰富。

表6.5是中国场内金融衍生品概况。从图中可以看到，截至2015年年底，中国有6只场内衍生品上市，其中包括上证50ETF期权、10年期国债期货、中证500指数期货等。虽然金融工具已经较早期有所丰富，但是与国际市场相比依然有很大的创设空间。也正是由于金融工具的不足，基金公司很难聘请到国外优秀的量化专家回国，因为他们熟悉的策略在国内可能难以发挥效果。

表6.5 中国场内金融衍生品概况

类别	品种	上市时间	交易场所
权益类衍生产品	沪深300股指期货	2010/4/16	中金所
	上证50ETF期权	2015/2/9	上交所
	上证50股指期货	2015/04/16	中金所
	中证500指数期货	2015/04/16	中金所
债券类衍生品	5年期国债期货	2013/9/6	中金所
	10年期国债期货	2015/3/20	中金所
	标准债券远期	2015/4/7	银行间

资料来源：中金所，截至2016年5月31日。

根据世界交易所联合会（World Federation of Exchanges）2015年的统

计，位列全球场内金融工具合约交易量前三甲的品种是商品期货、股指期权和个股期权，各自占比为 17%、16%和 15%。虽然我国的商品期货市场已初具规模，但是缺少石油期货等重要品种；股指期货只有沪深 300、上证 50、中证 500；股指期权仅有一只于 2015 年 2 月 9 日在中国上海证券交易所正式挂牌的上证 50ETF 期权。而且我们尚无个股期权。工具类别少，标的种类也非常稀少。中国金融工具的开发还是任重而道远的。

2014 年 11 月到 2015 年年初，在国内做量化投资是比较困难的，因为对冲指数只有沪深 300，不可能做到完全对冲。

第二，在股灾后的冷静期，已有的金融工具也逐渐失去了活力。

经历 2016 年的股灾后，基金现在基本上都是空仓或者拆单做，规模非常小。股灾以后，提高的开仓限制和保证金要求严重影响了效益。三大股指期货成交量缩水了 98%，枯竭的市场无法为策略提供足够的流动性，部分策略失效。

金融工具的缺失以及原有的金融工具丧失活力在一定程度上影响了基金公司全天候理财能力的形成。一方面，投资收益依然只能来源于单边做多的市场，纯阿尔法收益无法产生；另一方面，缺少对冲防御机制，避险功能缺失。

3. 基金行业投资人员数量不足，人才流动频繁，影响行业健康发展

基金行业诞生以来经历了快速发展的过程，但是人才成长速度远不及基金公司的发展和扩张速度，特别稀缺的是拥有 3 年以上投研经历的投资人员。18 年间中国已经有 100 多家基金管理公司设立，持有公募牌照的公司已经有 120 多家，同时大量的保险和财富管理公司都需要人才，特别是投资人才。因此投资人才的成长速度远远跟不上基金产品数量和基金公司数量的增长速度。

截至 2016 年第 1 季度，在中国基金业协会注册的基金经理一共有 1 352 名，而市场上的公募基金共有 2 899 只，平均每人管理 2.2 只产品。明星基金经理的负担更重。虽然不能武断地认为管理基金过多会影响基金经理的投资业绩，但很可能对其业绩产生不利影响。

基金行业人才稀缺，极大地阻碍了行业的快速健康发展。除了人数少，还有一点就是人才年轻、从业年限短。管理资产年限不足 2 年的基金经理

占 52%，从业 4 年以上的基金经理仅占 26%，而美国基金经理很多从业年限都在十几年、二十几年。中国基金行业成长太快，人才发展速度远远低于行业发展速度。从 2016 年公募基金经理的业绩表现明显能够看到，从业年限短对投资业绩确实是有不利影响的。

4. 培育正确投资理念任重道远

正确的投资理念，是投资能够取得成功的关键。对基金经理有投资理念的要求，是因为投资理念会影响他的投资；对持有人而言也是一样。

知易行难。对基金经理来说，存在投资风格稳定性的问题，而且目前这个问题还没有得到充分解决。

2016 年，大家都在追互联网企业，互联网概念的股票和基金业绩都不错。但一些医药类、制造业类的基金，按理来说涨幅应该是偏后的，业绩竟然也惊人的好。查看其具体持仓，我们发现基金仓位偏离了约定的行业结构。基金经理维护持有人利益的心情可以理解，但基金是有契约精神的，必须按照基金契约规定行事，假如没有挣钱，违背契约是会被投资者起诉的。

据说美国基金理财行业最早是由于企业家或者富人需要将其财产进行再投资，以便让其家人后续生活稳定而产生的。那时投资人非常谨慎，投资组合中有大量的国债。到了 20 世纪 20 年代，股票涨得非常好，有个投资人禁不住诱惑，就买了股票，挣了很多钱。后来这个投资人却被告上了法庭，理由是他违反了契约，而且原告胜诉。最终经过上诉，投资人才被法院改判为无罪。这个案例说明投资风格变化尽管有时是出于好心，但确实不是好现象，起码会令持有人不放心。

从基金的历史来看，是否具有正确的投资行为和投资理念，是决定最终投资收益的一个重要因素。要强调培养基金经理正确的投资理念，同时也要不断地对持有人进行教育。

从资本角度来看，基金行业存在的这些问题，是行业高速发展过程中供给与需求不适应造成的，解决这些问题可能需要一个长期的过程，有的要通过制度来解决，有的要通过教育来解决，但是整体情况在慢慢改善。

中国基金行业的创新与发展

改革开放后的前 30 年,中国经济一直高速增长,经济改革取得了巨大的成功,经济总量跃居世界第二位。在这段时期,中国企业的效益都非常好。很多上市公司每年保持 50%的增长速度。因此,在当时来看,投资非常简单,只要买入、持有,等待升值即可。

现在,中国经济正面临越来越大的挑战,传统的增长模式已经难以为继。社会经济发展的动力,也从过去的投资驱动转为消费驱动,从资源投入转为创新。经济发展的动力转变对基金行业的影响很大。过去基金公司可以简单地通过基本面分析来进行投资,现在却越来越难。所以,中国的基金公司必须通过对新的投资领域、新的市场的开拓,对传统的投资策略、方法进行变革,以提高自身的投资能力,满足投资人的需求。

当然,基金公司面临的发展机遇很好,现在的资金十分充裕。这一方面是由于居民财富的增长,另一方面是由于机构投资者的比重越来越大,社保、养老金、年金每年都在增长。银行、信托、保险等产品的资金规模高达 80 万亿元。从资金端来说,当前流动资金确实十分充裕。

同时,基础市场建设比过去更加丰富,这为基金行业提供了一个更为广阔的操作空间。多层次资本市场的发展,使各种类型的企业都能够进入,投资人的选择余地更大了,例如过去只有政府债、国债,但现在还有企业债等。很多商品市场的交易量也很大。所以,目前行业发展的有利条件很多,但是也确实遇到了很多困难,过去那一套方法渐渐不够用了,整个行业都在变革、思考、摸索和尝试。

1. 基金行业正在积极培养和锻造多元投资能力

过去,由于基金公司的投资领域狭窄,依靠单一投资就能获得比较高的收益,满足投资者的理财需求。但是,在未来经济增长速度平缓时期,单薄的资产和单一的策略将面临更多的不确定性。因此,很多基金公司正逐渐将工作着力点向以下几个方面倾斜。

第一,培育自己的资产配置能力。

在当前的市场背景下,资产配置的重要性已经越来越凸显出来,只是目前基金公司的资产配置仍停留在传统资产上。很多基金公司开始开发FoF产品，并单独成立配置研究小组，但相关投资人才仍然比较匮乏。

第二，培育多策略的投资能力。

以前只有基本面投资，买入后持有即可。美国市场的数据也告诉我们，买入持有策略是最挣钱的，但要等待很长时间。所以，现在大家开始重新审视投资策略，开始关注如量化投资、多空策略、对冲套利等其他策略。

应该说，中国基金行业在量化策略的摸索上已经取得了不少成绩。一开始是私募基金在做，后来公募基金也开始尝试，现在已成为部分基金公司的重要专户业务。可以说，整个行业已经开始积极培育多策略投资能力。据统计，自2013年量化投资策略被引入公募基金，全行业已成立17只产品，累计发行规模171亿元。表6.6是部分已成立的量化对冲公募基金的情况。

表6.6 部分已成立的量化对冲公募基金的情况

基金简称	成立时间	发行规模（亿元）	最新规模（亿元）	成立以来回报率（%）	2016年回报率（%）
海富通阿尔法对冲	2014-11-20	7.2	9.2	20.1	0.5
华宝兴业量化对冲	2014-09-17	6.1	9.2	16.5	1.4
嘉实绝对收益策略	2013-12-06	21.6	3.1	16.0	0.3
南方绝对收益策略	2014-12-01	15.0	7.8	15.6	0.0
广发对冲套利	2015-02-06	11.3	15.4	13.5	0.4
工银瑞信绝对收益	2014-06-26	15.25	6.4	8.5	−3.5
嘉实对冲套利	2014-05-16	19.5	4.4	5.8	0.5

资料来源：Wind，规模数据截至2016年3月31日，业绩数据截至2016年5月31日。

2. 另类投资正逐渐成为基金公司新的业务领域

过去认为买入持有策略已经很赚钱，没有必要进行更复杂的操作，否则波动大、不确定因素多而且杠杆率还高。但现在，基金经理人开始把眼光转向别处。

另类投资主要是指投资传统资产之外的资产，包括私募股权、房地产、大宗商品等。从成熟市场来看，另类投资兴起于20世纪80年代，部分投资机构愿意牺牲一些短期的流动性，获得更丰厚的长期收益。图6.5是2012年哈佛大学捐赠基金的另类投资组合。

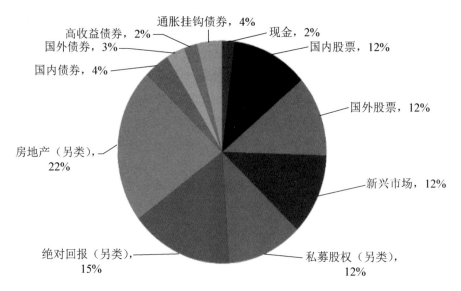

图 6.5　2012 年哈佛大学捐赠基金另类投资组合
资料来源：广发基金。

图 6.6 显示，近年来中国私募股权基金发展迅猛，截至 2016 年 4 月，管理规模为 3.5 万亿元，应该说投资股权的空间非常大。目前广发基金通过子公司的形式也做了很多 PE 项目。由于国内基金行业的资产规模和客户结构正在发生变化，传统资产已不足以满足庞大资金量及投资者不断增长的、更加多元化的投资需求，基金行业需要寻找新的资产来为不断增加的资金提供配置方向。监管部门也逐步放开基金公司投资非上市股权的限制。在专户业务方面，2012 年，《基金管理公司特定客户资产管理业务试点办法》和《证券投资基金管理公司子公司管理暂行规定》允许基金公司通过设立专项资产管理子公司来投资"未通过证券交易所转让的股权、债权及其他财产权利"。在公募业务上，2014 年 9 月，嘉实元和获批参与中石化混改项目，是公募基金首次获准投资非上市公司股权。

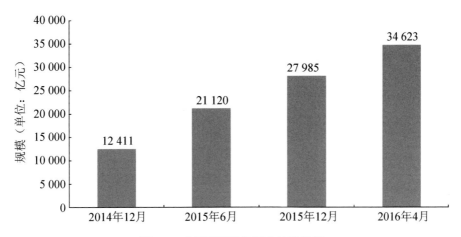

图 6.6 中国私募股权基金认缴规模
资料来源：中国证券基金业协会。

其次是并购基金。通常，经济增速放缓时期是行业集中度提高的时期，也是并购比较活跃的时期。2015 年，中国的并购市场蓬勃发展，交易金额达到 7340 亿美元，增长 84%，交易数量增长 37%，全年超过 114 项交易的单笔价值超过 10 亿美元，创历年之最（如图 6.7 所示）。

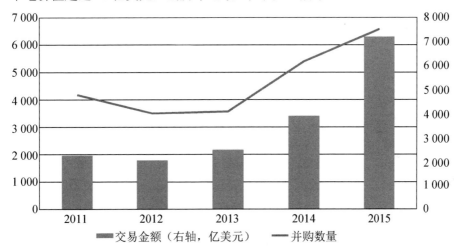

图 6.7 2011—2015 年中国并购市场交易数量与交易金额
资料来源：汤森路透。

基金公司也纷纷开始涉足并购领域。比如，2014 年，易方达基金与三峡集团、复星实业合作，发行了10亿美元的海外产业投资基金，用于收购海外风电、水电等清洁能源。2016年2月，博时资本与云南白药共同设立医药、医疗及大健康领域的产业并购基金。基金公司积极参与并购，可以提供并购方案设计、并购标的选择、并购资金募集、资产管理以及战略咨询等业务。

再次是资产证券化。这方面总量很大，虽然市场上的主力并不是基金公司，更多的是银行、信托、保险，但这并不妨碍基金公司进入市场。实际上，基金公司进入资产证券化领域会成为二级市场的重要投资者。对企业来说，资产证券化可以盘活资产，在不增加负债的情况下获得资金，改善融资结构；对投资者来说，资产证券化可以让他们获取较稳定的收益。

监管政策放开打开了资产证券化的业务空间。2015年以前，中国资产证券化经历了多次试点启动到暂停的轮回。2015年起，在备案制、试点规模扩容等利好政策推动下，市场发行日渐常态化。

中国资产证券化发展提速，发起机构更加多元化，市场供给不断增多，投资者的需求也不断增加。2015年，全国共发行了1 386只资产证券化产品，总金额5 930.4亿元，同比增长79%，市场存量7 178.9亿元，同比增长128%。

目前，中国资产证券化的证券交易量仍然很少，流动性较差。而基金公司进入这个市场，更多应该是从业务链的前端切入。基金行业也一直在积极开展资产证券化业务，截至2015年上半年，在基金业协会备案的资产支持专项计划达到54只，其管理人为25家证券公司和11家基金子公司，规模合计约526.7亿元。

3. 国际化已经成为中国基金行业重要的发展战略

国际化分为两个方面：一方面是境外投资，另一方面是境外的钱在境内投资。现在，境外投资机会越来越多。首先是从需求端来看，伴随中国经济高速增长，中国居民财富也快速增加。根据波士顿咨询公司的估计，2015年中国居民可投资产规模约为108万亿元人民币，但目前配置在海外的资产规模只占4%，约4万亿元。若海外投资比例达到10%，将有近6万亿元的增量资金需要进行全球资产配置。但是，中国的QDII额度很稀缺，额度的稀缺性也体现出中国居民投资海外的需求十分旺盛。更重要的是，从供给端来看，中国基金公司的境外投资能力在不断增强,变得更加自信。

这主要体现在以下四点:

第一,产品品种更加完善,更加丰富。目前,QDII产品数量为106只,规模为719亿元人民币。基金类型从股票型、债券型、混合型基金,逐步拓展到商品基金、房地产基金。

第二,投资方式日益多样化。目前的投资方式,有主动投资、被动投资,并且在公募基金之外,境外投资的专户产品也蓬勃发展。

第三,投资区域越来越广泛。过去是小心翼翼地投资中国香港地区,现在投资范围基本上覆盖了全球各个区域。

第四,海外投资产品的独立管理能力逐渐增强。截至2016年第1季度,106只QDII产品中聘请投顾的比例仅为15%,为10年来最低水平。累计净值增长前10位的QDII产品中,独立管理的产品占据7席,体现出良好的海外资产管理能力。

现在,境外业务已经成为众多基金公司的重要战略方向。而且随着中国资本市场的改革和开放,中国基金行业已经不满足于从内向外的国际化,开始为国外投资者提供投资服务。一开始是由有外资背景的基金公司来为QFII提供投顾业务,后来,境内基金公司直接在海外设立分支机构,申请QFII额度,以QFII身份为境外投资者提供资产管理服务,最后又开展RQFII业务,全方位开拓国际业务。所以,从国际化的实践来看,中国基金行业进入国际市场的步伐越来越稳健,信心越来越足,效果越来越好。

4. 互联网对中国基金业产生了深远的影响

"互联网金融"这个词一直非常热,从基金行业来讲,我们也深切地感受到了互联网对整个行业的冲击。

首先是互联网销售。互联网使基金的销量得到了快速的发展,提升了基金公司服务客户的质量。互联网企业积极介入资管行业,极大拓展了行业的客户基础。过去,由于服务成本高而被传统银行渠道忽略的低净值客户和长尾客户,开始成为基金投资者。余额宝用户数已突破2.6亿户,规模达到7 626亿元。微信理财通平台用户数突破5 000万户,规模超过千亿元。基金销售的互联网化,使基金公司销售渠道进一步丰富。另外,第三方销售寡头竞争日趋明显,天天基金2015年销售额为7 432亿元,接近大型银行量级。银行渠道方面,大行网银申购占比在 50%左右,招行高达 90%。与此同时,基金公司正积极推动自身的互联网直销平台建设。

其次,从服务来看,使用互联网采集数据更方便,客户个性化需求能更有效地反映出来,这也有利于基金公司为客户定制更好的产品。

再次,应用互联网和大数据能够形成新的投资策略。2014 年,广发基金与百度合作开发了"百度百发 100"基金,这个策略以前是没有的,以前是基本面投资,后来是量化投资,现在我们通过数据形成新的投资策略。广发基金与百度合作以后,南方基金、博时基金也分别与新浪、阿里合作,推出了大数据基金产品。

最后,互联网使基金的管理模式发生了变化。投研之间的信息传递和转换更加高效便捷,互联网电话视频技术的应用,降低了异地机构的沟通成本。借助互联网,可以轻松实现"点对点"的沟通。

总之,伴随中国经济转型,中国的基金行业需要求新发展。其中,寻找新资产、新策略、新市场成为基金公司的重要课题。在这种拓展当中,有几点需要注意:

第一,这些新型业务很多是其他行业的常规业务,虽然我们认为是新的,但对别人来说却是成熟的业务。基金公司要思考如何用自己的方式与别人合作,发挥自身在投研体系、二级市场定价方面的优势。

第二,基金公司要向新业务突破,拓展行业的生存和发展空间,更好地承担资产管理人的责任。对单个公司而言,可以专注被动型投资,成为中国的先锋基金,也可以只做债券、固定收益类的投资。但是,对整个行业而言,如果只有能力单薄的投资机构,是没有生命力的。

第三,行业的任何变革必须围绕着服务实体经济、为持有人资产保值增值展开。我也相信,基金行业一定会在为实体经济提供支持的过程当中健康发展。

(本文根据作者 2016 年 6 月 2 日在北京大学汇丰商学院"金融前沿讲堂"的演讲整理,经作者审阅。)

专家点评

巴曙松

北京大学汇丰金融研究院执行院长
中国银行业协会首席经济学家
香港交易所集团董事总经理、首席中国经济学家

  广发基金成立于 2003 年，它不是中国历史最久的一只基金，但是它形成了自身独特的稳健风格。如果我们将现在 100 多家基金公司中的前 10 名进行对比分析后就可以发现，其中有 9 家都是早期成立的，这和基金行业需要时间的积累有较大的关系。因为能否把握住每一次牛市机会，及时开发出产品，并且在经过熊市的洗礼之后还能把客户挽留住，需要时间的检验。早期成立的基金公司相对比较占优势，因为当时的监管部门为了扶持机构投资者，推出了很多实质性的扶持政策。

  广发基金是少见的成立时间不长却能进入行业前列的基金公司，这肯定与整个公司的运作、治理结构有关。我曾经在中国证监会基金评议委员会担任委员，所以我也有幸见证了广发基金的成立和第一只产品的发行。在各种资格的评审中，广发基金都以出色的业绩和稳健的管理赢得了评委的认可。

  在资产管理行业发展的初期阶段，基金处于非常独特的地位。当时，"基金"的概念非常狭隘，主要是指公募基金。公募基金的业务范围也很狭窄，

就是二级市场。所以，公募基金的发展历程也是整个中国金融市场体系不断市场化以及在竞争越来越激烈的趋势下不同行业的壁垒被打破、准入被放松的过程。体现在基金行业上，就是业务范围不断拓宽，从仅有二级市场扩展到一、二级市场全面覆盖；商业模式也从产品仅是趋同化的模式，变得越来越具有差异性和多样性。与此同时，基金行业内部也出现了较为显著的分化。

现在流行一个概念——"大资管"，银行、信托、保险行业异军突起，整个理财市场的资产量已经达到了 80 万亿元。以前，在股权分置条件下，流通盘并不多。基金行业几乎居于领导地位，再加上当时基金公司的数量也不多，因而基金行业在资本市场具有很高的话语权。由于当时整个市场的流动性有限，大规模基金的买卖对市场的冲击成本就很大，如果一位基金经理管理着 100 亿元规模的基金，则他的一买一卖都能对市场的涨跌产生较为明显的影响。

现在，资本市场从由少数市场主体起主导作用的阶段，逐渐过渡到了一个市场中有众多参与者的阶段。所以在"大资管"的背景下，基金公司的发展面临很多新的难题。

以前，最关键的问题是谁能拿到基金公司的牌照，有了牌照就可以获得很多政策上的优惠，就可以通过银行体系广泛地发动公众筹集资金进行投资。现在由于实行了私募注册制，牌照变得越来越不重要了，在中国基金业协会注册的私募公司已达数千家，以后还会有越来越多新的进入者。金融机构里的银行、信托、保险、内资、外资，还有非金融类的企业也在积极地踏入这个领域。所以在"大资管"的背景下，基金行业面临着空前的挑战。但这同时也是优秀的基金从业者展示自己的机会，他们可以向市场展现自己的专业判断力、市场洞察力，以及识别实体经济的金融需求并转化为投资机会的能力。

通过公募基金的管理者对市场的观察，我们可以看到他对于整个金融体系的思考。作为一个用十几年时间打造出一流基金管理公司的管理者，从林总的总结里，我们能够看到什么呢？这是我们今天要讨论的话题。

对于今天的讲座，我在此做以下四个方面的评论：

第一，以基金为代表的资产管理行业的发展历程，实际上就是把实体经济运行中的需求和基础资产，通过自身产品的设计，转化为公众或者是投资者可以投资的产品的过程。

林总讲述了基金行业发展过程中所走过的道路,刚开始公募基金能够覆盖的基础资产非常少,只有二级市场的股票。而且,当时基础资产转化为投资者能够投资的产品的能力是非常有限的。

从这个角度看,以公募基金为代表的资产管理行业发展过程,也是基础资产转化为各种各样可投资的产品的能力不断增强的过程。林总所介绍的公募基金下一步发展的几个方向都可以归结到这个过程。比如,他讲到的第一个方向是"要培育自己的多元投资能力",我觉得这个能力主要是指在产品设计环节的设计能力。第二个方向是"另类投资",这实际上是指上游能够覆盖的基础资产范围的扩大,从传统的二级市场的股票延伸到房地产、PE等领域。第三个方向是"国际化",就是把海外的资产纳入配置的基础资产领域里。第四个方向是"互联网"。这是指在产品的设计和销售环节上有所改进,如利用互联网的数据技术及通道提高整个销售环节的效率。

由此,可以对林总的演讲做一个提炼:公募基金本身的发展也体现了资产管理行业发展的一般趋势——更专业地识别实体经济运行中对金融服务的需求,并把基础资产通过专业化的设计,变成市场可以投资的产品。

第二,基金只要还有持续跑赢市场的能力和空间,就说明市场中的竞争还不够充分。

林总刚刚提到,中国基金连续多年是持续跑赢市场的。其实,持续跑赢市场是不容易的,但是有数据证明,从长期来看,中国基金的确跑赢了市场。这表明,市场竞争是不充分的。在巴菲特股东大会上,巴菲特在正式演讲之前,放了一张 PPT,是十年前他跟华尔街基金经理打的一个赌,说在美国这个有效的市场中不可能长期跑赢市场。果然,到目前来看,巴菲特是赢的。

我查了一下数据,中国资产管理行业 80 万亿元的总资产中,占比最大的是银行的 20 多万亿元,占近 30%;第二是信托类,15 万亿到 16 万亿元,其中很大一部分是通道业务,这是特定条件下的产物;第三是基金类,细分一下,增长得比较快的主要的是基金子公司和专户。由此可以看出,这些年增长得比较快的,实际不是公募基金,而是在公募之外的专户和子公司等新业务。所以总体来看,整个公募基金领域还有很大的发展空间。

第三,公募基金有特定的商业模式。

在公募基金的商业模式中，持有人的利益和股东利益面临着难以协调的问题。有一个说法：在资产管理行业中，无论是公募基金还是私募基金，最关键的还是管理人。如果基金经理或者管理人的利益不能得到真正的尊重，这些优秀的基金管理人是留不住的，这确实是一个非常重要的问题。我们不可能指望用非常廉价的成本，聘请到最优秀的基金经理和管理人来为我们服务。把这些优秀基金经理留在公募基金，最终得益的还是广大公众投资者。根据林总的统计数据，无论是基金持有人还是普通的投资人，如果公司不能有效解决激励机制的问题，就留不住这些优秀的基金经理人，他们就会转而去做私募，为一部分高端客户服务，如此一来普通的投资者获得优秀的基金经理服务的机会就大幅减少了。

所以要理性地看待这个问题。无论是公募基金还是私募基金，资产管理行业里面的治理结构都是一个非常大的难题。为什么最近资产管理类公司上市会有争议？这也是一个公司治理的问题。挂牌之后，对于不同类型股东的利益怎么平衡，现在还尚未找到很好的解决方法。

第四，基金行业的发展需要周期的检验，对于基金经理的选择是这样，对于金融工具和市场也是这样。

林总认为从业年限不到 2 年的基金经理大约占基金经理总量的 52%。确实，与我在海外见到的基金经理相比，中国的基金经理普遍年轻而有活力。这未必是坏事，但是就像银行业的发展需要经历一个完整周期的检验一样，基金经理也一定要经过周期上升和周期下降的阶段。一位基金经理如果没有经历过"上升"和"下降"阶段，很难说他是成熟的基金经理。早期在基金界存在一个争议：基金的规模较大是由于首发规模就很大，还是后期由基金经理持续做出来的？这是一个很关键的问题，因为这涉及公司内部如何在各个环节合理地配置资源的问题。但是从早期的情况来看，首发规模较大是主要原因。很多基金发了之后却没有足够的基金经理来持续跟踪和管理，所以那段时期就提拔了很多人来当基金经理。一开始他们中多数还是保持着对市场的敬畏之心，珍惜这个难得的机会，投资小心谨慎。但是，后来进入了牛市，有些基金经理所管理的基金业绩跟着持续上涨了，他们以为这是因为自己已经具备了较高的投资水平。牛市行情一直持续到 200 亿元交易量之后，开始逆转。这个时候，只有不到 50% 的基金经理意识到，投资已经过度了，该转向了。而另外有一部分基金经理，还沉醉在自己是"股神"的错觉之中，并且还很坚定地向投资者承诺，这是牛市的调整，4000点才刚起步。但后来这些人基本没能保住自己的位置。在这第一波市场调整中"幸存"下来的基金经理就开始沾沾自喜，认为自己具有很强的择时能力，找准时机看空市场，从而领先于其他人。当行情真正开始慢慢反转之时，这些人的业绩很快又会被甩到后面。在这个时候还能够敏感地意识到市场氛围的变化，及时进行自我否定并且进行调整的，就又少之又少了。所以，经历两个周期还能在市场中"幸存"下来的才是真正优秀的基金经理。而要将这些优秀的基金经理留下来，就又要回到我刚才讲到的第三个问题——基金公司内部的激励机制问题。

而要成功地超越周期，需要有反思和总结的能力。美国20世纪80年代的股灾，也出现了类似前几年中国股市大幅波动的现象，当时有很多人认为股指期货是罪魁祸首。在股灾平息之后，美国市场涌现出了许多系统性的、有深度的股灾反思报告，据不完整统计，有将近400份，其中最有名的是几大研究机构的报告。我一直留意收集从去年中国股市大幅波动到现在的系统性报告，但是却只发现少量的三四份。

"第一财经"想模仿IMF的《中国金融稳定报告》做一份针对去年股市大波动的反思报告。但是，很多学者都不愿意写，后来他们就找到了我，我也欣然答应了。当时美国在20世纪80年代的股灾中付出了沉重的代价之后，有400份研究报告来反思。这些报告直接促成了随后美国资本市场制度的完善。现在，针对中国一系列的产品政策、股市政策，我们是不是也应该有所反思？

我在报告中提了好多技术层面的问题，如场内融资融券不对称的问题。同时，我对比了国际上股灾救助的情况，总结了中国的一些特殊性。比如，全世界股灾救助的基本原理是首先要把股灾中市场不稳定的源头与金融体系其他部分割裂，避免风险的传导。但是，我发现中国股灾救助与这个原理存在着较大的差异，本来只是股市的问题，结果在对股市的救助过程当中，把证券公司、基金公司、银行、保险等各个方面的金融机构全部动员起来并捆绑在了一起。由此一来，股市的风险便迅速向金融体系其他部分传导，最后演变成系统性风险，政府不得不救助了。这对于中国市场来说，未必是坏事。但是对整个金融体系来说，还是有很多值得反思的地方。

随着金融市场的发展，资产管理行业也在变化。林总从基金角度进行观察和思考，所讲的四个方向都综合体现在了资产管理行业演变的大格局中。

当整个市场流通盘不大的时候，基金行业往往在市场扮演着"头羊"的角色。现在，整个基金行业在资产管理市场的比重大幅下降，它们所面临的挑战比原来更大。前段时间大家一直在提"大资管"的概念，"大资管"的第一个阶段是每个人看着对方都觉得很新鲜。现在，这个阶段基本上结束了，基于业务板块划分带来的价格差异和套利空间基本上消失了。现在进入了"大资管"的第二个阶段，每一种类型的资产管理机构，要基于自身的比较优势找到自己的核心能力，特别是主动管理的能力。

香港地区有很多外资投资机构，早期这些机构只是做一点通道业务。但是，如果想进入内地市场，仅仅靠通道业务和早期的政策是不可持续的。真正能持续的是主动管理的能力。在市场调整的时候，那些拥有主动管理能力的机构，和那些没有主动管理能力的机构，就会马上显现出差异。要培养主动管理能力，就要有优秀的管理团队；要有优秀的管理团队，就要有优秀的人才。只有练就一身扎实的基本功，在未来的市场中才能真正经受住考验。

07. 中国信用产业的发展与监管模式

毛振华

中诚信集团创始人、董事长

信用体系是现代市场经济的核心支柱之一。随着市场经济的繁荣、信用消费的兴起以及债券市场的扩容,企业征信、个人征信和信用评级等信用产业在国内迅速崛起。特别是近几年,一方面,随着信用风险的加速暴露,信用评级的重要性愈加凸显;另一方面,互联网金融的快速发展使得企业及个人征信在现代交易中扮演着越来越核心的角色。

当前信用评级和信用征信已经引起整个社会越来越多的关注,在这样的背景下,对信用产业的发展进行相关研究是非常有意义的。接下来,我将首先介绍信用产业的内涵及功能,然后对主要发达国家的信用产业发展历程进行简要回顾,在此基础上梳理国内信用产业的发展历史及现状、阐述当前国内信用产业存在的主要问题,最后通过比较国内外信用产业的产业格局和监管模式,对未来我国发展信用产业提出相关建议。

信用产业的内涵、发展模式及社会功能

信用产业有狭义和广义之分,狭义信用产业是指通过信息的加工整理,对信用交易的履约确定性进行评估、管理及咨询的产业,而广义的信用产

业不仅包括为信用交易服务的行业，还包括信用交易本身，比如银行、保险等行业。信用产业是市场经济自身的规范力量，是市场经济发展中不可缺少的一部分。根据业务形式的不同，信用产业主要包括征信、评级、增信和信用管理四大类，其中征信和评级是市场规模较大的业务形式。

从细分行业来看，信用产业又可以分为信用信息服务类和信用管理咨询类两个分支。信用信息服务具体包括企业和个人征信、信用评级、资产调查等业务分支；信用管理咨询则是在整个信用交易的过程中提供服务，具体包括保理、信用保险、信用增进、商账追收、信用管理咨询和信用修复等业务分支。

信用信息、信用数据的收集及沉淀是信用产业的基础，由此构建起来的征信系统是一个社会重要的金融基础设施。征信领域的发展模式大体分为两类：一类模式是产业主体利用信息资源自主进行市场交易。这种模式下各个参与主体主要采取市场化的组织形式，虽受政府监管，但业务开展独立于政府，由金融机构、信贷协会、零售商等成员自愿向征信机构、组织或协会汇报信用数据。比如在美国，一般公共信用信息的记录、处理、汇总和公开由征信所来负责，而在日本则由行业协会通过内部的信息共享机制为会员建立非营利信息平台。第二类模式为政府主导下的强制公共信息登记体系，通过政府立法强制金融机构、贸易债权人、信用服务公司等机构向中央银行或政府指定部门或机构汇报其债务人的信用数据，并要求其保证数据的真实性，德国、法国等欧洲国家以及印度均采用此种模式。

信用产业的发育状况和市场化程度，在一定程度上决定了一个国家的信用状况和信用秩序。信用产业的经济功能主要是揭示信用风险，从而为金融产品定价提供依据。信用产业的社会功能主要包括营造良好信用环境、降低交易成本以及扩大信用交易规模。第一，信用产业各类信用产品及服务能够及时揭示和传播经济活动主体的信用风险，提高经济活动主体防范和处理信用风险的能力。第二，在揭露信用风险的过程中，信用产品及服务对于失信者的有效制约有助于营造健康的信用环境，并促进良好的市场经济秩序的形成。第三，信用产业的发展有助于提高经济活动中的信息透明度，从而降低市场交易成本，提升经济活动主体的产品销售和融资能力。第四，信用产业的发展有助于扩大信用交易的规模，推动国民经济的快速发展。

发达国家的信用产业历史及现状

发达国家的信用产业以企业征信业务为开端。19世纪中期开始,美国、日本,以及欧洲各国和地区首先出现了各种类型的征信公司。经过百余年的发展,随着信用交易规模的扩大,尤其是金融危机过程中信用产业所起到的风险揭示及防范作用,信用业务的种类逐渐丰富,除企业征信外,个人征信、信用评级以及其他管理咨询类服务业务应运而生,其中信用评级产品被广泛纳入现代金融监管。作为自由市场的代表,美国的信用体系以及信用产业发展最为完善。具体来看,目前企业征信、个人征信和信用评级为全球信用产业领域内主要的信用服务。

企业征信

企业征信最早产生于美国。1841年,Lewis Tappan在纽约成立了全球第一家征信事务所。1849年,John M. Bradstreet在辛辛那提注册了首家信用报告管理公司①。以两家公司的成立为标志,美国的企业征信发展进入萌芽时期。1929—1933年爆发的经济大萧条导致美国大批公司破产,金融机构的大量债务成为坏账。这使得政府和投资者进一步认识到征信的重要性,政府出台了一系列扶持信用管理机构的条例。20世纪30年代开始,民间征信机构蓬勃发展,企业征信业务进入了快速发展时期。20世纪60年代至80年代是美国企业征信的法律框架完备期,这一期间,美国国会出台了16项法案,对商业银行、金融机构、房产、消费者资信调查、商账追收业明确立法,允许相关信用信息的公开披露,形成一个完整的法律框架体系。1980年开始,美国的征信业进入并购整合期,征信公司数量持续减少,直至2012年已减少至579家(含个人征信公司)。目前美国的企业征信市场已进入成熟稳定期,主要机构开始拓展海外市场,并致力于开发更多的征信应用。企业征信逐渐呈现出专业化和全球化的态势。

日本也是企业征信业务发展较早的发达国家之一。1892年,日本第一家民间信用调查机构——商业兴信所成立,主要为银行提供企业的资信调查服务。20世纪初到20世纪30年代之间,日本征信市场的需求提高,但

---

① 经多年经营后发展成为企业征信领域最具影响力的领先企业——邓白氏集团。

由于监管的匮乏，征信公司的市场准入门槛较低，大量公司及个人涌入征信领域，呈现出鱼龙混杂的局面。第二次世界大战期间，日本征信业的发展进入停滞时期。20世纪60年代开始，企业征信领域寡头集中的趋势日益明显，帝国数据银行和东京商工两家征信公司在市场竞争中脱颖而出，成为企业征信市场的佼佼者，两家企业合计占据近70%的企业征信市场份额，其垄断地位一直保持至今。

相比于美国、日本的企业征信市场采用以私营机构为主的运营模式，欧洲各国家的征信机构的运营模式不尽相同，既有政府等监管机构设立的公共征信机构，又有民间设立的私人征信机构。法国、希腊和土耳其的企业征信机构由政府等监管部门设立；英国、瑞士和瑞典等国家的征信机构均由民间机构组建；而德国、意大利和西班牙等国家既有政府设立的征信机构，又有民间征信机构。20世纪80年代后，欧洲的企业征信市场格局发生变化，间接融资地位下降，企业征信重新被市场及投资者重视，私营企业征信机构开始兴起，并在德国和意大利渐渐居于国内市场主导地位。目前，欧洲最著名的企业征信机构是成立于1888年、总部位于荷兰的格瑞顿公司，它能够提供世界上130多个国家和地区的企业信用报告。

个人征信

美国于1860年成立了第一家民营信用局，其主要工作为从银行收集个人的信用记录。以此为标志，美国的个人信用体系开始发展。随着电脑和互联网的普及，美国的个人信用体系在之后的100年间逐步壮大。历经20世纪70年代起的兼并风潮，很多个人征信机构被其他机构兼并或被市场淘汰，美国个人征信体系逐步走向成熟。20世纪80年代，美国个人征信体系已覆盖全美所有消费者的信用活动记录。目前美国个人征信市场呈现三大信用局三足鼎立的格局，这三家机构分别是Experian（亿百利）、Trans Union（全联）和Equifax（爱克非）。对比来看，Experian的营收规模最大、覆盖范围最广，而Equifax的信息来源最为广泛，不仅包括金融机构，还包括抵押贷款、消费者和雇佣者。在业务布局上，Experian和Trans Union已经开始布局海外业务，Equifax则集中在美国本土。在业务优势方面，Experian擅长数据处理和分析，Equifax产品更加丰富，可对无信用消费者进行信用评估，Trans Union则是在风险管理上存在优势。

日本的个人征信业务起步于20世纪80年代，相对于美国较晚。1984年，日本销售信用业协会成立株式会社信用信息中心（CIC），整合了日本各地的个人销售信用信息。1986年，33家个人消费信贷信息中心联合成为株式会社日本信息中心（JIC）。1988年，日本全国银行信息信用中心（BIC）成立，整合了日本各地25家银行的个人信用信息，信息数据库实现了统一运作与管理。至此，日本销售信用业、消费信贷业、银行业行业协会分别成立了各自领域内的全国性行业征信机构。为进一步解决多重负债问题，三大行业信息中心成立了三方信息协会以进行信息交换。20世纪90年代开始，日本经济结束了高增长态势，个人征信业的发展进入稳定期。目前，在个人征信领域，株式会社信用信息中心（CIC）在日本个人征信市场中的规模最大，三大行业个人信息中心已经能够满足会员机构对个人征信信息的实际需要。

欧洲国家的个人征信业务是与企业征信结合发展起来的，政府监管机构设立的公共征信系统既包括企业征信，也包括了个人征信，而在此基础上设立的欧洲私营征信局也参照了该模式的发展。同时，由于20世纪70年代并购的盛行，美国征信机构的跨国并购行为也导致欧洲的私营征信机构逐渐被跨国公司所控制，因而欧洲私营个人征信机构具有明显的美国特点。

信用评级

信用评级最早出现于美国。1900年，约翰·穆迪（John Moody）先生创办了全球第一家评级机构——穆迪投资者服务公司。面对巨大的投资者需求，市场上又先后出现其他评级机构，如标准普尔公司、惠誉国际信用评级公司等。1975年，美国证监会（SEC）认可了穆迪、标普和惠誉为"全国认定的评级组织（NRSRO）"，此后三家评级机构在全球评级领域一直占据重要地位。直至今日，美国仍是全球信用评级领域内市场占有率最高、产业发展最为成熟、市场影响力最大的国家。

从信用评级业务的市场地位来看，在20世纪30年代大萧条之前，信用评级的使用并不广泛。大萧条之后，监管机构确认信用评级在为投资者提供保护方面起到了一定作用，信用评级结果开始被监管部门应用，如限定公共养老基金投资只能购买"投资级"债券。同时，信用评级也开始成为债券投资和定价的标准模式。20 世纪 70 年代美国经济严重衰退，公司利润下降，制造商大量削减生产。宾夕法尼亚州中央铁路公司因不堪承受财务压力，申请破产保护，成为在当时来看美国最大的倒债事件。"宾州中央铁路公司破产案"标志着现代信用评级业的开始，市场对信用评级的需求迅速增长。20 世纪 70 年代至 80 年代中期，美国债券发行量大幅增长，二级市场的交易量也不断增加，商业票据逐步取代银行短期贷款。至此，信用评级逐渐发展成为资本市场体系中不可缺少的组成部分，信用评级开始进入普及阶段。目前，穆迪、惠誉和标普这世界三大评级机构的评级对象范围已延伸到各类机构及金融产品，如主权国家评级、地方政府评级、金融机构评级、工商企业评级等。债项评级方面，评级对象范围在资本市场上涉及债券、可转换债券、金融机构债、优先股、结构融资产品以及固定收益基金等产品，在货币市场上涉及信贷、票据和保理等。此外，近年来评级机构先后开发了一些新的业务品种，如惠誉、标普的挽回率评级、公司治理评级，以及穆迪的财务报告评估、流动性风险评价、投资级别的流动性评级等。

1972 年以后，除美国之外的其他国家也开始出现评级机构。其中，加拿大债券评级公司（CBRS）于 1972 年成立，日本债券评级公司（JBRI）于 1975 年成立，菲律宾（1982）、韩国（1985）、印度（1988）、墨西哥（1989）、马来西亚（1991）、阿根廷（1992）、泰国（1993）、智利（1994）、哥伦比亚（1994）、委内瑞拉（1994）、印尼（1995）等国家也相继成立评级公司，信用评级逐渐在全球普及。

中国信用产业的发展历史与现状

相比于发达国家，中国信用产业发展起步较晚，20 世纪 80 年代后期，随着国内经济体制改革不断深化，在货币借贷关系趋于频繁以及债券市场不断发展的形势下，征信业务及信用评级才应运而生。此后信用产业逐步发展，特别是 20 世纪 90 年代中后期，一方面政府开始主导建设社会信用体系，在推动企业征信业发展的同时，也逐步试点、推广个人征信服务；另一方面，受益于债券市场的快速发展，信用评级业逐步发展壮大，成为国内信用产业的主要支柱。

国内征信业的发展历史及现状

大体上,我们可以把国内征信业的发展分为三个阶段:

1. 20世纪80年代后期至90年代早期:征信市场的起步阶段

国内征信的发展始于对企业信用服务的需求。20世纪80年代后期,为了满足涉外商贸往来中的企业征信信息需求,对外经济贸易部计算中心和国际企业征信机构邓白氏公司合作,相互提供中国和外国企业的信用报告。1992年11月,中国第一家专门从事企业征信的公司"北京新华信商业风险管理有限责任公司"[①](以下简称"新华信")成立,并于1993年2月开始正式对外提供服务。新华信的成立标志着中国的企业征信业开始进入市场化运作阶段。此后,一批专业信用调查中介机构相继出现,国内征信市场的雏形初步显现。

2. 20世纪90年代中后期至21世纪初期:征信市场的探索阶段

在这一阶段,政府一方面着手建立企业征信系统,另一方面开始试点、推广个人征信服务,市场上越来越多的企业开始提供征信服务。1996年人民银行开始在全国推行企业贷款证制度[②],目的是提高贷款透明度,降低信贷风险;1999年8月,个人征信体系开始在上海试点建设,同年,上海资信有限公司成立,从事个人征信与企业征信服务。此后陆续又成立了一批资信调查公司,外国征信公司也在20世纪90年代开始逐步进入中国国内开展业务,如邓白氏公司、ABC公司、益百利等。1999年年底,银行信贷登记咨询系统上线运行。2002年,银行信贷登记咨询系统建成地、省、总行三级数据库,实现全国联网查询。可以看出,在这一阶段,政府意识到征信业的重要性,并着手建设信用产业的相关基础设施,但尚未将征信业务纳入监管范围。征信市场处于自发生长的阶段,不少民营企业进入该领

---

① 于2001年改名为"北京新华信商业信息咨询有限公司"。
② 贷款证由中国人民银行向申请办理贷款证的企业颁发,是企业向银行借款所必须提供的资格证明书。

域，探索征信服务的业务模式，而一些国外龙头征信公司也逐步渗入国内征信市场，并占有国内征信业较大的市场份额。

3. 21世纪以来：征信监管机构成立，征信市场进入规范发展阶段

以 2003 年国务院赋予中国人民银行"管理信贷征信业，推动建立社会信用体系"职责，批准设立征信管理局为起点，国内征信业进入新的发展阶段。在这一阶段，国家开始主导推广社会信用体系建设，并着手建立征信业的监管制度，对征信业的发展也越来越重视。征信业逐步由市场自发成长转向政府引导发展。

2003 年，上海、北京、广东等地率先启动区域社会征信业发展试点，一批地方性征信机构设立并得到迅速发展。2004 年，中国人民银行建成全国集中统一的个人信用信息基础数据库，2005 年银行信贷登记咨询系统升级为全国集中统一的企业信用信息基础数据库。2008 年，国务院将中国人民银行征信管理职责调整为"管理征信业"并牵头社会信用体系建设部际联席会议，2011 年牵头单位中增加了国家发展改革委员会。2013 年 3 月，《征信业管理条例》正式实施，明确中国人民银行为征信业监督管理部门；同年 12 月，中国人民银行制定的《征信机构管理办法》正式施行，征信业步入了有法可依的轨道。2014 年 6 月，国务院出台了《社会信用体系建设规划纲要（2014—2020 年）》，明确到 2020 年，基本建成以信用信息资源共享为基础的覆盖全社会的征信系统。习近平总书记在中央全面深化改革领导小组第 25 次会议、2016 年中共中央政治局第 37 次集体学习上也多次强调社会信用体系建设。由此来看，近年来国内征信业的发展受到中央的高度重视，征信业的顶层设计和支撑条件也日益完备。

自 2014 年 6 月以来，已经陆续有上百家第三方企业征信机构获得中国人民银行颁发的企业征信牌照。相比之下，中国人民银行对发放个人征信业务牌照则相对谨慎。在人民银行指导下，由中国互联网金融协会及 8 家市场机构（芝麻信用管理有限公司、腾讯征信有限公司、深圳前海征信中心股份有限公司、鹏元征信有限公司、中诚信征信有限公司、考拉征信有限公司、中智诚征信有限公司、北京华道征信有限公司）共同发起组建起第一家市场化个人征信机构——百行征信，注册资本为 10 亿元人民币，这也是央行颁发的唯一一张个人征信牌照。总体而言，目前我国个人征信体

系发展仍较为缓慢，一方面是由于个人信息较企业信息更为分散，另一方面是由于个人信息的法律保护及规范仍存在一定空白，同时我国社会整体信用水平还不高，居民的信用意识还有待提高。

但从未来的发展趋势来看，中国经济保持持续高速增长，需要建立与这种高增长相适应的信用体系。随着我国经济社会由高增长状态逐步转型为高质量增长状态，消费信贷仍然有较大的市场空间，国内市场还有很大的需求潜力。美国经济增长中有70%来自消费拉动，而美国人敢于消费也是由其发达的信用产业所支持。中国只有少数人拥有残缺不全的信用记录，而且各金融机构间、其他交易数据拥有主体间还不能共享有限的信息，更谈不上对这些记录作出权威评估，信用产业的基础建设较为滞后。因此，中国必须挖掘信用需求潜力，完善国家的信用体系。

国内评级业的发展历史及现状

信用评级业务在我国最初的活动，起源于债券信用评级。中华人民共和国成立以后，我国实行高度集中统一的计划经济，使得间接信用发达，直接信用萎缩。除当时为解决困难而发行一些政府公债外，在其后的20多年中，我国几乎没有发行过任何形式的债券。1981年以后，随着经济及金融体制改革的全面展开和不断深化，我国才陆续开始发行各种债券，且发行量逐年增长。

为配合这些债券的发行，中国的信用评级业务应运而生。纵观信用评级业的发展历史，其发展大致经历了四个阶段：

1. *1987—1991年：信用评级业的初创阶段*

1987年，国务院发布《企业债券管理暂行条例》，我国企业债券发行和管理开始步入正轨。为规范发展债券市场，中国人民银行和国家经济体制改革委员会提出组建信用评级机构的设想和要求，各地纷纷开始组建资信评级机构，其中大部分机构为人民银行系统内相关部门牵头组建成立。1988年成立的上海远东资信评估有限公司（以下简称"远东资信"）是我国第一家独立于金融系统的外部资信评级机构。在此阶段，我国信用评级市场化程度较低，评级产品相对单一。

2. 1992—2000 年：评级业的初步发展阶段

1992 年，国务院下发了《国务院关于进一步加强证券市场宏观管理的通知》，明确了债券评级工作应作为债券发行审批的一个程序，确立了评级机构在债券发行审批中的地位。随后，上海市新世纪投资服务公司（以下简称"上海新世纪"）、中诚信证券评估有限公司（后更名为中国诚信信用管理公司，中诚信的中方股东，以下简称"中国诚信"）、大公国际资信评估有限责任公司（以下简称"大公国际"）等一批独立于人民银行系统的评级机构相继酝酿产生，同时各地附属于银行系统的信誉评级委员会（如深圳市资信评估公司、福建省资信评级委员会）也陆续改制，信用评级机构数量一度快速增长，在有限市场容量下经过竞争整合后，全国仍有 50 家左右的评级机构。为解决资信评级机构过多的问题，1997 年 12 月，人民银行发布了《关于中国诚信证券评估有限公司等机构从事企业债券信用评级业务资格的通知》（银发[1997]547 号），初步确定了中国诚信、大公国际等 9 家评级机构企业债券的资信评级资格，为行业的健康发展奠定了基础。

在此阶段，信用评级机构在债券市场中的地位得到明确，全国性评级机构在积累评级经验、提高评级技术，以及坚持独立、客观、公正的评级原则等方面均有较大提升，但由于债券市场产品仍相对单一，债券发行规模存在一定波动，评级业经过短期繁荣后，发展仍举步维艰。

3. 2000—2004 年：评级业的酝酿发展阶段

在此阶段，国家提出了加快社会信用体系建设，社会各方逐渐认识到了信用评级的作用。此外，债券市场相继推出新产品，各监管机构从业务角度将信用评级机构纳入其监管范围，出台了多部对机构和业务进行规范的规章制度。例如，2003 年 5 月，保监会发布了《保险公司投资企业债券管理暂行办法》，并先后以保监发[2003]74 号、92 号、133 号文的形式使中诚信国际、大公国际、联合资信、远东资信、上海新世纪 5 家评级机构成为保监会认可的信用评级机构；2003 年 8 月，证监会发布了《证券公司债券管理暂行办法》及配套文件，对评级报告的内容、要素做出了具体规定；2004 年 12 月，人民银行发布了 2004 年第 22 号公告，指出拟在银行间债券市场发行债券的机构和发行的债券，除不需评级外，均应经过在中国境内工商注册且具备债券评级能力的评级机构的信用评级等。

4. 2005年至今：评级业的快速发展阶段

2005年以来，银行间债券市场先后推出短期融资券、中期票据等创新品种，交易所市场也发行了公司债券。债券市场规模的快速增长及审批制度的变革为评级市场的发展提供了良好的外部环境，评级业进入快速发展期。自银行间债券市场推出短期融资券以来，评级机构的业务范围已经从单一的企业债拓展到涵盖企业债、短期融资券、中期票据、集合票据、资产支持证券等信用品种，评级机构收入随之上升。以银行间市场为例，2016年银行间债券市场信用评级机构的总营业收入为9.53亿元，而2005年评级市场的收入只有不到4000万元，10年增长了20多倍。2014年以来，随着国内债券市场刚性兑付被打破，信用评级业务受到了越来越多的关注，信用等级的定价作用也日益显著。

总体来看，经过20余年的发展，目前国内评级市场进入良好的发展阶段，各机构业务总量快速增长，人员数量和素质不断提升，评级业务收入持续增长。与此同时，评级机构也不断加大投入，注重评级技术、内控管理和品牌建设，提升自身的社会公信力。各主要评级机构在评级理念、方法、制度、人才、管理等诸多方面都取得很大的提升。从市场格局来看，目前，国内从事债券市场评级业务的评级机构共有12家。采用发行人付费模式的9家评级机构中，中诚信国际、联合资信、大公国际、上海新世纪和东方金诚具有债券市场评级全牌照；鹏元资信具备企业债、公司债的评级资质；远东资信2006年因福喜债事件被暂停债券市场评级业务，2014年重新获得证监会公司债评级资质。随着外资评级机构逐步深入市场，未来评级市场的整体竞争程度将会更加严峻。

信用产业发展助力中国社会信用体系建设

社会信用体系建设是深化我国经济社会发展的必要一环，《国务院关于印发社会信用体系规划纲要（2014—2020）的通知》开篇指出，"社会信用体系建设是社会主义市场经济体制和社会治理体制的重要组成部分。它以法律、法规、标准和契约为依据，以健全覆盖社会成员的信用记录和信用基础设施网络为基础，以信用合规应用和信用服务体系为支撑，以树立诚信文化理念、弘扬诚信传统美德为内在要求，以守信激励和失信约束为奖惩机制。"社会信用体系建设，成为国家完善社会主义市场经济体制、提升和创新国家治理体系和治理能力现代化的重要手段。加快推进社会信用体系建设，对于改善和优化市场诚信环境，降低交易成本，促进经济健康平稳运行，提升公众获得感具有十分重要的意义。

没有信用机构的大发展，就没有社会信用体系建设的大发展。社会信用体系的建设离不开信用产业的长足发展。在移动互联经济迅速成长，大数据日益成为重要的新型生产资料背景下，信用产业本身突破了金融基础设施的作用框架，日益成为政府公共治理、行业监督及自律、社会信用建设的重要手段和补充。各领域的发展与信用产业充分融合，将大大降低中国经济社会运行的制度成本。

从 2015 年开始，政府开始推动建立公共信用信息平台和网站，涌现出 12 个信用示范城市，吸取信用产业的运行逻辑，打造低成本、高效率的政府治理模式。2017 年，国家各部委间签署联合惩奖备忘录，通过红黑名单等形式约束企业主体的市场投机行为、建设行业信用体系，起到了很好的效果。2018 年，信用评价等信用产业所运用的产品模式又进一步拓展到医疗体系改革等领域。国家医保局成立后，积极探索引入第三方机构进行医保基金监管的模式，探索建立基金监管的长效机制，通过医保基金监管的立法、引入第三方社会力量参与基金监管、开展医保基金监管诚信体系建设等工作，保障医保基金安全运行，其中湖北医保局吸收第三方机构中国诚信在"医保信用"体系建设层面展开了试点工作。

中国信用产业发展面临的问题

与国外信用产业相比，国内信用产业的发展历史相对较短，虽然日益发达的信用经济及良好的政策条件为信用产业创造了良好的发展机遇，但国内信用产业进一步发展仍面临较多问题。

互联网技术背景下征信标准化建设有待提高

互联网技术的运用和发展重塑了各行业的商业形态,尤其是互联网交易平台积累了大量的数据信息,并催生了金融科技和互联网金融的发展。传统征信机构、银行机构和互联网企业之间相互割裂,各市场主体缺乏统一的数据标准,短期内通过人民银行金融信息基础库实现互联网数据的共享和整合的激励和意愿也并不强烈。数据信息资源的分散使得征信标准也并不统一。

在国家层面也缺乏统一的信用信息标准、信用评价结果的使用标准,各机构和各行业的信用评价标准相差较大,甚至不同机构对同一人的信贷能力评估也相差数倍,这造成征信结果缺乏市场公信力和影响力。同时,征信业标准体系建设也相对滞后,征信服务标准、信用报告规范、接口交换标准等方面的标准化建设还有待提高。

征信市场的参与者良莠不齐

国内征信行业的发展也面临两个瓶颈:一是征信公司牌照发放的门槛和标准有待优化;二是征信市场参与者良莠不齐,出现了一定程度"野蛮生长"的问题。

具体来讲,就征信公司的牌照问题而言,征信公司牌照可以做两件事:一件是信息收集,另一件是信息销售。法律规定,任何人不能以商业目的收集其他公民的信息,征信机构因业务留痕需要,需要收集客户信息,但在法律上以商业目的收集个人信息却是违法的。因此,征信公司牌照的第一件事是允许在法律的框架下,以商业目的收集个人信息;信息销售则是在法规的监管下,加工整理信用信息之后销售这些信息。在信用交易的过程中,最重要的法规就是个人隐私权与个人授权。虽然征信公司有很多公民的信息,但是并不能随意出售这些信息,需要获得法律的授权。由此来看,哪类企业可以经营征信业务,即征信牌照如何发放问题就非常重要。经过多次探讨与研究,市场和监管机构一致认为只有"独立第三方"才能拥有征信业务资格。所谓独立第三方是指这些机构既不是信息的产生者,也不是信息的使用者,它只收集信息和销售信息,这样才能成为征信公司。

征信行业面临的另一个问题是整个信用市场的"野蛮生长"。目前市场上从事与信用相关的业务的企业有上千家,其中有 100 多家企业获得企业征信业务的牌照。就个人征信业务而言,虽然目前只有百行征信持牌经营,但有越来越多的企业申请牌照,并因为当前监管尚不明确,业务大幅扩张,部分公司的市场估值达到了 80 亿元,甚至 100 亿元人民币。由此来看,征信行业已经成为投资热点,这带来一定的投资泡沫隐患。从国外征信行业的发展经验来看,征信行业往往集中度较高,当前对征信行业的投资过旺可能意味着未来有较多征信企业面临被市场淘汰的风险。实际上,取得企业征信牌照的企业已经有部分被取消备案。

除此之外,随着金融科技的发展,征信行业现在又涉及大数据,出现算法和金融交易相结合的部分。大数据在征信行业中得到日益广泛的应用,使征信行业应用场景不断丰富的同时,大数据被滥用、隐私权被侵犯的风险也在加大。因此,征信行业的野蛮生长也对整个行业的健康持续发展造成了影响。这是中国征信行业目前遇到的另一个很大的瓶颈。

主要国家信用产业监管模式和对国内信用产业发展的建议

中国信用产业的发展是伴随着中国市场经济的发展,而日益壮大成长起来的,已经成为中国资本市场不可或缺的组成部分。但是由于中国的市场经济体制还在完善的过程之中,信用产业的监管还很不完善,因此目前最终决定中国信用产业发展的,还是政府的作用。我国应当深入研究各国信用产业的市场格局和监管模式,借鉴各国信用产业体制的优点,结合我国实际,完善我国信用产业格局和监管体制。

主要国家信用产业的市场格局及监管模式

1. 美国

美国是全球消费金融的最大市场,消费信贷催生了巨大的征信需求,市场化全面多样的征信服务又刺激了消费信贷的增加,形成良性循环。美国征信行业采取市场化模式,通过商业运作形成征信体系,经过长时间的市场竞争,完成了优胜劣汰的过程,从而形成以大公司为主体的征信系统。

从监管模式来看,美国对征信业务无市场准入限制,但建立了较为完备的信用产业的法律法规来约束和规范征信机构操作和放贷机构的行为，相关法律法规包括《公平信用报告法》《公平债务催收作业法》《平等信用机会法》《公平信用结账法》《诚实借贷法》等。同时，市场在数据采集、信用报告制作、信息使用等方面也建立了相应的自律组织，形成了行业标准和行为准则。这些自律组织主要有两类：一类是面向征信机构的自律组织；另一类是面向信息使用者和信息提供者的自律组织。

2．韩国

早期韩国征信业并不发达，只有行业协会或经济部门内部的信息共享。亚洲金融危机后，韩国经济转向国内，刺激了国内信用消费的增长，也引发了政府对信用信息共享重要性的认识，进而推动了征信业发展。目前韩国征信行业形成了两级行业框架：一是根据《信用信息使用及保护法》规定成立的非营利性信息登记机构，其中包括一家中央信用信息集中登记机构，即韩国银行联合会（简称 KFB）和四家行业信用信息集中登记机构；二是以营利为目的的私营征信局或征信公司，它们从 KFB 数据库中采集信息，同时通过协议从金融机构、百货公司等债权人处收集其他信用信息，再对外提供信用评级和信用报告等服务。在这两级行业框架下，实现三种共享模式，即强制金融机构将信用信息报送 KFB，再由 KFB 提供给私营征信公司；通过协会或公司集团实现行业内部信息共享；以及征信公司通过合同收集其他信息。通过政府征信机构和民营征信公司的合作，韩国的公共征信机构和民营征信机构都实现了信用数据 100%全覆盖，确保了征信业的壮大和行业内的有效竞争。韩国征信业迅速解决信息碎片问题，建设信用体系，强化金融机构的风控能力，对其他国家信用基础设施建设有重要参考价值。

3．日本

在日本，个人征信业务主要由行业协会建立的非营利性的个人信用信息中心负责，由会员单位提供自身所掌握的个人信用信息，信用信息的查询服务也仅对会员开放，信息的提供和查询都采用收费方式，但只收取成本费，不以营利为目的。日本的企业征信业务由帝国数据银行和东京商工所两家国内最大的商业征信机构所垄断，年营业收入合计 600 多亿日元，占近 90% 的市场份额。

对中国信用产业发展的建议

1. 发挥第三方信用中介的核心作用

信用产业链的核心在于信用中介机构，信用中介机构提供的信用产品和信用服务是社会信用链条中最为核心、最关键的内容。发展我国信用产业，必须发挥独立第三方信用中介机构的核心作用。未来社会信用服务机构将在市场上发挥更大作用，更好地识别和控制风险，服务整个中国的信用建设，服务中国金融体系，服务全社会的交易行为。

第三方信用中介机构需要遵循真实性、一致性、独立性、稳健性的基本原则，搜集、整理、分析经济实体的各种相关信息，向资本市场上的授信机构和投资者提供各种信用信息和附加信息，履行管理信用的职能。只有这种第三方信用评估行为，才将逐渐形成对经济实体及个人的信用约束与监督机制。

2. 加强第三方信用中介的管理

由于信用服务行业的特殊性，要加强对第三方信用中介的管理。具体可以从以下几个方面着手：

第一，要有市场准入体系。美国信用中介服务的发展刚开始是充分竞争的，其后是相对的市场垄断，到最后则是接受比较严格的法律监管。中国今天面对的经济社会环境、时代背景与当时的美国完全不同。一百年前，美国和欧洲国家与我们现在的信用交易水平不一样，当时没有互联网，也没有庞大的信用信息需求。用我们现在的市场框架体系，对应欧美国家一百年前信用产业管理体制，是不吻合的。我们的监管体制可以"弯道超车"，一开始就应该建立完善的准入体系。

第二，要有立法和市场监管体系。信用中介机构依照社会信用需求建立，其核心是它有权收集和处理其他公民和组织的信息，但是这个权利必须受到约束。为了防止征信机构和放贷人利用信息进行歧视安排或要挟债务人，客观需要在信息采集、加工处理、保存和使用诸环节，对债务人进行法律保护。通行的做法是：在信息的采集环节需要告知；在信息的使用环节需要授权；在信息的采集、加工处理和保存环节需要有异议处理机制。同时针对上述三环节，需要有投诉查处机制和诉讼保障。征信机构的信息来源渠道和信息使用渠道必须清晰，可追溯、可异议、可纠错。没有授权不能收集其他公民的信息，这一点必须得到明确。我们要在法律法规的监管下，加工整理这些信用信息，更要在法律的框架下销售这些信息。这些行为必须获得信息当事人的同意，任何机构不能在没有获得授权和许可的情况侵犯他人隐私。同时，个人信息的收集是有边界的，有些个人隐私根本不能收集，比如说疾病信息。如果这些信息的收集是出于科研的需要，那么需要把姓名隐去。信用信息不属于隐私保护的范畴，就像企业报表不属于商业机密一样。

第三，要通过市场化手段，打通政府间的信息"孤岛"，实现数据的价值共享和交换。要依托第三方信用服务机构，以信用信息平台建设为抓手，加快政府间数据的整合。数据价值的挖掘、变现要引入第三方信用服务机构。

第四，要注重人才培养。人才是信用领域最重要的基础。随着信用产业即将进入加速扩张的阶段，信用服务机构应加强与高校的合作，注重信用领域的专业人才培养，弥补人才缺口。

第五，要高度关注技术创新。互联网对信用服务行业已产生较大的冲击，尤其对征信行业产生的改变有目共睹，创新的大数据分析技术和精准的传统分析技术未来将更多地进行正面交锋。但两者之间的关系互补大于竞争，征信机构应该主动探索，寻找更适合自身优势的模式和技术手段。

（本文根据作者2017年6月5日在北京大学汇丰商学院"金融前沿讲堂"的演讲整理，经作者审阅。）

08. 如何打造本土的私人银行？

王菁
招商银行总行私人银行部总经理

招商银行私人银行于 2007 年开始筹备，同年 8 月，招商银行正式推出了私人银行业务。截至 2016 年年末，招商银行已在 54 个境内城市和 2 个境外城市建立了由 51 家私人银行中心、63 家财富管理中心构成的高端客户服务网络。招商银行私人银行服务对象系在招商银行管理账户内总资产超过 1 000 万元人民币的客户，客户数已超过 5 万人，管理总资产约 1.3 万亿元。

从规模看，2007 年至今，招商银行私人银行业务每年均保持 30%～40% 的增长率，目前已发展成为国内规模最大的私人银行之一。从"质"的角度，招商银行私人银行十余年间也获得了一些认可。招商银行七次被《欧洲货币》杂志评为"中国区最佳私人银行"，连续五年荣膺英国《金融时报》集团"中国区最佳私人银行"。英国《金融时报》等杂志在其客户调研中，对招商银行私人银行服务给予了较高的评价。

下面，我将与大家一起回顾招商银行打造本土私人银行的历程，分享国内金融同业在探索符合中国特色的私人银行业务发展道路过程中所积累的经验。

招商银行私人银行的战略选择

2007年被称为"中国私人银行元年"。数据显示,在2007年之前的几年里,新兴市场的个人财富呈现快速增长态势,客户对财富管理的需求也发生了显著变化。2007年我们曾做过一个有关客户需求和投资状况的调研,结果显示,当时客户的投资多数局限于存款、房屋住宅和股票,这些都是客户自主投资的表现。客户依赖自己的判断和信息来源做出投资决定,对专业机构信任度较低,由此可以看出彼时资产管理行业在市场上的影响力有限。同时,我们也看到了巨大的投资需求,如客户在证券和外汇等方面需求旺盛,投资增长速度很快。2007年,国内市场中,除了招商银行,中国银行、中信银行等都推出了私人银行服务,外资银行也大举进入中国高端财富管理市场。这就是我们成立招商银行私人银行部的背景。

各大商业银行先后向私人财富管理业务方向转型,也有其深刻的社会经济原因。利率市场化、资本脱媒和技术脱媒成为当时银行面临的最大挑战。比如,2003年我在招行支行做行长时,我的两位重要的对公客户都通过上市并募集资金,还清了其欠我们支行的贷款,这无疑对我们当年的利润造成了巨大的负面冲击,也使我对"资本脱媒对商业银行所产生的影响"有了前所未有的深刻体验。

在此背景下,招商银行顺应时代大趋势的变化,提出业务转型,将发展中间业务作为重点,减少对存贷收入的依赖。其中,零售高端客户的财富管理和超高端净值客户的私人银行业务被作为战略重点来推进。由于招商银行很早就开始开展零售业务转型,在此过程中积累了很好的零售客户资源,也为面向高端客户的私人银行业务打下了坚实基础。

招行零售优势的积累始于20世纪90年代。1995年,招商银行发行了第一张"一卡通"。当时,跨省的同城通兑,即使是大行也无法实现,但是招商银行成为第一家实现跨省通存通兑的银行,转账汇款可实现即刻到账。这一项科技突破给招行带来极大的先发优势,吸引了许多客户。除了在企业客户中树立良好口碑外,招商银行很早就开始在高校中进行宣传。在那时,一些年轻、时尚和高学历的客户就成了招商银行的基础客户。由于网上银行很容易固化客户的使用习惯,"一卡通"的推出也带来了客户黏度的提升。

除此之外，信用卡也是我们零售业务基础的另一大支柱。去过纽约附近的奥特莱斯的朋友应该会看到，在奥特莱斯一个最大的中央厅里，有一块硕大的招商银行信用卡广告牌写着"使用招商银行信用卡支付，享受八折优惠"。在所有中国的银行发行的信用卡中，招商银行的信用卡在海外消费的金额最高。所以，"一卡通"和信用卡这两个拳头产品为我们积累了大量客户信息，让我们能够针对客户需求提供专业、全面又有针对性的服务，给客户带来良好的服务体验，这使得招商银行在拓展新业务时有先天的客户优势。

私人银行发展过程中的关键问题

私人银行成立之初，我们在业务模式和管理模式的选择上，进行了广泛的研究和深入的思考。

第一，业务模式的选择。纵观国际上私人银行业务模式，我们发现：在欧美，大部分客户选择的是全权委托。但是，这种全权委托模式对于亚洲地区尤其是东亚客户而言，并不适用。亚洲客户不习惯把大量资产整体委托给一家资产管理公司全权管理。基于此，在招行私人银行业务开展之初，我们选择了咨询驱动型的顾问式服务模式，即私人银行作为投资顾问服务，为客户提供资产配置建议，在财富规划的基础上实现对客户的财富管理。这种模式比直接的全权委托更加符合当时亚洲客户的习惯。

我们再从私人银行的起源和发展历程探寻业务模式形成的深层次原因。全球私人银行主要分为以下三大类：第一类以花旗银行为代表，其私人银行业务的基础是商业银行，私人银行系原商业银行业务的延展。第二类以高盛为代表，私人银行业务系原证券交易业务及投行等核心业务的延伸。第三类是从资产管理的核心主体业务延伸而来的私人银行板块。

以上是全球私人银行三大类发展模式，而这三大类模式无论从结构还是业务特点上，都有非常大的差异。2008年"金融海啸"发生后，在政府主导下，美林被美银收购。美银本身是商业银行，而美林则是一家券商。2015年，在与美林美银集团交流时，我参观了其私人银行部门，看到原来美银和美林都有的私人银行业务，现在依然是完全独立的两个部门。我很诧异,问道:"两家机构都已经合并了,为什么不整合私人银行业务?"他们回答,美银从商业银行发展出来的客户群体和美林由券商业务发展出来的客户群体有很大区别,客户习惯的服务模式、需求等都各不相同,经过评估后,美银美林认为虽然都是私人银行,但由于根源不同,是不能够融合的。当然,其中可能也有其他保持业务独立性的原因。

从不同背景的主体机构所发展的客户群体会有不同的属性、偏好,适用于不同的服务模式,这一点我非常认同。招商银行是以商业银行为基础的,我们的高端客户群体是通过前期零售业务经营中对客户进行细分而逐渐延伸、独立出来的,我们必须清楚地认知到自己客户的属性。

第二,管理模式的选择。在厘清我们业务的本源之后,我们需要思考,国内商业银行的私人银行应采取什么样的管理模式。国内商业银行基本都是"总分支"的体制,是否有必要转向事业部模式,是当时摆在各家银行面前一个非常现实的问题。私人银行业务本身与传统商业银行的零售业务有一定差异,如果在商业银行体系之内来发展,其优势在于,业务人员可以基于商业银行本身已经开发出的客户群去高效发掘私人银行客户;而可能存在的挑战在于,商业银行以分支行为利润中心,一项新业务要在全行范围内取得统一的认识,让所有分支行达成共识,需要时间和智慧。

当时有两种观点或意见占据了主流。第一种观点坚定地认为应该进行事业部制的改革,所有流程要实现独立运作,从私人银行中心的建设到人员的聘请,人、财、物全部需单独批示。私人银行内部体系与原来的业务体系就有了很大差异,垂直接受总行指示。但问题在于,各分行可能会将私人银行部视为"外人",甚至是敌人,从而分行不会与私人银行进行客户共享,甚至会去与私人银行争抢客户,因为此时这两个利润中心之间是竞争关系。

另一种观点主张采用"消融"模式,总行是管理部门,私人银行业务及客户依然留在原有的分支机构,只是每个网点指定一个私人银行联络人,定期通报客户的情况。目前国内有机构是这样做的。这种模式的不足在于:私人银行业务与一般零售业务是缺乏差异的,一个在银行拥有 1 000 万元人民币管理总资产的客户,其对银行的贡献可能远大于一个拥有 50 万元人民币管理总资产的客户,但是在网点,银行给予这位高净值客户的关注度却难以实现相匹配的增长,高净值客户和一般客户的服务满意度并未因总资产和贡献的不同而不同。所以，越高端的客户越会觉得自己被忽视了，因为他享受到的服务与其对银行的贡献度并不成正比。

私人银行的经营管理模式——垂直化管理

招商银行最终采取了"大零售框架下的私人银行专营模式"，利润来源依然以分行为中心，但是私人银行客户享有专门的服务团队。其中遇到的最大困难就是客户移交问题，但是，这种模式能够让分支行感觉到利益的共生性。私人银行做大做强以后，也会在商业银行其他业务上给分支行带来更多利益。这个模式可以把依托商业银行已有的资源获得的优势发挥到最大，让客户不会因为没有统一的管理而产生对业务规律的不同理解。

回溯到2007年，当时国内各家银行在大力发展私人银行业务，经常有媒体问我："当今国内各私人银行整体产品和服务均趋向同质化，请问应如何建立差异化的竞争优势？"私人银行中心的装潢越来越高档，越来越奢华：进口的咖啡、特级的红茶、一对一的服务，此外还会举办提高客户生活品质的活动，包括红酒品鉴、马术比赛等。但这些真的能够构筑差异化竞争优势吗？我不这么认为，这种优势是不可持续的。那么差异化竞争优势究竟在哪里？怎样才能给客户创造价值？客户长久关注的是什么？只有把"定位"这个问题思考清楚了，才可能赢得大量的忠实客户，进一步提升客户黏性。

招商银行私人银行业务的定位是以投资顾问的核心能力作为差异化竞争优势，确立的"投资顾问服务模式"。我经常说假设客户是我们"耕耘的土壤"，那么投资顾问的工作方法和体系就是"树干"，专业的产品和服务是"挂在树上的果实"。最初，受限于业务熟练程度和业务拓展能力，能"挂在树上的果实"很少。但是只要始终坚持"螺旋提升四步工作方法"，给客户提供量身定制的资产配置方案和财富规划管理方案，随着对客户的了解更加深入，就可以逐渐开始尝试提供越来越多的复杂服务和方案。最后，可以说，提供复杂方案的能力就是招行私人银行始终保持差异化竞争优势的根本。方案越复杂，我们所创造的价值差异化就越明显；方案越复杂，客户越不会轻易改变为其提供服务的银行，这不是靠请客户去旅游或者多0.5%收益率的产品所能实现的。

综上，对私人银行垂直化的管理经营模式总结如下：大零售体制下将利润中心放在分行的这种模式可以有效发挥分行的优势。但是在把它的优势发挥到极致的同时，一定要深刻地认识到这种制度的缺陷，那就是分行对私人银行的理解各不相同，导致新业务要么得不到足够的重视，要么被过度关注。我们的任务就是要通过努力，尽可能弥补这种制度可能存在的劣势，客户的所有权归利润中心，但是管理权垂直化归属于总行，只有这样才能够更好地达到专业服务的效果和目的。

为了让客户无论身处哪一家私人银行中心都享受同样高品质的服务，真正实现客户集中管理，我们建立了"五统一"垂直化管理模式，保证了服务品质一致性。

一是统一的服务理念和工作流程。坚持"以客户为中心"的服务理念，确立"1+N"投资顾问服务模式，创立"螺旋提升四步工作法"，形成招行私人银行差异化核心竞争力。我们始终坚持以客户为中心，按照"螺旋提升四步工作法"了解客户，根据客户的具体情况和需求制订相应的方案。我们认为，在向客户销售产品之前，一定要充分了解客户，产品的销售既不是起点，也不是终点，它只是我们"螺旋提升四步工作法"中的第三步，即方案的具体实施。产品销售之后，一定要及时、定期地检查组合表现和客户资产绩效，并给出相关的调整建议。

我们挑选具有丰富经验的零售或对公客户经理来进行私人银行相关业务的培训。刚开始很多客户经理都急于向客户推销产品，但我说不行。其实，这个过程的转变并不容易，它背后的根本问题是：客户经理到底应该单纯推销理财产品给客户，还是站在客户的角度制订财富的规划方案？而从这两个不同的角度出发，给客户带来的感受是完全不一样的。

刚开始大家对这个说法不以为然，但有一些客户经理尝试在销售产品之前，先去真正深入地了解客户，站在客户角度去制订财富管理方案，半年之后区别就十分明显了。以前向客户推销产品，客户不容易接纳，因为营销是相对生硬的。客户会怀疑：你和我才聊了五分钟，怎么就知道这个产品适合我？但是，当我们与客户进行深入沟通之后再提出相应的资产配置建议，客户便更容易较为客观地去评价和接受我们的建议，甚至有的客户直接对客户经理说："你定期把整体的资产绩效报告交给我就可以了。"

在招商银行私人银行的服务流程中，我们自上而下地对市场进行研究，发现投资机会，判断基本风险。一方面，我们在全市场甄选最好的投资管理机构，为客户"采购"能长期创造稳定超额回报的产品；同时我们自身也在进行产品研发和创新，最终形成一个多样化开放式的产品平台。另一方面，投资顾问通过了解客户的特点、属性和需求并相应拟订投资策略。结合两方面信息进行分析，最终为客户量身定制出一套资产配置方案并落地实施，后期再不断根据市场的变化去调整。这就是我们所讲的私人银行服务体系。

为了实现研究成果的落地实施，我们配置了一支特别的队伍——"投资顾问"。他们基于客户的基本情况、风险偏好和需求等，制订一套专业的财富管理方案，从大类到子类再到最后的产品，协助客户经理进行资产配置方案的最终落地实施。我们还自行研发了一个全球资产配置模型，现在已经在广泛运用。

二是招商银行拥有统一的开放式产品平台。招行私人银行产品来源包括由自行开发、外部购买和产品组合。现在，国际领先的大型私人银行都不约而同地打造开放的产品平台，因为只有这样才能实现客户利益的最大化。现在招行私人银行在向客户提供的产品中，大约三分之一是自己研发的理财产品，剩下的三分之二是在全市场采购的。在我们平台上主要有现金货币、固定收益、股票、另类投资等几类产品，其中现金货币和固定收益是以内部产品为主的，其他几大类则以外部采购的产品为主。商业银行比较擅长现金管理和固定收益类的投资，而股票以及另类投资等并不是商业银行资产管理所擅长的领域。为了给客户提供最全面的产品，我们需要到市场上去寻找最好的管理人。招行私人银行就有这样一支专业的团队在做管理机构的甄别和筛选工作。每一个人都是某一个领域的专家，深度地了解这个细分领域，并对该细分领域里全市场最顶尖的管理人了如指掌。我们能够代表客户去做尽职调查、风险评估以及产品架构设计等，尽最大的努力保护客户的利益。由此一来，也就增强了客户对我们的信赖。

当前市场已稍微理智，前些年我去天津参加一个私募大会，与会的有近 2 000 家私募公司，水平参差不齐。市场上只有前 10% 的 PE 投资类、私募股权的投资公司是盈利的，大部分都是处于亏损状态的。有的机构对外营销时，募资的资料都不够严谨。客户作为一般投资人，很难有渠道去做尽职调查，但是我们可以依赖专业的团队和完整的体系去调研某家投资机构投资了多少项目,其中退出了多少,每一个项目存续了多长时间,过去投资业绩的真实性如何,从合同到所有的交接记录都有渠道和体系去审查。另外,招商银行还有分支行的网络和资源,可以帮助客户了解被投企业的信息,甚至包括被投企业对 GP 的评价。客户基于我们所提供的基础信息去做判断,最终做出的投资决策就会有更加坚实的基础。

三是统一的 IT 系统支持。IT 系统包括多个层面:客户所使用的交易系统、网银、银基通、受托理财以及内部客户经理和管理团队专用的财富管理系统、产品管理平台、营销管理平台等,另外还包括数据仓库以及数据仓库运用所依托的管理驾驶舱等。除了亲自去私人银行中心,客户还可以在手机、电脑上实现交易。比如,"95555"全球呼叫中心一直以来都受到很高的评价。作为普通客户,"95555"的接线员是随机的,由几百位接线员轮流排班应答。但是招商银行私人银行专线"40066—95555"是招行专为私人银行客户推出的服务,由三人轮流排班,8 小时一轮班,客户拨入客服电话,常常都会听到熟悉的声音,可以放心地通过电话让客服下单,通过远程银行也可以完成交易。这些为我们前端服务提供了支持的系统,对客户满意度的提升具有非常关键的作用。

四是统一的品牌管理。"品牌"包括两大要素:知名度和美誉度。只有知名度和美誉度完美结合,才能形成强大的品牌张力。招商银行私人银行进行品牌定位时着重注意三点:口碑传播、品牌建设的持久打造以及一流的标准。不仅如此,我们针对客户人生阶段的不同需求,搭建了多层次的客户交流平台,以便在与客户的沟通中深刻理解客户在此阶段最重要的需求,是关注财富的增长,还是财富的保值增值,或是财富的传承?前几年在我们举办的一个家族信托论坛上,我遇到这样一位客户:他五十多岁,只有一个女儿,女儿很听话,也很出色,但是女儿决定要在国外读历史专业,并且对继承家族事业毫无兴趣。于是,这位客户就对无人接班一事很发愁,父女俩的关系也一度陷入僵局。其实他的女儿非但不是"不成器",反而很有主见,也很上进。所以我对客户说:"其实我们这一辈人奋斗的目的不就是让下一代人有更多选择吗?回想当初读书的时候,我们有很多兴趣和爱好,但是考虑到许多现实的原因,在选择专业的时候,大多数人还是选择了在当时来看更有利于未来找工作的专业。现在,您给下一代创造了条件,让下一代有选择的权利和机会,去做自己喜欢的事情、去过更幸福的生活,这不就是您奋斗的意义所在吗？"这位客户思考片刻后说："你刚刚所说的，解了我的一个心结——我原来觉得她必须要接我的这家企业，这才叫传承。实际上不是。女儿继承了父辈对人生的态度和进取心，同样是一种传承。"

五是统一的培训和绩效管理。从招商银行私人银行创建之初，我们就一方面从境内外引入专家团队，广纳人才；另一方面着手建立了从入职培训、投资顾问工作方法到复杂产品培训等一套系统完善的内部培训体系。总行以"关注过程和提升客户满意度"为原则，统一设定包括分行私人银行业务、私人银行中心及私人银行客户经理三个层级的综合绩效考核体系。我们的队伍已经有上千人，大部分都是新人。有的原来从事别的业务，也有许多刚从高校毕业的青年才俊。我们通过培训、考核引导一些优秀的人才在平台上快速成长，并在平台上留下来，发挥他们最大的效用。

招商银行私人银行服务升级
——跟随客户步伐，不断开拓前行

在整个体系基本建设完成之后，我们推出了自己的工作方法，称之为"螺旋提升四步工作法"。如果永远都在原来的层面和水平上去做事，是没有进步的，就不能叫"螺旋提升"。所以，我们要跟随客户的步伐，根据客户不断更新的需求来创新服务内容和服务模式。最近两三年，我们一直在做的，就是从个人的财富延伸到家庭和企业的财富，从第一代到第二代，从财富的增值到保障传承，从投资到投融资结合推进，从境内到境外进一步地深化。

1. 家族信托

我们从 2012 年开始正式推出家族信托业务，很多客户和机构都很感兴趣，它实际上是一种法律架构安排，可以实现财产所有权转移以及财产风险隔离，只要是合法拥有的财产，均能风险隔离，同时委托人可以通过家族信托灵活地安排对后代之间的财富分配和传承。普通的财富传承包括立遗嘱在内的方法，本身存在很多限制，比如无法实现隔代传承。但是家族信托可以保证客户的财富传承意愿的灵活实现，在此过程中还可以对家族信托条款进行修改。现在还没有实行人民币的个人自由兑换，境内和境外的信托还需要分别设立。境外的信托用来安置客户在境外的金融资产，境内的信托用来做境内的财产安排,两个信托之间可以通盘考虑架构和收益条款的设置。

2. 全权委托

招商银行私人银行根据每一位客户不同的流动性和期限要求、风险偏好、投资范围和投资策略,为客户定制"一户一策"的整体投资方案。在此基础上,全权为客户进行资产配置,直接配置金融产品、工具,而无须逐笔去征询客户的同意。这种服务模式特别适合工作忙碌、对金融投资又不是特别有兴趣去了解的客户。一个典型的案例是一位经营网络企业的超高端客户,平时工作较忙,经常往返国内外。该客户在境内外均有大量金融资产,但工作太忙,很少有时间亲自打理。客户会去比较各金融机构的专业水准及投资能力,但主要还是以稳健投资为主,希望财富保值并取得稳定的收益,于是选择了招行私人银行。

3. 投行及公司金融服务

招商银行协调发挥行内外投资银行、券商、私募基金等具有投融资优势的投行平台,为客户提供投融资综合金融服务,满足投资交易杠杆需求、消费性金融需求、背后企业的金融需求等。在为客户提供个人财富的管理和规划之外,我们还关注到客户背后的企业,可能也存在投行和公司金融服务的需求,这也是我们增强客户黏度的重要途径。有一位客户是某传统制衣行业上市公司董事长,该客户有提升自家企业市值的想法,希望进行市值管理,同时改变企业商业模式,使其能够轻资产化运行。客户还提到公司准备收购香港某上市公司的品牌。根据客户的具体情况,全方位了解客户需求后,通过总行投行部牵线,我们成功促成与拟收购上市公司的实际控制人见面,并由招行提供了一整套包含融资及整体架构的方案,顺利帮助客户公司完成了该笔收购。

4. 跨境金融服务平台

跟随客户的投资足迹,招商银行积极搭建海外平台,为客户实现海外资产配置、多元化投资提供更多的渠道。招商银行最近一两年刚刚开始跨境业务,这对我们来说是一个极大的挑战。虽然招行在国内已经是一家体量比较大的银行了,但是走出国门就会发现,每个国家、地区的监管都不一样,资本市场和金融工具的复杂性远远地超出我们的想象。在团队学习和成长的过程中,我们逐步去探讨适合建立全球服务网络的服务模式。我们的每一位客户在境外做资产配置时,如果在不同的国家和地区都有账户,那么在每个地方都有专属的客户经理为之提供服务。未来,我们希望能够把全球的资产统一到我们的平台上,通过风险敞口、净值波动和组合表现去抓住投资机会。

　　以上就是我们现在正在进行的最新尝试,也希望大家未来进一步深入了解招商银行,了解私人银行。

　　(本文根据作者2016年5月11日在北京大学汇丰商学院"金融前沿讲堂"的演讲整理,经作者审阅。)

专家点评一

巴曙松

北京大学汇丰金融研究院执行院长
中国银行业协会首席经济学家
香港交易所集团董事总经理、首席中国经济学家

在此,我想就私人银行业务作以下几个方面的评论。

第一,私人银行业务和传统的银行业务存在着巨大的差别。如果要用一句话来总结,私人银行服务的对象是人,以客户为中心;而传统的银行业务主要是以物为服务对象的。

我以前在商业银行工作时,经常被人问到有关如何安排"接班"的问题,王菁博士回答得非常好。比如,一个企业家在东莞有一家工厂,但他的第二代对生产皮具毫无兴趣。后来父子俩吵架吵到什么程度呢?据说父亲住九龙去了,孩子住在港岛。这形象地说明了私人银行所开展的业务和传统银行业的资产管理业务之间的巨大差别。

差别具体在何处呢?刚才已经说了,私人银行服务的对象是人,强调以客户为中心;而传统的银行业务基本是以物为服务对象的。例如,全方位动态评估客户资产状况与向客户推销理财产品,这两者的业态是不一样的。大量的家族信托等资产管理信托机构,在很大程度上需要介入并协调客户的代际关系。把这些关系梳理清楚之后,再去做资产管理,因为私人

银行的业务性质决定了其必须是以人为服务核心，以客户为中心的。

第二，私人银行业务的崛起历程反映了中国金融机构转型的推进进程。

从王菁博士所介绍的招商银行私人银行业务的发展路径来看，如果说经济的转型推动着金融的转型，那么可以说，私人银行业务是金融转型的标志性业务之一。与此类似的还有小微金融业务。中国国内的一些代表性的银行在2007年、2008年之后的年报中几乎都开始出现私人银行和小微金融的概念。探究其背后经济原因，可以归结为金融、经济结构发生了深刻的变革，比如直接融资的大力发展、利率市场化的逐步推进、金融牌照管制的逐步放开、资产管理行业的崛起与对储蓄的替代等等。王菁博士谈到一个她亲身经历的案例，一家大企业上市导致了她当时所在分支机构的银行利差收入的剧减。但是必须认识到的是，金融结构的变化在压缩了银行业一部分传统业务收入的同时，也带来了新的收入机会，关键是银行自身的业务是否能及时转型，例如，企业上市后股权的管理和新筹集资金的运用，不同融资渠道之间的相互搭配和协调，等等。从中国金融市场发展的历史看，金融脱媒直接推动了以私人银行业务为代表的金融业务的转型和发展，促进了对客户的分层服务和管理。商业银行为了顺应客户特别是一些年轻客户对于网络支付、信用卡支付的高要求，开始关注客户的分层服务，这成为后来商业银行私人银行业务起步的一个现实原因。

小微金融也同样如此。我曾经问过一位在小微金融方面做得不错的银行的董事长，为什么他能下那么大的决心要做小微金融？他说，当时他们银行的一位特大客户因为一些特殊原因要调走一大笔资金，给银行的整体流动性造成了极大的挑战。最后，他只能向当地市政府和人民银行寻求援助才得以顺利缓解流动性压力。经过这件事情，他深深感到了中小金融机构尽快开拓并大力发展小微企业业务的必要性和其所具有的战略意义。这背后所体现的，就是中国的金融结构变化给银行业务层面所带来的深刻变化。

从金融机构层面看，金融创新就是金融机构基于内部和外部的压力做出的适应性调整。而私人银行业务就是微观层面的金融创新的一个典型代表。

第三，私人银行业务发展的过程也是中国金融创新不断活跃的过程。

由于监管方所给予的相对宽松的约束环境，私人银行的业务天然地具有了滋养金融创新的土壤。同时，私人银行客户所提出的个性化、量体裁衣式的专业金融服务的要求，必然会倒逼私人银行业务更加专业化。识别客户的需求，并相应地将资产打包、重新构造并进行风险隔离，然后再次销售，这个过程更加接近市场化的资产管理的本质，同时其发展的过程更是一个不断进行金融创新的过程。

不同经济体的金融机构在不同的时期和市场发展条件下，通常会经历这样一个过程，从最开始的简单的"区分服务"阶段，逐步进入第二个阶段，即有针对性的"产品销售"阶段，第三个阶段则是"客户需求导向"阶段。从几个阶段不同的发展情况看，每个阶段背后都代表了当时金融市场的发展程度和金融创新的方向。在这个创新的过程中，私人银行常常都是先行的探索者，在私人银行开始探索、实践并积累了一定的经验之后，对私人银行业务的需求会进一步带动对行内其他业务的需求，最终形成金融创新的扩散，从而进一步推动金融创新的发展。

第四，不同的私人银行业务模式和资产结构影射出了不同的金融结构和经济周期的起伏变化。

王菁博士提到了私人银行的几种服务模式，包括资产管理、全权委托、投行业务等。对比同一家大型私人银行在不同地区的业务，我们可以发现，其客户的资产配置在不同地区存在着巨大的差异。例如，同一家瑞士大型私人银行，同样的资产管理业务，同样的服务水准，对比其在美国和欧洲的私人银行客户的资产配置，差异极大。欧洲的客户投资兼顾了多元化和均衡性，资产类别众多，这应当也是全权委托服务得以产生的重要原因，因为客户想要实现投资的分散化和多样化，但又没有时间和精力去了解全部产品并决定在各类产品中的投资比例。而在拥有一个直接融资高度发达的资本市场的美国，私人银行客户的资产配置中股票占比就相应较高，许多私人银行业务常常就是围绕股票市场展开的。

另外，我还想补充的一点是，目前我们对私人银行的理解还偏于狭隘，还仅仅局限于将其理解为商业银行做的私人银行业务。实际上从全球视野来看，私人银行业务不能够简单地按照金融机构类别来划分，特别是不能仅仅认为只有商业银行才有私人银行业务，实际上保险公司、信托公司、证券公司或小型私人银行、第三方理财机构也都可能从事私人银行业务。瑞士是如何界定私人银行的呢？依据瑞士私人银行家协会所给出的定义，私人银行具有独立的法人地位，可以是单一所有权、注册合伙制、有限责任合作制或股份有限责任合伙制，但要求其中至少有一位应承担无限责任的合伙人。而在中国，私人银行的定义最先是由银行监管部门来进行界定的，因而大多数人都认为只有商业银行才做私人银行，当然这也与中国的金融体系以商业银行体系为主导有关。

私人银行客户资产配置的地域性差异，其实也深刻反映了不同市场的金融结构的差异，而私人银行客户在不同时期资产配置的变化在一定程度上也反映了经济周期的波动。将私人银行的资产配置的结构变化和经济周期波动进行对比研究后会发现，二者之间存在着较强的相关性。

第五，中国私人银行业务正在迈向在岸和离岸互动融合的发展阶段。

纵观全球几大主要私人银行的发展模式，中国本土的私人银行在学习借鉴先进成熟的运作模式后，需要考虑的是，如何在中国不同的法律体系和监管架构下，在自身不断的探索中总结出自己的经验。例如，由于法律体系和产品体系等方面的差异，中国家族信托可能受到信托登记、税收这些制度的制约。为进一步推动私人银行业务的发展，中国的家族信托可能需要探索一条在岸离岸互动融合发展的路径。中国香港所具有的独特的连接国际市场和国内市场的优势，使其在私人银行业务方面应当有很大的发展空间。

专家点评二

卢骏

北京大学汇丰商学院助教授

我主要从另外一个角度——个人家庭的资产配置、财富管理的角度来进行一下点评。

中国的私人银行业务大约是从2007年前后开始发展起来的，应该说发展历程是比较短的。作为一个发展中国家，中国的高净值客户数量从过去的几年内才开始有了爆发性的增长。而西方国家的私人银行业务已经开展了很长时间，甚至很多国家还设有专门的个人理财规划师的职位和证书，美国很多商学院都会开设这方面的课程。但是在中国，这还是一个比较新的业务。在一定程度上，可以说是中国的高净值人群，包括中产阶级群体数量的快速增长推动了这个行业的发展。

对于个人和家庭，尤其是高净值人群而言，财富的管理和规划是非常重要的。从生命周期理论的角度来看，每一个人、每一个家庭在生命周期的不同阶段，对资产配置都会有不同的要求。比如在年轻的时候，我们可希望投资更多的风险类资产；到了中年，我们有了家庭，有了孩子，可能会更多地把财富配置到房产或孩子的教育基金中；到了老年，我们可能就要考虑投资一些风险相对较低的资产，要考虑代际传承的问题了。如果从金融学的理论出发，可以构建一个资产配置模型，可以针对每个人的性格、风险偏好以及其他需求设置一些参数，通过输入不同的数值，最终得到最优化的资产配置。

以上所讲都是基于理论模型，但是在实践中，个人或者家庭自己做财富的管理和规划是非常困难的，这是由几方面原因造成的。

首先，绝大多数人，不管是高净值人群也好，中产阶级也好，低财富的人群也好，是普遍比较缺乏财务知识的。我们对美国和其他一些国家的个人和家庭做过许多财务知识方面的调查。调查发现，平均而言，他们个人和家庭的财务知识水平之低是令人难以想象的，可以说，很多人完全不理解风险与回报之间的关系。

另外，个人常常有一些行为或者理解方面的偏差。比如，在财务配置当中有一个概念叫作"菜单效应"。这个效应的意思是，如果给投资者一个包含了多种不同金融产品的菜单，让投资者从中选择一种，绝大多数人会无法做出最优的选择，因为选项太多了。最后，投资者往往会继续选择原来所配置的产品；要么就会把资产平均配置在所有可选的产品中，这是一种行为偏差。还有一个概念叫作"框架效应"，即同一个产品，用不同的方式向投资者推销，可能投资者的接受程度是不一样的，可能会出现很多不同的行为偏差。这些行为偏差会导致个人在做财务规划时出现一些配置上的偏差，不能够完全按照自己所期望的风险和回报的比例进行配置。

但是，即使经过专业训练，有了足够的财务知识，避免了上述行为偏差，个人在做投资时，也仍然不可避免地会受到许多限制。比如，如果你想配置对冲基金，一方面可能受到投资渠道的限制，另一方面可能受到资金要求的限制。

最后，信息不对称的问题也是我们不能忽视的。刚才王菁博士也说到，招商银行在开展私人银行业务的时候，在为客户选择产品的过程当中，会做非常详尽的尽职调查。但是，从个人或者家庭的角度来讲，实际上不太可能去做详尽的调查。

基于以上因素，个人或者家庭在进行资产配置的过程中就面临了种种困难。也正因为如此，私人银行作为一家专业的财富管理机构和一个专业的投资者，以专业的服务来帮助客户进行资产配置，是非常重要的。所以，这是一个非常有前景、有发展的行业。

08. 如何打造本土的私人银行？

回顾王菁博士所介绍的招商银行打造本土私人银行的过程，有几个方面让我印象非常深刻。

首先是招行所创立并坚持的"螺旋提升四步法则"。先是倾听客户需求，提出财富管理方案，然后协助客户实施方案，随后还会持续跟踪客户的资产绩效，这一点是非常重要的，也是私人银行的财富管理业务区别于传统银行以产品为导向单纯售卖理财产品的业务的关键之处。如果只是单纯地推销单个理财产品，这样的财富管理方式实际上是碎片化的。在某个时点配置当时看上去绩效不错的理财产品看似没有什么问题，但是往往我们会忽略，当前所要投资的这个理财产品会对整体的资产配置产生怎样的影响，会对未来的财富预期或者说是理财的目标产生怎样的影响。所以，这是一个很关键的问题，而招行的私人银行业务所坚持的"螺旋提升四步法则"，就可以比较好地解决这个问题，因为它们提供的是一整套的财富管理方案，是以客户为中心，根据客户的具体需求为其量身定制的。

在这里我想就"螺旋提升四步法则"进行一些补充。法则中第一条是要"倾听客户需求"，其实在实践中我们可能需要更多地与客户交流，而不仅仅是倾听，同时也要给客户以引导，或者说通过深入地沟通和交流来更好地让客户明了自己的需求。因为如果客户缺乏足够的财务知识，客户可能对自己的逻辑和需求就并不是很了解。从这个方面来看，对客户的引导和与客户深入的交流就变得非常重要了。所以，对于私人银行的客户经理而言，我们可以把他们理解为既是专业人士，又是与客户保持着良好关系、类似于朋友的这样一个角色，而不是一个仅仅做产品销售的销售员。

其次，我特别感兴趣的一点是王菁博士提到的在资产配置中的"跨境配置"，这对于高净值人士而言是非常重要的。因为在资产配置中，如果考虑到客户风险分散的需求，把所有的资产全部配置在本地或者本国是存在一些问题的，因为这种做法是不能实现风险的充分分散的。所以，在管理大规模资产的过程中，合理规模的跨境配置对于整体的资产配置是非常重要的。

但是，在现实中，跨境资产在理财规划和财富管理中往往是被低配的。这不仅仅是中国的现状，在一些西方国家，在客户进行跨境配置较为自由的情况下，仍然会存在过度超配本地或者本国的资产，却低配了境外资产的现象。

基于以上存在的问题，我们就需要更为专业的机构来进行更好的资产配置。比如，招行在海外的资产配置可能是未来实际业务操作中需要更多考虑的问题。

王菁博士也提到了，基于"螺旋提升四步法则"，招行私人银行也为客户提供了更多更高端的服务，比如家族信托和全权委托。家族信托在中国尚处于刚起步的阶段，未来将是一个非常有前景的业务。也许很多人会认为这些都是有钱人才需要担心的问题，但是其实仔细想一想，这不仅仅是高净值人士才需要考虑的问题，如何在一定程度上规避资产在家族内部传承的风险，其实是我们很多人都需要考虑的问题。这个业务在中国刚刚开展起来，即使在招行私人银行，目前也只有为数不多的案例，这个业务未来的前景将是非常广阔的。

最后，正如巴曙松教授所说，目前中国的私人银行业务主要是在商业银行的体系下开展的。我认为这可能是因为中国的整个金融体系就是以商业银行为主导的，所以延伸出来的一些新的业务不可避免地更多地与商业银行挂钩。这本身是没有问题的。但是，在商业银行架构下发展起来的私人银行业务如何才能与投行业务等其他业务以及与保险公司等其他金融机构更加有机、紧密地结合起来，也是未来需要考虑的一个问题。

09. 香港内资金融业：母集团国际化第一步

张丽

浦发银行香港分行行长

作为浦发银行的首家境外分行，浦发银行香港分行过去的发展为全行积累了国际化经营的宝贵经验，亦更加坚定全行继续走国际化经营的信心。任何一家银行的国际化都不可能一蹴而就，必然是一个学习与实践、探索与总结的渐进过程。

香港的内资企业、内资金融机构都是其母集团国际化的第一步。这是在港内资金融机构的背景，也是它所承载的一个特定的历史使命。接下来，我要探讨处在我国国际化的大背景下，作为集团国际化的第一步，在港内资金融机构该做什么，该怎么做。

内资银行国际化先锋的历史探索

银行是金融业的基础，相对于别的金融机构来说，"走出去"的时间更长，系统也相对更规范。

全球性商业银行的国际化布局

为满足各类产业及客户的全球化配置需求,金融机构会从事国际业务服务。早期中国境内银行为满足客户的国际化需求,需要寻找国外银行作为合作伙伴,通过国际银行代理行网络来满足客户的国际需求。随着自身实力的逐步增加,中国境内银行国际化的需求应运而生,这些境内银行根据客户需求,到全球各地设立分支机构,建立海外网络。

同时,为满足客户的国际贸易及结算需要,金融交易也需要国际化。外汇买卖、资金交易、国际结算、汇款都是在统一的国际规则下进行的,通过全球性行业规则促进金融国际化,全球银行监管也渐渐实现统一,监管理念基本趋同。

多年来,我国金融行业国际化发展迅速。金融机构在顺应客户需求的过程中,实力也在逐步提升。同时,银行业在世界各国均受到高度监管,国际化相对较为复杂,其中既有自身实力因素,又有国家之间的角力。但为什么近年来整个金融行业的国际化得以促进?其实是全球资本联动进入全球化的状态。银行(金融机构)国际化与国际贸易及国际资本流动密切相关,以银行为代表的金融机构国际化布局紧随母国企业的跨国经营而展开,全球市场逐步联系到一起。

现今,很多银行的国际化布局已逐步建立完善。2015年,30家全球系统重要性银行(G-SIBs)普遍完成国际化过程,拥有成熟的国际化布局,海外利润占比达到四成左右,基本实现境内外两个市场的互动和均衡协调发展,也基本能满足客户的全球需要。

中国境内银行的国际化战略起步和最近20年的实践探索

中国境内银行的国际化刚刚经过20年的探索,与全球其他重量级银行相比,还有一定的距离。

除中行、交行因历史原因国际化较早外,20世纪90年代,工、建、农行均开始了国际化的初步探索,在香港设立第一家代表处,但尚未形成系统性战略,也不具备系统性国际化的内、外部条件,甚至连商业化都没有完成。内资的商业银行想"走出去"十分困难。直至到2000年左右,股份制改革并上市才使中国的内资银行第一次从专业银行走向商业银行。

到 2000 年，伴随中国加入世界贸易组织（WTO），经济与贸易全球化引发越来越多的企业走出国门。

2005 年 10 月，建设银行在香港上市，随后其他几家境内银行也相继上市。此时，几大国有银行完成商业化及股改上市，具备被国际市场接纳的条件，开始系统性地进行国际化的规划。工、农、建、交相继开始系统性的国际化战略布局和举措。

2008 年，金融海啸重创欧美金融机构，但却给中国的内资金融机构带来机遇。当年 10 月，工行、建行被允许进入英国市场。

2011 年至 2015 年，伴随中国经济的高速增长和深度开放，内资国有银行的国际化取得空前的突破，境外业务占比迅速增长。并且，其境外业务种类亦由批发延伸到零售，境外机构也从商业银行扩展到投资银行，不仅有系统性的国际化战略，而且有深度的发展。

上述银行的国际化进程具有异曲同工之妙。例如客户拓展都是先从多年来熟悉十分的中国境内客户开始，积极开展联动业务，呼应母行，服务和接应走出来的客户；再慢慢发展当地客户，服务所在国或地区的中国境内企业做大做强，选择性地在本地市场渗透和发挥影响；最后再做全球性的客户。总部赋予境外机构两个平台的角色：第一，国际化平台；第二，人才培养平台。

设立国际化机构有什么特点？

第一，业务经营更需要贴近市场，强调价值创造。比如境内的分行虽然叫分行，但从法人地位上来说并不是一家独立的机构，而是总行的延伸。但是，境外分行的经营管理是在相应的法律环境下，完全按照当地的规则进行的，例如，其行长不叫分行行长，叫行政总裁。

第二，利率、汇率市场化。我国利率市场化目前还处于一个比较初步的阶段。无论是大行还是股份制银行，存贷款利率都差不多。但在境外，银行的利率完全是由市场或者说由银行自身决定。银行对客户的定价和定位、对产品的定价，都要基于银行被市场认可的程度来确定。由于各币种可自由兑换，银行的资产负债业务更加灵活；由于市场更开放，银行对利率走势的关注要求更高，如此才能把握业务机会和主动调整资产负债结构。银行出于自身流动性管理的要求，需要更加注重资产负债的期限匹配，突出流动性风险管理。

第三，监管要求严格，必须更加注重法律与合规风险。2013年，由于对洗钱活动的监督不力，一些贩毒集团得以通过汇丰银行进行洗钱活动，而美国联邦法院最终裁定，作为惩戒，汇丰银行需缴纳约19亿美元的罚金。而这成为美国银行史上针对单个银行的最大规模罚金。相关监管严格到可以使银行多年的经营成果付诸东流。所以，审查客户背景的重要性已成为全球共识。对于客户情况，银行了解不清是不允许其开设账户的。反洗钱和开户客户背景的调查是海外机构面对的最严格的调查。

第四，需要花更多的精力和金钱在IT（信息技术）的管理上。金融机构的IT系统要求非常高，银行在开业运行之前，其IT系统的安全性必须要经过第三方的审核通过。同时，金融机构的IT系统的外包也会受到监管。

第五，境外金融机构更注重人力资源管理，包括尊重文化、劳工制度、公平就业、员工隐私等。

总结中国境内银行"走出去"的规律，这几个方面是比较有意义的：

第一，中国境内银行"走出去"的脉络，与中国国家经济发展和改革开放脉络保持一致，与自身的发展阶段一致。

第二，境外机构的发展是一个由近及远、由易到难的过程。真做起来，往往是从近到远。先去中国的香港地区，再到东南亚、日本、韩国，再到西亚、澳洲、欧洲，最后去美国、南美等。

第三，境外贡献实现从战略意义到实际意义（资产及盈利＞10%）。海外机构对于全集团的贡献，实际上也有一个逐渐发展的过程，从无到有，从宏观到实际，从名声到务实。

第四，境外机构从跟随客户需要向自身机构均衡发展转变。经过发展，境外机构会有自身均衡的发展需要，希望境内境外的两个市场有不同的状态。国际化对于中国境内银行自身发展的意义也会有变化，从开始时跟随客户需要，到最后自身机构也需要进行国际化。

第五，中国境内银行的国际化面临难得的历史机遇。目前，四大行境外部分业务的份额仅占10%，全国性股份制银行的境外业务刚刚开始，相信未来20年取得的成就，很可能会远远超过前20年的探索。因为今天的三个机遇——客户"走出去"的动力，国家"一带一路"战略，以及资本市场的开放、人民币国际化需求都叠加到一起。

首先，跟随客户"走出去"是中国境内银行国际化经营的驱动力。伴随中国经济全球化，大批国企、民企甚至个人"走出去"，参与到国际经济舞台。与国际化初期企业的套利套汇等短期行为不同，本轮国际化中，中国企业、机构的公司治理和经营需求乃至个人财富管理需求，需要中国境内银行提供全面和长期的银行服务，以配合其在国际调拨资源和布局财富。

其次，人民币国际化是中国境内银行国际化的天然助推器。伴随人民币跨境贸易结算的开展，人民币成为全球第二大贸易融资货币、第五大支付货币、第七大储备货币和第九大外汇交易货币。2013年6月，香港财资市场公会还推出离岸人民币拆借利率（CNHHIBOR），成为有影响力的离岸人民币资金价格标杆。中国境内银行依靠人民币业务，迅速在东道国或地区得以立足，人民币业务成为其重要盈利来源。

最后，资本市场的互联互通为中国境内银行国际化经营带来更多机遇。2014年10月，"沪港通"正式开通，标志着沪港两地资本市场双向开放；酝酿多年的"中港基金互认机制"获得内地和香港监管机构的"放行"，于2015年7月1日正式实施；国有企业混合所有制改革正相继推出，基本出发点就是充分市场化、国际化，尤其是通过香港金融市场来完成国际层面的战略投资者引入和在港上市等。

在这个背景下，我估计未来5年到10年，我国境内银行海外业务的份额会接近全球成熟银行，达到均衡状态。同时，具体实现形式也会从过去20年以开设分行为主，发展成未来大量地通过并购来实现。因为我国境内银行过去20年已经积累掌握国际化运行的规律和经验，所以今后的并购能够很快产生价值互动。

目前，我国四大银行基本上已经实现24小时不间断的网络覆盖，香港、纽约、伦敦之间互为备份。并伴随着人民币国际化的过程，它们成为人民币相关产品的庄家和定价机构。

股份制商业银行是什么状态呢？未来5年到10年，其目标应该和现在几家大行的目标相似，初步覆盖欧、亚、美，境外业务份额初步达到10%左右，在一定程度上可以在境外呼应境内的需求，同时和境内银行联动起来。股份制商业银行要根据自身的财务实力、管理能力和风险承受能力"量力而行"，适时审慎地推行国际化战略。

香港内资银行业发展现状和自身定位

为什么所有内资银行都将国际化的第一步放在香港？

因为香港的地理位置与内地最近，法律制度也非常成熟。金融服务是现今香港地区主要的支柱产业之一，全球前 100 家大银行有 70 家在香港设立分支机构；而香港也是全球第六大外汇市场，是人民币国际化最大的载体，也是人民币国际化最重要的地带，这又带动香港的金融优势向前跨越一步。

香港是中国对外开放的第一重要区域，中外贸易往来的第一重要枢纽，中外资本市场交流的第一过渡地带，中国境内金融机构国际化的第一重要平台。

现在香港银行体系分为三级：持牌银行、有限制牌照银行和接受存款公司。截至 2018 年年底，香港港有 152 家持牌银行、18 家有限制牌照银行和 16 家接受存款公司。综合计算，共有来自 30 个国家及地区(包括香港)的 186 家认可机构(不包括代表办事处)在香港营业。①

香港的银行类金融机构由香港金融管理局（HKMA）监管，非银行类金融机构由香港证监会监管。共同规则和中国内地银行类似，现场检查两年一次、非现场检查一年一次。监管机构如果认为一家机构的问题比较大，就会加大检查频率。香港监管体系用的方法是骆驼评级（CAMEL）。每家银行、金融机构都需要买存款保险，CAMEL 越高，保险费率就越低。各家银行每年都会得到一份 CAMEL，同时第二年自动调整费率。

监管机构进行风险评价的时候，主要评估八大风险，即信贷风险、市场风险、操作风险、声誉风险、法律风险、流动性风险、利率风险及策略风险等。同时，要求每个机构设置各类决策委员会以加强经营管理及风险规管工作。通常香港的银行会设置六至八类委员会，有资产负债管理委员会、风险管理委员会、信贷委员会、信息技术委员会、新产品委员会、内控与合规委员会等，履行对机构的管理。

香港实际上是中国内地各类公司国际化的第一个落脚点，也是各家银行国际化的第一个落脚点。在香港的内资银行，普遍承担着对母行的四

---

① 香港政府统计处《二零一八年经济概况及二零一九年展望》。

个平台的作用：国际化战略呼应平台、国际化人才培养平台、跨境金融服务和产品创新平台，第四个平台是资产负债综合互补平台，并显得越来越重要。

香港的内资国有银行的发展现状

首先，在港内资银行普遍实现快速发展，对香港社会发展的贡献逐步提升。截至2015年年末，香港共有199家认可机构及64家代表办事处，其中中国内地金融机构占约12%。总资产为19.181万亿元港币，在总资产前十大银行里中国内资份额逐年提升。过去10年中国内资银行发展速度远超历史，按总资产规模来看，2005年来占比15%左右；截至2015年年末，占据香港银行业比重已超过30%，相关金融从业人员也达到约3万人的规模。

在此过程中，这些分行多数经历先设立分行再并购的历程，既扮演总行的国际化探索开拓的角色，又迅速地深植本地的市场。截至2015年年底，在港持牌银行中，持续经营且具家族背景的本地银行仅剩4家：东亚银行、大新银行、大生银行、大有银行。香港前10大银行中，中国内资银行的资产已超过37%。

其次，在港内资银行普遍实现综合化发展。在业务过程中，不仅总资产增长迅速，香港内资银行功能也不断优化完善，涵盖批发、零售、商行、投行等各个方面。所有银行的商业化业务都已经取得突飞猛进的发展，客户网络也不断拓宽，呈现本地、内地以及周边三位一体。

最后，在港内资银行由国际化第一站发展成各银行境外业务的最大组成部分。现在各机构在港业务规模约占其海外业务的五成左右，尽管中国内资银行的业务已经扩展到世界三十多个国家和地区，实际上香港还是占比最大的一块。

股份制银行又是什么样的呢？

第一，快马加鞭，快速发展。在四大行国际化战略实施十余年后，2011年，浦发、民生、光大、兴业等均设立机构，目前全国性股份制银行基本悉数到港。尽管从零起步，但目前上述股份制银行均迅速接近或突破千亿元港资产规模。这几家银行在近两三年、三四年的发展速度已超过前面几家大行十余年的探索，预计以后来港的银行的发展速度还会更快。

第二，吸收借鉴国有大行的国际化经验，同时发挥自身的优势特点。

上述几家机构的高速发展大多有迹可循，首先是借鉴前人的经验，开业第一天就在总行和香港分行之间启动内外联动机制——有一个系统的联动机制比自己孤立地探索发展快得多。其次，依托总行的优势，发展当地业务。同时，对利率市场环境下的客户进行差异化定位；由差异化定位环境下产生的银行间合作多于竞争。

例如，浦发银行开业到现在的资产约 1600 亿港元，多年来保持稳健上升状态，将其在内地的优势延伸到香港。至 2017 年年底，浦发银行香港分行总资产在香港银行中排名第 35 位。

概括来说，香港的中国内资银行应该记住以下几点。

责任定位：承担母行国际化的第一步，这是责无旁贷的，必须做好。

义务定位：配合集团对国际化战略的进一步推进。

专业定位：立足长远、合规稳健；尊重当地规则，奠定良好基础；重视企业文化。

业务定位：对客户和产品的差异化定位要准确。

经过十余年的发展，中国内资银行在香港的市场份额已经达到三成。人民币利率市场化，人民币汇率双向波动，虽然从表面上看，过去 10 年依托利率、汇率差异的业务发展机会不再，但是由此客户真正地走向国际，在全球收购兼并，进行融资、资本运作的需求反而有增无减。因此，所有在香港的中国境内银行，都要不辜负在香港扮演的"桥头堡"的角色，全方位积极发挥内联外引功能，把自身的业务和集团的国际化业务做好。

人民币国际化带来结算量的增长。同时，香港特区政府对内地战略、人民币国际化、资本市场双向开放非常重视，专门设立"一带一路"研究院。自 2016 年 5 月起，所有以香港作为集团的跨境中心的中国内地客户，都可以享受再少一半的税务优惠。

内地也有很多政策支持，在直接外商投资方面，自 2015 年 6 月 1 日起，外汇局不再负责境外投资外汇登记事项，而只是通过银行对直接投资外汇登记实施间接监管。现在则允许香港银行向内地企业直接贷款，企业自由度加大。

过去 20 年，内资银行在香港已经完成国际化的探索阶段，全国性股份制银行开始走出去，而国有大行国际化的程度已经接近全球性银行。所有在香港的分支机构基本上都成功地扮演母行国际化第一步的角色。各银行在香港的分支机构，今后还有更大的发展空间。

国际化需求叠加时代，非银行金融机构的机遇

香港非银行金融机构业务蓬勃发展

非银行金融机构的国际化形势是怎样的？

目前，香港的非银行金融机构正蓬勃发展，在当前的形势下，其业务很可能比银行有更大的增长潜力。在香港的中资非银行金融机构主要由内资银行系投行、内资券商、内资基金、内资资产管理公司、内资保险这五大类组成的。

第一类是内资银行系投行。所有的境内股份制银行来到香港后都成立投行（中银国际、建银国际、工银国际、农银国际、交银国际、浦银国际、民银国际、兴银国际、上银国际等）。这些投行依托在香港三分天下的商业银行母行的客户关系和网络以及香港分行的支持，正成为非银行金融机构中最具实力的群体。国泰君安、广发和海通跻身全球十大 IPO 承销商，部分机构的市场地位已经可以与国际一流银行角逐。

第二类是内资券商。在香港，各类内资券商有 77 家，并且数量在不断增加。而且，香港券商已经悄然完成从普通经纪类的券商向投行转化的过程，从传统交易向业务多元化及投行方向迈进，收益也从以经纪收益为主转变为以资本中介收益为主。

第三类是内资基金。截至 2015 年年末，中国境内基金管理公司达 54 家，成立的公募基金数量达到 221 只，其中主动管理基金 184 只（包括 81 只股票型基金和 103 只固定收益类基金），ETF 38 只，上市地区含香港、伦敦、纽约。2015 年 7 月，内地与香港基金互认实施，加上"沪港通"、合资格境外机构投资者（QFII）等政策的配合，中国境内基金机构也有潜力可挖。截至 2016 年首季末，内地基金在香港发行销售资金累计净汇入 4 457.5 万元人民币，而香港基金在内地发行销售资金累计净汇出 7.2 亿元人民币，即"北上"的香港基金在内地发行销售累计净汇出的资金是"南下"的内地基金在港发行销售累计净汇入的资金的 16 倍。

第四类是内资资产管理公司。中国资本市场双向开放十分有利于资产管理公司的发展。2015 年证监会共颁发 104 张"9 号牌"，打破 2014 年新

增 81 张的纪录，其中不乏来自中国内地的身影，包括光大、绿地、国泰等多家大型中国内资金融机构，去年纷纷宣布在港"夺牌"。

第五类是内资保险。目前香港的内资保险公司 19 家，外资保险公司逐渐淡出香港市场，中国内地公司充当"接盘侠"，在五大寿险公司（英国保诚、友邦国际、汇丰人寿、中国人寿（海外）、中银国际人寿）中占 40% 左右。保险公司业务量从汇率双向改革以后，应该说是"火箭式"上升。2016 年上半年香港毛保费总额为 2075 亿港元，同比上升 12.2%，其中中国内地访客新造保单为 301 亿港元，同比上升 1.2 倍。目前香港新增保单 5 份中便有 2 份为内地客户，香港本地人的投保比例由 2014 年的 69% 逐渐下降到不到 60%。

香港内资非银行金融机构迎来空前机遇

在各类国际化需求叠加的时代，中国战略的国际化、货币的国际化、公司客户的国际化、个人的国际化，全部叠加在一起。在香港的各类金融机构非常幸运地处在一个中外金融市场的交汇点上。它们可以在这里打通境内、境外两个市场，创造各类金融产品，满足境内外各类客户的需求。

在香港的各类内资非银行金融机构的客户其实是来自全球的，也是香港非银行金融机构的合作伙伴。在现在的形势下，我们预计内资银行系的投行进入国际投行的第一梯队应该没有问题。从券商来看，原来中国内资券商不可能进入国际投行梯队，现在应该是可以进入的。"深港通"的推出，标志着资本市场的进一步开放，未来五年将看到在香港的中国内资非银行金融机构的"展翅腾飞"。进入国际第一梯队，不再是梦想。

对内资金融机构国际化走向成功的实践思考

内资金融机构真正"走出去"后，面对几种差异，正确应对，就不会犯很大的差错。主要是以下几点：

第一，尊重国际市场规则与惯例。

第二，面对当地人才与劳工市场。

第三，了解当地经营环境与特定风险。

第四，积累国际化经营管理经验。

第五,"属人""属地"监管。比如在香港不叫分行行长,而是行政总裁。

如果应对这几种差异的心理准备不足,会面临很大的挑战。

具体来说,金融机构从业人员或工作人员,应该从以下几个角度思考:

第一,把握当前中国境内金融机构国际化的时代机遇。以前是条件不具备,现在具备了,而且客户也在,应该是叠加国际化需求的时候。

第二,不必盲目探索,要借鉴以往中国内资金融机构国际化的经验。中国内资银行已经探索了20年,所有经验都可直接借鉴。

第三,结合自身机构特点及基础,系统思考本公司国际化战略布局和阶段目标,根据银行的客户特点去做整体布局和阶段性目标。

第四,做国际化的事情,一定要用国际化的人才。

第五,尊重国际规则,在集团一体化战略中包容国际化和差异化。现今的"集团一体化"需要所有分支机构用统一的指标、考核机制和管理规则,但是一旦有机构"走出去",就一定要允许差异存在。机构总部对国际化把握得越好,走出去发展就会越顺。

首先要通过洞察叠加的国际化需求,使自己形成一个国际化的视野。在国际化视野下之,思考国际化战略;之后再挑选国际化的人才,实现自己的战略。战略实现的过程中,一定要遵从国际化的规则,这样才能确保国际化脚步走得稳。

如果从机构总部管理者的角度思考机构的国际化,应该注意,一定要掌握好国际化和差异化。所有走出去的区域,总部只要负责把战略规划好,把当地授权体系、风险把握好,真正在当地按照什么规则,比如劳工体系、薪酬体系和管制体系,交由当地机构自己去做。

以一个香港机构或者海外机构负责人的角度纵观全局,我认为桥梁作用非常重要,一定要胸怀全球、心系总部、立足所在地区。因为只有胸怀全球,才能看到背景;心系总部,才知道在香港承载整个集团国际化的希望,要服务客户的需求;立足所在地区,是指专业局部的运作要立足本地,心里惦记着集团,不忘初心。

作为金融机构从业人员,要把国内和国外了解清楚,结合两方面特点发挥作用。

从客户角度思考,国际化要做得好,需要找好的金融机构作为合作伙伴。如商业银行，是适合企业几十年一起做成长的长期合作伙伴。客户需要确定哪一类金融机构更适合自己。再比如，香港有 199 家银行，有 500 多家券商，为什么内资机构都能做得好呢？原因在于它们能找到相匹配的客户结构和业务结构。

论规模，我们无法与汇丰银行比；论实力，我们无法与当地的银行和券商比，但是我们对客户的了解远多于其他银行。只要找到你的优势，你会知道不同客户群体是不一样的，只要找对了，就会有不同的切入点。

我们生逢其时，遇到国家国际化的机遇、客户国际化的机遇、自身机构发展国际化的机遇以及自己职业生涯发展的机遇。在这个时代，视野非常重要，而香港又是所有国际化的一个必经之地。如果在香港的金融机构成功实现国际化，就标志着整个集团长久的国际化战略不会失败。

最后，我用三句话来表达一种希望：

希望所有已进驻香港的中国境内机构，一定抓住历史机遇，把自己的业务推向更好的状态。

祝福所有还没有来到香港的中国内资金融机构，创造条件，早一点走出来。

同时，在大家推进国际化思考和战略规划的过程中，我们会把浦发银行香港分行"走出去"的经验和模式与大家分享，助大家一臂之力！

（本文根据作者 2016 年 9 月 8 日在北京大学汇丰商学院"金融前沿讲堂"的演讲整理，经作者审阅。）

专家点评

史蛟

北京大学汇丰商学院助教授

正如张行长所说,中国内地企业在香港从一个"筚路蓝缕"的状态一直闯到今天,是一个很令人兴奋的过程,每一步都与中国自身的经济发展和开放分不开。中国的开放过程是先开放贸易和直接投资,然后才开始对资金流和账户进行开放。贸易走在了金融的前面。在很长的一段时间里,中国金融机构在全世界的金融体系中的占比,其实是与中国在国际贸易体系中的重要性不匹配的。

最近几年,尤其是2011年以来,内地的很多股份制银行纷纷到香港扎根。伴随着这股潮流,金融账户在逐渐地开放。中国金融开放的每一步都会催生出很多机会。

我认为,国际化是一个不可阻挡的潮流。

首先,在当前这个阶段,中国境内金融机构拥有得天独厚的优势:一是了解中国客户的需求,二是了解中国的市场,而且依托着960万平方公里的大市场和国民积累的财富。这是企业发展第一步的催化剂。

未来,中国境内金融机构会是怎样的一个状态?中国境内金融机构可能向全球范围内最有生产力、最好的金融机构去靠拢。这些金融机构的特点是可以深深植根于当地。比如,汇丰银行有一个雄心勃勃的口号,叫作"世界的本地银行"。就是说汇丰银行要在每一处开分行的地区,都能够扎根在当地。就长期而言,中国金融机构的挑战是,如何能让发达国家的市场或客户觉得中国的银行与当地银行一样值得信任?

以上说的是发达国家市场。在金融国际化的大趋势中,还有另一个重要的环节,就是"一带一路"。

就中国的外贸现状而言,我们最大的一个贸易伙伴是欧盟。中国和欧盟现在采取一种传统的海运贸易方式。"一带一路"的规划是要把整个亚欧大陆完全连起来。比如中欧铁路,东边连着浙江义乌,西边一直连到西班牙的马德里。"一带一路"沿途要穿过整个中亚、俄罗斯、欧洲,带来与很多沿线国家交流、做生意、合作的机会和潜力。

在西方国家,由于近一段时间民粹主义的盛行,自由贸易与投资的理念受到了很大冲击。大家反复在问,全球化似乎在"开倒车",甚至有些西方经济学家发出"全球化是不是已经终结了?"的哀叹。在中国,因为"一带一路"的规划,情况肯定不是这样的。沿线的国家不但贯穿了整个亚欧大陆,而且包含60%以上的世界人口,但创造的GDP占世界GDP的总量不到30%。我们从中看到了什么呢?是巨大的增长潜力,但这是需要挖掘的。

从宏观层面上来讲,我国面临着两个现实问题:一是高储蓄率,二是人口老龄化。我们可以借鉴日本的经验来解决这两个问题。日本之前的情况和中国很相似。20世纪八九十年代,日本企业也是在全球范围内收购了许多发达国家的大企业,在当时的欠发达地区做了很多直接投资。这是一个比较均衡和健康的投资组合。今天,日本每年的GNP要高于GDP15%以上,这表明其从过去在国外的投资中获取了丰厚的回报。中国现在的储蓄率很高,有许多投资需求,同时人口老龄化十分严重,除了需要开拓一些发达国家的市场,同时也要开拓发展中国家(也就是资本更稀缺的地方)的市场,因为这些市场有更高的回报率。

在"一带一路"沿线国家的大布局上,目前可能还是会由国家资本先去布局。但民营资本很快就会发现有巨大的潜力和机会,从而前往"一带一路"的沿线国家。在这样的宏观形势下,银行当然也会跟随客户走。在"一带一路"沿线国家会有更多机会,这些机会是我们应该抓住的。

10. 会计的明天会怎样？

吴卫军

德勤中国副主席

  2006年2月15日签署公布的经修订的《企业会计准则》，自2007年1月1日起施行。这套企业会计准则与国际财务报告准则更加趋同，是中国企业会计准则发展的里程碑。这标志着我国会计界从计划经济时代的会计模式，转变到了与国际资本市场要求匹配的、与国际财务报告准则趋同的、市场经济时代的国际会计模式，从一个侧面反映了我国经济的发展和政府监管当局对企业财务报告自律和社会监督的决心与信心。国务院前总理朱镕基曾为国家会计学院题词："不做假账"。要真正做到这一点，除了道德、法律的约束外，还需要会计专业判断标准的建设与完善。健康、健全的会计制度对中国未来经济的发展具有重大意义。

  经济发展的动力之一是资本投入。资本是有价格的，资本通过价格决定其运作方式。资本的价格由投资者对其投资项目的风险判断而定。风险高，投资的回报要求也高。透明可比的相关财务信息是解释企业风险的重要依据。高质量的财务信息可以降低风险的不确定性，提供比较基础，促使资本得到更有效的配置，从而为经济长期发展提供动力。日本过去十多年经济发展的经验为我们提供了很好的借鉴。日本的企业会计准则不要求公允价值计量,银行和许多金融机构的资产负债表中隐藏着许多减值资产,因此国际投资者对其没有信心。虽然日本是个富裕的国家,但它在经济衰退的低谷一走就是十多年,主要的原因之一就是会计准则的发展拖了日本经济复苏的后腿。

我想从会计准则对资产负债表及利润表计量及呈报的影响角度谈谈我对新会计准则的认识。

资产负债表"变脸"

让我们看看未来 20 年后一家生产企业的资产负债表,并将其和现在生产企业资产负债表的会计科目所核算的内容进行比较,通过列表的方式来看看二者的差异(如表 10.1 所示)。

表 10.1 现在与 20 年后生产企业资产负债表的对比

资产负债表项目	现在(T_0)	20 年后(T_{20})	金融资产/负债
现金/银行存款	存在	存在	金融资产
应收账款	存在	可能不存在[1]	金融资产
存货	存在	可能不存在[2]	—
固定资产	存在	可能不存在[3]	—
投资	存在	存在	金融资产
其他资产	存在	更少量存在[4]	—
总资产	XXX	XXX	
员工负债	存在	存在	金融负债
供货商负债	存在	可能不存在[5]	—
税务负债	存在	可能不存在[6]	—
融资负债	存在	存在	金融负债
总负债	XXX	XXX	

续表

资产负债表项目	现在（T_0）	20年后（T_{20}）	金融资产/负债
权益	存在	存在	权益
总权益	XXX	XXX	

资料来源：吴卫军研究成果。

注：1. 如果企业不选择承担相关的信用风险，可以即时出售，例如债券化。
2. 即时生产体系要求零存货管理，存货是资金的浪费点。
3. 如果企业不选择承担由于科技进步而引发的技术过时风险，企业可能选用租赁固定资产模式。
4. 避免其复杂性，暂且不讨论，但原理与上相同。
5. 如果交易平台是网上信用模式，供货商可能要求即时兑付，或由信用机构代付，转换为融资负债。
6. 可以由信用机构处理，转换为融资负债。

从上述资产负债表结构可以看出，20年后的资产负债表将更为简化，逐渐集中于金融资产和金融负债。新的企业会计准则面对资产负债表的发展，在会计核算原则上，体现了下列重大趋势。

1. 从历史成本会计走向市值会计

在新的会计准则下，大部分资产和负债项目的呈报都是基于公允价值的。可以看到，未来的资产大部分集中于金融资产，金融资产在当前的市场中都有公允价值，如果不以公允价值核算，就可能出现资产负债表与现在的价值不相符的情况。传统会计是走历史成本道路的，对于公允价值与历史成本的差别部分也不会进行会计调整，这是最大的区别。

"市值会计"的英文是 Mark to Market，应用市值会计有两个挑战：一个是 Mark to Management，就是管理层说了算。因为市值会计核算的标准和过程涉及许多判断因素。公司的治理层及审计师必须有足够的经验和能力向管理层说"不"。另一个挑战是 Mark to Model，就是可能使用错误的数量模型或参数。金融资产都要进行市值核算，市值核算过程中，复杂的金融产品需要数量模型来量化处理。如果模型中系统的设计、参数的设定做得不好，将会对结果造成很大的不良影响。国外有些公司以前在年底的几笔交易都是通过与自己对倒完成的，做出一个很好的价格，然后系统就认为这是市场的价格，而事实并非如此。

2. 管理层的意图成为会计核算的标准

管理层在作出一项决策前,必须先把这个决策的目的定下来,会计按照这个目的来做账。有的企业买了许多金融债券,如果价格上去了,管理层就说买进的目的是短期内卖出,上涨的价钱就按公允价值核算进入了利润表;如果价格下跌了,管理层就说买进的目的是长期持有,不将公允价值损失计入利润表。

应该认识到,很多时候,会计报表失当是不能责怪会计人员的,而是因为管理层的意图影响了会计的核算。

3. 杜绝表外科目

在资本市场上,两套账是行不通的。表外科目和账外资产是不同性质的问题。小金库是账外资产,国内和国际会计准则都不允许将企业的资产挂在账外。表外科目主要是指一些用于信用承诺、买卖衍生产品的账户。对于这些科目,新会计准则的要求是进行公允价值核算,把本来在表外记录的承诺合同的价值纳入资产负债表中。

越来越复杂的利润表

我们再来讨论一下 20 年后的利润表。我个人预期在资产负债表简化和集中于金融资产和金融负债的同时,利润表会越来越复杂。表达利润表的最好公式如下。[①]

$$利润 = \sum_{i}^{L}\sum_{j}^{m}\sum_{k}^{n} \overbrace{\underbrace{\int_{0}^{T} e^{-rt}[(P-MC)\times U - F]dt}_{财务管理}}^{战略管理} \pm \lambda(社会责任),$$

其中 i:国家,P:价格,T:时间线,j:市场份额对象,MC:边际成本,r:资金成本/折现率,k:产品,U:产品单位,F:固定成本。

新会计准则在利润表核算方面的要求体现在以下几点。

---

① 欧洲工商管理学院 Phii Parke 教授研究成果。

1. 利润表是多维和多角度的（要素 i, j, k）

企业向投资者呈报一张传统的利润表显然不够。例如，企业需要就其开展业务的国家、面对的市场客群进行分部报告，披露与业务管理、战略方向有关的业务信息。

2. 时间线（要素 t）

过去的利润表是历史的，即过去一年的经营成果。现在的利润反映未来现金流的折现值。未来现金流依赖产品的生命周期，在不同的时间段为企业带来利润，企业通过最佳估计和判断，将未来的价值折现成现值。随着时间的变化，这种折现值也在变化，变化的金额就是该时期的利润。

过去市场的交易都是即期的。酿酒公司明年需要的小麦要等到明年麦收后才能采购囤积为存货。今天，企业可以在期货市场上购买3年、5年后的小麦。企业的竞争时间线从1年拉长到3年、5年，甚至更长。所以，相应的，会计已从昨天的会计变成今天的会计、明天的会计。

3. 资金成本（要素 r）和时间线（要素 t）的复合影响

资金成本将是决定企业盈利非常重要的因素。要特别注意的是当要素 r 和要素 t（特别是延长了的时间线）复合在一起时，利润表的波动可能十分巨大。另外，如何区分企业的核心利润和财务利润（即与公司营运不一定有关的"公允价值变动"），将是投资者关心的重要的内容。因而，新准则要求从两个方面披露与资产负债表和利润表相关的资金成本和时间线两个要素的内容，从而更加清晰地判断和分析企业的核心竞争力。这两个方面是：

（1）披露资产负债表，特别是金融资产和金融负债的到期日结构；

（2）披露金融资产和金融负债的孳息利率和付息利率及其重新定价的时间段。

4. 大量的风险信息披露

财务信息是历史的、过去的。新的会计准则披露的更多是向前看的风险信息。摩根大通的管理层利用一份特殊的管理报告对企业的总体风险进行监控,摩根人称之为"4点15分报告"。这份报告指的是每一个营业日的4点15分,摩根大通将其全球的金融资产/负债及各类账外合同风险之敞口汇总起来,利用对金融市场风险的价格要素的变动在一定置信区间上的科学估算,来测算企业总体的潜在风险损失的金额。如果这个金额在企业的风险忍受度内,那么摩根大通的风险执行官会发出"绿灯"信号,管理层可以下班回家。如果这个风险额超出了摩根的风险忍受度,那么摩根的风险执行官有权将超过风险忍受度的市场敞口及盘位估出,或购买衍生产品对冲此类风险。届时,即使某些金融工具在纽约已收市,这类风险管理的交易单也会及时转移去摩根大通东京、悉尼、香港或伦敦的办事处处理。

让我们将企业的经营放到时间线上去衡量。传统的财务报表将企业已发生的经济活动记载下来,向信息的使用者(这里是指企业管理人员)提供决策所用的信息。然而这些信息均已是历史的信息、滞后的信息,它们只可能告诉使用者过往已经发生的事件及这些历史事件的经济及财务后果。对于企业的管理者来说,这些历史信息固然重要,但是真正让他们夜不能寐的问题是,明天会怎样?

风险管理信息披露要回答的正是这个前瞻性的问题。它要回答在任何一个时点上,企业面对什么风险,这些风险在未来的时间线上会给企业带来什么机会,或会给企业造成什么程度的损失?披露向前看的风险信息有助于投资者估测其投资风险,是资本市场有效性的基石。我想,用摩根大通创造的风险价值的概念来解释新会计准则在这方面的要求是最恰当不过的。

会计报表越来越复杂了。我相信很多会计专业人士也将看不懂新准则下的会计报表。如果读者不相信,可以到网上看看花旗银行的年报。对许多复杂的经济业务,会计处理也十分复杂。这是经济发展的结果,会计准则需要与时俱进。这时,在宽大、庄严的董事会会议室中,对会计信息质量负有治理监管责任的董事会成员就会发自肺腑地问:会计是艺术,还是科学?艺术和科学有许多不同点,但最大的相同点是"真实是美丽的"。会计必须要公允地反映经济事实。或许这就是新会计准则的规范点。

(本文根据作者2016年12月9日在北京大学汇丰商学院"金融前沿讲堂"的演讲整理,经作者审阅。)

专家点评

童娜琼

北京大学汇丰商学院助教授

我用三个成语概括吴老师的演讲，我称之为"三高"——高瞻远瞩、高屋建瓴和高山流水。

第一个是"高瞻远瞩"。会计学是一个既年轻又古老的学科，古老是因为原始人钻木取火的时候，会计已经开始了。会计存在于结绳记事，当原始人出去打猎或者农耕的时候，会用绳子打结，记录今天做的事情，这是会计作为一个记录学科，对事件进行排序和记录的早期证据。随着时间的流逝，会计的记录功能不断被削弱，一直到中世纪文艺复兴的时候，会计已经不再仅仅包含简单的记录功能，而是出现了一个现代的公司制度。现代的公司制度的特征之一是所有者的所有权和经营权之间的分离。

所有权和经营权之间的分离，导致了信息不对称和道德风险的存在。作为一个记录的学科，会计慢慢地变成了一个服务于决策者的信息提供者的学科。既然会计是提供信息的，是做决策的重要依据，会计信息的质量标准已经变了。之前会计信息的质量侧重于事实，或者侧重于信息的有效性。但是随着时间的变化，以及信息不对称和道德风险的存在，会计信息的质量就越来越偏向于相关性和有效性。但是相关性和有效性两者之间存在矛盾，所以当会计准则及判断标准，从历史成本的角度慢慢偏向于公允价值角度的时候，我们已经来到了一个新经济的风口，因此会计学科也面临着新的挑战和机遇。

第二个是"高屋建瓴"。大家通过吴老师的介绍，见到了一张全面的利润报表，这个利润表已经将宏观经济、中观市场以及微观的产品线全部阐释出来。从利润表的角度来说，它不是一个静态的过程，而是一个动态的过程。从现金流开始，产品线、市场定位、细分市场都在不断地变动当中，这导致整个现金在利润表里的状态，也在动态地发展。这也反映了会计学科动与静的和谐统一。

第三个是"高山流水"。在财务和金融的术语中，"流水"一般都代表钱的流动性。现金流量表和利润表中间的差距，是一个盈余管理的过程。盈余管理是当企业的所有权和经营权分开的时候，管理层出于自己的利益，可能会"拉上窗帘"，然后偷偷地说，25＋25 可能就不等于 50 了。当我们发现利润表和现金流量表里存在着盈余管理问题的时候，我们想到的是公司治理。在中国，两权分离下的股东和管理层的利益冲突，大股东和中小股东之间的利益冲突，都是非常有意义的课题。而吴老师的分享，探讨了两大代理问题下的焦点，即如何能够更好地平衡大股东和中小股东的权益，更好地平衡管理层和股东之间的矛盾，对大家有很智慧的启示。

在公司治理当中，一般来说有两个渠道——正式的治理渠道和非正式的治理渠道。正式的渠道包括董事会、独立董事和股东大会。而一般来说，肯定都是独立董事，而且是非常专业的。另外一个非正式的渠道是什么？我们称为资本市场上的一个竞争渠道，也是现在非常热门的"门口的野蛮人"。当企业的经营管理，特别是管理层或者大股东，不断地掏空上市公司的资产，不断地将上市公司的资产放到自己口袋里的时候，市场上就会不断地出现"门口的野蛮人"，"野蛮人"是促进公司治理变化的一个非常有效的方法。所以，由于管理层或者大股东私人的利益，当利润表和现金流量表中间一些出现盈余管理，以及关联交易，或者其他的一些不利于中小股东利益的时候，公司治理会发挥重要的作用。

最后，正如吴老师所说，会计、财务和金融是三位一体的，所以我用"高瞻远瞩""高屋建瓴"和"高山流水"这三个词，从三位一体的角度，来评述吴老师今天的讲演。

11. 绿色金融前沿趋势与中国的实践

唐斌

原兴业银行董事、董事会秘书

下面我所介绍的,既是源于我在兴业银行期间对环境金融的认识和实践,更是希望能够以全球视野和国家战略的高度来介绍环境金融。

在兴业银行最初关于环境金融的公益片中,只有一句话:"兴业银行——中国首家赤道银行"。2009年,我应邀去中国社会科学院做了题为"寓义于利:兴业银行环境金融的认识与实践"的报告,受到了异乎寻常的热烈欢迎。当时我只回答了大家关心的三个问题:"什么是赤道原则?什么是赤道银行?""为什么兴业银行是首家?""采纳赤道原则之后,兴业银行都做了些什么?"

环境金融、赤道原则和气候变化

2008年,在北京的一次论坛上,我被问到一个问题:"能分享您理解的可持续金融、绿色金融、环境金融、气候金融、碳金融之间的关系吗?"说实话,在那一瞬间,我有一点被问倒了。因为我虽然做了多年的实务工作,但是非常严谨、系统的思考并不多。此后,带着这个被人家问倒的问题,我常常不时地问自己,它们之间到底是什么关系?

大家现在用得最多的是"绿色金融"。我认为,"绿色"只是一个形容词。一般来说，绿色金融可以被理解为可持续金融，它属于可持续经济学的一个分支。但是，在许多场合，绿色金融又等同于环境金融，因为它其实指的是围绕环境保护所做的金融活动。

能效金融实际上是环境金融中的一个分支，指如何通过金融手段来达到节能减排、保护环境的目的，所以它是一种存量改进的概念。

气候金融与气候变化协议谈判同时出现，气候当然是环境的一部分，但是在气候变化谈判过程中所指的气候变化，是在一定时期或一定时间长度内，个体的气候、天气变化与谈判所定标准的偏离程度。

围绕气候变化来看，早些年它对社会是有益的，可是到了工业化发展的中后期，它的不利影响逐渐显现。在这种情形下，就出现了专门的气候金融。因此，我们以下讨论的，如果没有特别说明，都指的是环境金融。

笼统的概念下，水、气、阳光等元素构成了环境，而环境有以下几个主要的特点：

一是公共性。比如北京的雾霾严重，所有人都受到雾霾之苦。但正是因为环境的公共性，改造环境也特别难，大家都想搭便车。改造环境不仅是政府行为，也是企业行为。

二是外部性。任何一家企业想改造环境，它的效果很难直接体现在这家企业内部，而更多的是体现在它的外部。所以，这影响了单个企业在这方面投入的积极性。

三是不确定性。因为影响环境的因素很多，多方面因素交互作用从而带来了许多不确定性。

四是内生的矛盾性。这正好与之后要讲的商业银行资金的安全性、流动性有一定的理论联系。环境保护与商业银行追求的盈利是有一定矛盾的，正因为如此，我们才需要一个专门的学科来讨论环境金融。

以上是首先要交代的一个背景。下面我们先来看看"赤道原则"一词的由来。

2002年，由国际金融公司（IFC）与汇丰银行、西德意志银行等九家商业机构共同发起了一个协议。该协议规定金融机构在向大型项目融资提供资金资助时，要求项目业主遵守环境保护的法律法规，通过自身的努力来改进或者改善由于这个项目的建设可能给外界带来的不良影响。当时的谈判是在英国伦敦附近的小镇格林尼治进行的，这个协议被命名为"格林尼治原则"。

这个原则是自愿采纳的，于是在对外征求意见过程中，有NGO（非政府组织）提出动议：该协议不应该只要求发达国家的金融机构遵守，发展中国家的金融机构也要朝这个方向去努力。大家都知道南北的分界线在赤道，于是，"格林尼治原则"就改成了"赤道原则"。

因此，当兴业银行发布广告说它是"赤道银行"的时候，很多投资者对我说："最近兴业银行业务发展得不错！不仅仅是在福建、在中国，还发展到赤道上去了。"

在2009年的一次论坛上，我用7分钟的演讲回答了在座的专家们的一个疑问——首家赤道银行的由来。

赤道原则一共有十个原则，并不复杂，可是执行起来困难重重。为什么？因为这是商业银行给自己套上的枷锁。它一共只有十条，涉及项目审查分类、环境评估、适用社会和环境的标准的规定。其中项目审查分为：A类是对环境有重大影响的；B类是有影响但通过采取措施可以减少或者是降低影响的；C类是符合规定的。对这几类的项目都规定相应的风险管理措施，以及如何公开征求意见和进行信息披露。当然，对于未能满足要求的企业是允许申诉的。此外，赤道原则还规定了独立的环境和社会专家的聘任要求、借款人的约定事项以及独立的监督和报告制度。因此概括起来，第一是项目分类，第二是适用标准，第三是对照标准进行整改，第四是进行公开披露，接受公众的监督。

如此一来，许多想要采纳赤道原则的金融机构，由于前期已经投资的项目可能对环境社会有重大影响而无法达到标准。2016年，我离开兴业银行之前还主持了一次对兴业银行采纳赤道原则实施情况的第三方专家再评估。他们问了我一个问题："兴业银行从2008年采纳赤道原则到现在已经整整八年了。如果赤道原则很好的话，为什么到今天为止，兴业银行依然还是国内独家？是否说明你们的事业后继无人？"

当时我是这样回答的：北京严重的雾霾，也许令你连站在身旁的人都看不清，这就是现状。

2014年，我去台湾地区的国泰世华银行做了一次交流。在那之前，IFC派了很多专家去游说，试图让台湾地区树立一个赤道银行的样板，结果却没有成功。IFC专家对我的到来非常高兴，希望我以亲身经历来说服国泰世华银行的管理层。银行领导问我："你能告诉我采纳赤道原则对我们有什么好处吗？"我告诉他们："好处是显而易见的，因为当下环境风险已经成为银行的最大风险。我们所关注到的许多由中国援建与投资的道路和水电工程，在东南亚和中南美洲地区屡屡受挫。究其原因，相当程度上是在项目论证中缺乏项目对当地环境和社会影响的评估分析，从这个意义上说，采纳赤道原则有利于帮助我们规避银行信贷活动中的环境风险。"在那次交流后，国泰世华银行又派专人到大陆来交流，并于2015年3月，公开宣布采纳赤道原则，成为我国台湾地区首家赤道银行。

赤道原则从2002年设立到今天，已经过去了十几年。实际上它也是金融机构在20世纪90年代所兴起的社会责任运动的一个组成部分。这个社会责任运动普遍要求金融机构，尤其是银行要承担除了经济责任之外的社会、伦理和环境的责任。正是在这个背景下，才有了IFC所提出并由其他银行所响应的赤道原则。如果把赤道原则放在更广阔的空间来审视，那就是全球气候变化的谈判。

回顾从20世纪80年代到2015年间全球围绕气候变化所进行的谈判，其中比较重大的事件是1997年签署的《京都议定书》。今天我们所讲的清洁能源机制以及碳减排机制都是在1997年形成的。第二个是2007年的巴黎峰会。经过了从1997年到2007年十年的努力，各国的分歧不仅没有缩小，反而越来越大了，以至于后来实行了双轨制。一直到最近几年，尤其是2013年以后，中国有了更多的自信，更主动地承担了责任，从而促使气候谈判从欧洲主导的自上而下的形式转变为由中美主导的形式。于是2015年12月12日，各国在巴黎达成了《巴黎协议》。

《巴黎协议》的主要内容包括减缓、适应、损失和损害、资金、能力建设和透明度等要素。该协议在以下几个方面达成了共识：一是把全球平均气温较工业化前水平升高控制在2摄氏度之内，并力争控制在1.5摄氏度之内；二是坚持了共同但有区别的责任。

《巴黎协议》的重要意义还在于提出了"国家自主贡献"。此前的《京都议定书》强制要求发达国家和欠发达国家应如何行动，但要经过各国政府批准，所以迟迟未能达成一致。而"国家自主贡献"强调"尽最大努力"，它的背后是"最大的妥协"，即将过往节能减排的自上而下的推动变成了自下而上的努力，更加强调市场主体在其中所发挥的作用。协议还强调了提高减排效率，最大限度地筹集资金等。

中国银行业在环境金融中的重要角色

中国银行业能做些什么？为什么中国的银行业必须在这期间扮演重要的角色？一个企业怎样才可以在"自下而上"的过程中发挥更积极的作用？

回顾改革开放，如果从 1978 年算起，到现在已经 40 年了。1980 年的时候，中国的 GDP 在全球还排在第 36 位，可在 2015 年的时候已经稳居第二。在工业化和经济增长的同时，我们也看到了目前存在的问题——空气污染、雾霾、水污染、道路拥堵、重大疾病的盛行，这种以高碳经济为特征，靠粗放外延增长的经济发展模式越来越难以为继了。国家环保局曾提供过一张热感的水资源图，图中显示中国将近一半甚至更多的水源都被污染了，而这一张图恰好与重大疾病的地区分布高度相关。

所以，这种增长方式是难以为继的，国人也在反思。气候变化谈判，与其说是谈技术、谈资金，实际上谈的是各国生存与发展的空间，谈的是经济增长的方式，所以中共十八大以来，包括"十三五"规划在内的很多政策方针，都把环境问题作为最重要的内容提上了议事日程。

在这个过程中，银行能做些什么？我们看到更多的节能减排中有政府的声音，政府一定要扮演积极的角色，因为环境是公共的，是外部的产品。但是仅仅靠政府是不够的，在这个过程中，如何发挥各经济主体，尤其是金融机构的作用，就成为需要探索解决的关键问题。

首先跟大家分享的是，兴业银行先天就有的环保意识和环境金融的责任。这是源于 2002 年兴业银行的引资活动，我们当时很幸运地引进了由国际金融公司、恒生银行和新加坡政府基金组成的投资体，于 2003 年正式入股。当时国际金融公司在入股时承诺，要给中国的银行提供技术援助，这个技术援助包含了三项：一是公司治理，二是小企业贷款，三是环境金融。

2005 年兴业银行与国际金融公司开展了第一个项目——能效项目融资。在这个过程中，IFC 先向兴业提出，作为股东，它有一笔钱要捐赠给中国的企业——新奥燃气，帮助其开发清洁能源。当时我们讨论，作为金融机构应该怎样帮助企业？显然，捐赠不是它的使命，它的使命是要盈利，要思考如何把这种对环保的支持与银行金融结合起来。在这个过程中，我们一拍即合，产生这样的方案：将 IFC 原先答应捐赠的这笔钱拿出来，由银行向 IFC 购买。买什么？把它作为一个保险，然后借助这笔保险，再乘上我们可能的损失，放大资金的使用。第一期我们就通过这种方式资助了一批企业，并且取得了很好的效果。我们于 2006 年 5 月 17 日在上海签署了这个协议。

2007 年 6 月 6 日，兴业银行被邀请到伦敦参加由 IFC 与《英国金融时报》联合举办的可以称作全球银行业的"奥斯卡"颁奖典礼。在这个会议上，兴业银行获得了"可持续金融交易产品"银奖。今天看来，或许这是非常普通的一个奖项。但是对于中国银行业来说，这却具有重大的意义，因为这是中国银行业首次在由国际机构组织的论坛上获得绿色金融的奖项。

当时会议的组织者，世行的一位副行长对我说："你应该感到非常骄傲，因为今天在座的这么多家银行，只有你是来自中国的，今天只有兴业银行作为一个非赤道银行的成员获得了我们的奖项。"当时我的第一个疑问是，为什么要如此强调兴业是非赤道银行？并且，"赤道银行"和"非赤道银行"有什么本质的差别？如何能够成为赤道银行？会后的第二天，我带着我的助手到了汇丰银行，与他们的团队交流赤道银行的事，并且向特内尔（Lars H. Thunell，时任 IFC 执行副总裁兼首席执行官）先生表示，我希望用一年的时间完成兴业银行采纳赤道原则的论证和推动工作。感谢兴业银行的董事会，感谢巴曙松主任委员，在听取了小组的专题汇报之后，果断地拍板决策，决定采纳赤道原则。在完成必要的申请手续后，2008 年 10 月 31 日，兴业银行在北京正式宣布采纳赤道原则。时任世界银行行长的罗伯特·B.佐利克（Robert B. Zoellick）先生，在完成了巴厘岛气候变化大会之后飞到广州，第一站就是参加能效融资项目圆桌会议、与兴业银行讨论绿色金融。

今天，我们可以说兴业银行已经做得很好了，但是还不够。我们来回顾一下，兴业银行是如何推动这项工作的。

从 2007 年到 2009 年，我们在《董事会》杂志上分别发表了兴业银行关于公司治理主张、绿色金融宣言和可持续金融商道逻辑的文章。我把它理解为兴业银行在公司治理中从认知到主张再到实践的过程。在董事会层面，兴业银行内部确实有一个"自上而下"的过程。在伦敦领奖时，我上台发言："我理解银行的社会责任，就是通过它提供的产品和服务来推动节能减排和环境保护。我理解，只有这样的商业模式才是可复制的、可持续的、可推广的。"回来以后，我把这句话写成了"寓义于利"，这个"义"就是社会责任，这个"利"就是金融活动。在向董事会报告之后，董事会采纳了这句话，到今天为止，大家看到的兴业银行的标签除了"同业之王""房地产银行"以外，还有一个就是"赤道银行"，就是"寓义于利"。

当然，采纳赤道原则的道路并不轻松，而是需要商业机构在某些场合下放弃许多商业利益的。

环境金融的产品创新

下面我跟大家介绍三个很具有代表性的环境金融的产品。

第一个案例：节能减排项目贷款

第一，用节能减排所带来的未来收益作为还款来源。

传统意义上，银行好比开当铺，要贷款，先考量是否有抵押物，抵押物是否足额。所以，节能减排融资的还款来源，首先是靠未来收益。实际上这就改变了商业银行的信贷模式，从抵押变成了未来收益，这是2007年在广州圆桌会议上打动世行行长佐立克的一个很重要的因素。他在讨论中曾说："你们现在是用投行的理念在做节能减排的事情。"

第二，担保物创新。

既然收益权未来可以用来还款，那么也可以把收益权作为担保。实际上，我们今天看到的资产证券化的很多概念在当时已经有了。

第三，与IFC合作的损失分担机制。

损失分担是指在贷款之后，如果合作方IFC认为，兴业银行已经履行了贷款应尽的审查责任，也已经穷尽了可能追讨、追溯的办法，那么这笔贷款出现坏账，就可以动用一笔特定的资金来进行损失分担。换句话说，无须法院来判决，只需要看兴业银行是否完成了程序，是否履行了应尽的职责。如果这时候还无法完成清收，那么动用损失分担机制后，这笔账就可以撤账了。

当时的谈判，有许多条款，对于大家而言，至少在当时是挺为难的，因为当时我们的担保法在国内并不支持所谓的判例，再加上损失分担的资金来源于IFC，它的总部设在美国，适用的是普通法，如果出现法律诉讼，它要求使用普通法,并由纽约州法院或者联邦政府设在纽约州的司法机构来进行司法管辖,存在诸多问题。历经 5 个月,最后谈判的结果是双方各持己见,僵持不下,几乎与 IFC"分手"。

当时董事长希望我再去跟 IFC 谈一谈。在谈的过程中,我理解到这实际上是信贷理念不同导致的信贷制度、担保方等方面的分歧,我们需要适应环境金融的特点做出一次选择。最终,我们接受了由 IFC 提出的以普通法为基础的损失分担谈判。我们唯一坚持的是司法管辖权不能由纽约州法院或者联邦政府设在纽约的司法机构来管辖,应该提请第三方来仲裁。因为在美国,诉讼是极为盛行的,美国人在法律运用上要比中国人更充分,而且他们的普通法中由判例延伸的繁杂的体系,也是我们所不适应的。更何况,如果一旦到纽约州去应诉,我们的官员可能会考虑到身份问题,有诸多的不便,所以我们据理力争,最终说服了他们。

从今天来看,我觉得 IFC 的坚持是对的,因为它教会了我们应该如何保护贷款人的权利,所以在完成那一次谈判之后,我也写了一篇"如何依法保护贷款人权利"的文章。

这个案例完成了之后,效果非常好。我们跟 IFC 之间的合作,在 2007 年、2009 年、2013 年连续进行了三期,节能减排的范围也从单一的产品扩大到了整个节能减排的领域,从而使得兴业银行在该领域遥遥领先于国内的同业。

第二个案例:绿色货运融资项目

这个案例实际上是兴业银行与世行以及广东省财政厅的合作。案例的动因是世行想对货运汽车进行改造以提高运营效率,减少排放对环境的影响,但由于它是采用一对多的分散方式,效率较低,效果也不尽如人意,于是银行介入了。首先是世行和财政厅要通过技术改造来提高货运汽车运输的效率,减少损耗。原先的安排是这样的:由世行提供一笔捐款给广东省政府,专门鼓励货运汽车提高运输效率,如加装一些节能减排的设施等。但是货运汽车是非常分散的,如果这么做,这些货运汽车的车主首先要自费购买设备,产生节能减排效果以后再领取补贴。兴业银行的方案是通过向中介机构(设备供应商、行业协会或货运公司等)提供贷款,由后者统一采购设备给这些货运汽车车主,产生节能减排效果以后,由这些机构与货运企业分享收益。在这个过程中,政府和世行做了两件事:第一件事是把这笔钱作为资金池放在兴业银行,这样就可以放心放款了,如果出现问题,兴业银行负责赔偿。第二件事是如果达到了节能减排的效果,归还贷款时这笔钱可以用来支付补贴。

在这个过程中,货运企业通过零投放完成了节能降耗的改造,技术服务商进入了货运市场,分享了企业的金融效益。财政厅和世行之间就由资金补贴转变为了一种征信手段,最后商业银行通过中间机构和打包征信,避免了参差不齐的货运企业,降低了一对多的操作风险,提高了环境金融的使用效率。

第三个案例:绿色债券

图 11.1 中,左边是德国的商业银行,右边是中国的商业银行。国内商业银行如果要发行绿色债券,通常由中央财政向国开行贴息,国开行通过邮储银行发专项债,用于环保产业的运作。它的优点是具有直接性和长期性,缺点是可能缺乏市场的导向,在放款对象上可能存在着效率不一和显失公平。所以,我们认为,政府的公共资金应该以公开交易的形式参与,这样可以更好地维护公平环境、提高投资效率。这也就是后来我们引入社会资本、提出 PPP 模式的动因。

心得分享

通过这些案例,我有几点心得想和大家分享。实际上这也是 2013 年我对兴业银行环境金融产品创新所写的一篇总结性文章中的三段话:

第一,遵循社会责任原则,"寓义于利"开展环境金融业务。

我始终认为,对于商业银行而言,扶贫、助学、慈善、公益固然是其履行社会责任的一种方式,但不应该是主要的方式。银行不是慈善家,银行所经营的是公众委托的资金,是股东的资金,所以它首先应该通过合法的经营活动去获取利润。

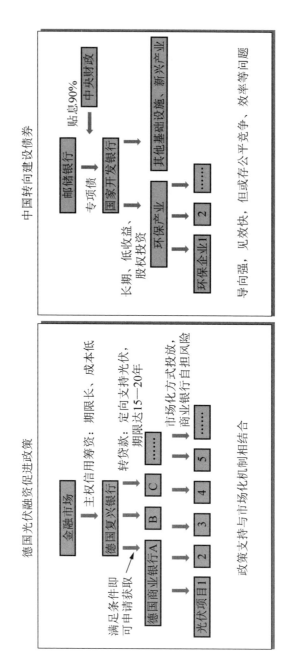

图 11.1 德国与中国商业银行发行绿色债券对比

进一步说，它要有更宽阔的视野，能敏锐地意识到当下环境问题的严重性，这里既有商机也有风险。就风险而言，如果没有回避环境风险，那么发放的信贷，尤其是项目融资中的资金，可能不仅颗粒无收，还要承担巨额的赔偿。

这才是我们讲到的，为什么赤道原则强调的是项目融资？项目融资和企业信贷有什么不同？为什么要特别强调项目融资中所应当承担的环境责任，而不是其他？

对于商业银行，应该通过自己的经营活动来达到节能减排、保护环境、改善或者提高社区福利的根本目的。我理解这才是商业银行履行社会责任最本质的表现，所以我把它称为"寓义于利"。

第二，遵循收益权融资原则，开展融资模式创新。

凡是金融产品都是基于未来收益而提供融资，所以必须改变传统商业银行的融资理念和模式，改用投行的融资理念和模式。在这里，我分享最近发生的一个故事。

不久前，我应杭州市的一家环保集团的邀请，去做了一次现场的交流。他们告诉我，除了每天处理 5 000 吨垃圾获得收入以外，还想对外投资，但是找不到资金来源，平安集团能否介绍一些 IPO 的渠道？我说这是可以的，但有一个更现成的办法——垃圾处理收入可以证券化，现在就可以卖出去，换一大笔钱，然后在杭州的其他周边地区开展垃圾填埋工作。

第三，遵循资源整合原则，发挥各方的协同力量。

资源整合既有金融机构内部的整合，如平安集团和兴业银行旗下的租赁、保险、证券、资产管理以及银行，其实都可以向环保企业提供融资便利。比如租赁，现在都采用电动公交车，我们就可以鼓励采用租赁的方式来实现。因为相关的技术迭代是非常快的，不宜一次性投入过大。此外，广东省政府和世行的绿色货运融资项目案例也说明，要尝试去很好地整合包括国际捐赠、贴息等各种手段在内的各方资源。只有多管齐下，才能完成自下而上推进环保的任务。

（本文根据作者 2016 年 4 月 7 日在北京大学汇丰商学院"金融前沿讲堂"的演讲整理，经作者审阅。）

专家点评

巴曙松

北京大学汇丰金融研究院执行院长
中国银行业协会首席经济学家
香港交易所集团董事总经理、首席中国经济学家

今天的演讲嘉宾是我多年的老朋友唐斌先生。他原来在政府机关从事体制改革工作。"50后""60后"的听众应该知道"体改"意味着什么，就是当年精心设计的体制改革，国家有体改委，地方有体改办。后来唐斌先生加入兴业银行，我和他一起共事过六年。我在兴业银行当过六年的独立董事，而且还是其中风险管理委员会的主席，所以我见证了一家区域性的小银行在省内扩张，然后在全国扩张，最后通过股份制改革上市，再从一家上市银行变成一家多元的、有特色的、有竞争力和活力的金融控股公司的过程。

现在提到兴业银行，银行界常常以尊敬的态度称其为"同业之王""金融创新之王"。其实，还有一个大家也十分认可的称号——中国唯一的"赤道银行"。2002年，IFC和荷兰银行在伦敦开会，关注到气候和环境问题，希望从金融界做起，做金融业务的时候要同时把环境考虑进去，这就是"赤道原则"的确立。遵守这个原则的金融机构被称为"赤道银行"。我重新查了一下，全球大概有60多家赤道银行，占相关领域的项目公司总数的85%。

中国到现在还只有一家，那就是兴业银行，当时兴业银行的董事会就委托唐斌先生去具体操办赤道银行相关的事情。

现在唐斌先生来到前海金融资产交易所工作，实际上未来也可以围绕环境金融创设新产品。具体从绿色金融来说，最开始可能是绿色信贷，后来可能会有多种金融产品形式参与其中。面对这些具体的问题，作为在兴业银行亲身经历了整个发展过程，现在又到前海金融资产交易所做总经理的唐斌先生，来讲这个主题是很合适的。

2017年G20峰会在杭州召开，中国是轮值主席国，在这次峰会上所提出的议题，既要能体现中国作为轮值主席国的诉求，又要顺应国际发展的大格局、大趋势。其中，绿色金融是一个非常重要的课题。

在G20峰会的筹办过程中，中国专门成立了一个绿色金融工作小组，中国人民银行和英格兰银行共同担任组长。我本人也是"十三五"规划专家小组的成员，"十三五"规划里面有几个关键词，其中就有"绿色"和"绿色金融体系"，这是"十三五"期间非常重要的研究领域。

如果从一些专业的角度看，可能觉得刚才讲的案例，有的很有专业价值，有的听起来在实践上还处于起步阶段。这就是全球范围内绿色金融行业最新的进展情况。绿色金融目前尚处于起步阶段，所以大家可能在未来会看到越来越多关于绿色金融的话题。

我从事了二十多年的金融工作，一谈银行就是三个字——存、贷、汇，一谈证券公司、投行就是发行、承销、交易等。我倒觉得，把这些已经非常传统的金融业务留给没有受过系统金融训练的人去做吧，而受过系统金融训练的人，就要做一些有金融专业水准的创新工作。

什么叫金融？哈佛大学的金融学教授罗伯特·C. 默顿（Robert C. Merton）从金融功能的角度定义了金融的六个方面的功能：

第一，清算和支付。

第二，资金的融通和股权的细分功能。也就是说，把分散的资金集中到不可细分的大项目里面，这就是金融该做的。如何识别风险并进行定价、筹集资金，才是真正的现代金融的功能。唐总讲的这三个案例就是识别风险，定价并通过流程去控制它，然后把它做成一个可持续的商业模式和可投资的产品，这才是金融家应该做的事。

我曾经在基层的商业银行担任过副行长，那时候，银行的商业模式有点像开当铺:要贷款,有抵押吗?有担保吗?如果有100万元的房子就打七折,发放一笔70万元的贷款。应当说,这是当铺,不是银行。这种传统的业务应当留给没有受过专业金融训练的人去做。而作为真正受过专业训练的人,我们应该设计独有的产品、独特的业务流程和独有的市场。我当时做副行长的时候就有一个梦想:什么时候我们不靠喝酒拉业务,而是靠专业的判断和出色的产品设计、优秀的解决方案来拉业务?现在绿色金融,以及类似的许多创新的空间,提供了实现这个梦想的可能。

第三,金融为在时空上实现经济资源的转移提供渠道,也就是跨时间、跨区域、跨产业转移经济资源。金融的智慧就体现在能够建立一种机制,能够把剩余地方的资金转移到需要的地方,把那些旱的地方所需要的水从涝的地方转移过来,这就需要有产品的设计、风险的定价等。我们在这几个案例中也看到了体现在时空上实现经济资源转移提供渠道的智慧。

第四,金融的功能是风险管理,就是为了应付不测和控制风险而提供相应的金融解决方案。人生中会碰到那么多风险,而金融能够相应提供一个解决方案和科学的产品。有一家保险公司尝试了一个带有娱乐性质的保险体验,就是"看月亮保险"。八月十五日是否可以看到月亮?如果看到月亮自然高兴了,如果没看到,由于买保险了,赔你200元,家人朋友可以一起吃个夜宵,这也是一个美好的回忆。看起来是一件一笑而过的简单事情,背后蕴含的金融学道理是什么?那就是这个保险的设计是基于这个地区过去50年、100年的气象资料、气象的大数据,结合近年来气象变化的轨迹,来算出这一年出现看见月亮和看不见月亮的概率,这也是风险的识别和定价的过程。

我在银行担任风险管理委员会主席时就一直在从事风险管理工作。风险管理也面临着新技术、新环境和新商业模式的挑战,如果风险管理不能适应环境的变化,那么这种风险管理会被抛在一边。比如,很多人说,中国资本市场最大的不足是把一些最有活力的创新型企业,特别是互联网电子商务企业推到国际资本市场。但是,那些国内投行、监管者和风险管理者,他们根据当时传统的投资标准看这些企业都是有风险的,而且还处于亏损状态,因而不敢投资,导致那些新的增长点被"踢"了出去。

第五,金融的一个很重要的功能是提供信息。金融能够通过大量分散的交易,形成一个价格信号,供大家在广泛的决策里面做参考。

第六，激励功能。信息不对称广泛地存在，金融可以通过激励，使信息占优的一方主动采取合作的方式。

这些才是真正金融专业人士该努力的方向，真正学金融的学生该讨论的问题。作为一个管理者，我们要做的是要从更高的水准和趋势上去把握金融，而绿色金融作为一个刚刚处于起步阶段的领域，给我们提供了新的研究方向。

我想说的最后一点是，我也看了一些绿色金融的研究文献，觉得其中需要研究的问题远远比已经给出的问题的答案要多得多。比如在准备G20峰会的时候，我浏览了各方面的文献，罗列了中国下一步的种种愿景、设想和挑战，这些挑战其实都是未来的创新机会，都是从研究到实务可以大有作为的领域。

根据中国人民银行的测算，从2014年到2030年，中国从低、中、高三种模式在绿色金融所需要的投资是40万亿元、70万亿元和123万亿元，这才是有巨大需求的新金融领域。但同时又恰恰是专业服务和专业人才供给不足，缺乏综合的法律保障，缺乏完善的资源和环境定价机制的领域。

未来的绿色金融领域希望有一个自然资源的资本化和金融化的过程，为建立一个绿色金融的市场化体系，为绿色金融的全面推广奠定基础。还有很多可能的设想，比如将来做基金经理的时候，可以构建一个绿色股票指数，如果检验下来，它的表现比其他的表现要好，那就发一只绿色股票基金；可以做一个绿色的评级机制，对实践中的绿色业务做一个评价；也可以参与绿色发展的基金、绿色债券；也可以从事银行体系业务的绿色化，比如强制性的环境责任险、碳交易体系、碳金融。这些还远远没有破题，这些领域的研究，稍微深入一点，就可能会触及前沿。这么多空白的金融研究和实践领域，正是我们大有可为的地方。

12. 中国金融创新：制度与技术

朱灿

新沃资本控股集团有限公司董事长

  耶鲁大学金融学教授罗伯特·席勒说，人类社会就是金融社会。当今世界上没有任何经济体能够在缺乏金融支持的环境下获得稳定发展。如果没有金融支持而仅依靠内生增长，世界上将不会有行业巨头和跨国公司，也不会有多种多样的公司体系。金融的创新和发展总体上是人类社会进步的重要组成部分。数万年以前，货币的出现就是一项重要的金融创新，使得物物交换超越了时间和地点的约束，大大促进了贸易的发展；数千年前信贷制度的诞生，使资本与个人资产的属性相分离，从而推动了产业投资和繁荣。当前正处于金融市场快速发展的时代，各类金融创新涌现的速度超过历史上任何时期，其中我国的金融创新，特别是近年来在互联网金融领域的金融创新尤其吸引了全球的关注。

  另一方面，任何的金融创新都应与一国当下的经济环境相适应，超出必要的金融创新不仅无益于金融的发展，反而会带来负面效应。在历史上因为过度金融创新导致风险，最终给经济发展带来沉重伤害的案例很多。美国次贷危机就是因为房贷资产的层层嵌套导致金融链条过于复杂而产生的系统性风险。再如中国的"E租宝事件"，很大程度上也是由于不当的金融创新，加上互联网金融突破了原有金融监管体系从而产生监管套利所引发的风险事件。

什么是好的、必要的、有益的金融创新？什么是过度的金融创新？这是个很重要的问题，从一个金融机构管理层的角度来看，我认为这个标准是：首先，创新是否促进了金融市场效率的提升，促进了金融市场功能更好地发挥；其次，创新是否更好地服务了实体经济的发展；最后，创新是否有利于宏观风险的化解，至少创新所带来的增量风险处于可控范围内。

中国的金融创新总体上体现在两个方面：一个是制度，一个是技术。接下来我按照制度创新和技术创新的思路，向大家介绍一下中国金融发展和创新现状。

未来十年：股权投资时代

2015 年，中国的私募股权投资项目有 8 000 多个，投资规模在近年中是发展较快的，市场投资案例很活跃。2014 年、2015 年增速较快的主要原因是 IPO 重启。2015 年总体规模为 3 668 亿元，共有 358 个私募股权投资项目上市，全球 A 股上市 219 个，融资规模 1 585 亿元。

PE 行业原来是粗放式的增长，但是到了 2014 年，从发改委到证监会都加强了管理。我的博士论文研究的是 PE 投资的监管效率，对于监管模式我的观点是应该从机构监管转向功能监管，私募股权投资应该是以自律为主，监管为辅。因为私募股权投资中涉及多种跨行业、跨市场的交叉与风险，而我国原有的机构监管是一种"纵向"监管，即对一家金融机构从生到死的全程监管。功能监管是一种"横向"的监管，是在混业经营环境中，对不同类型金融机构开展的相同或类似业务进行的标准统一或相对统一的监管。也就是说，功能监管的着眼点是防范监管套利，进而实现提高市场效率、促进公平竞争的目标。私募股权投资业务与其他金融业务有广泛而复杂的联系，原有的机构监管难以适应监管需求，必将出现监管真空或监管重叠，不利于私募股权行业的发展。因此，必须转向功能监管，即按照金融业务的功能而不是机构来实施的监管。

目前，私募股权投资行业在快速发展的同时也存在一些问题。首先，整个行业的专业性仍有待提高。私募股权基金管理人登记要求包括高级管理者在内的人员都要通过考试。但是很多私募基金缺乏富有经验的管理团队，仅依靠自身在募资方面的资源就成立了基金，投资业绩难以保障。其次，由于私募基金管理人实行备案制，部分管理人拿了牌照后做了一些偏离股权投资的业务，甚至是违法行为。这种现象导致了监管层对行业管理从严，从而降低了整个行业的发展速度。在未来一段时间内，私募基金监管收紧将成为常态。

在上一个二十年，中国股权投资机构的收益主要来自企业的自然增长、资本市场的收益、政策改革红利，特别是在 IPO 核准制的背景下，新上市公司数量受到严格控制，一二级市场之间存在明显的市盈率差值。这给股权投资制造了套利空间，常常看到投资机构疯抢 Pre-IPO 项目的情况。而如今，随着经济环境的变化，单纯依靠企业自然增长的投资效率不断下降；随着 IPO 速度的加快，单纯依靠资本市场溢价获利的空间趋小，倒逼行业进行创新。创新的主要方向是从套利到赋能，具体模式有以下几种。

首先，股权投资与产业深度结合。在几年以前，"买赛道"的投资理念很受推崇，即一些投资机构在重点行业里进行广泛投资，甚至行业中的每一个企业都投。但是这种传统的参股型、分散型投资暴露出很多问题，例如对被投企业的资源支持不足、无法深入监控企业运营、当股东之间出现纠纷时难以稳定局面。行业已经意识到这些问题，一些机构通过深入到产业中去，对新兴行业中的少数企业进行控股型投资，甚至直接整合资源创设一个新公司。新沃集团的投资特点是实现资本与实业的结合。我们将医疗健康和智能制造行业定为重点行业，在这两个领域内精选少数企业进行控股型投资，并且注入有力资源，帮助企业实现长期发展。这种资本与产业深度融合的趋势是股权投资创新的方向之一。

其次，全能型的孵化平台。传统的天使投资只投入资金的模式成功率很低，并且随着投资机构之间的竞争加剧，选到好项目的概率越来越低。目前出现的类似于优客工场这类全能型孵化平台，不仅给创业者提供资金，而且提供包括场地、工商、培训等全方位服务，吸引了大量创业者，不仅降低了服务成本，并且形成一个生态系统，内部创业项目之间形成协同。

最后，中国股权投资市场的国际化水平近年来快速提升，投资机构越来越多地走出国门，将美国、日本、以色列、欧洲等发达地区的技术或先进模式与中国的广阔市场相对接。这种结合往往能产生很好的效果。

债券市场空间广阔

中国融资结构整体的发展方向是股权融资占比上升，在债权投资方面的机会相对不多,但整个债券市场发展的空间仍然非常大。在2014年和2015年，债券投资发展迅速，整个债券市场收益率非常高。新沃基金近期引进的债券基金团队前五年的平均收益是8.4%。其实，债券一般有大小年，在固定框架之内浮动，涨到"顶"一定会"落"回来。大家认为，2014年、2015年是大年，2016年是小年。但是我认为，债券的机会仍然非常多。

债券的品种扩张很快。现在新的债券品种，包括公司债、企业债的发行规模都非常大，如图12.1所示。传统的房地产商等融资渠道已经非常困难，融资成本较高。在2015年以前，上市的房地产商即使是百强，融资成本也在10%左右。现在，只要评了2A级以上的房地产商，成本基本降到了6%左右。包括我们的一些合作伙伴，成本能够降到5%，甚至4%左右，整个公司债券发行市场持续扩张。在企业融资方面，中国企业过多地依靠IPO进行股权融资，因此未来债券投资的发展空间很可观，债券的品种也将快速丰富。这是债券市场品种的基本情况。

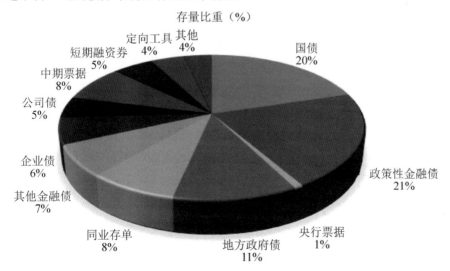

图 12.1 中国债券市场品种结构

当然，债券市场也存在很多问题。例如，现行制度背景下，老百姓认为债券投资是没有风险的，这是刚性兑付的制度设计造成的。刚性兑付的背后是国家信用的隐形担保，扭曲了风险与收益的匹配从而使债券市场的功能不能完全发挥。但是现在刚性兑付在逐渐打破，自2015年我国公募债券市场发生首例国企违约事件以来，债券违约主体从民营企业扩大到央企，2016年地方国企开始出现债券违约，发生信用风险的企业性质呈现多元化。发生违约现象一方面是因为经济不景气，另一方面则反映了市场的正常波动以及隐性担保的退出。打破刚兑是完善我国债券市场功能的重要一步。此外，我国债券市场在信息披露、风险处理机制、保障、投资者教育等方面的制度均有待完善，应该从债券市场的顶层设计角度加强制度建设。

中国债券市场未来创新的主要方向是支持中小企业融资。我国中小企业的数量远多于大型企业，而中小企业融资难长期以来是金融体系的"痛点"。未来在债券品种上，应该继续扩大中小企业私募债的试点。目前中小企业私募债正处于探索实践阶段，在发行过程中存在发行成本高、投资者认识不足、风险控制措施不完善等问题。此外中小企业集合发债也是中小企业债券融资的手段之一。中小企业集合债券是指通过牵头人组织，以多个中小企业所构成的集合为发债主体，发行企业各自确定发行额度分别负债，使用统一的债券名称，统收统付，向投资人发行的约定到期还本付息的一种企业债券形式。这种"捆绑发债"的方式，打破了只有大企业才能发债的惯例，开创了中小企业新的融资模式。但是该模式目前发展较为缓慢，主要面临审批困难、担保不足等问题。应当进一步简化审核程序，提高审核效率，完善相关制度。另一方面，在我国鼓励创业创新的背景下，应当鼓励符合条件的创业企业、股权投资企业等发行企业债券，融入资金专项用于促进创新型小微企业发展。但是创业企业风险较大，因此创业创新债券的发行需要对审核程序、风控措施等进行相应创新，是一项系统工程。

银行业面临转型挑战

我在民生银行工作了五年，在董事会负责全行的投资业务，对银行具体业务涉及得不多，因此我主要是从战略和宏观层面上来理解银行的运营。2010年前后，银行业规模和效益增长速度非常快，银行员工士气普遍高涨，大家都觉得银行是最好的职业。银行的收入非常高，整个行业的利润每年增长百分之四五十，这是证券公司、保险公司无法企及的。现在来看，银行是不是最好的行业，还得打个问号。2015 年，整个银行业的规模还在进一步扩张，但规模增长之后并没有带来利润增长，银行业的利润增长已经是个位数。

银行业的利润规模仍然庞大。中国银行业本币资产规模约在 230 万亿元。上市银行占所有上市公司利润总和的一半以上，这从经济发展规律上来看是正常的。但是，从长期来看，这种现象对实体经济发展十分不利。

从银行业未来的趋势来看，业务升级转型迫切需要借助新的技术工具，包括互联网方面的创新。其实，现在的中小银行在迅速互联网化。现在，贵州银行等很多传统的小银行都在做直销。第一，这类新业务可能通过互联网化打破区域性的界限；第二，它通过互联网化迅速地实现规模化，还可以降低一定的成本。2006—2013 年，银行大规模扩张，各银行相互比拼网点数量。未来，网点仍然有价值，但是线上渠道的作用更重要。

银行在互联网端的业务优势将成为核心竞争力。作为吸收公众存款的金融机构，我国的银行在金融领域中拥有最多的客户数量，并且拥有最高的品牌信任度，同时银行拥有大量的金融销售、资产管理、交易、风控等人才；而当前快速发展的互联网公司，拥有领先的网络技术。像阿里巴巴、腾讯、京东等互联网企业，是十分优质的金融产品销售渠道，其客户触达频率和深度都远远高于银行。未来互联网机构和银行之间的合作将会产生巨大的协同效应，这是值得关注的重要发展方向。从合作方式的角度来看，受制于政策限制，合作模式目前尚处于探索阶段，但我认为在未来三到五年内一定会出现成功的"银网合作"案例，给银行业发展带来大的变革。

资管业务将成为银行的重要利润支撑点。从 2014、2015 年银行业理财资金存量规模来看，很多银行的利润来自资管业务（如图 12.2 所示）。银行的资管业务和其他金融机构不一样。银行更多是把现在的资金和产品包装成资管产品，银行的投行部原来的业务就是信贷产品的变异，现在来看各个银行的投行业务都在发展，往真正的资管业务走。但是如果走得太快或太远而完全脱离银行本业，就会给银行造成风险。另外，走得太近的话将出现难以整合的问题，因为银行与资管两种文化是有差异的。银行的文化和保险的文化还有很多交集，但是银行和资管这两种文化是没有交集的，基本上是两种文化、两种风险管理模式。所以，银行资管业务要转型，要特别注意从制度设计上的改变。

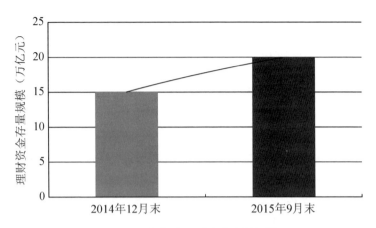

图 12.2　银行业理财资金存量规模

公募基金面临激励机制和产品同质化问题

我在公募基金行业工作多年,曾经参与了多家基金公司筹备,最后一个成功筹建的是新沃基金管理有限公司。新沃基金 2015 年正式开业,是中国第 99 家公募基金公司。

2015 年年底中国公募基金总规模是 8 万亿元,基金数量有 2 500 只。2015 年的大牛市,对整个资产管理行业的发展促进非常大。中国公募基金数量及规模变动情况如图 12.3 所示。虽然经历了股灾,但 2016 年证券公司的利润仍然非常可观。基金管理公司利润没有那么高,但是规模增长非常快。2015 年公募基金管理资产的净利润为 6 800 多亿元(如图 12.4 所示)。

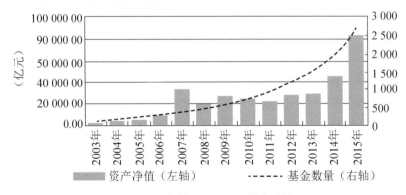

图 12.3　公募基金数量及规模变动情况

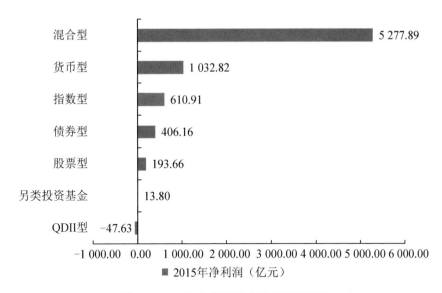

图 12.4　2015 年公募基金管理资产情况

公募基金现在主要的问题是激励机制。公募基金行业是一个人员属性很强的行业，同时人员流动性非常大。为什么留不住人？工资非常高，待遇也非常好，但是人的欲望是无穷的。基金经理不断地加薪，但是没有找到能真正把人留住的东西——股权。

2016 年，有一家叫"中欧基金"的基金公司增长速度非常快。从 100 多亿元人民币，增长到了 1 000 多亿元人民币的规模，只用了 1 年，而且股票基金增加了 700 多亿元人民币，最重要的一个因素是激励机制。中欧基金在事业部制上的改革非常大胆，2014 年就实现了高管持股，比例达到 20%，目前还在酝酿更大比例的高管持股计划。激励机制带来了规模增长，但是也带来了副作用，就是对投研人员的激励短期化。新沃基金目前也在酝酿高管持股计划。我们对市场部门的考核是短期的，对投资部门的考核是长期的，现在投资的保护期是两年，两年可以让投资团队有充足的时间去完善发展。在投资基金过程中没有亏过钱，并不一定是好的投资人，有赔才能赚，有过全周期经历的投资人才更为理性成熟。

目前，公募基金面临的问题是产品同质化。从国际市场上最成功的一批公司来看，它们采取非常明确的差异化竞争策略，比如 Vanguard 是指数基金的第一名，Fidelity 长于主动股票基金，PIMCO 是全球最大债券基金公司，State Street 的竞争力在于后台营运，BlackRock 强于风险管理方案。这几家公司都各有特点，但它们都是在某些领域做得足够好，能在面对渠道时拥有足够的议价能力。反观中国的基金公司，在投资方向、产品结构等方面常常出现"羊群效应"。分级基金受到市场关注时，各公司争先恐后成立分级基金，打新概念受追捧时，打新基金数量快速增加。总体上行业的创新能力和特色比较弱。

目前，中国公募基金的创新方向主要有以下几个：首先是销售渠道方面，电商渠道是大势所趋。在电商渠道创新上汇添富做得较为成功，汇添富的一些高端产品的电商日销售额能够达到十几亿元。在管理模式方面，合伙人制度是重要的发展方向。在投资决策方面，智能投顾正在快速发展。作为一个舶来品，智能投顾最早是在美国发展起来的，从其英文名 Robot-Advisor 可见，它更偏向是一个顾问，而不仅仅是一个产品。虽然它的核心是一个投资组合，但投资组合外面还有大量的服务。国内一般所说的智能投顾就是人工智能＋投资顾问的结合体。通过算法和模型定制风险资产组合，通过大数据识别用户风险偏好，根据模型定制个性化的资产配置方案。智能投顾在国内仍然处于起步阶段，但是发展十分迅速。

未来中国公募基金行业要想取得长足的发展，必须在产品开发中树立特色。伴随着投资规模的扩张和投资者的多元化，基金产品的多元化是必由之路。通过特色化的产品设计，更好地满足市场需求，更加敏锐地捕捉需求的变化并快速设计相应的产品，将会成为公募基金公司的核心竞争力。这也是新沃基金在 2016 年重金聘请了中国最优秀的量化固收研究团队，加大产品研发投入的原因。

中国金融业的看点在保险

目前整个保险业，尤其是中国的保险业发展非常迅速，主要是在 2013 年到 2015 年这三年，发展速度快有两个原因。

一个是制度原因。原来保险公司是不允许投资实业的，2010 年保监会发布《保险资金运用管理暂行办法》和《保险资金投资股权暂行办法》，允许保险公司投资股权，并且对投资主体、投资标的、投资方式和风险控制进行了系统的规定，同时还提升了保险资金投资股票和股票型基金的比例限制。这对于改善保险资产负债匹配、优化资产配置、缓解保险资金的投资压力起到了重要的作用，也促进了保险公司投资业务的快速发展。

另一个是技术原因。互联网技术的推动对保险业的影响非常大。现在的保险业，尤其是中国的保险业变化非常快。原来有友邦模式，其实还有平安保险的模式，都是直接从中国台湾地区移过来的"人海战术"。现在来看，这种战术可能越来越需要被边缘化了。未来保险业的营销服务模式会发生根本性的变革。原来的业务从营销中剥离，现在这种模式也要发生变化。

未来保险行业的发展趋势是业务分为三段：资管是一段，运营是一段，销售是一段。未来，可能力推这三段独立发展，专业的销售、专业的运营、专业的资管。现在，资管已经分开了，但是销售和运营还是一体化。未来，销售和运营也要分开。现在保监会在力推销售独立化，就是前端产业独立化。其实保险行业近几年政策的发展非常难。保险行业的发展政策，一个是保险的"国十条"，另一个是保险行业、资管行业一些制度性的变化。投资比例、投资限制的放开对保险行业有深刻的影响，对盈利水平也有显著的影响。原先保险投资买股票受到的限制非常大，现在整个保险行业的盈利模式产生了根本的变化。但是我们的经营理念仍然是，保险要回归保障的本质属性，以分散风险为根本功能。

另外，互联网保险成为主要的创新方向。2014年我国互联网保险业务占保险业总保费收入的4%，对保险业保费增长的贡献率达到18.9%。2015年上半年，互联网保险公司多达96家。产寿险公司开展互联网保险业务，互联网渠道保费收入816亿元，其中互联网人身保险保费收入452.8亿元，同比增长350亿元，增长343.4%。互联网保险经营模式正从以产品为核心向以客户为核心转变。

例如，众安保险发展得非常迅速。众安保险的商业模式是一种可持续的，未来增长潜力非常大、非常合理的模式。整体来说，这个行业的风险相对可控的，增长模式和商业模式可行。所以，众安的估值是500亿元，未来还有很大空间。2015年保监会非常支持互联网保险，总共批了5家，2016年又批了几家。但是这几家的情况都不是特别理想。所以，互联网保险还是要基于真正的技术进步和大数据，众安就是借助了阿里的数据模式。

互联网金融应加强监管与良性引导

互联网金融被看成普惠金融的重要实现形式。对于普通大众的很多金融需求，传统的金融体系难以满足，由于互联网本身具有平民化、长尾效应以及低门槛的特征，将互联网与金融服务相结合能够帮助金融服务实现普惠化。互联网金融现在是最热门的词汇，报道和研究互联网金融的文章文献很多，在此我就不一一介绍互联网金融的模式和发展现状了，下面我想主要强调一下互联网金融的风险。

商业银行的经营中存在"二八定律"，即20%的客户创造了银行80%的利润，其余80%的客户只创造了20%的利润，现实中这个比例可能会更极端。这非常典型地说明了金融业为富人服务的特征。随着金融机构的客户从最高端逐渐向低端发展，收益快速下降而风险快速上升，这就是金融业的精英化属性。而互联网的属性正好相反，互联网产品研发成本高，但边际成本几乎为零，并且单个客户所能带来的利润相差不大。因此必须发展海量用户才能实现成本覆盖和盈利。金融业与互联网行业本身经济属性上的这种差异是互联网金融的内生障碍。

P2P是当前互联网金融中发展最快的模式。由于中国中小企业融资一直是一大难题，P2P确实解决了中小企业融资的一些实际问题。P2P的尝试是一种制度上的尝试，是一种完全放开的尝试。按照现行的金融监管法规来看，P2P是无法可依的，与非法集资之间的区别很难界定。我国台湾地区就是禁止P2P的，而在目前大陆P2P不仅是放开的，而且某种程度上还受到鼓励。但是由于缺乏统一的监管标准，P2P行业呈现鱼龙混杂的局面，暂且不论"E租宝事件"这类以非法集资为目的的平台，就算网贷平台真正希望长期经营，在目前利差减小的背景下，也是很困难的，需要大量的管理成本和专业信贷人才。以我个人的判断，这个行业未来将面临大的转变。

现在，美国的P2P行业发展也非常困难，所面临的巨大困难就是系统的更新，依赖的几家公司也不是很健全。国内的主要问题是诚信体系不健全，主要表现在信用精神的缺失。未来，中国的信用体系建设好之后，包括做专业的、有可持续商业模式的P2P业务未来还是有空间，但是，短时间之内这个行业可能会面临大的调整。

目前，互联网众筹行业正处于风口。我认为，众筹行业的发展应该从产品众筹开始，中国一开始就做股权众筹，风险不低于 P2P。中国的天使投资失败率是 99%，美国是 95%，创业企业很大概率上要倒闭，也就意味着股权众筹的钱很大概率上会血本无归。股权投资不是普通互联网用户应该参与的游戏，而应该是只有经过审批和备案的具备足够风险承受能力的企业和投资基金才有资格参与。

互联网保险是互联网金融中最具有发展潜力的板块。我国的保险公司现在大多面临渠道依赖严重、合规成本高、内部管理僵化、团队过度扩张等问题。在金融的各个子行业中，保险业对互联网和新技术的应用非常滞后。而保险业的这些问题却亟待通过技术变革来解决，保险业正处在巨变的前夜。互联网保险的主要模式包括：官网模式、第三方电子商务平台模式、网络兼业代理模式、专业中介代理模式和专业互联网保险公司模式。前四类模式主要聚焦于对保险销售端的变革，而互联网保险公司模式是对产品端的变革。

互联网保险公司是针对在互联网发展的背景下一些新场景产生的保险需求进行保障，同时利用大数据、互联网征信等手段优化产品设计，提升产品的精准保障水平，具有巨大的发展空间。另外，保险科技能够解决传统保险中的很多问题。目前欧洲的保险公司开发出一种连续记录的九轴重力传感器，能够实时记录车辆是否急刹、碰撞等加速度信息，安装在投保车辆上可以彻底解决车险骗保的问题，这是保险科技最浅显的一个例子。科技与金融的结合将会给金融业带来巨大的变革，是值得关注的方向。

以上是当前中国金融领域一些趋势性的创新发展方向，以及在创新中面临的挑战。当前的中国处于金融创新速度最快、规模最大的阶段。在创新的同时，应该把握两点基本共识：首先，金融创新应该紧密围绕服务实体经济这个基本主题。任何脱离现阶段经济环境和产业需求的金融创新，最终只能成为资金空转的推手，徒增风险却无益于经济的发展。其次，不能因为风险就停止创新和否定创新。

（本文根据作者 2016 年 4 月 14 日在北京大学汇丰商学院"金融前沿讲堂"的演讲整理，经作者审阅。）

专家点评

巴曙松

北京大学汇丰金融研究院执行院长
中国银行业协会首席经济学家
香港交易所集团董事总经理、首席中国经济学家

为了使大家能够更好地理解今天的主题,我想对金融创新作几个方面的评论。从整个金融市场发展的历史看,金融创新这个话题一直是从理论研究到政策制定争论的焦点问题之一,有积极支持的,也有尖锐批评的。我听到过的最有代表性的批评之一,来自曾经担任美联储主席的保罗·沃克尔(Paul Volcker)。他说:"在这么多年的金融体系发展历程中,唯一有价值的金融创新就是自动提款机。"由此可见,他认为其他各种各样的金融创新其实并没有太多的价值。当然,也有很多积极支持金融创新的学者,金融支付的通道、金融资源的汇集和转移的渠道等领域都产生过重要的金融创新。

创新的理念最早来源于约瑟夫·熊彼特(Joseph Schumpeter)的创新理论,金融创新的思想则直接受到了熊彼特创新思想的影响。熊彼特和约翰·梅纳德·凯恩斯(John Maynard Keynes)是经济思想史上同时代的两位伟大的经济学家。两个人既广泛参与经济金融的实务政策,也是领导当时学界前进的代表性学者。熊彼特还担任过银行的行长,当然他当得并不

成功，后来辗转到哈佛大学当教授。大家可以在他的回忆录里看到很多有趣的细节描述。

在中文翻译著作中，熊彼特的《经济发展理论》《经济分析史》等代表性的著作在很多图书馆都能找到。其中最受人关注的是他提出的创新理论，包括对创新的界定——新的生产函数的建立过程就是企业家对企业要素进行新的组合的过程。包括哪些方面呢？第一是新的产品；第二是新的技术或者新的生产方法的应用；第三是新的市场的开辟；第四是新的原材料供应来源的发现和掌握。对应下来，实际上金融领域的创新也是一样的，例如，金融领域也有很多新的原材料——储蓄，没有被充分利用。前段时间大家十分关注的余额宝，实际上动员了支付宝上闲置的零散资金，通过支付宝和货币基金的连接使资金活起来。金融创新也包括新的生产组织方式的施行等。这几个方面都是支撑金融创新的重要构成方面。

如果检索一下金融创新的中外文献，你会发现相关的讨论非常多，比如有文献提到，在阿罗-德布鲁（Arrow-Debreu）条件下，金融创新是没有必要的，这个时候市场上有足够多的风险收益相互独立的证券种类，证券的个数要大于不确定性风险源的个数。现在，金融市场又出现了重大的变化，在金融创新的理论研究和实践探索方面，有很多课题值得我们深入探讨。

我想从理论上简单做一个分类，还可以从三个层面对各种不同的金融创新进行分类。

一是宏观层面创新，这与大的经济体制、金融体制以及经济增长方式相关。比如，很多微观产品的转变背后都有大的经济体制、经济结构的背景作支持。朱灿博士看好保险业，其中很现实的因素就是人口结构。人口结构与金融结构之间有着十分密切的互动关系，例如，人口比较年轻的时期储蓄率高，同时经济发展处于工业化、城镇化阶段时，以存贷款作为主要业务的商业银行在金融体系里面常常占据主导地位。但是随着老龄化越来越显著，保险业的相对重要性在迅速上升。

同样，经济转型和增长方式的转变也直接影响金融创新。在过去三十多年，中国的经济增长方式是典型的赶超型的增长方式。所以投资方目标是非常明确的，金融体系最大的任务，就是以最低的成本、最大的规模动员储蓄投到指定的目标。现在经济面临转型，已经不再是简单的"经济赶超"时代了，劳动力成本在上升，原来倚重的一些上游重化工业大多出现程度不同的产能过剩，需要转型创新。那么这个时候就需要找金融创新去支持这个经济转型的过程。今天，我们看到的很多细分领域的创新，特别是直接融资创新都和这些密切相关。

二是中观层面创新，这与金融机构的功能相关。实际上，宏观层面的环境剧烈变化，在中观层面必然会倒逼和促进金融机构在内部进行一些重大的适应性调整，包括组织架构、商业模式等。大家可以观察中国的一些代表性的商业银行，在经济发展的不同发展阶段，通常这些银行在客户定位、商业模式、主要的利润来源等方面都发生过巨大的变化。这本身就是一个中观层面的适应外部的环境变化的典型的"刺激与反映"的过程，也是从中观层面推动金融创新的过程。

三是微观层面创新，主要表现为金融工具、金融产品的创新。朱灿博士罗列了很多这样的产品。

下面，我想对朱灿博士讲到的几个创新做进一步的评论：

现在的金融创新已经使全球金融市场的同步性、关联性迅速提升。这是近年来一个非常显著的特点，不仅中国市场是这样，国际市场也是这样。为什么以前的金融危机冲击有限，而现在可以快速传染？因为通过金融创新，全球各地的金融市场以及监管体制等越来越相似，成为一个网状的结构。曾任香港证监会主席、现任中国银监会首席顾问的沈联涛先生写过一本书叫《十年轮回》，讨论了从亚洲金融危机到"次贷危机"的相关内容，他在这本书中花了很大的篇幅来讲这个逻辑。朱灿博士也对国家在这次股灾的应对举措做了很好的反思。其中很重要的一点，就是金融创新使得金融市场之间的大量创新成为跨市场的，在市场竞争驱动下，原来相互分割的不同领域的金融机构通过大量的产品创新进入对方的业务领域，我们简化为一个词叫"大资管"。这是和原来"小资管"明显不同的一种商业模式。

最近，我也在对股灾进行金融市场角度的反思，如果回到金融创新层面，可以得到不少有意思的结论。例如，2015年的股灾爆发之前，保险、证券、公募基金、私募基金这些看起来是不同领域的金融机构发行的金融产品、持有的股票等结构却高度类似。所以一个市场产生波动，就可以迅速地使风险在不同领域之间扩散。今天，在全球金融市场、金融创新的推动下，不同金融子市场之间的联系更紧密，但是风险的传染也更快捷，这是一个很难回避的现实。这也使得我们不仅要关注中国的金融市场，还要关注美联储、欧洲央行等国际市场的主要央行下一步怎样加大量化宽松的力度。这是一个从金融市场运行方面可以说早已充分全球化的时代，我更愿意把"次贷危机"看成是金融市场通过活跃的创新已经高度全球化，而监管还在国别化分割的状态下出现的一个市场冲击行为。

纵观人类的金融创新史，有一个非常清晰的"钟摆效应"，那就是：金融创新—市场波动—强化监管—放松监管—鼓励金融创新，这可以说是一种螺旋式地推动金融体系的发展方式。过度的金融创新往往导致金融体系出现风险和大幅波动，甚至导致金融危机，进而促使监管部门出台更为严格的金融监管措施，而严格的金融监管必然会提高金融体系运行的成本，也可能使经济金融体系逐步丧失活力。此时如果要寻找新的增长点，必然会促使金融体系产生专项金融创新，然后放松管制，鼓励创新，才能迎来金融创新的活跃期。

最后是金融创新发展与社会收入分配的问题。从这一轮全球金融创新看，金融创新产生的收益与风险，对不同社会阶层的影响是不一样的。仅仅就大规模的量化宽松为例，大规模的救助必然使其中持有较多资产的阶层得益，而更多公众实际上是输出资源。在2008年以来的次贷危机后，全球不少国家发行大量的货币，刺激资产价格上升，导致在全球"次贷危机"之后，经济的"复苏"变成了有资产者的"复苏"，无资产者的资产被稀释了。这个时候就会出现类似"占领华尔街"这样的社会反响，会客观上促使监管又向更为严格的方向转变。

在这样一个摆动的过程中，每一次从金融创新到金融监管的"钟摆"摆动，往往会以不同的形式表现出来。但是，放到一个更长的周期来看，这种摆动都有它内在的金融运行的规律。我在这里还要推荐另外一本书，由哈佛大学的两位教授卡门·M.莱因哈特和肯尼斯·S.罗格夫合著，书名为《这次不一样——八百年金融危机史》。该书描述了800年以来每一次金融危机的酝酿、扩张、形成和爆发的整个过程。在危机的启动阶段，常常都有人说："这次不一样"，上次是互联网，这次是铁路，但是放到一个金融周期中，从客观指标上来看，是否每一次的评价都一样？运行周期常常是这样的：一个特定的产业开始复苏，吸引了很多资金的涌入，然后大家加大投资，借贷扩张，带动这个行业继续扩张，投资收益随着投入的迅速上升出现边际收入递减，一直到为数甚多的筹集资金的成本已经高到比投出去的钱的可能收益还要高出很多的时候。这是典型的"庞式融资"，因为用这些钱不可能获得更高的收益，你只能希望有比你还傻的人来承接这个投资。所以，当庞式融资的占比越来越高的时候，也就是金融危机的拐点即将临近的时候。通过拓展历史视野我们可以看到，金融创新在金融周期的不同阶段发挥着怎样不同的作用。

记得美国金融危机开始爆发时，艾伦·格林斯潘（Alan Greenspan）在国会作听证的时候说："我们面对的这次2008年危机在全球是百年一遇的。"我当时想，这么说起来，我们这一辈做金融的朋友还挺幸运的，下一辈的年轻人想碰到这个危机看来要等到2108年了。结果发现，欧洲等地随后也陆续爆发危机，看来这个危机、监管、创新的"钟摆"的摆动速度也加快了。所以，在短期的危机波动中，当我们在创新或者监管之间难以把握方向时，我们把考察的周期放长一点，就可以看得更清楚一些。

金融创新也需要用历史的眼光来考察。如果用这个视角来评估朱灿博士对P2P、众筹的看法，我觉得其看法是比较客观的，也是冷静的。他们那么高的资金成本，打算投到什么领域？更高的收益水平可能从哪里来？如果产生不了那么高的收益，那么是否能找到这么多的"冤大头"来接盘？所以，有一个玩笑说："今年陆续出现了很多骗子，当学金融的准备多赚点客户的管理费时，他们已经开始昧着良心骗客户的本金了。"

实际上，要对这些短期看起来似乎花里胡哨的金融创新做出冷静的判断并不难，只需要运用基本的金融常识和简单的资产管理的准则，比如说独立的托管或者客户资金和自有资金的分离。融入资金的高成本需要找到更高收益的资产来覆盖，否则就是不可持续的。

第二是金融创新和金融监管之间需要建立良性的互动。在具体突破金融管制的时候，这个有点像啄木鸟和树之间的关系。我的一位从事金融监管的朋友曾经提出一个他的观察，他说温州的资金非常敏感，是高度市场化的，这些资金涌向哪里、哪个领域，中国的金融监管者就要注意了，因为这些灵敏的市场资金可能嗅到了金融创新的空间了。应当说，金融创新与金融监管的互动，总体上也是一个互相推动、倒逼监管机构发展，以及促进金融市场规范发展的过程。比如，互联网金融的发展，"风"来的时候是"故事","风"一走变成"事故"。高利贷搬上互联网还是高利贷；无论负债来源如何花哨，如果投的还是传统的产能过剩行业的资产，经济调整带来的冲击就无可避免。

第三是金融创新开始越来越前瞻性地、主动地引导实体经济的创新，而不仅仅只是被动地、滞后地服务于实体经济，或者说金融创新服务于实体经济的方式更加多种多样。从全球范围来看，金融业的现实影响力越来越大，金融业已经不能仅仅为实体经济服务了。服务这个词似乎带有一种从属性，在很大层面上还带有被引导、被支配的意味。但是，随着金融市场的迅速扩张，这种被动、滞后地服务实体经济的功能已经明显不能满足现实的需求了。我们看到，全球的财富积累越来越多，这些财富需要找到配置的去处。纵观人类文明，对财富的摧残和伤害最显著的是大规模的战争、大规模的疾病。

我曾经看到一个测算：10年、20年后，新出生的人类的预期寿命可能达到100岁。这些人在走上社会时,很多人可以从他们的长辈手中获得1 000万美元以上的遗产，因为没有大的战争和疾病，他们只需要保持每年5%的回报，到他们60岁的时候，他们的财富将是一个非常可观的数字。这样一个财富的积累过程和以前的格局是迥然不同的。现在，随着全球化的推进和人类的进步，金融的资源积累得足够雄厚，它对实体经济就越来越具有重要的、独立的，甚至是超前性的影响力，并通过金融创新来带动具体的实体经济的创新；同时也使许多原来农业文明时期、工业文明时期不可能获得金融支持的创意，获得金融资源的支持。

金融与实体经济的互动关系的改变，在这次金融危机中已经有了一定的体现。2008年以来的这次危机和以前的危机有什么不同呢？以前的危机基本上是实体经济先出了问题导致金融信号变坏，然后放大。这一次是美国的金融体系率先出了问题，从而带动了实体经济的恶化。另外，在以前的金融危机模型中，中心国家基本上是假定不会出问题的，都是一些边缘的新兴经济体出现问题，进而影响和冲击中心国家。而这次恰恰是被视为全球金融市场中心的美国出了问题，然后传导到其他的新兴经济体。这从另外一个层面体现了金融创新巨大的影响力和冲击力，不仅只是服务实体经济，实际上还带有越来越明显的引导作用。金融周期正在脱离实体经济的运行周期，变成越来越具有强烈影响力的相对独立的波动周期。例如中国的房地产市场,把房价周期与金融周期对照起来看,就可以发现,中国的房地产供求大致平衡之后,其价格波动越来越受到金融周期的影响,而不再仅仅只是受房地产供求本身的影响,这是一个非常显著的特点。

第四,中国的金融创新有一个非常重要的特点,就是它最活跃的时期常常是在经济周期从扩张到收缩的转换时期,是在金融周期从"加杠杆"到去"杠杆的"转折时期。为什么说转换时期最活跃?因为经济扩张时期大规模的投资形成了巨大的资金缺口,市场主题往往还是按照扩张的惯性在继续吸引资金,但是决策者和宏观政策已经开始收缩,那么金融部门就会对其中一部分融资成本高、投资收益低的项目进行过滤,这一部分往往就借不到钱。这些项目从正规的渠道获得不到金融资源,就不得不以更高的成本找其他的渠道。为什么前两年很多金融机构热衷于做通道?因为宏观政策开始收缩,金融监管机构不允许商业银行给一些行业、部门和地区贷款。例如,不少银行几年前就判断中国的房地产市场会分化,三、四线城市的房地产商会大量洗牌,所以很早就不给它们贷款了。有的地区的县级财政状况欠佳,这些地方的投融资平台信用状况不好,地卖不出去,所以商业银行很早就已经不借钱给它们。所以,这个时候,这些在投资惯性驱动下的市场主体,在从正规的渠道获得不到金融资源的情况下,就要借通道,通过信托、基金等通道,用更高的成本在市场上以各种各样的理财产品的形式来吸收资金,这个时候就表现为各种各样的金融创新。从这个意义上我们也可以说,这个周期转换时期的金融创新,很大程度上是大周期的转换时期,各种各样的监管和约束机制倒逼软预算约束的主体"创造"出来的。

但是,在这个经济周期转换时期的金融创新空前活跃的时期,投资者要特别谨慎。

年轻人有一个很明显的特点就是性急,但是只要完整经历一次经济周期和金融周期的扩张收缩之后,就更容易放平心态。在经济周期从扩张转向收缩、各种各样的金融创新十分活跃的时期,未必看得很清楚,但是从事后看,往往是前面扩张阶段扩张得越急,收缩的时候摔得越惨,因为许多金融创新在这个特定的条件下是支持和鼓励"加杠杆"的,金融周期的回落也会伴随着显著的"去杠杆"。在2008年"4万亿元"刺激政策带动的信贷大规模扩张时期,全国的信贷大扩张,浙江的信贷增速高于全国,温州的信贷增速又高于浙江。所以，温州的金融周期在扩张时期通过信贷高速增长，在迅速地"加杠杆"。现在全国的金融周期在收缩，在"去杠杆"，那么扩张阶段"加杠杆"加得多的，受到的冲击自然就大。

第五，也是最后一点，总体来看，中国的金融创新的过程，就是各种效率更高，更具竞争力的金融机构用新的金融产品来争夺仍然占主导地位的商业银行的储蓄的过程，这也是中国的金融体系运行效率在不断提高的过程。现在整个社会中银行的储蓄占社会资金的比重从过去的"一统天下"开始明显下降，今后会降得越来越低。这个过程也是中国的金融市场不断深化的过程，是中国的金融机构和金融产品带来的市场化竞争，使储户的收益提升、使融资者的成本下降的过程，也是使得资产和风险定价更加市场化的过程。当然，在这个过程中，没有竞争能力的机构会逐步被边缘化，逐步被淘汰出局。如果从过去10年、20年整个中国的金融结构演变来看，这个竞争过程也使得资金来源和资金运用的匹配更加精确，效率更高。

因此，虽然对金融创新有各种争议，但是至少在目前的金融市场发展程度上考察，金融创新的深化，在中国还是一个提升金融市场效率、提升经济运行效率的过程，表现在不同的主体上，差异很大。例如表现在储户方面就是资产配置的日益多元化，从储蓄主导转到多种资产市场化配置的过程；表现在企业方面，就是融资方式越来越多元化的过程；表现在金融机构方面，就是商业模式和金融产品越来越市场化的过程。

第三篇

市场前沿：方法与经验

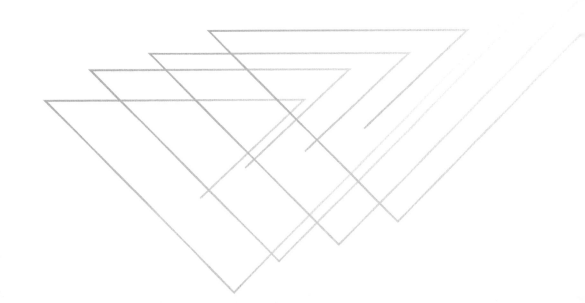

13. 中国债券市场发展的新趋势

巴曙松

北京大学汇丰金融研究院执行院长
中国银行业协会首席经济学家
香港交易所集团董事总经理、首席中国经济学家

下面,我将近期研究的一些看法总结成 10 个方面的判断,与大家分享交流。

解决"五龙治水",债市统一监管是必然趋势

目前中国的债券市场面临多头监管的局面,我们称之为"五龙治水",这也导致债券市场监管陷入"割裂"的窘境。"割裂"包括两个方面,第一是监管权的分割,第二是市场的分割,即市场收益率曲线和定价机制不合理。

以外资占中国债券市场的比重这一指标举例,同一指标却有几个不同的统计口径。按照银行间市场的口径计算,外资占中国债券市场的比重只有 2% 多一点点,但是如果把整个交易所市场和各种市场加总起来,其权重却要低于 2% 很多。这种市场的分割导致市场的收益率曲线和定价机制不合

理。所以，监管分割对债市的整体发展已经构成了非常明显的阻碍，不仅增加了监管成本，也降低了监管效率。这突出表现在：债券市场缺乏覆盖几个不同子市场的统一规划，法律的适用范围也导致子市场之间是割裂的，执行效力也明显受到一定限制。

中国债券市场的制度性供给空间仍然很大，要解决市场的割裂和各个监管部门的制度差异的问题，解决各个市场的制度性差异或歧视的矛盾，需要债券市场各参与主体的行为更加市场化。

首先，从监管机构的角度出发，债券市场的信用风险将不再由监管机构来化解，而是由市场化的信用利差来反映主体之间的信用差别，因为由监管机构化解会带来定价扭曲和道德风险。我们可以将债市界定为一个投资市场，或者对金融风险定价的市场，对比中国国内和海外的债市，差异非常明显。市场化的信用利差怎样能够反映出主体之间的信用差别呢？国内的差别往往不大，因为债券市场的预期有刚性兑付，这就要求我们迈出改进的一步。

其次，从市场投资者的角度出发，市场投资者购买信用债券，获得了高于无风险利率的信用利差，也将会相应地承担由此带来的市场风险和信用风险。

最后，从中介机构的角度出发，中介机构能够通过市场化的竞争实现优胜劣汰，改变目前"劣币驱除良币"的状况。

我们可以从国际市场视角，纵观其他国家或地区的债券发行及监管机构的情况。美国债券市场的监管也是分割的，但是在功能上做到了完整的覆盖。例如美国的金融业监管局（FINRA）负责政府债券的发行和监管，而美国市政债券决策委员会（MRSB）则负责市政债券。再以日本为例，日本财务省负责债券的发行及注册，金融厅和证券交易监督委员会负责债券交易市场，在功能上没有出现明显的相互分割和规则的相互冲突。对债券发行的监管，宣布脱欧以后，英国是由金融服务监管局（FSA）监管，新加坡则是由金融管理局监管，中国香港地区是由香港金融管理局监管。

目前债市实行统一监管的必要性和可行性正逐步上升。在经济结构转型、去杠杆的情况下，债券的违约概率会上升，或者说是恢复到一个常态。

在当前金融混业经营趋势愈发明显的背景下，风险事件的跨市场传导能力有所增强。某一市场突发的风险可能贯穿和传导到其他的监管领域，引发连带的不良效应。提升债市监管水准也因此显得尤为重要，这就倒逼并促使国家各部委之间加强监管协调。

债券的监管问题已经讨论了很长时间，债券的统一监管也经常被列为全国金融会议必须解决的问题，但是一直没有得到很好的解决。现在随着债券市场规模的扩大、违约事件的增多，债券发行后的管理和违规处分，以及违约之后的风险处理等问题日益凸显。要解决这些问题就需要监管的协同。而债市统一监管能够加强债券行业自身的管理力度。

解决"五龙治水"，实行债市统一监管可从以下市场监管方面推进：第一，市场准入条件；第二，资讯披露标准；第三，资信评级要求；第四，投资者的适当性管理制度；第五，投资者保护制度。

打破刚性兑付是必然趋势，违约将成"债市新常态"

中国的债券市场规模增长很快，但是随着整个经济的周期性回落和结构性转型，以及正在推进的金融"去杠杆"，债市的局部风险也逐步暴露，债券违约率在逐年上升。2014年、2015年和2016年，中国债市的边际违约率分别为0.04%、0.44%和0.80%。可见，债券违约已经步入常态化，打破刚性兑付是必然趋势。

中国的债券、理财市场规模越来越大，而刚性兑付则导致了整个风险定价的扭曲，同时也把无风险收益率抬得太高。前几年信托收益率高达8%、10%、12%，在这种情况下，实业投资必然受到不良影响。中国有2 000多家上市公司，这些优秀公司的股本回报率大部分不能超过10%至12%。所以刚性兑付及刚性兑付支持下过高的市场无风险收益率，必然会导致整体经济的脱实向虚。很多人批评企业将增发融资筹集到的钱拿去买理财产品，如果企业没有其他好的投资标的，而买理财产品可以获取更高的收益，那么企业买理财产品也无可厚非。所以，打破刚性兑付是一个必然的要求，也是一个必然的趋势。

刚性兑付对市场的扭曲是标志性的，它不仅扭曲了风险定价机制，损害了市场配置资源的效率，也助长了道德风险，导致"劣币驱逐良币"问题的出现。为什么好的企业也抱怨融资成本太高？因为市场利率被扭曲了，好的企业、坏的企业在风险市场上很难被识别。只有让坏的企业的债券刚性兑付被打破，出现违约事件，市场资金才会从不好的企业中退出，涌向好的企业，进而降低好企业的融资成本。所以，刚性兑付与目前金融界出现的很多问题是直接相关的：它推高了无风险收益率，加大了社会融资成本，阻碍了金融业的可持续发展。

2016年，中国发生违约的债券达到56只，违约规模达到388亿元。整体来看，债券的违约有如下几个特点。

第一，国企债券的违约占比在上升。受前期钢铁、煤炭等产能过剩行业持续低迷的影响，相关企业相继出现违约。违约的债券数量高达25只，规模达到188亿元，分别占到全市场违约债券的45%和48%。这是一个比较大的进步，但也与这一轮产能过剩和经济结构的特点直接相关。1997年、1998年出现产能过剩的行业主要是下游中以纺织业为代表的、资本密集度不太高的轻工业，上游的钢铁水泥的产能利用率却很高。而这一轮出现产能过剩的，则恰恰是上游资本密集型的钢铁水泥等产业。

第二，债券违约的处置渐趋市场化。虽然个别企业在政府协调、银行或股东的支持下还是保持了刚性兑付，但是越来越多的企业通过破产等市场化的方式来处置违约债券。比如天威集团、东北特钢申请了破产重整，而广西有色则因为重整失败成为国内首个进入破产清算的发展企业。

第三，交易违约一度引发债市恐慌。2016年12月，个别机构因为协议签章认定问题出现连续违约，一度引发信任危机，造成债市的非理性暴跌。虽然在监管部门的紧急协调下，市场逐渐回稳，但交易热情明显下降，机构交易情绪在短时间内转为谨慎。这是好的一面，但是也应该看到，对投资者的保护机制还有待进一步完善。

第四，保证机制仍需完善。2016年中国银行间市场交易商协会发布了《投资人保护条款范例》，力图实现投资者保护条款的制度化和规范化，以起到示范作用。但是目前债券市场在快速发展中仍比较脆弱，风险防范能力仍需进一步提高。

中国债市"黄金10年"值得期待,"绿色债券"将成债市时尚品牌

近10年,中国债市市场化改革进程加速,债券市场规模继续扩大。尽管经济下行的压力依旧,中国债市目前处于违约高发期,但是从未来的发展趋势来看,中国债市处于快速发展的增长期,未来的"黄金10年"甚至"黄金20年"值得我们期待。其中,配合经济转型、环保等需求的债券成为短期受欢迎的品种,比如绿色债券。

从政策上来看,国家管理部门不断地发布相关政策来助推债券市场扩容,推进债券市场制度化、规范化,促进债市的健康发展。债券发行规模在扩大,债券产品品种在增加,同时,可交换债、可转债、绿色债、熊猫债和彩虹债(离岸人民币债券)等创新金融工具在拓展。这些都会助力企业盘活存量资产,提升债券发行的便利化水准。

中国债市未来的发展空间很大,有几个简单的数字供大家参考。"十三五"规划纲要提出,在"十三五"期间,债券市场余额占GDP的比例将提高至100%左右。中国2016年的GDP总量是74.41万亿元,若按GDP增速6.5%计算,到2020年,我国GDP总量将达到95.73万亿元。按债券市场余额占GDP比例提高至100%左右计算,届时中国债券市场的规模将达到95.73万元。在2016年12月末,即使包括广义上的国债和同业存单,国内债券余额是64.27万亿元。也就是说,未来4年内,中国债券市场将有近40万亿元的增长空间,实际上可能还远远不止这个增长额。

债市很可能是未来企业越来越重要的融资方式,目前银行贷款每年都在慢慢地下降,已经下降到10万亿元左右,而债市规模正在不断地上升。银行信贷部门传统的信贷业务变得越来越不重要,而新兴的业务如投行业务、债券发行、财富管理等变得越来越重要。在金融体系内,很难有如此巨大的增长空间。

从国际投资者的角度来看,根据央行发布的《人民币国际化报告

（2015）》，截至 2015 年 4 月，境外投资者持有境内债券 7 352 亿元，不到中国债券存量的 2%。而 2014 年年底，美国的外国投资者持有额约占美国国债的 49%，这意味着美国可以用极低的成本从全世界融资，而债券就是一个重要的融资工具。外国投资者持有额占德国国债的 12%，日本国债的 9%，俄罗斯国债的 18%，韩国国债的 11%，印度尼西亚国债的 38%。2015 年 7 月，央行发布《中国人民银行关于境外央行、国际金融组织、主权财富基金运用人民币投资银行间市场有关事宜的通知》，在一定程度上打破了债券市场因为人民币的不可自由兑换而限制了外国投资者进入的壁垒。

如果"债券通"启动，投资的难度将大幅降低。可见，中国债券市场确实还有非常大的开放空间。人民币正式加入 SDR 货币篮子，人民币占比 10.92%。在这个比例里，有 10 个百分点是来自贸易结算领域的贡献；在贸易计价领域，真正以人民币作为金融投资产品的贡献不到 1%，而最近几年全球的贸易增长速度都低于全球 GDP 的增长速度。所以，通过贸易推动人民币国际化的力量在减弱，必须转向发展以人民币计价的金融产品、债券股票等产品。

2016 年，中国境内外市场共发行贴标绿色债券 2 300 亿元，占全球绿债发行的 40%，跃升为全球最大的绿色债券市场。2016 年 9 月，中国杭州 G20 峰会将绿色金融纳入重要议题之一。G20 绿色金融研究小组由中国人民银行和英格兰银行担任共同主席，该小组包括来自 20 多个国家和 6 个国际组织的共 80 多位成员，这些成员共同完成了 G20 绿色金融综合报告，得到了 G20 峰会参会领导人的支持。当时，中国政府正在推动绿色金融，其中绿色债券的发行在全球领先，绿色 ABS、绿色担保债券等创新型产品不断涌现。但中国绿色金融总体仍处于起步阶段，缺乏满足中长期绿色专案融资需求的工具。进一步的发展需要发挥市场与政府两方面的力量，建立公共环境资料平台，完善绿色金融产品标准，并防范污染型投资"洗绿"的风险。中国对环保问题越来越关注，环保产业的系数越来越大，金融应该如何支持环保产业？绿色债券是一个重要的增长领域。

熊猫债是人民币国际化的推进器之一，发展空间很大

2015 年以来，中国的监管部门对熊猫债券市场越来越重视，进一步扩大了熊猫债券的发行主体范围，简化了发行流程，这为熊猫债券提供了良好的发展空间。2016 年，央行明确，如果熊猫债券的发行人将熊猫债券的募集资金用于其中国境内的子公司，则不再受外债额度限制，并就熊猫债券会计准则与审计准则事宜与财政部进行了协调，这都在一定程度上降低了国际发行人在中国发行熊猫债券的难度。

2016 年，熊猫债券发行量增长明显，其中交易所市场表现突出。随着人民币的国际化以及债券市场对外开放的进一步扩大，熊猫债券的发行主体更加多元化。同时，熊猫债拓宽了境外主体进行人民币融资的管道，推动了跨境及境外人民币投资的活动，也有利于人民币储备货币地位的提高，因为熊猫债提供了以人民币计价的投资产品。

图 13.1 和图 13.2 分别描述了熊猫债如何推动人民币在跨境投融资中的使用，如何拓宽境外主体人民币的融资管道，以及如何推动人民币国际储备货币地位的提高的理论路径和方向。随着"一带一路"的建设、自贸区的发展、亚投行与金砖银行的成立，相关国家或机构对人民币相关资产的交易和融资需求将逐步增大。而债券市场和国际市场的接轨必将倒逼国内债券市场的改革和完善，从制度层面保障熊猫债的常态化发展。

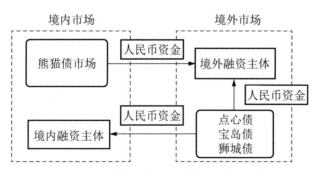

图 13.1 境外主体人民币债券融资渠道

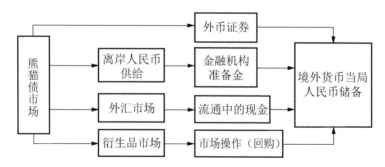

图 13.2 熊猫债推动人民币国际储备形成的理论路径

"债券通"促进债市国际化

经过多年的改革开放,中国债券市场的外国投资者所持有的份额仍不到 2%。现在,大家都非常关注人民币的贬值压力问题,在人民币贬值压力存在的同时,由于美元的走强,新兴经济体货币也面临不同程度的贬值压力。从有效汇率的角度来看,人民币对美元的贬值相对较少。

中国仍有有利的一面——流入端改革。从前外汇过剩时中国极力鼓励企业对外投资;现在,中国国际化收支的发展已经进入企业进行国际化配置的阶段。中国的居民和企业已经到了进行全球化资产配置的阶段。

企业要进行产业升级,例如深圳的一家上市公司利用持有的丰富现金买下欧洲或美国的技术,再放回上市公司,这是用上市公司作平台进行产业升级很好的方式。

在美元走强带来阶段性贬值压力的同时,企业进行海外资产配置要如何促进海外收支平衡?大量的国际企业及资金想到中国来投资,但以前"门"关着,它们暂时无法进来。债券市场也是投资中国市场很重要的组成部分,海外投资者投资中国债券市场的成本高、效率低、环节复杂,于是它们就不来了。所以,只要将这扇"门"稍微开大一点,比如,外资占中国债券市场的比重从 2%,上升到人民币在 SDR 中的占比 10.92%,将会带来大量外资的流入。

所以,"债券通"的开放有助于中国国际收支的平衡,同时,人民币国际化也是国家的重要需求,通过贸易来推动人民币国际化的方式已经在走下坡路了，所以必须要找一个新的融资平台和计价工具。人民币加到 SDR 货币篮子之后，全球 180 多个经济体会跟随 SDR，在外汇储备中自动持有人民币，这 180 多个经济体的央行自然会产生研究、投资人民币产品的需要，这也会带动人民币计价的金融产品在在岸和离岸市场的发展，我们必须给这些全球各大央行提供一个资产配置的平台和渠道。这也是一个很重要的转折点，人民币国际化要从起步阶段时主要依靠升值预期下的套利等来驱动，转向主要依靠人民币汇率灵活波动条件下的人民币计价的金融产品发展来驱动，在当前，要特别依靠债券市场及其相关产品的发展来驱动。

李克强总理在宣布"债券通"时强调，要推进"债券通"在香港建立平台。从目前香港的金融基础设施和平台看，交易平台应当主要就是指香港交易所，或者是香港交易所与内地相关机构合作成立的合资公司；结算托管平台主要是香港金融管理局所属的机构，这些平台都是与内地市场实现互联互通的基础。以前，一个境外投资者想要投资中国债券市场，往往需要经过额度和资质等的审批，审批之后找代理银行签署代理协议，整个签约过程就需耗时几个月，签完之后才能去银行间市场开户，再开始研究内地债券市场并尝试做交易。从实际的市场调研看，确实有一些已经开户、取得额度的金融机构依旧不做交易，其中一个重要的原因是中国债券市场的交易方式、结算方式等与境外投资者以前习惯的或国际通行的交易方式不一致。

所以，"债券通"里"通"的本身就蕴含着这样一层含义：从境外端看，需要在交易和结算环节沿用国际投资者长期形成的交易和结算习惯；从中国在岸市场看，不需要对现有的交易结算框架做大的改变，而是通过香港的平台建立一个联通机制，以更低的制度成本吸引国际投资者投资中国市场。

如果境外资金在"债券通"的机制下能够沿用国际通行的交易和结算惯例在香港购买内地债券，对境外投资者来说，交易成本会明显降低，进而会促使债券市场的开放。所以，"债券通"不仅与现有的各项债券市场开放并行，同时其境外的环节可以沿用国际投资者惯用的交易和结算习惯，而内地的环节沿用内地投资者的交易和结算习惯，通过在香港的交易和结算平台实现平稳转接。"债券通"正式启动之后，从趋势看，应当说境外投资者投资中国债券市场的增长空间会非常大，已经有几家大的国际债券指数开始考虑将中国债券纳入其中。而将中国债券纳入国际主要债券指数，就会带来一大批跟踪这些指数的被动型的投资基金对中国债市进行配置。从长远来看，"债券通"的开通能够使跨境资本流动的效率明显提高，进一步与国际接轨，而且推动内地债券市场的国际化进程。

场外市场的大力发展是必然趋势

从债券市场的结构来看，尽管近年来场内市场发展很快，但是，债券市场是一个典型的场外市场。银行间市场即属于场外交易市场，目前该市场债券存量占全市场约91%。2016年中国银行间市场债券交易市场总量达819.23万亿元，增幅是39.13%，其中现券交易量首次突破100万亿元大关至123.99万亿元，增幅是47.62%，年度回购量增幅也达到35.9%。

事实上，不仅美国债券交易主要依靠境外市场，全球其他主要经济体的债券市场也是如此。归结起来，主要原因如下。

第一，债券市场的主要投资者是机构客户，能够适应机构客户交易特点（单笔交易金额大、交易频繁、同衍生品交易密切关联等）的市场只能是场外市场。香港交易所推出了5年期的国债期货产品，现在交易还不是很活跃，但是，我们相信，"债券通"一旦启动，交易会非常活跃，因为机构投资者在构建舱位和决定策略的时候，是否有风险管理产品是首先要考虑的。内地市场的国际投资者规模小，其中很重要的原因是国际投资者在内地的债券市场很难找到合适的风险管理产品。

第二，国债二级市场是美国货币当局实施货币政策的主要场所，而能够充当货币当局交易对手的只能是大型的机构投资者，其交易场所也只能是场外市场。

第三，债券交易以场外市场为主也同债券的发行量较大和频繁的金融创新有关。

第四，美国还存在大量的私募发行债券。根据1990年美国证券交易委员会颁布的144A规则，原先对私募发行债券的交易禁令（两年内不得交易）被取消了，机构投资者（持有1亿美元以上私募债券的机构）可以在购买债券后在彼此之间进行交易。这使得银行间的场外市场发展非常快,而场外市场中城投债有很大的发展空间。

场外市场,城投债依然具有比较大的发展空间

从市场上来看,政府性债务和非政府性债务之间的关系不是"跷跷板",而是捆绑在一起的。总体来看,比较规范的城投债依然是一个风险较低、性价比较高的投资品种。

近3年,全国城投债发行规模上升的势头非常迅猛,2016年全国城投债券发行量创历史新高,企业债大幅扩容,公司债"井喷式"放量。其实,城投债的风险并不在于个券,而是系统性风险,其原因在于中国经济的持续发展和地方政府财政实力的增强。由于政府政策的支持,特别是城镇化的发展,城投债违约风险得到降低。但全国范围内城投债发行人资产构成(土地),收入、利润来源(代建协议),募投项目(市政基础设施),偿债来源(卖地收入)的同质性非常高,系统性风险不容忽视。一次房地产价格的调整,房地产行业可能不会出什么大的问题,但城投债可能会受到非常大的冲击。

场内市场,股债结合产品将是未来3~5年的富矿区

在美国,可交换债券发展非常迅速,1980年只占股权联结债券的6%,但到1998年,已经占到了50%,相当于占了半壁江山。在日本,可交换债券主要由欧洲的一些金融机构发行,在日本国内的证券公司出售,其标的股票发行公司一般是市场影响力大、声誉良好的公司。在中国的香港和台湾市场,可交换债券也被用来作为平缓减持股票的工具而十分流行。你可能会担心,市值增加了,其他的股东解禁了,怎么能够平稳地减持股票呢?可交换债券提供了一个很重要的工具。

为什么说场内市场的股债结合产品有很大的发展空间呢?根据国务院发布的《关于进一步显著提高直接融资比重优化金融结构的实施意见》的要求,"发展可转换债、可续期债等创新产品""推进股债结合的融资方式"已成为提高直接融资比重、降低杠杆率的重要的任务。可交换债的

价值在于为上市公司的股东提供了一个有效"盘活"资产的工具，拓宽了公司的融资管道。可交换债券可实现逐步减持，避免了减持对股价的冲击，而且借助可交换债的创新，可以实现市值管理，优化股权结构。

可交换债券市场发展很快。2015年全国发行了21只，合计规模约为208亿元；2016年全年全国发行了48只，合计规模约为451亿元，数量和规模上都实现了翻倍。可交换债发行人给了可交换债投资人债券看涨的期权，可交换债投资人给了可交换债发行人融资资金。债权人行权相当于发行人减持股份。当然，债权人也可以不行权，相当于发行人低成本融资，用于交换的标的作为债券的担保。所以我个人觉得，未来股债结合的方式会有非常迅猛的增长。

可交换债券呈现出非常明显的私募化趋势。2016年全国发行了48只可交换债，但是其中公募发行的可交换债只有3只，剩余的45只均由私募发行。私募可交换债的投资阵营在不断丰富，"偏股型"投资者中私募、信托等机构不断加入，基于标的股票投资逻辑、"小市值股票的买壳"逻辑等股权类投资者也不断加入。"偏债型"投资者中也加入了银行机构，在传统债券收益下行的背景下，银行对"偏债型"可交换债券的"票期＋赎回议价"收益较为青睐。

2016年至今，《上市公司证券发行管理办法》的颁布对可交换债发行条款进行了一定的修订及完善，并作为可交换债市场总括性的规章一直沿用至今。2016年以来可交换债市场稳步发展，虽然没有出现大规模放量，但在正常时期可交换债市场新券也接连发行，个券条款对发行方式等各方面的设置也逐步形成了范式。

发行可交换债虽然可以实现低成本融资，但在可交换债未能实现转股之前体现在财报上的财务费用依旧按照市场利率计提，短期内并不能实现财务成本的下降。

资产支持类固定收益产品将迎来新一波高潮

在监管机构大力鼓励、产品发行转为备案制的背景下，资产支持证券发行量显著增长，热度持续上升。PPP项目资产证券化座谈会的召开，标志着中国 PPP 项目资产证券化工作的正式启动。债券产品的创新，进一步丰富了中国债券市场产品体系，有利于更有效地发挥债券市场的直接融资功能。

资产证券化也为大资管带来了发展新机会。在需求端，"资产荒"背景下的 ABS 吸引力不断提升；而在供给端，资产证券化产品融资便利，发行灵活；在收益端，ABS 比信用债具有更大的吸引力。资产证券化和资管的投行业务相辅相成，资管投行的概念兴起，市场越来越强调投融资的结合和结构化金融产品的创新，包括证券公司、保险公司、商业银行、信托公司、基金或基金子公司在内的各类金融机构纷纷参与到各种类型的资产证券化业务中来，从简单的各司其职变成交叉竞合的局面，推动了金融混业格局的进一步发展。

同时，资产证券化的着力点在于不良资产的证券化，其中有很大的增长空间。因为不良资产证券化的试点在启动，所以大资管和资产证券化相关。换一句话说，资产管理行业的发展，不同资管能力的高下，就在于将各种各样的非资管下的需求转化成资管的能力。

垃圾债仍难以被国内市场接受和大力发展

2015 年年底，美国垃圾债市场还在闹"崩盘"危机，然而，现在一些投资者又开始对其青睐有加，理由是许多股票和国债估值看似已经过高，较高的收益率使垃圾债成为一个不错的投资对象。垃圾债常是由陷入某种程度财务困境的公司发行的，虽然收益率高，但是风险同样也很高。在目前的监管框架下，国内的垃圾债市场很难有供给端的"井喷"，因为中国大部分机构投资者的"国有属性"决定了其投资风险偏好总体上是中性偏保守。从前几年国内中小企业私募债的发展实际情况看，国内垃圾债市场在短期内很难有大的发展。

以上是这段时间我们通过观察债券市场作出的 10 个判断，仅仅代表本人作为一名研究人员的个人看法，不代表任何机构的意见，供大家参考。

（本文根据作者 2017 年 5 月 5 日在北京大学汇丰商学院"金融前沿讲堂"的演讲整理，经作者审阅。）

专家点评

海闻

北京大学校务委员会副主任
北京大学汇丰商学院创院院长

中国金融在改革,改革的方向到底是什么?大家可能关注细节、制度等,但是一定不要忽略方向性的问题。中国的金融改革要从传统的靠银行贷款间接融资逐渐走向直接融资,这是一个大方向。现在,中国大部分企业还是靠间接融资。但是在国外,直接融资非常重要,特别是对于轻资产的服务业和一些具有创新性的产业,而直接融资有两种方法——股市和债市。我在美国生活了很长时间,债市是美国人非常重要的投资渠道。但对中国人来讲,债市并没有那么重要,大部分人对债市不太关心和了解,只知道政府借债,欠债的利息很高。对中国人而言,债市相关的问题是新课题。国家"十三五"规划纲要中提出,在"十三五"期间,中国债券市场的余额占 GDP 总量的比例将提高到 100% 左右,也就是债市的总量相当于 GDP 的总量,这是非常诱人的目标。未来债市将会有近 40 万亿元的增涨空间,这是一个值得关心的问题。做企业、做领导、做投资,多数人是随大流的,但随大流很容易吃亏,股票价格已经很高了,你再去跟着买,就很容易被套牢。所以企业在投资等各方面的创新,最重要的还是要看得远。

13. 中国债券市场发展的新趋势

我经常说一句话："我们不但要做今天的事，还要准备明天的事，同时要想到后天的事。"你不能只想着今天，不了解未来趋势，永远只能跟在别人的后面。巴曙松教授的讲课为我们展示了中国债市未来的空间和发展机遇，但是同时也分析并指出了一些问题，因为任何一个新事物的出现肯定是机遇和挑战并存的。我希望今天的讲座能拓展大家的视野，让大家能够更多地准备明天的事，想着后天的事。

首先，作为一位非金融专业的听众，我大概梳理一下巴曙松教授演讲的逻辑。我们通常先讲机遇，再讲挑战，先讲未来债市的前景，再讲存在的问题。但他今天倒过来，先讲风险，介绍现在违约率很高，然后再讲未来的趋势。我对债市未来趋势的理解是，改变不仅反映在规模上，还体现在制度方面。比如，可交换债券从2015年的208亿元到2016年的451亿元，数量和规模上都实现了翻倍的增长。巴教授还讲到将来会有很多新的机制来保护投资者。风险是存在的，但同时制度也在不断改革，比如非常重要的破产机制。投资者如果破产，首先要偿还债务，然后再考虑股东的收益，通过破产机制保护投资者。

其次，很多人对债市不太理解，今天的债市与我们有什么关系？比如企业将来融资，除了上市、贷款，还可能会发债。以前都是券商发债，但开放以后，未来很多企业也可以发债，将来学金融的学生不仅可以考虑帮助企业上市，还可以考虑帮助企业去发债，这也是一个非常重要的方向。

现在房地产市场不景气，管控越来越严，股市也不是很景气，该如何理解将来债券市场的投资？我理解投资债券首先可以获得固定收益，债券是有固定收益的，但是对债券市场更重要的是交易，美国与中国的市场差不多，债券可以买卖。比如，100块钱债券的年化收益率是10%，也就是每年收益10块钱。银行的利率对债券的价格有很大影响，如果银行利率是5%，那么到银行存款，你需要存200块钱才可以拿到10块钱，但是购买100块钱的债券可以拿到10块钱，相当于200块钱存款产生的利息，所以这个时候债券就会涨价。但如果银行利率涨了，债券的价格就会跌。债券市场的发行对投资者也是非常重要的。在股市里，买股票的人希望股票涨，但股票也有可能会跌。同样，债券在可交易的时候，面值是100块钱的债券，在市场上可以卖到80块，也可以卖200块，这与企业的可信度也有关系。将来债市的规模可以做得很大，可交易债券是一个重要的改革和发展方向。

债市将来的潜力在哪里？债市的波动与宏观经济政策、利率有关系，但这里面还有一个很重要的前提问题是：中国的利率会不会根据市场来波动？如果会，利率波动的话，债券市场就会波动，有波动就会有交易。我并不太关注金融市场，但是听完巴曙松教授的演讲，相信大家在未来 10 年都会增加对债市的关注。

14. 商品衍生品市场发展情况

李正强

大连商品交易所党委书记、理事长

长期以来，国内外对于商品衍生品市场的看法存在很大分歧。到目前为止，中国人对衍生品市场的发展还有很多误解、困惑、偏见和恐惧。我希望通过下面的交流，在一定程度上减少大家对衍生品市场发展的疑惑。

商品衍生品市场概述

图 14.1 是 1950 年以来国际原油价格走势情况。从 1950 年到 1975 年的 25 年时间里，国际原油价格基本上是稳定的。1975 年之后，国际原油价格进入大幅波动期。

图 14.2 的灰色线条是我国钢材价格波动情况，黑色线条是我国进口铁矿石价格波动情况。近年我国钢材价格波动幅度较大，2015 年钢材价格不到 50 美元/吨，2003 年起始点的钢材价格是 100 美元/吨，2015 年的价格不到 2003 年的一半。同时，我国进口铁矿石价格经历了持续上升、到达最高点、下降、反弹的过程。可以看出，2005 年以来，在价格上涨周期中，进口铁矿石价格比钢材价格涨得快、涨幅高；在价格下跌周期中，进口铁矿石价格比钢材价格跌得慢、跌幅小。这里面有很多学问。

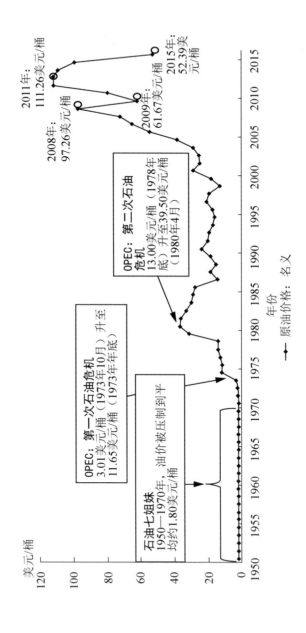

图 14.1 1950 年以来国际原油价格走势

资料来源：Wind。1950—1983 年采用阿拉伯轻质原油的塔努拉港离岸（FOB）牌价，1984 年至今采用布伦特即期价格。

14. 商品衍生品市场发展情况

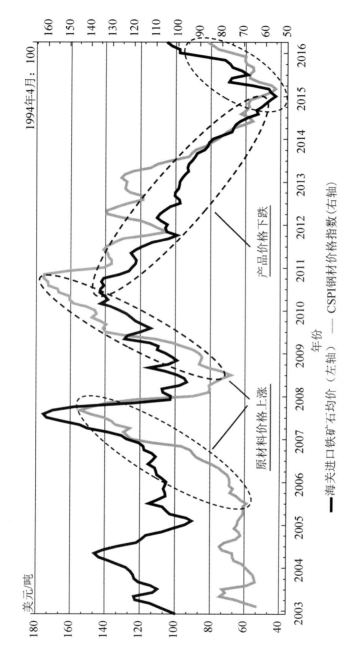

图 14.2 2003 年以来我国铁矿石、钢材价格波动情况

资料来源：Wind。

管理价格波动风险催生衍生品市场

图 14.1 和图 14.2 说明，对于一家微观企业来说，价格的波动始终是其面临的重要问题。经济学里讲自由竞争、计算边际成本和边际收益的时候，假定价格是不变的。现在看来，面对价格波动，微观企业是无能为力的。一家微观企业如何管理好生产经营活动？企业可以投入很多资本，可以聘请高级人才，但是原材料和产品价格波动是企业必须要面对的一个问题。

微观企业的管理者，肯定希望价格按照自己的意愿变化，原材料的价格越低越好，产品价格越高越好。他当然不希望原材料价格持续上涨、产品价格大幅度下降。那么如何去管理价格波动？

第一个模式是，政府定价、企业价格联盟或价格垄断。政府或企业联盟强制干预价格的形成，阻止价格波动，或者使价格按照自己的意愿来波动。这种模式已经被实践证明失败了。我国实行了中国特色社会主义市场经济改革。党的十八届三中全会指出，使市场在资源配置中起"决定性作用"。这一决定非常英明。做出这一决定之前，我国也经了几十年的探索。

第二个模式，保险公司提供价格保险。在农产品市场里，有保险公司开发的价格保险，但很难覆盖宏观层面和行业性风险。

实践证明，这两个模式都存在难以解决的矛盾，最后的结果是利用衍生品市场对冲价格风险。

式（14-1）至式（14-3）是生产函数，劳动、土地和资金一起构成了生产要素（K），加入技术（T）、改进管理（M），通过提高技术水平、组织管理水平能够提高企业生产效率。但是，T 和 M 都没有办法解决价格波动带来的冲击。

$$Y_1 = AF(K), \qquad (14\text{-}1)$$

$$Y_2 = AF(K,T,M), \qquad (14\text{-}2)$$

$$R = AF(K,T,M,f(p)). \qquad (14\text{-}3)$$

一家企业的经营收益不仅仅是资本、技术和改进管理的函数，还必须解决好原材料和产品价格的波动带来的冲击问题。只有解决好这个问题，生产经营活动才能稳定，这就是我要讲的核心内容——价格风险管理问题。通过信贷、债券和股票市场或自有资金可以解决企业资金来源问题，但无法从根本上解决资金使用效率问题。

图 14.3 表示石油、铁矿石等大宗商品定价方式的演变。早期，在国际贸易自由化程度非常低的情况下，OPEC（石油输出国组织）联合将原油价格牢牢控制了 25 年，但是后来有了 OECD（经济合作与发展组织），原油价格大幅度降低。在国际历史上，铜和锡这两大工业原料都出现过大型企业垄断全英国 80% 的产量的情况。马来西亚也曾尝试通过国际铜、锌协议将价格稳定住。1930 年美国为了阻止谷物价格下跌，联邦农业委员会成立了一家谷物稳定公司，想将小麦、玉米等谷物的价格稳定住，最后也失败了。现在大家发现大宗商品的定价应该交给期货市场，如 WTI 原油（West Texas Intermediate Oil，美国西得克萨斯中质原油，是北美地区较为通用的一类原油）在芝加哥商业交易所集团（CME）的纽约商品交易所交易。Brent 原油在美国洲际交易所（ICE）交易。ICE 成立于 2000 年 5 月，现在已经成为全球极具影响力的交易所。境外有一个铁矿石现货指数——普氏指数，而大连商品交易所也产生了一个铁矿石期货价格。伦敦金属交易所（LME）主要交易铜、铝、铅、锡等金属，港交所也推出铜、锡等交易业务。现在，利用衍生品管理价格波动风险已经成为客观趋势，这是经济经过一百多年发展和探索的必然选择。

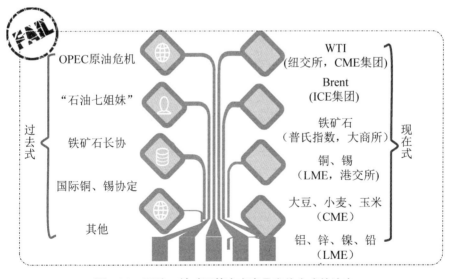

图 14.3　石油、铁矿石等大宗商品定价方式的演变

衍生品市场基本框架

衍生品是从基础资产（现货）衍生发展出来的金融工具或产品，其价值由基础资产的价格决定。衍生品与现货相对应。既然是衍生的东西，那么其价格一定取决于基础资产的价值。根据基础资产，衍生品分为商品、股票、利率和汇率衍生品四类。

衍生工具主要分为四大类：远期、期货、期权和互换。根据交易场所，衍生品又可以分为场内和场外，远期、互换属于场外，期货、期权属于场内。期权是一个权利，是在未来一段时间内买卖基础资产的权利，但不承担必须买进或卖出的义务。期权分买权（即看涨期权，又称 call option）和卖权（即看跌期权，又称 put option）。期货是场内市场最重要的工具类型，是现货贸易以及期权等其他衍生品交易的定价基准。

下面我主要介绍场内商品衍生品市场。

在商品、外汇、债券、股票等基础上发展出大量衍生品，成为价格风险管理的重要工具，包括农产品、能源、金属、矿产、化工等大宗商品期货/期权等商品类衍生品，股票、个股的期货/期权、ETF 期权等股票类衍生品。

大宗商品衍生出商品期货，后来又衍生出商品期权。股票价格波动，衍生出股指期货、个股期货。谈到互换市场，其主要指与利率波动相关的债券利率互换，以及与汇率波动相关的外汇互换，商品的互换也有，比如新加坡的铁矿石互换。

衍生品市场的主要特点如下。

第一，衍生品市场的交易对象统一采用了合约的形式。交易所开发的产品都采用了合约，或者叫合同、协议的方式。

第二，原油、铁矿石期货衍生品的目的就在于保护基础市场的安全。作为一个生产经营者，应该持有哪些货？如何让基础资产的价值能够得到保障，尽可能减少冲击？衍生品市场的初心就是保护资本市场、保护资产的安全，不能忘了初心。

第三，价格变化取决于基础资产价格走势。因为经常交易的对象有价格，而且衍生品的价格最终取决于基础资产的价格，不能持续偏离，一旦持续偏离，市场就失去意义了。

第四，对冲。合约是衍生品市场、衍生工具最主要的作用。为了保护资产安全，根据价格的波动来管理基础资产价格波动风险的过程，我们称之为对冲。

参与场内衍生品市场的主体有哪些？买方和卖方通过会员进入交易所交易。参与交易的有企业、个人、金融机构和专业化的机构投资者。按功能来看，有投机的，有利用市场的波动获取利益的套利者，还有套保的。企业都希望市场能够提供足够的流动性，帮助自己实现套期保值，投机者作为交易对手，也是市场重要的参与者。

交易所是场内衍生品市场的核心主体。交易所负责研究、开发和上市衍生品合约，组织市场交易。结算部分，有的交易所是通过第三方独立来做，现在国际市场中影响力较大的交易所都是自己做结算、保证履约。交割也是很重要的一部分，交易所负责制定交割规则、组织开展交割、维护交割秩序。

合约就是一份合同，买卖的时候都是在买卖这个合同。标的是指合同交易的商品。交易单位是"手"，就好比股票的交易单位是"股"。标准化合约要说明交易的东西，比如铁矿石的质量标准。目前全世界的商品期货合约月份通常是 12 个月，在美国有 3 年，甚至还有 54 个月的。时间太长会导致投机性太强，所以现在通常是 1 至 12 个月，而交易日是指最后一个公开交易日期。

按照合约的交易量大小，合约可以分为主力合约和非主力合约，交易量多的是主力合约，交易量少的则是非主力合约。按照离交割月份的远近分类，合约可以分为当月、近月和远月合约。

以大商所铁矿石期货合约为样本：交易品种为铁矿石，交易单位是 100 吨/手，只要拿到一份合同就表示 100 吨铁矿石，持有 1 份合同就相当于要买 100 吨，如果是卖方，就是卖 100 吨，这就是报价单位。合约月份从 1 月到 12 月。交易时间是每周一至周五上午 9:00—11:30、下午 13:30—15:00 以及交易所规定的其他时间，最后交易日是合约月份的第 10 个交易日，最后交割日是最后交易日后的第 3 个交易日。

这份铁矿石合约里交易了什么样的铁矿石？我们制定了标准，含铁量是 62%。国产铁矿石的含铁量是 30%～40%，从澳大利亚、南美进口的铁矿石的含铁量高达 60%～70%，现在我国炼钢厂用的铁矿石主要从国外进口，每年进口量高达 10 亿吨。二氧化硅含量不能高于 4%，二氧化铝含量不能高于 2.5%，交易的铁矿石为 100 吨/手。交割的货物要满足这个标准，这就是标准化的概念。

期货价格的定价模式是什么？期货的理论价格(F_t)是现货价格(S_0)、持有成本(C_t)、利率(r_t)和便利收益(y_t)的函数。如下式所示：
$$(F_t) = f(S_0, C_t, r_t, y_t)$$

期货交易价格是实时价格，有开盘价、最高价、最低价和收盘价。结算价格是按照成交量对交易价格加权平均得出来的价格。价差是很重要的概念，基差等于现货价格减去期货价格。另外，不同月份的价格差额在期货市场里面扮演了非常重要的角色。

图14.4中黑线表示商品的现货价格，深色柱形表示期货价格，浅色柱形表示成交量，交易量最大的主力合约是1707，主力合约的价格在现货价格线之上的这一部分是基差，下面这部分是两个价格之间的差额。期货价格在现货价格之上，我们称之为升水；在现货价格之下，我们称之为贴水。

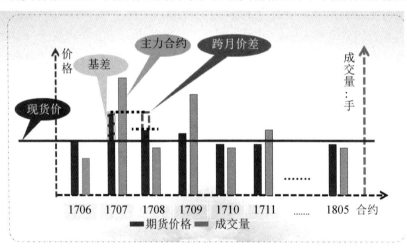

图14.4 期货价格类型示意图

场内衍生品市场运行机制

场内衍生品市场的核心交易机制有四种：

第一，$T+0$交易。当天买入可以当天卖出。

第二，卖空机制。没有现货，但是可以先卖出合约，这是商品衍生品里独特的机制。由于可以卖空，交易量可以无限放大。

第三,保证金交易。按一定比例的合约价值(商品期货的5%)缴纳保证金,作为履约担保,海外市场商品衍生品的保证金比例一开始很低,后来大幅度提升。中国商品衍生品的保证金通常是5%到8%。

第四,集中竞价、撮合交易、连续交易。开仓就是建仓,新建一个买或者卖的仓位。平仓就是把持有的仓位平掉。持仓量指买入或卖出后尚未对冲及进行实物交割的某种商品期货合约的数量,这是期货市场独有的概念,也称未平仓合约量或控盘量。期货市场里的开仓、平仓、持仓等概念非常重要。

场内衍生品市场的结算机制是保证履约的核心制度。当日无负债结算是场内衍生品市场里独特的机制,每天交易结束之后,交易所按照当天结算价计算持仓盈亏,并按照盈亏结转保证金。股票并不是当天结算,盈亏是虚的,只是一个数字。期货市场上,昨天开了仓,即使今天没有交易,但只要有持仓,也要计算赢亏。投资者在卖空时,希望价格往下跌,跌了就会赚钱,但是如果过两天价格涨起来了,就会亏钱。如果涨的幅度很大,保证金也会被亏掉,如果保证金不足需要尽快补缴,如果来不及补仓就会被强行平仓。

当日盈亏计算的公式是:

当日最低保证金＝当日结算价×持仓数量×合约规模,

当日保证金账户余额＝前一日保证金账户余额＋
(当日结算价－前日结算价)×持仓数量×合约规模,

当日盈亏＝当日保证金余额－当日最低保证金,

盈亏比例＝当日保证金余额/当日最低保证金。

在期货交易所里,每天上午的交易过程中要休市15分钟,因为期货价格波动太大,保证金的变化也非常大,每个市场参与者都特别紧张,所以中间要休息一下。

如果要卖符合交割标准的铁矿石,可以拿到交割仓库,这是经交易所审定、为期货合约履行实物交割的指定交割地点,这也是商品衍生品市场独特的安排。

什么叫交割机制?期货交割量不是很大,比如美国芝加哥商业交易所的大豆交割,在1万手交易里只有2.18手交割;相对而言,豆油、玉米的交割率较高。这个机制主要是保证期货价格向现货价格回归。也正是由于这个机制的存在，期货的价格很难持续地偏离实体经济。

表 14.1 是场内衍生品交易和股票交易的一个简单对比，包括标准化合约、股票、做空机制、保证金交易、产品期货的提供等。期货交易的合约信息是公开透明的，合约研发需要很长时间，要倾听上游、中游、下游各方面的意见。单只股票容易产生内幕信息，这与期货有很大的区别。一只股票代表一家股份公司，一张衍生品合约代表商品的上游、中游和下游，比如铁矿石的上游生产商、中游贸易商，所以一张衍生品合约涉及一条产业链。

表 14.1 场内衍生品交易与股票交易的差异

项目	场内衍生品交易	股票交易
交易对象	标准化合约	股票
市场容量	做空机制，交易可无限放大	无做空机制，股票发行量相对固定
杠杆效应	保证金交易，10—20 倍杠杆	无杠杆
持有期限	有到期日	无日期日
产品提供方	交易所	上市公司和投行
市场操纵	合约信息公开透明	大量内幕信息
价格偏离度	围绕现货价格波动，最终收敛	可能持续偏离基本估值

场内衍生品市场效率和功能

如何判断一个市场的效率呢？衡量衍生品市场效率有几个关键指标——成交量、持仓量、换手率、参与者数量及结构、期现价格相关性和基差。如果市场过度投机，说明市场肯定有问题，这也是新兴市场普遍存在的问题。持仓量越高，意味着市场厚度越深；持仓量越低，市场效率就会越低。市场参与者——产业客户和金融客户的数量越多，市场效率就越高。这些都是评估市场效率非常重要的指标。

通过期货市场管理价格风险的过程叫套期保值。企业套期保值的目的是对冲原料及产品价格波动的风险，原则是购买品种相同、方向相反、数量相当、月份相近的产品。通过套期保值可以锁定原料成本、产品价格和利润。

比如，作为原料的需求方，为了防止原料价格上升，可以在期货市场做多该种原料，以达到锁定原料价格的目的。作为卖方，就在市场里面做一个空单，锁定产品收益，这就是套期保值的概念。套期保值需要专业的操作，需要考虑所处的行业、市场的状况，还需要判断市场未来的趋势，要考虑在什么时点采用什么样的策略、仓位是多是少，这些都很有技术含量。我建议企业家做套期保值，但是不要投机，否则就背离了套期保值的初心。

下面谈谈衍生品价格。

第一，衍生品价格以现货价格为基础，是真实的交易价格，反映市场对未来的预期。

第二，衍生品价格能够及时、灵敏地传导宏观形势、政策调控以及行业发展信息，起到温度计的作用。因为期货交易采取保证金交易，成本比较低，因此对于价格信息、行业的信息反应非常灵敏。

第三，大宗商品现货贸易以"期货+升贴水"的方式定价，改变了传统定价模式。大宗商品国际贸易现在通行的做法是基差交易。比如中国人到美国买大豆，现在不是双方坐下谈价钱，而是用美国芝加哥商业交易所价格加上1%或0.5%的基差。这一方式彻底改变了传统的现货定价模式，现在，原油、大豆、棕榈油、豆粕基本上都采用这种定价方式，国内70%的豆粕期货贸易都采用期货点价方式定价。

第四，利用衍生品市场信息，可以研究判断经济走势，加强和改善宏观调控。商品期货价格越来越多地被国家宏观调控机构采用。国家发改委价格司与大商所签署合作协议，由后者定期为前者提供价格信息，这些信息成为宏观调控的重要依据。期货价格是由所有的市场参与者——企业、个人、金融机构，共同用现金交易出来的价格，不是某些研究机构用计算机回归计算出的价格。现货价格是对过去和现在供求信息的综合反映，但无法反映未来的信息。而期货价格是基于现实和未来预期的价格。对宏观经济的调控，包括管理未来的生产经营活动，不能只用过去的价格。一个完整的价格体系应该包括现货价格和期货价格。

套期保值和价格发现构成了商品衍生品市场的两大基本功能。场内商品衍生品市场已经成为大宗商品的定价中心。

现在全球有两个原油定价中心：一个是美国洲际交易所，这是美国人控制、收购的一家交易所，以布伦特地区的原油作为交易标的，也是全世界最重要的原油定价中心。另一个是美国西得克萨斯轻质原油交易所。这两个交易所也是原糖、棉花和菜籽油的定价中心。中国是大豆、小麦、玉米等商品最主要的生产者和消费者之一，但是这些商品的定价中心在美国芝加哥期货交易所和美国芝加哥商业交易所。黄金的定价中心是纽约商品交易所，铜、锡主要看伦敦金属交易所。

现在国际的铜价主要看伦敦金属交易所和上海期货交易所，伦敦金属交易所一半的交易都是由中国人进行的。郑州商品交易所的白糖、棉花在国际上也很有影响力。大商所是国内唯一一家实物交割的铁矿石期货市场，我们的交易量是新加坡交易所铁矿石的十几倍，在国际上形成了巨大的影响。大商所交易的棕榈油期货是目前国内唯一的纯进口商品期货品种，对国际贸易影响巨大。

只要国际市场动荡，全球的黄金定价就要看纽约商品交易所。所以我们要大力发展中国的商品衍生品市场。希望未来中国的交易所能够成为具有全球话语权的交易所，只要我们不忘初心，这一天一定会到来。

1934年，美国总统罗斯福给国会写过一封信。他说："我坚信，证券和商品衍生品在美国的经济生活和农业发展中是非常必要的并且具有重要价值，对我们的商业和农业发展有很大的好处。但是在尽可能长的时间里，我们的政策必须对这些交易所中的纯投机交易进行约束。"罗斯福总统这段话，正是我们在做的事情。第一，这样做很有意义；第二，要约束自己。

"我建议为了保护投资者的利益，为了捍卫我们的监管理念，美国国会应该通过政府对证券和商品交易所进行立法监管，在尽可能长的时间里，消除不必要的、不理智的和破坏性的投机交易。"当时美国联邦政府还没有形成对商品期货交易的监管立法，这是罗斯福对期货市场的基本判断。

经济学家对衍生品市场有比较统一的共识。诺贝尔经济学奖得主默顿·米勒说："真正的市场经济是不能缺少期货市场的经济体系……金融期货是 20 世纪最重要的金融产品创新。"诺贝尔经济学奖得主罗伯特·默顿说："金融衍生品在现代金融社会中无处不在。"

小结

第一,完整的金融市场体系应包含风险管理市场。没有风险管理市场,只有资金融通市场,不管是在宏观层面上,还是对微观企业来讲,都无法解决资源配置的效率问题。

第二,衍生品市场以合约为交易对象,具有独特的运行机制。

第三,衍生品市场在交易环节是零和博弈,但其本身具有价格发现和套期保值功能。期货交易实行 $T+0$,可以卖空。美国早期对期货市场抨击特别多的地方就是认为期货市场像赌场,但现在彻底改变了,期货交易环节的零和博弈客观上导致了未来价格的发现,用真实的交易产生一系列未来价格,而这个价格对于研判经济形势、微观企业的风险管理确实起到了很大的作用。

第四,衍生品是基础资产价格风险管理工具,服务实体经济、对冲价格风险是衍生品市场存在与发展的根基。衍生品价格建立在现货价格基础之上,不能偏离,对冲价格风险是期货市场发展的初心。

第五,参与和利用衍生品市场必须严格控制风险。管理价格波动风险的工具本身也具有风险。这是一个技术活,需要专业知识和技能,必须严格控制风险。

第六,全球主要的场内衍生品交易所已成为大宗商品定价中心。

国际衍生品市场发展情况

国际衍生品市场发展历程

1921 年之前欧美衍生品市场没有实现统一监管,关于衍生品市场的产生时间也说法不一。有人说在美索不达米亚即两河流域文明时期,就已经有风险管理的概念。荷兰"郁金香事件"之后,日本德川幕府时期的堂岛大米会所就开始交易米票,而这个米票非常类似于现在的标准化合约。

国际市场上公认的、现代意义上的期货交易所就是芝加哥期货交易所。1848 年，芝加哥期货交易所在美国成立。这个交易所是由 13 个商人（包括律师）在芝加哥共同成立的商会，后来逐步成为交易所。早期的芝加哥期货交易所主要做远期交易，直到 1865 年才有了标准化合约。当时，美国西部开发了大量的土地、生产了很多谷物，而美国东部的芝加哥成了谷物集散地。美国芝加哥期货交易所立志要成为谷物市场风险管理中心。1874 年，美国芝加哥商业交易所成立。2006 年 10 月 17 日美国芝加哥商业交易所和芝加哥期货交易所宣布已经就合并事宜达成最终协议，两家交易所合并成全球最大的衍生品交易所——芝加哥商业交易所集团。芝加哥逐渐成为目前全世界公认的衍生品圣地。

1921 年之前，美国衍生品市场也极其混乱，经常发生逼仓事件。为此，芝加哥隶属的伊利诺伊州颁布了反逼仓条例，但是没有充分发挥作用。后来美国联邦开始制定期货法，但是国会正要通过的时候，最高法院判定其违宪，立法没有通过。最后美国联邦在 1922 年制定了《谷物期货法》。接着在美国农业部设立谷物期货监管局，但是期货市场依然比较混乱。

总体上回顾一下，欧美衍生品市场是在现货贸易基础上自发产生的，多年来在自由、混乱发展与强力监管之间反复博弈，最终走向成熟强大。伦敦金属交易所（LME）成立于 1887 年，1936 年美国颁布《商品交易法》，1973 年芝加哥期权交易所成立，1974 年美国期货监管委员会成立，2000 年洲际交易所成立，同年美国《商品期货现代法案》颁布，2009 年欧盟理事会通过了《欧盟金融监管体系改革》，2011 年美国出台《多德-弗兰克法案》。1974 年之后，美国的期货市场逐渐步入正轨。

在 20 世纪 19 世纪末期的时候，如果问美国的小朋友，他的理想是什么，小朋友的回答可能是"当小麦之王"。当时的期货市场相对混乱，谁能操纵市场谁就为王。

从品种来看，衍生产品从农产品起家，向工业品、金融产品等领域拓展，后来发展出外汇期货、利率期货、股指期货等。欧美衍生品市场已发展出对冲气候灾害的工具，1997 年天气期货被推出。如图 14.5 所示。

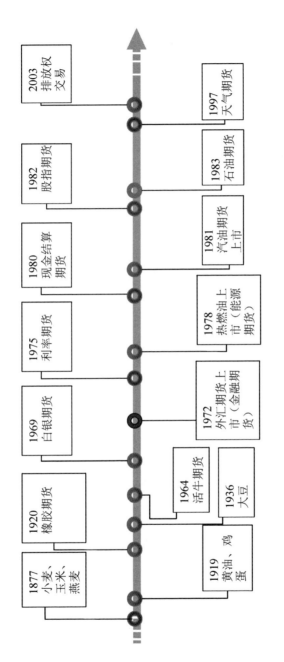

图14.5 衍生产品品种从农产品向工业品、金融产品扩展

国际衍生品市场结构与现状

图 14.6 是全球场外、场内衍生品市场的交易规模;图 14.7 是全球场内期货、期权交易规模比较。目前金融衍生品成交量约占全球场内交易的七成,亚太地区开始成为全球最大的衍生品市场。

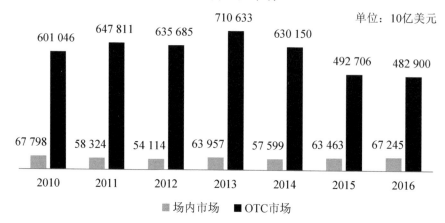

图 14.6　2010—2016 年全球场外、场内衍生品市场的交易规模

资料来源:BIS。

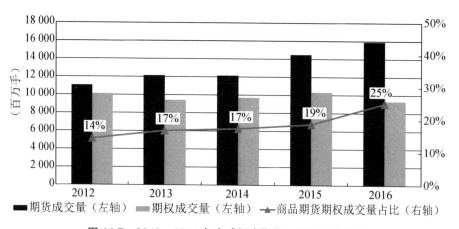

图 14.7　2012—2016 年全球场内期货、期权交易情况

资料来源:BIS。

中国商品期货成交量中大商所成交量占到24%。

2015年、2016年大商所成交量连续两年在全球衍生品交易所排第8位，而且目前大商所还只有商品期货，而其他国外的交易所是期货加期权。

国际衍生品市场发展动态

现在，国际衍生品市场四大新的发展趋势就是全球化、多元化、电子化和公司化。

近十多年，美国洲际交易所和美国芝加哥商业交易所通过频频并购形成超大集团，其中，美国芝加哥商业交易所集团已成为全球最大的衍生品交易集团。

小结

第一，欧美衍生品市场在自由发展、操纵欺诈与强力监管的博弈中发展，逐步回归市场本源并成熟起来，在经济社会中发挥强大作用。

第二，全球场内商品衍生品市场已经进入平稳发展阶段，金融衍生品，尤其是场外市场发展成为全球高度关注的焦点。

第三，欧美衍生品市场起步较早，亚太市场具有后发优势。

第四，衍生品交易所集团化、全球化发展是必然趋势。

中国衍生品（场内）市场发展情况

中国衍生品市场发展概述

表14.2展示了中国证券、期货衍生品交易所的格局，国内有2个股票交易所，4个期货交易所（其中3个商品期货交易所，1个金融交易所），还有"新三板"即全国中心企业股份转让系统。上海证券交易所可以交易期权产品，因此也属于衍生品交易所。

表 14.2　中国证券、期货衍生品交易所格局

交易所	成立时间	上市品种	主要产品（截至 2017 年 5 月 19 日）
上海证券交易所	1990 年	股票、债券、基金、ETF 期权	上市公司 1 182 家，债券 8 077 只，基金市场 137 只，上证 50ETF 期权
深圳证券交易所	1990 年	股票、债券	上市公司 1 870 家，债券 2 869 只，511 只上市基金
郑州商品交易所	1990 年	商品期货、期权	普通小麦、优质强筋小麦、早籼稻、晚籼稻、粳稻、棉花、油菜籽、菜籽油、菜籽粕、白糖、动力煤、甲醇、精对苯二甲酸、玻璃、硅铁和锰硅等 16 种商品期货，白糖期权
上海期货交易所	1990 年	商品期货	黄金、白银、铜、铝、锌、铅、螺纹钢、线材、燃料油、天然橡胶、石油沥青、热轧卷板、镍、锡等 14 种商品期货
大连商品交易所	1993 年	商品期货、期权	玉米、玉米淀粉、黄大豆 1 号、黄大豆 2 号、豆粕、豆油、棕榈油、鸡蛋、纤维板、胶合板、线型低密度聚乙烯、聚氯乙烯、聚丙烯、焦炭、焦煤、铁矿石等 16 种商品期货，豆粕期权
中国金融期货交易所	2006 年	股指、国债期货	沪深 300 指数、上证 50 指数、中证 500 指数、5 年期国债期货、10 年期国债期货等 5 种金融期货
全国中小企业股份转让系统	2012 年	中小微企业股份	挂牌公司 10 163 家

1990 年郑州商品交易所开业，标志中国期货市场的诞生。大商所和郑商所分别上市了豆粕期权和白糖期权，结束了我国商品衍生品市场只有单一期货工具的历史，进入了期货、期权的多元衍生工具时代。总体来看，中国衍生品市场是政府主导、改革开放的产物，具有从计划经济向社会主义市场经济转轨的特色，与欧美市场发展路径存在明显差异。

美国衍生品市场是市场经济自然孕育发展的产物，在纳入政府统一监管之前，经历了 120 多年（1848—1974 年）相对混乱的发展历程。

中国衍生品市场诞生时间不长，但市场监管跟进比较快。1992 年我国成立国务院证券委和中国证监会。1995 年成立中国证监会期货部，开始强

力监管。中国商品衍生品市场诞生后很快被纳入中国证监会集中统一监管,由此走向规范稳健发展道路。1999年国务院颁布《期货交易管理暂行条例》。而美国1922年颁布《谷物期货法》,到现在已经有95年。美国衍生品市场的产品包含农产品期货、工业品期货、汇率期货、场内期权、利率期货、股指期货。与美国相比,中国衍生品市场的产品差了汇率期货。期权产品中,美国最后才推出股指期权,而中国是最先推出股指期权的。中国的创新意识是很强的,在衍生品市场方面走了与美国不同的路径。

中国衍生品市场发展成绩

大商所的客户交易结构仍以个人客户为主,单位客户较少。2016年,大商所的期货公司会员149家,有效客户120万户,其中单位客户3万户,总体上是个小众市场。"三多三少"是中国期货市场客户独特的特点。首先是个人多、法人少。加上以个人名义参与的单位客户,单位客户估计共5万户,占比仍然比较低。第二是贸易商多、加工企业少,对价格比较敏感。第三是民营企业多、国有企业少。

2016年前5个月中国期货市场的换手率是0.66,成交量不如持仓量多。换手率是指期货交易的成交量与持仓量之比,这是衡量期货交易投机程度的主要指标。通常,换手率越高,表明期货交易投机程度越高。目前中国商品期货市场换手率已与国际成熟市场趋近,不再是过度投机的市场。

现在,中国衍生品市场的价格发现功能得到有效发挥。第一,期现价格走势拟合度逐步提高;第二,期货价格成为现货贸易的定价依据,带动贸易方式变革;第三,基于期货价格开发保险产品;第四,决策部门开始利用期货信息预研预判经济走势。2016年和2017年,中央一号文件两次提出扩大"保险+期货"试点,这是由大商所2015年组织发起的。该模式主要是由保险公司开发一个面向农民的玉米和大豆的价格保险,保证农民的收益,保险公司再去购买期货公司提供的风险管理服务,期货公司在场内做一系列对冲。这个模式得到了中央领导的高度认可。

可以很自豪地讲,大商所为国内90%以上的大中型油脂油料企业、85%以上的棕榈油进口企业提供了套期保值服务。工业品领域,600多家化工企业、700多家煤焦钢企业与大商所进行交易,参与铁矿石期货交易的法人客户超过7 500家。

2004年，全球大豆价格急跌，引发大豆贸易企业大量亏损。2008年大豆价格再次快速大幅下跌，产业客户通过套期保值弥补了现货市场亏损。如图14.8所示。

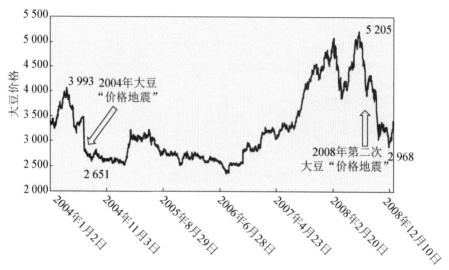

图14.8 期货市场助力大豆行业规避"价格地震"

图14.9是法人客户参与大商所铁矿石期货情况，法人的成交量不高，但是持仓量不低。

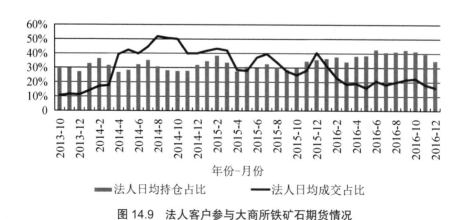

图14.9 法人客户参与大商所铁矿石期货情况

中国衍生品市场的探索创新

第一，中国期货市场形成了一套独具中国特色的发展理念，坚持以服务实体经济为根本宗旨，严格规范工具、品种研发、上市程序，引导产业客户利用期货市场，注意加强与银行、保险、基金等金融机构合作。

第二，中国期货市场强调风险防范、稳健运行，守住系统性风险的底线，形成"五位一体"市场监管体系，建立了梯度保证金、涨跌停板、强平强减、异常交易监控制度，适时调整交易手续费。大商所始终把控制风险作为第一位，特别注意防范市场风险。我们之所以能在2017年3月上市豆粕期权，很重要的一个原因在于2016年的市场风险控制得非常好。

第三，中国的期货交易所不以营利为目的，品种和工具创新方面先商品、后金融，先期货、后期权。我们每年要花大量的资金和精力去开发产业客户，去推介市场。大商所有4个产业大会：塑料产业大会、玉米产业大会、油脂油料产业大会、煤焦煤炭产业大会，参会的60%以上是产业企业。2007年由国内几大交易所共同出资建立了中国期货市场监控中心，有效防止了保证金挪用问题，这是全世界独有的。此外还有银期合作、"保险＋期货"，这都是我们在服务实体经济方面做的工作。国外交易所是上市公司，以盈利为目的。我国是全球第二大经济体，需要一个和中国国际地位相称的衍生品市场，有义务提供一个以人民币计价的大宗商品价格。2016年我国进口大豆8 300万吨，这些大豆的定价基本上是看美国芝加哥商业交易所的价格。在这样的格局下，我们怎么能不去发展自己的期货市场呢？

第四，强力监管、稳中有进，形成包括品种、业务、技术、风控、内部管理等在内的一整套监管体制机制，推动品种、工具、制度规则不断创新发展。我们将加快建设多元开放的国际一流衍生品交易所，努力形成以人民币计价的商品定价中心。

中国衍生品市场发展具有广阔空间

当然，现在我们的工具还不是非常完美，期权市场刚刚起步，互换、商品指数及复合型衍生工具还没有。还要解决风险管理手段不够丰富的问题。产品品种上，原油、生猪、航运等重大品种还没有上市，多一个品种就多一个风险管理工具，所以要拓宽衍生品服务实体经济的领域。

另外,在开放问题上,境外投资者还无法直接参与交易。外国人需要通过在华设立的法人机构,才能进入中国期货市场交易,这也导致中国期货价格的国际代表性不够,所以还需要解决"中国价格"的国际影响力问题。中国经济深度融入国际市场,需要建立与对外开放格局相匹配的商品衍生品市场。场外市场建设也还在探索中前行,需要更好地满足实体企业的个性化、差异性风险管理需求。

大多数品种的活跃合约不连续。1月份、5月份、9月份合约比较活跃,其他合约都在"睡觉",需要解决市场运行效率和质量不高,功能发挥不充分、不完善的问题。同时,投资者结构"三多三少"现象普遍,个人客户这条"腿"又粗又长,法人客户这条"腿"又细又短。所以我们做了大量工作,鼓励产业客户进场,希望这条"腿"变粗、变长,这样市场就稳定了。

大商所的发展理念是建立多元开放、国际一流的衍生品交易所,这是我国参与全球经济治理、提供以人民币计价的资产价格、推动人民币国际化的重要方式。目前我们已经实现了第一步——衍生工具多元化,上市了期货和期权。但现在还没有实现对外开放,我们希望未来能够实现国际一流的目标。

衍生品市场是个影响巨大的市场,事关微观企业生产经营、行业经济发展和国际经济秩序等重大问题,将成为国家核心竞争力的重要内容。中国商品衍生品在服务实体经济、服务国家战略方面开始发挥着重要作用,一定程度上已经成为产业经济运行的晴雨表。

2013年8月29日,习近平总书记到大商所视察,叮嘱我们要"脚踏实地、大胆探索,努力走出一条成功之路"。我们一定牢记总书记嘱托,努力在服务实体经济、服务国家战略方面做出更大贡献。

(本文根据作者2017年5月26日在北京大学汇丰商学院"金融前沿讲堂"的演讲整理,经作者审阅。)

15. 世界黄金市场格局下的中国机会与选择

焦瑾璞

上海黄金交易所理事长

黄金是很多人一生梦寐以求的东西，因为黄金代表着财富，财富也显示了人生取得的成就。黄金的作用和职责处于不断发展和变化中。所以，我主要想和大家交流黄金市场发展的情况和趋势，与大家分享我对中国黄金市场发展的一些思考和看法。下面我会从黄金市场的重要性和世界黄金市场格局的变化，谈谈我国黄金市场的发展路径和未来方向。

黄金市场是金融市场的重要组成部分

按不同的分类标准，金融市场可以划分为不同的子市场，这些子市场各自发挥功能，共同构成了完整的金融市场体系。其中，黄金市场是比较特殊的，我将它放在交易媒介这个层面。一般来说黄金是与外汇并驾的，谈到黄金就会连带提到外汇，比如人民银行就将外汇与黄金管理放在一起，这是由黄金本身的三大属性决定的。黄金与其他金融资产有明显的区别，最大的区别在于，黄金同时兼具货币属性、商品属性和金融属性。

黄金的货币属性主要是指在金本位时代，黄金曾长期充当货币职能。现在，在古币交易市场里，古代的金币依旧是一个非常好的投资选项，这说明中国很早对黄金就有了认识。我曾经到招金集团调研，招金集团至今仍然是我国重要的黄金生产企业，集团的人告诉我，在春秋战国时期就有人在招远开采黄金，而最早的官方记载是在宋朝，当时就有开采记录。

在布雷顿森林体系下，黄金也曾作为与美元挂钩的货币基准，成为国际货币储备的重要组成部分。虽然布雷顿森林体系崩溃后，黄金与美元不再挂钩，但是近年来黄金的货币属性又再次受到重视。

黄金的货币属性有哪些表现？近几年，黄金的货币属性有所回归。2011年7月，美国犹他州宣布承认黄金为法定货币。2012年8月，芝加哥商业交易所宣布将黄金纳入可接受交易抵押品范畴。从2013年开始，德国联邦银行发起"黄金回家"运动。在土耳其，2011年9月，商业银行被允许使用黄金来满足土耳其里拉的准备金监管要求。在印度，2015年11月，印度政府启动黄金货币化项目，包括"黄金债券"和"黄金储蓄"。2016年6月13日起，"黄金债券"开始在印度的股票市场上交易。这都是在新形势下，黄金的部分货币职能的体现。

商品属性是指黄金在饰品和工业等领域具有特殊的使用价值。作为一种稀有金属和工业原料，中国每年平均用掉600吨黄金。现在，甚至手机里的零件都必须用到黄金，从计算机和手机里回收的黄金也是黄金的重要来源。

黄金的金融属性是指黄金作为非主权信用类资产，在当前的信用货币体系下，具有避险功能，发挥着稳定器的作用，具有内在的投资价值。

正是由于黄金具有货币属性、商品属性、金融属性三大独特的属性，黄金市场在现代金融市场体系中发挥着重要作用。

首先，黄金市场可以优化资产组合的收益，丰富金融市场的投融资功能。非危机时期，黄金和股票、债券的价格走势相关性很低。国内的一些实证数据也显示，黄金与上述两类资产的滚动相关系数（50周滚动）基本在0值上下窄幅波动。将黄金纳入资产池，可以降低系统性风险，优化资产组合的风险收益比。

世界黄金协会的研究结果表明，在墨西哥养老金资产组合中配置5%的黄金，与原资产组合对比，配置了黄金的养老金资产组合年化收益率增加了28个基点（0.28%），资产组合的风险（波动率）降低了8个基点。同时，由于增加了黄金资产，整个资产组合的最大损失和期间最大跌幅都有所降低。

自 2008 年金融危机以来，全球机构和个人投资者都更为关注黄金在资产配置中的作用。研究数据显示，通常黄金在资产中的配置比例是 5%～15%，因为黄金比债券、外汇等的流动性略弱。

其次，黄金是对抗通胀的有效工具。由于黄金供应的有限性及非信用性，黄金价格通常对通货膨胀比较敏感。货币供应量和通货膨胀长期、显著的上升，往往会带来金价的明显上涨，从而使黄金可以有效地对抗通胀。

根据估算，全球大约有 18 万吨黄金，其体积约等于 1000 立方米，而地下大约还有 5.6 万吨黄金的储量。其中，我国黄金的总持有量估计在 1.5 万～2 万吨。也就是说，中国人均持有 10 克黄金，全球人均持有 24 克黄金。黄金本身的稀缺性决定了其可以有效地对抗通胀。例如，1973—1982 年间，受石油危机的影响，全球进入高通胀时代，黄金的表现明显好于股票。有的学者已经证实了美国物价水平和黄金价格之间存在长期协整关系，黄金价格在长期是通货膨胀的对冲工具。在长达数百年的历史中，黄金在全球各国均对消费品和中间产品保持了其实际购买力。

最后，黄金具有明显的避险功能。历史经验显示，当严重的金融危机发生时，国家主权信用评级会有所下降，而各类金融资产的相关性则大幅提升，从而会加剧危机蔓延；但黄金由于具有超主权的非信用属性，而表现出与其他资产显著不同的负相关性和良好的避险价值，对于稳定市场起到重要作用。这也就是人们常说的"乱世存金"的道理。

此外，鉴于黄金的以上作用，现在各国央行都将黄金纳入了储备资产，这有利于对冲主权货币信用风险和汇率风险，优化资产负债表。

近年来，全球各大中央银行纷纷通过减持货币、增持黄金，来促进储备资产多元化。截至 2016 年年末，全球央行连续 8 年为黄金净买入方。从占比上看，欧美央行储备中黄金储备占比较高，美国为 74.6%，德国为 68.8%。对于新兴国家而言，黄金仍是一种战略储备。2015 年下半年，中国加入 SDR 时，承诺对外公布每月的央行持有黄金的储备。2016 年，我国增持了 206 万盎司（约合 64 吨）黄金。截至 2017 年 3 月，我国黄金储备已达 1842.6 吨，占外汇储备的 2.3%，位居全球第六。

黄金市场的发展概况和趋势

全球黄金市场格局的变革

全球黄金市场是一个多元化、多层次的市场,在不同的发展环境和路径下,各国的黄金市场形成了各具特色的交易方式和体系结构。

根据交易产品的不同,黄金市场可分为现货市场和衍生品市场。伦敦是全球最大的黄金现货交易市场,简称为"伦敦金"。纽约是全球最大的黄金期货和期权交易市场,简称为"纽约金"。其他具有国际影响力的黄金市场包括苏黎世、东京、新加坡、孟买等。

根据交易场所的不同,黄金市场可分为场外市场和场内市场。场内市场以美国纽约商品交易所为代表,主要在交易所场内进行黄金期货、黄金期权等衍生品标准合约的交易。而场外市场没有特定的交易场所,以伦敦黄金市场为代表,主要通过各大金商的销售网络或金融机构柜台交易各种非标准化品种。绝大多数黄金现货交易都通过场外市场进行。所以,直到现在,伦敦的交易量仍然是最大的,日均交易量是700多吨。

根据发展程度的不同,黄金市场又分为发达黄金市场和新兴黄金市场。目前,英、美等发达市场依然主导全球黄金市场,并在黄金交易、黄金定价方面占据绝对领先地位。新兴黄金市场如中国、印度、阿联酋近年来发展较快,但市场规模和影响力较英、美还存在较大差距。

目前最具影响力的黄金市场依然是伦敦和纽约。其中伦敦黄金市场的历史最早可追溯到17世纪,对伦敦黄金市场的发展起决定性影响的是1897年引入伦敦银定盘价和1919年引入伦敦金定盘价这两件大事,并由此奠定了此后一百余年伦敦黄金市场的市场架构和发展基础。

作为全球最重要的黄金现货交易市场,伦敦黄金市场集中着来自全球各地的投资者的现货、远期、掉期等一系列非标准化的黄金交易,设定了全球黄金现货的定价基准和实物交割准则。长期以来,伦敦金定盘价曾经由加拿大丰业银行、德意志银行、法国兴业银行、汇丰银行和巴克莱银行五家国际知名的金融机构决定。但近年来这种定价机制受到市场投资者的广泛质疑,认为参与定价机构涉嫌操纵黄金价格,缺乏透明度。因此,2015年3月,伦敦金银市场协会(LBMA)①将黄金定价权移交给伦敦洲际交易所(ICE)负责管理和发布,新的黄金定价机制被命名为 LBMA 黄金价格(LBMA Gold Price)。目前由 13 家国际知名的金融机构担任直接定价会员和做市商,其中包括中国工商银行、中国银行、中国建设银行和交通银行。

与伦敦黄金市场不同,纽约黄金市场实行的是标准化的场内期货和期权的交易。全球各地的投资者可以通过符合条件的经纪公司代理在芝加哥商业交易所集团交易,包括所有的黄金期货和期权交易,并且所有的黄金期货和期权交易全部通过芝加哥商业交易所清算所进行中央对手方(CCP)清算,从而避免了交易对手方风险,更有利于吸引投资者参与交易。

目前,纽约黄金市场已经成为全球最大的黄金期货和期权交易市场,对国际黄金价格,特别是黄金期货价格具有很大的影响。

然而,近些年来,随着全球黄金需求的显著变化和欧美一些商业银行逐渐缩减或退出大宗商品业务,国际黄金市场"西金东移"的趋势日益明显。特别是亚洲国家,黄金需求与财富增长密切相关。据世界黄金协会统计,在过去 10 年里,全球黄金需求上涨了近 50%。而同期亚洲的黄金需求上涨了约 250%。亚洲的黄金消费已占全球的 70%以上,成为主要需求。

2017 年 1 月数据显示,瑞士是全球最繁忙的黄金提炼地之一,1 月出口的黄金主要流向亚洲,如印度、中国、新加坡和泰国。亚洲地区正成为全球重要的黄金生产和消费区域,特别是中国和印度的黄金消费和投资规模不断扩大。20 世纪 90 年代初,印度和中国的黄金需求只占世界黄金需求总额的 25%;到 2016 年,这一占比升至 50%以上。2015 年全球的黄金需求量是 4 000 吨,中国占 2 600 吨。中、印两国黄金市场成长较快,加速了"西金东移"的步伐。

而在全球黄金市场重心逐步东移的同时,亚洲市场的竞争也很激烈。上海、香港、东京、孟买、新加坡等市场,都在积极争取成为具有国际影响力的贵金属交易中心。香港交易所准备推出黄金期货合约,并筹备在内地建立大宗商品交易所;香港金银业贸易场也着手在深圳前海建立黄金交

---

① 负责管理伦敦黄金市场的自律性组织。

割库;新加坡交易所已推出全球性黄金合约,以期成为亚洲黄金流转中心。全球黄金市场的格局正在重新改写。

中国黄金市场发展迅速

与世界主要黄金市场相比,我国黄金市场的建立时间较短。与我国的货币市场、证券市场、外汇市场等相比,黄金市场起步也较晚。1949年中华人民共和国成立以后,黄金作为外汇储备的一种重要形式主要被用于紧急的国际支付,因此当时国家对黄金的供需实行严格的管制。黄金开采企业必须将黄金交售给中国人民银行,用金单位也必须按配额由中国人民银行进行配售,这也就是通常所说的"统购统配"的计划性管理政策。改革开放以后,对黄金的管理政策才逐渐放松。

2001年4月,中国人民银行宣布取消"统购统配"的政策,我国黄金市场进入了一个崭新的快速发展阶段。2002年10月,在中国人民银行领导下,上海黄金交易所建立,标志着中国黄金管理体制市场化改革的开端。目前已初步形成了上海黄金交易所黄金现货及衍生品市场、上海期货交易所黄金期货市场和商业银行场外黄金市场共同发展的多层次市场格局,形成了与我国黄金产业协同发展的良好局面。

1. 三元一体的黄金市场架构

(1)上海黄金交易所黄金现货市场。

作为唯一的国家级贵金属交易市场,上海黄金交易所实行会员制的组织形式,接受中国人民银行的管理和监督。经过十余年的快速发展,上海黄金交易所逐步建成了由竞价市场、询价市场、定价市场、租借拆借市场共同组成的,融境内主板市场与国际板市场于一体的黄金市场重要金融基础设施,逐步发展成为中国黄金市场的核心枢纽以及全球重要的黄金、白银等贵金属交易市场。交易品种包括黄金、白银和铂金三大类共20余个交易品种,涵盖现货实盘、现货延期交收、现货即期、远期、掉期和期权等种类丰富的产品条线。

截至2016年年底,交易所已有会员253家,其中国内金融类、综合类、自营类会员共167家,特别会员19家,国际会员67家,涵盖了全国绝大多数的产用金企业和大型金融机构;各类机构投资者10 815户,个人投资者 929.87 万户。

2016 年，上海黄金交易所黄金交易量达到 4.87 万吨，已连续 10 年成为全球最大的黄金现货场内交易所，黄金成交量是 2003 年的 103 倍，年均增速达 40%以上。

上海黄金交易所按交易方式可分为竞价市场、询价市场和定价市场。其中，竞价市场的交易量最大，银行、投资机构和个人均可参与，2016 年黄金竞价交易量为 3.04 万吨；询价市场是机构之间开展定制化衍生品交易的重要平台，主要提供黄金、白银和铂金三大类品种，已成为上海黄金交易所市场的重要组成部分，2016 年黄金询价交易量为 1.77 万吨；定价市场是 2016 年 4 月新设立的市场，由专门的定价交易系统经过多轮"以价询量"的方式产生人民币计价的黄金基准价格。

（2）上海期货交易所黄金期货市场。

2008 年 1 月 9 日，上海期货交易所黄金期货合约正式挂牌交易，进一步丰富了我国黄金市场的产品类型，成为黄金现货市场的有力补充。黄金期货合约包括 3 个近月合约和 5 个远月的双月合约，均有固定的交割日期。目前黄金期货已成为上海期货交易所比较活跃的期货品种之一，不过黄金期货主力合约仍然只集中在 6 月份和 12 月份交割期的两个品种，并且投机性交易占比超过九成，与上海黄金交易所的黄金 Au（T+D）产品相比，对实体经济的支持作用和风险管理功能仍有待提升。

（3）商业银行场外黄金市场。

商业银行场外黄金市场是一个无形的市场，包括银行与其客户之间开展的实物金销售、黄金积存、黄金租赁、黄金远期和黄金期权等黄金业务，产品种类繁多，交易方式灵活，能够较好地满足企业的融资需求、避险需求以及个人的投资需求等。场外黄金市场与场内市场互为补充，向黄金产业提供多方位的金融服务。

2. 我国黄金市场发展特点

（1）市场架构比较完整。

我国黄金市场三元一体的市场架构层次分明，通过差异化定位，既各有侧重，又互相交叉、互为补充，提供多渠道、全方位的市场服务，较好地满足了各类投资者多样化的市场需求。这也是我国黄金市场区别于欧美等国黄金市场的根本特色之一。

（2）参与主体类型多样。

商业银行、产用金企业、期货公司、证券公司、信托公司和各类专业投资公司都是两大场内市场的参与主体，这些会员又可以代理客户（包括机构客户和个人客户）参与交易。在会员和客户之间，还有提供客户服务的居间商以及经纪类、咨询类和系统开发支持类的机构等。

（3）与实体经济和黄金产业密切关联。

我国是全球最大的黄金生产国、消费国和进口国，黄金产业十分发达，因此我国黄金市场的建立和发展也深植于黄金产业的深厚土壤，着力于为黄金产业和国民经济发展服务。随着黄金市场改革的推进，黄金的生产、加工和销售企业有了市场化价格指标和统一高效的交易平台——黄金交易所，交易和生产效率大大提升，黄金市场在我国实体经济和黄金产业发展中的作用日益提升。

大家常说，"黄金有价玉无价"，为什么玉无价？因为玉没有标准。正是包括上海黄金交易所在等的全体产业链参与者的共同努力，使得黄金成为一个标准化的产品，说99.99%就是99.99%，这样就减少了欺诈，增加了信用，提高了流通速度和效率。

（4）投资与风险分散的功能进一步得到发挥。

近年来，我国黄金市场的交易规模和在整个金融市场体系中的占比均稳步提升，银行、券商、基金、信托等各类金融机构和其他非金融机构，以及普通老百姓，均开始重视和参与黄金投资，将黄金纳入其资产篮子，黄金市场的投资和风险功能越来越完整。

我国黄金市场发展新路径："两金"战略

黄金市场是经济形势的一种反映，当前，世界经济增长仍然较为低迷，贸易保护主义、逆全球化和民粹主义倾向有所抬头，主要经济体政策走向存在较大不确定性。比如，朝核问题等地缘政治冲突，新型经济体面临的外部需求不足、负债高企等诸多制约都会对全球经济增长带来不确定性。

全球经济增长的不稳定和不确定因素明显增加，金融市场上的"黑天鹅"事件层出不穷。在这种不确定情况下，在全球经济在平衡的过程中，黄金的投资和避险价值有所凸显，黄金市场的活跃度明显提升。同时，全球范围内的"西金东移"趋势进一步明显，以中国和印度为代表的亚洲地区，已成为带动全球黄金市场发展的重要引擎。预计未来五到十年，将是国际黄金市场体系发生重大变革的关键时期。

在此背景下，美、英等国逐渐加大对本地黄金的保护力度，亚洲有关国家和地区也积极发展本国黄金市场。国际黄金市场份额的争夺已经进入白热化阶段。

从我国发展现状来看，虽然近年来我国黄金市场的发展取得了较大进展，但与欧美发达国家的成熟市场相比还有很大差距。一是我国黄金市场发展相对滞后与旺盛的黄金需求形成了鲜明对比。市场参与度仍有待扩大，交易规模有限，开放程度依然较低。二是我国作为全球最大的黄金消费国、生产国和进口国，在国际黄金市场中的地位和影响力仍有待提高。在全球黄金市场格局发生深刻变化的大背景下，中国如何把握机遇，取得竞争新优势，打赢"孟良崮战役"，需要探索新的发展路径。

"上海金"

2014年李克强总理在视察上海自贸区时，提出希望上海黄金交易所打造"上海金""百姓金"。我们目前正在积极践行"两金"品牌战略，希望以此为支点，撬动整个黄金市场的升级发展。我们提出了两化战略——市场化和国际化，品牌上打造两金——"上海金"和"百姓金"。在行动上有三个方面，要把黄金的商品属性转变为商品属性和金融属性共同发展；让黄金市场由现货市场转变为现货市场和金融衍生品市场共同转变；让黄金市场从以国内市场发展为主，转变为国内和国际市场共同发展。这就是我们的"223战略"。

在这种情况下，如何建立一个成熟的市场？如何衡量金融市场是否成熟？大家都知道，衡量金融市场是否成熟、发达的重要标志就在于它是否有足够的广度、深度和弹性，包括市场参与者类型的复杂程度，产品和渠道的丰富性，价格发现和形成机制的完善性，以及抗风险能力等。其中，价格发现是金融市场的首要功能，也是市场存在和发展的基础。

而目前，全球黄金的定价中心仍然是伦敦和纽约，由欧美市场以美元计价的黄金价格主导，中国黄金市场依然是"西价东望"。黄金价格不能充分反映我国黄金市场的真实供需关系，使我国黄金产业面临着较大的价格风险，在参与国际市场竞争中处于不利的地位；也可能造成作为重要战略储备的国家黄金储备价值的非确定性异常波动，从而一定程度上影响到国家金融战略的顺利实施。

为此，上海黄金交易所于 2016 年 4 月 19 日推出"上海金"人民币交易业务。"上海金"人民币交易业务，是指在上海黄金交易所的平台上，以 1 公斤、成色不低于 99.99%的标准金锭为交易对象，以人民币元/克为计价单位，通过多轮次"以价询量"的集中交易方式，在达到量价相对平衡后，最终形成某一时点上的"上海金"基准价格，于每日 10 点 15 分和 14 点 15 分对外发布。

2016 年 4 月 19 日，"上海金"正式发布时，首笔基准价定格于 256.92 元/克。"上海金"是由 12 家定价机构和 6 家提供参考价的成员共同定价，在上海黄金交易所的平台交易，重量为 1 公斤，成色 99.99%。

与"伦敦金"相比，"上海金"具有其自身的创新特点和优势。

一是参与者结构更加丰富。"伦敦金"定价机制包括 13 家直接定价会员和间接参与者。而"上海金"的参与者除了 12 家定价成员外，还包括 6 家提供参考价成员，以及交易所的其他会员及其客户（如商业银行、产用金企业、投资类会员及机构客户等），这使"上海金"的价格具有更为广泛的代表性，能够真实反映人民币黄金市场产用金和投资链的供需诉求，更能代表市场的公允价格。

二是定价过程更加公开透明。"伦敦金"的定价主席拥有很大的定价裁量权，有权选择确定初始价以及接下来每轮的报价，选择依据则是凭借定价主席自身的市场经验。而"上海金"则没有设置定价主席，全部定价过程都是由交易所研发的定价交易系统根据事先公布的交易规则经过多轮询价最终达成均衡成交，过程全程记录、公开透明，可经审计和回溯。

三是结算方式更加高效便捷。"伦敦金"需要交易参与各方事前互相两两授信，场外自行清算和安排交割；而"上海金"则采取场内集中净额清算的方式，由交易所负责整个结算、交割过程，交易各方无须互相授信，有利于降低违约风险，提高结算、交割效率。

此外，"上海金"的定价交易模式也是国内首创。其他国内交易所市场一般是按照"价格优先、时间优先"的"价格匹配"撮合模式；而"上海金"是按照"以价询量、数量撮合"的"量价平衡"撮合模式,是国内交易所市场的首创。

一方面"上海金"的推出,为全球市场黄金生产商、消费者和金融机构提供了一个公开、透明和可交易的黄金人民币交易基准价,与"伦敦金""纽约金"一起作为三个时区的基准价格,为国际市场参与者提供更为全面和客观的全球黄金市场动态。同时,我们用自己的价格、国内的企业,就避免了汇率风险、汇兑风险和外汇方面的风险。利用中国黄金全产业链共同参与的价格发现优势,进一步完善黄金市场价格形成机制。

另一方面,"上海金"的推出能够增强人民币在黄金等金融要素市场的定价能力,有助于改变全球黄金价格由以美元计价的"伦敦金"定盘价和纽约期货价格为主导的不平衡格局,更好地引导全球黄金资源有序流动,促进市场的有效配置和均衡。

2016年,"上海金"定价交易成交量569.19吨,成交金额1552.75亿元。随着上海黄金市场在全球实物黄金贸易中的影响力不断增强,以"上海金"作为基准价的衍生产品交易和价格风险管理需求不断增长,"上海金"的应用范围不断扩大。

首先,"上海金"基准价已经被黄金企业作为套期保值交易贸易结算的基准。其次,多家商业银行将"上海金"基准价作为黄金租赁、抵押等黄金资金融通的计价依据。再次,在银行间询价市场中,多家银行已经通过交易所询价交易平台,开展了以"上海金"基准价为参考价格的现金结算型询价即期、远期、掉期、期权合约交易。最后,借助上海金定价参与范围广、机制透明、全额成交等特点,"上海金"基准价还被金融机构作为产品设计的锚定价,部分商业银行、证券公司和基金公司正在设计或已经推出了与"上海金"基准价挂钩的黄金金融产品。

在国际上,路透、彭博等多家全球著名的交易数据平台向上海黄金交易所申请"上海金"相关的交易数据信息。"上海金"一推出,迪拜黄金与商品交易所就向我们表示,希望研发与"上海金"基准价挂钩的衍生金融产品。2016年10月28日,上海黄金交易所与迪拜黄金与商品交易所在上海签署了《上海金基准价授权使用协议》,授权迪拜黄金与商品交易所在其开发的以离岸人民币计价的黄金期货合约中,使用"上海金"基准价作为该合约的现金结算价。该合约已于2017年4月9日正式推出。

这是"上海金"基准价首次应用在国际金融市场，可以说是"上海金"品牌走向世界的"破冰"之旅，进一步扩大了"上海金"的国际影响力，同时也有利于提升人民币的境外形象和声誉。

一个市场是否具有定价权，根本上要取决于参考和使用这个价格的群体规模和资金量的多寡。"伦敦金"和"纽约金"在国际黄金市场的影响力是经过上百年不断推广，通过逐渐影响市场参与者的交易习惯而逐步建立的。

所以，下一步，我们将进一步推进"上海金"的扩大使用，推动市场主体开发更多"上海金"基准价应用的场景；增加"上海金"品牌的受众范围和运用基础，鼓励更多的机构参与"上海金"定价机制；努力实现"上海金"从简单到复杂、从国内到国际的应用目标，包括逐步实现国内外主要从事贵金属贸易和交易的机构参与"上海金"人民币交易业务，国内企业以"上海金"基准价作为签署进出口黄金、黄金原材料和产品的基准价，国际黄金和黄金原料及产品贸易使用"上海金"基准价作为合约的基准价，国际长期黄金投资和各种黄金衍生品以"上海金"人民币基准价及其月平均价作为设计合约的基准价等目标，更好地发挥我国黄金市场促进黄金产业发展的功能，不断扩大"上海金"的市场影响力，做大做强"上海金"品牌。

"百姓金"

李克强总理参观上海自贸区时，上海黄金交易所国际板成立，李克强总理提出不仅要推出"上海金"，还要推出方便老百姓进行投资的"百姓金"。我们初步的设想是，"百姓金"的实质是要运用数字技术为广大公众提供黄金交易等服务，是黄金市场数字化发展的具体体现，有助于进一步完善黄金市场功能，提高黄金市场的容量、集聚性和效率。

近年来，金融科技（FinTech）的发展推动传统金融快速数字化和移动化。相比传统金融，数字金融成本低、覆盖广、智能化、便捷高效，实现了客户接入和服务方式的革命。特别是在中国，客户基础庞大，长尾效应强，同时智能手机的快速普及以及 4G/5G 时代的来临，导致移动端呈现井喷式发展，快速推动数字金融的发展。

将来的技术对传统金融带来的数字化、移动化变革将是颠覆式的。中国的客户基础十分庞大，如何将一个大容量的平台建设起来？如何更好地方便中国老百姓炒黄金、用黄金、买黄金和投资黄金？要解决这些问题，就必须要顺应技术变革和用户行为的变迁，更好地发挥禀赋优势，要利用好互联网。

上海黄金交易所利用中国移动互联网快速发展、用户行为向移动终端快速迁移的契机，积极推动黄金市场的数字化发展，通过O2O、B2C等模式，畅通和优化产品服务触达用户的渠道，大力发展移动端黄金交易平台和产品。

这并不是简单的交易平台平移，数字黄金交易平台和产品应该具有以下特征：一是低成本，这也是数字金融最显著的特征，由于整个交易过程通过移动端完成，边际交易成本极低；二是降低信息不对称程度，利用大数据优势进行海量维度的数据收集，分析用户交易的历史数据，实现对信息的有效组织、排序、检索和匹配，可以实时、持续、准确地捕捉参与主体的投资需求和交易行为；三是搭好平台，降低参与门槛，拓展服务边界，吸引更多不同类型的投资者；四是提升服务的质量和效率，更为迅速地动态发现并响应客户多样化的需求，并通过智能化操作实现系统的高效响应。

黄金市场数字化更加便利了C端用户的参与。在上海黄金交易所的参与主体中，个人投资者一直是重要的组成部分。截至2016年年末，上海黄金交易所的个人投资者共有929.87万人。但是对于个人投资者，仍然存在相关问题：投资门槛过高，投资方式不便；投资渠道不畅，交易不够便捷；场外市场混乱，缺乏规范；百姓投资热情高但投资知识欠缺；缺少适合普通百姓投资的黄金衍生产品等。

为此，上海黄金交易所于2016年年初正式上线了交易所首款移动互联网客户端——"易金通"App，这也是中国首个国家级黄金市场移动端产品。

"易金通"App目前提供在线开户、移动交易、行情查看、账户查询以及资讯浏览等五大功能。普通个人投资者可以使用APP安全、便捷地在手机、平板等移动终端上实现移动开户和直接交易上海黄金交易所的相关贵金属产品。

"易金通"的推出，进一步畅通了交易渠道，有效满足了人们日益提升的黄金投资和实物需求，为广大投资者配置、运用黄金提供了便利、安全、高效的途径，极大地缩短了交易的信息成本和时间成本，有助于更好地捕捉交易机会，推动黄金理财和保值增值；也有助于集聚投资者和服务供应商,进一步规范市场交易体系。"易金通"上线以来,截至 2016 年年底,累计客户 30 528 户,成交金额约 1 281 亿元;共有 20 家会员单位开通了交易功能,7 家会员单位支持新开户功能。

此外,我们进一步加强技术基础设施建设,改造和优化了交易系统。2017 年 5 月 1 日,全新、功能更强、效率更高的第三代交易系统正式推出,通过系统的多次快速迭代,市场的交易和结算更加高效便捷,用户体验进一步得到提升。

下一步,我们计划利用在深圳的运营中心,打造网站、网上交易平台、移动 APP 共同覆盖的综合黄金运营模式。借助技术支持,进一步强化渠道功能和信息来源,为用户提供更加个性化、细分化、差异化的分类,提供标准化、定制化相结合的产品;优化界面操作和系统交互,不断推进线上增值服务,持续提升用户体验。同时,加强交易风险预防和管控,保障用户账户和资金安全;更有效地开展黄金投资者教育,普及投资知识,提高风险防范意识。

通过"上海金",我们建立了能够反映中国黄金市场供需关系的市场化价格发现和形成机制;通过"百姓金",我们进一步提高了市场参与者的广泛性和多样性,丰富了交易渠道,提升了交易的活跃度和效率。"上海金"为"百姓金"的交易提供了重要的定价基础;"百姓金"也有助于增加以人民币计价黄金交易的参与者数量,进一步扩大"上海金"的使用和影响力。二者互为补充,相互促进,已构成推动我国黄金市场发展、提高核心竞争力的两个"轮子",同时发力,并行向前。

我国黄金市场的国际化

如何在全球黄金市场格局变化中占据主要位置,抢占"西金东移"背后的巨大市场红利,打造与我国黄金产业大国地位相适应的黄金市场?这需要两个先决条件:一是提高竞争力,二是扩大开放。

当前,全球化和深度融合已成为国际黄金市场的发展趋势。而受限于黄金进出口管制和资本项目未完全开放,中国黄金市场依然较为封闭。推动黄金市场的国际化,实现市场双向开放,才能实现要素的有序流动、资源的高效配置和市场的深度融合,中国黄金市场的影响力才能辐射亚洲乃至全球。

2004年,周小川在伦敦金银市场协会(LBMA)全球贵金属年会上提出了推动中国黄金市场从商品交易为主向商品交易与金融交易共同发展转变、从现货交易向现货和衍生品双功能交易转变、从国内市场向国内和国际市场并重转变的要求。按照"三个转变"要求,中国黄金市场逐步开始实施对外开放。2007年3月1日起,上海黄金交易所将夜市交易时段延长至次日凌晨2:30,与欧美主要黄金市场的交易时间进一步对接,使国内外黄金市场的运行节奏更加同步。2007年6月,伦敦黄金市场中主要的报价行——汇丰银行、渣打银行、加拿大丰业银行、瑞士联合银行和法国兴业银行获得上海黄金交易所发放的首批外资金融类会员牌照。

2013年9月29日,中国(上海)自由贸易试验区正式挂牌成立,根据方案,允许金融市场在试验区内建立面向国际的交易平台。当时的说法是,这是一块"试验田"或者说"游泳池",先"试水",熟悉水性,将来一旦全面开放,到了波涛汹涌的"大海",才不会"呛水"。

那么我们就想在自贸区这块"试验田"先行先试,成立黄金国际板,成为国内首家直接面向国际投资者开放的交易所。但是,有了想法之后,既没有模板可学,也没有经验可鉴,一切都是摸着石头过河。最初提出了两种可能的业务模式:一是在上海自贸区内单独设立一个交易平台,专门面向国际投资者提供贵金属交易服务,并与上海黄金交易所市场相对独立;二是在上海自贸区设立子公司集中管理国际板业务,但业务均统一整合在上海黄金交易所的平台上进行。经过多次的内部讨论和外部征求意见,考虑到第一种业务模式不符合现行黄金市场"两所一柜"的政策规定,且可操作性较低,最终选定了更为务实可行、可以尽快落地的第二种业务模式。

模式确定之后,为了实现与国际市场的接轨,确保交易顺畅、风险可控,我们进行了很多创新。我把它称为"巴拿马运河"模式。大家都知道,巴拿马运河连通太平洋和大西洋,由于水位差的原因,建造了船闸来控制水流速。我们国际板其实就好比连接国内和国际黄金市场的"运河",由于两个市场的发展程度不同,"海平面"落差很大,打通"海平面"的过程中也需要设置"船闸",有序、稳妥地向国际投资者开放市场,防止市场开放可能对国内市场带来的冲击。

一是基于自由贸易设立资金专用账户。国际中心设立自由贸易(FT)

资金专用账户，保证资金专项专用。国际会员及其客户的资金账户保证"从哪儿来，到哪儿去"，严格限定资金提取路径，有效地防止了跨境资金的非法流动。这也是我们打造的目的，账户的运作还有很多细节，现在69个国际会员里，67个有交易，基本上都是国际上大型产金用金企业和投资商，年交易额大约在2万亿元。

二是在结算体系上，实行"分级、净额、封闭"的资金结算原则。国际会员就其在交易所的交易与国际中心进行分级净额清算结算。国际客户与国际会员的资金分账户设立和存管，国际客户资金全部存管在国际中心专用结算账户，全封闭运行。

三是在自贸区内设立国际板指定交割仓库，为国际投资者提供交割储运服务，限制黄金境内境外交叉出入库，防范利用黄金交易进行跨境实物非法转移的行为。主板指定仓库和国际板指定仓库。通过与海关的密切配合，从飞机一落地起，进口黄金在4个小时之内就能进入仓库。

四是在市场准入，强调适当性原则，建立国际会员和国际客户适当性制度，设置资质门槛。

五是在风控制度上，严格执行限仓制度、大户报告制度、强行平仓制度等风险控制措施，加强对国际投资者异常交易行为的监控等。

2014年9月18日，国际板正式启动，直接面向境外投资者开放我国的黄金市场，所有交易合约均以人民币计价和结算，境外投资者可以通过开立自由贸易账户，使用离岸人民币直接参与交易所国际板和主板市场交易，初步实现了国内黄金市场和国际黄金市场的有效联通。此外，国际板有效衔接了人民币的在岸市场和离岸市场，拓展了离岸人民币资金的运用和回流渠道，初步实现了黄金投资项下的人民币自由兑换，为扩大人民币的跨境流动、稳步推进人民币国际化提供了有益经验。

国际板自建立以来发展良好，国际会员积极参与，交易规模稳步攀升，市场功能初步显现。目前交易所已有国际会员67家，大部分为国际知名黄金实物提供商、知名商业银行、大型国际交易商等。国际板自上线至2016年年底，累计成交金额2.29万亿元；其中，黄金成交量8 977.41吨，成交金额2.27万亿元；白银成交量4 685.4吨，成交金额176.56亿元。

为进一步便利境外投资者交易，国际板不断简化境外投资者账户开立和国际板黄金进口等手续和流程，并先后推出了境外保证金存管银行服务、黄金沪港通、黄金实物库存和债券充抵保证金等业务，进一步便利了境外投资者交易，丰富了市场层次，提高了市场效率。通过国际板，越来越多的境外投资者了解、熟悉了中国的黄金市场，对人民币计价黄金的投资意愿不断增强，上海黄金交易所的产品也逐渐获得了国际市场的普遍接受和认可，市场影响力和认同度不断提升。

中国要想更好地在国际市场上发挥作用，必须走国际化的道路，这种国际化的道路按常规来讲就是"请进来，走出去"，实现国际业务和交易的全球化。

根据我们的设想，黄金市场的国际化战略应该分三步走：第一步，实现境外投资者能够到境内交易人民币计价的黄金产品，也就是将投资者"请进来"；第二步，实现境外投资者直接在境外交易人民币计价的黄金产品，也就是产品"走出去"；第三步，实现业务国际化和交易全球化。通过建立国际板，我们已经实现了这个战略的第一步。接下来的第二步，其实就是本地化的过程。这是国际化的关键一步。

国际化是一个复杂的过程，而一个市场的国际化是不是成功，主要看两个指标：一是在全球范围内的影响力，二是市场全部交易量中，来自境外的交易量的占比。而以人民币计价结算或以"上海金"基准价作为结算价的黄金产品，在境外市场的竞争力和市场占有率，很大程度上取决于其在当地的可交易性和粘滞性。而这主要是看它本地化的过程是否成功。可以说，人民币计价黄金交易在不同国家、不同市场的本地化过程就是国际化的过程。而其中，产品"走出去"的方式和渠道至关重要。

为尽量缩短我们进入海外市场的磨合期，我们的做法是，通过与境外交易平台的跨市场合作，在境外交易平台嵌入人民币计价合约的交易窗口，推动黄金交易的本地模式。这一模式最大的好处在于，通过有效运用更贴近当地投资者的本地化资源和运营力量，投资者无须在上海黄金交易所开户，只要是当地交易平台的会员或客户，即可参与交易，从而更符合当地市场投资者的交易、信息、语言等习惯和偏好，包括对开户、下单流程、交易界面甚至是支付方式绑定等的倾向性，在满足投资者交易需求的同时，提高投资者适应度，有效降低交易成本。同时，通过与本地交易所的优势叠加，也有助于我们在市场功能、产品服务等方面与国际市场快速接轨。

目前，我们正在积极与迪拜多种商品交易中心（DMCC）、马来西亚衍生品交易所（BMD）、德意志交易所集团（DB）等在内的多家境外同业机构探索开展跨市场合作，使境外投资者可以直接通过当地市场的交易平台直接参与我国的人民币计价黄金产品交易，并在标准制定、渠道互通、市场推广、信息共享等多个方面根据各自不同的情况探讨不同的合作形式，从而有效实现不同市场之间的互联互通。

下一步，我们将逐步加大境外市场投入，探索通过产品、机构、资本等多种输出方式，根据当地投资者的交易特征和市场标准，不断进行适宜本地化的改造和战略性经营调整。通过市场、产品、管理和人才等的本地化嫁接应用，逐步建立市场需求分析、应用开发、系统设计等队伍以及完整的市场推广与服务体系，全方位融入当地市场，从而更好地培育当地投资者群体，进一步撬动市场交易量。在此基础上，通过不断的整合升级，最终实现业务国际化和交易全球化，也就是国际化战略的第三步。

近年来，随着国际金融市场的不断融合发展，市场的边界日益模糊，割裂逐步消除。国际各主要交易所之间的兼并和收购已渐成趋势。2007年，纽约证券交易所（NYSE）和泛欧证券交易所（Euronext N.V.）合并成立纽约-泛欧交易所集团；NASDAQ 与 OMX（北欧证券交易所）合并成立 NASDAQ-OMX 交易所集团；2012 年，港交所并购伦敦金属交易所（LME）；2015 年，上海证券交易所、中国金融期货交易所和德国交易所集团合资在德国法兰克福成立"中欧国际交易所"，等等。我们可以充分借鉴全球各大交易所之间合资或并购的经验，探索与境外交易所进行行业整合、资源共享的业务机遇，通过汇聚境内外多样化产品，不断缩短交易路径，为境内外投资者提供多币种、多品类的开放性交易平台，立足国内，辐射全球，重点加强国际主要金融市场、人民币离岸结算中心、"一带一路"沿线国家和地区的战略布局，与全球投资者共享中国黄金市场的成长机会。

第三步，如何实现业务的国际化和交易的全球化？我们将探索与境外交易所进行行业整合、资源共享的业务机遇，通过汇聚境内外多样化产品，不断缩短交易路径，为境内外投资者提供多币种、多品类的开放性交易平台。

我们也梦想将来能用手机一统天下，这样也能达到立足国内、辐射全球的目标，将黄金交易所作为中国的资本市场进入全球市场的重要一环，能够为国家战略服务，能够为老百姓提供更多的服务，这也是我们的愿景。

开放发展是引领我国未来五年乃至更长时期发展的"五大发展理念"

之一。黄金市场作为当前我国国际化程度较高的金融子市场之一，将会进一步释放中国金融市场对外开放的积极信号，让更多的市场参与者能听到来自中国市场的声音，有助于提振国际社会对中国金融市场的信心。

我们将继续在国际化进程中培养并保持核心发展能力和竞争优势，更好地利用国际国内两个市场、两种资源，提升人民币计价黄金市场的集聚力，提升在国际规则制定中的话语权和影响力，打造各类市场主体深度参与、开放水平不断提高、要素有序流动、资源高效配置、具有活力和竞争力的市场体系，将"上海金"打造成与"伦敦金""纽约金"齐名的黄金市场标志性品牌，推动中国黄金市场成为能够与伦敦和纽约比肩的国际黄金市场"第三极"，与其他市场相互影响、相互吸收、相互融合、互利共赢，推动国际黄金市场体系的多极化和平衡健康发展。也欢迎大家用自己的才华，为中国从黄金大国向黄金强国迈进注入能量和智慧，共同书写世界黄金市场的中国故事，开创中国黄金市场有为、有位的美好未来！

（本文根据作者2017年4月21日在北京大学汇丰商学院"金融前沿讲堂"的演讲整理，经作者审阅。）

16. 新中介的崛起与房地产价值链的重构

杨现领

贝壳研究院名誉顾问

自 1998 年住房体制改革以来，我国商品房市场经历了快速发展的数十年。这数十年内，新建商品房销售年均增长 14.3%，商品房开发投资年均增长 19.7%，均远高于其他经济体，是我国经济增长的主要动力。与我国社会经济发展进入新常态同步，当前房地产市场也进入了变轨转型的新阶段。

大周期的历史拐点？

2016 年，我国新建商品房销售规模超过 11 万亿元，达到了历史的顶峰。11 万亿元的销售规模从何而来？未来还会继续上升吗？

房地产驱动力的转换

在过去十余年中，我国房地产市场经历了四个主要发展阶段，驱动力发生了明显改变。

第一个阶段，从 1998 年至 2003 年，为基本制度奠定期。1998 年开启的住房商品化改革，是我国房地产市场供给侧的重大改革。预售制度和招拍挂制度的建立，奠定了我国房地产市场的基本制度框架。预售制度解决了开发商资金不足的问题，使得住房供给能够大幅增加，土地招拍挂制度使得土地能够自由流转，是市场能够持续扩大供给的基础，商品房时代加快发展。

第二个阶段，从 2004 年至 2007 年，为基本面推动期。这一阶段的驱动力来自经济的高速增长、收入的快速增加和城市化的发展。在此期间，我国年均复合增长 19%，城镇居民人均支配收入年均复合增长 14%。城市化率由 41.8% 提高到 45.9%。在此期间房地产销售额复合增速超过 40%。而这一时期广义 M2 增速还未跑赢 GDP 增速，可以说这一时期房地产的高速增长完全受真实经济的推动。

第三个阶段，从 2008 至 2013 年，为动力转换期。这一阶段房地产驱动力逐步向金融因素转换。2008 年开始，我国经济增速开始出现放缓，年均复合增速较之前下降 6 个百分点、居民收入增速也下滑 3 个百分点、人口增速也在下行。基本面的变化意味着房地产需求的下降。然而，2008 年之后，我国房地产开发投资增速仍超过 20%，销售复合增速为 27%，房价仍快速上涨，究其原因在于金融的驱动力量开始显现，主要表现在：房地产销售、房价与货币供应量增速保持高度相关，房地产销售、房价的变动与信贷杠杆水平高度相关。

第四个阶段，从 2014 年至今，为分化变轨期。这一时期，房地产市场的继续发展与经济、收入增长等基本面渐行渐远，金融因素转而成为主要驱动力。这一时期经济增速降到 7% 以下，收入增速也回到个位数，投资更是维持低位。而与之相反的是房地产销售继续大幅增长，房价高位运行，尤其是一线城市，年均房价复合增长率超过 20%。其原因在于货币信贷的驱动力更强。

在这四个主要发展阶段，我国房地产市场的主要指标如表 16.1 所示。

11 万亿元怎么来？

1. 11 万亿元的量价贡献

从全国层面看，2016 年我国商品房销售额达到 11 万亿元新高点，同比大幅增长 28.1%。成交量大幅上涨是 11 万亿元的主要贡献力量。2016 年商品房销售面积约 14.8 亿平方米，同比增长 15.3%，增速较 2015 年上升 8.8 个百分点，对今年交易规模增长的贡献度达到 54.5%；全国房价平均上涨 11.1%，对交易规模增长的贡献度为 39.5%。

表 16.1 我国不同房地产市场阶段主要指标

时期划分	房价增速 全国	房价增速 一线城市	销售额增速	GDP增速	M2增速	M2增速-GDP增速	收入增速	开发投资增速
基本制度奠定期（1998—2003）	4%	—	26%	10%	16%	6%	9%	23%
基本面推动期（2004—2007）	12%	—	42%	19%	17%	-2%	14%	24%
动力转换期（2008—2013）	10%	12%	27%	13%	18%	5%	11%	22%
分化变轨期（2014年至今）	9%	21%	21%	7%	12%	5%	8%	4%

资料来源：国家统计局、链家研究院。以上增速均为复合增长率。

从能级来看，2016年一线城市的商品房销售额上涨25%，销售规模的增长主要由价格上涨贡献，一线城市房价同比上涨21%，销售面积仅仅增长了4%。上海商品房销售额的增长中，价格的贡献超过60%，深圳交易额增长全部由价格贡献。二线城市大多量价齐升，销售额增长37%，而销售面积和销售均价涨幅分别达到15%和13%。杭州、广州、天津、武汉等城市成交量增长的贡献度达到70%。三四线城市量涨价低，销售额增长中的20%主要是成交量增长所致。

2. 11万亿元来源于居民加杠杆

创造2016年11万亿元销售金额的主要因素是在较低的房贷利率下居民使用信贷杠杆比例大幅提高。在一系列降准降息措施下，我国中长期房贷利率降至4.9%，北、上、深等重点城市首套房贷利率更是降到4.4%以下。调控后，首套房贷利率虽有所回升，但到2016年11月仍保持在4.45%的低位。

3. 11万亿元的分布

从分布来看，2016年的11万亿元新高点，并不是普遍性的增长，而是进一步向重点房企和城市集中。从房企的排行来看，前3名（TOP3）销售额占比近9%，前30名（TOP30）销售额占比达到29%（如图16.1所示）；

从城市来看，集中之势更为明显，前 3 名（TOP3）城市占比为 15%，前 30 名（TOP30）城市占比为 58%（如图 16.2 所示）。值得关注的是，目前限购的 20 个城市销售额占比超过 45%（如图 16.3 所示），可以说，2017 年绝大部分的增长还是集中在这些重点城市。

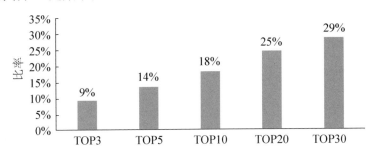

图 16.1　2016 年开发商销售金额集中度情况

资料来源：Wind、链家研究院。

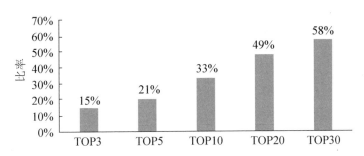

图 16.2　2016 年城市销售金额集中度情况

资料来源：Wind、链家研究院。

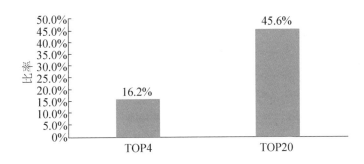

图 16.3　2016 年 20 个限购城市集中度情况

资料来源：Wind、链家研究院。

拐点来临：未来的五大趋势

2016年商品房销售额达到11万亿元高点，在房地产进入分化变轨期后，经济增速放缓、人口的低速增长、城市化的慢速进行将无法支撑新房销售的继续增长。整体来看，未来新房市场将进入稳定期，房企虽进一步集中，但难改利润不断下滑的趋势。同时，房地产市场由以购为主向购租并举、由开发为主向服务升级、由增量向存量转变的趋势正在加强。

1. 新房将进入中低速增长阶段

从需求端来看，人口增量放缓，人口流动规模和增速也在放缓。图16.4显示了1990—2015年我国的人口出生率、自然增长率及总人口的情况。同时，置业人口占比不断下降。2012年开始，我国房地产置业人口占比不断下滑，2015年占比较2003年前下滑2个百分点（如图16.5所示）。

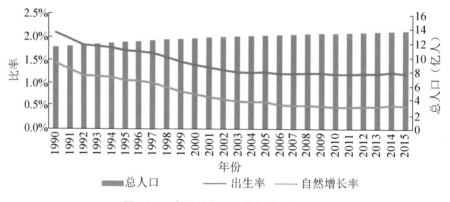

图16.4 全国总人口、增长率及出生率

资料来源：Wind。

从供给端看，我国房地产总体供需趋于平衡。2010年我国户均套数基本达到了1，这意味着我国基本解决了总体性住房短缺这一问题。美国、日本等发达国家的经验显示，户均住房套数超过1之后房地产新房需求接近顶峰，超过1.1之后房地产市场的顶峰就会到来。

从投资来看，未来我国新房投资开发将维持在低位。2015年，我国商品房开发投资增速创1998年以来的最低，同比仅增长1%，比2014年房地产开发投资增速大幅回落了9.5个百分点，比1999年增速回落了10个百分点,远低于金融危机时期 16.1%的增速。2012 年以后,我国房地产投资增速与美国、日本的差距缩小,逐渐向美国和日本接近,未来仍将在低位徘徊。如图 16.6 所示。

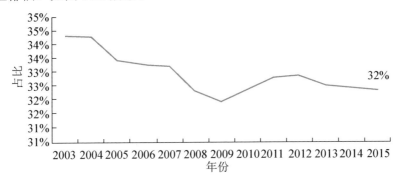

图 16.5　置业人口占比

资料来源:Wind。

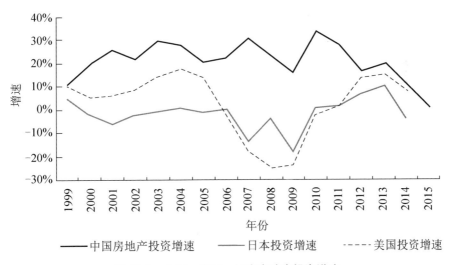

图 16.6　中国、美国、日本房地产投资增速

资料来源:Wind。

2. 行业集中度越来越高,利润越来越低

从房企集中度来看,行业集中度大幅提升。近年来,我国房地产开发企业集中度不断上升,2016 年,前 10 名(TOP10)、前 20 名(TOP20)房

企销售面积占比分别达到 12%和 16%，销售金额占比分别达到 18%和 25%（如图 16.7 和图 16.8 所示）。行业集中度的提升预示行业发展的成熟，进入稳定发展时期，也预示着房地产行业继续大幅扩张的时代终结。

图 16.7　中国房企 TOP10 销售面积、金额集中度情况

资料来源：CRIC、链家研究院。

图 16.8　中国房企 TOP20 销售面积、金额集中度情况

资料来源：CRIC、链家研究院。

在行业不断集中的同时，开发商利润率却在不断下降。2015 年，房企营收虽然再创新高，但营业利润却在低位徘徊。从 2009 年开始，房企营业利润率不断下滑，从最高峰 21.7%下降到 2015 年的 13.4%，净利润率也降到个位数（如图 16.9 所示）。这主要是由于地价的大幅上涨，如一线城市，地价已经普遍占到房价的 50%以上，北京、深圳甚至达到 70%，再加上原材料、人力等成本的上升，房企的利润空间被继续压缩。

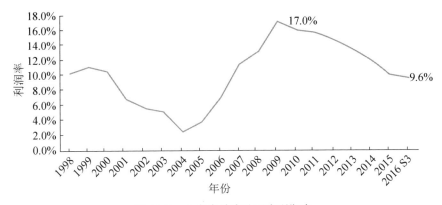

图 16.9　上市房地产公司净利润率

资料来源：Wind、链家研究院。

3. 由增量到存量转变

比新房开发拐点更为重要的是，我国房地产正在进入由增量向存量转变的阶段。从国外房地产市场发展历程看，美国 1999 年二手房交易占比已经达到 85.5%，2015 年上升到 91.3%；日本 1999 年二手房占比为 36.2%，2015 年占 65.4%，22 年提高了 19.2 个百分点（如图 16.10 所示）。我国 2016 年约有 10 个左右的城市二手房交易额超过新房，其中北京、上海和深圳最为明显，二手交易额分别是新房交易额的 1.5 倍、2.4 倍、2.5 倍，二手房成交已经占主导地位。2016 年北京二手房成交量占比约为 68.6%，上海为 76.8%，深圳为 67.1%，南京为 51.1%。随着城市化水平的提高，未来更多的城市将进入存量房时代。

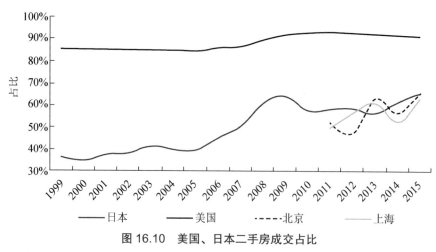

图 16.10 美国、日本二手房成交占比

资料来源：链家研究院。

4. 由以购为主向购租并举转变

与过去十几年市场主要以购买为主不同，市场的倒逼、人口流动的转变以及政策的推动，使得当前正是由以购为主向购租并举转变的关键之年。而存量房时代的到来往往伴随着城镇化中后期开发量减少和高房价的环境，使得市场偏向购租并举。高房价使得部分人群无力购房进而转向租赁，此外，由于工作变动等原因，年轻人群在城市间流动也更加频繁，使得部分年轻人群也更偏好租赁。简单测算，2016 年商品住宅销售面积约为 13 亿平方米，二手房成交约 4.9 亿平方米，若按套均 95 平方米和户均 3.1 人计算，2016 年通过购房解决居住问题的共有 0.58 亿人，而 2016 年通过租赁解决居住问题的人口已经超过 1 亿人，租赁人口远超购房人口。最新调查数据显示，目前有 35.6%的调查者通过租赁解决居住问题，35.7%的调查者无购房计划；77.2%的调查者觉得房价太高，无法接受；12.5%的调查者由于工作性质难以定居，在 12 个选项中占比处于第六的位置。相比于国际主要城市的租赁人口占比，我国大城市的租赁空间仍然很大，未来将有 3 亿人选择租赁。

5. 由房地产开发向服务转变

房地产市场的增量时代正在远去，而正进入存量房时代，存量房时代不再是开发的时代，而是服务的时代，包括二手房流通、租赁等交易服务，装修、维护、搬家、保洁等维护服务，租金、货币化等金融服务等等。从目前来看，在存量房交易占比不断提高的同时，存量房所覆盖的服务范围也在不断扩大。实际上，存量房不仅包含狭义的二手房交易，还包括在建项目、待售项目以及租赁市场，基本决定了市场的供给结构和未来的房地产业形态。与存量房交易相关的服务业，如青年公寓、信息服务、资产管理、房屋美化改造、房地产金融等正在蓬勃发展。这些新兴行业与传统的房地产开发、经纪行业加快渗透融合，逐渐成为产业升级的主要驱动力。未来的企业竞争不在于抢夺到优质的土地或开发出好的楼盘，而在于选对赛道，用服务创造价值。

崛起中的存量市场

从国际经验观察，当一个地区的住房自有率超过 65%、人均 GDP 突破 8000 美元、户均住房套数大于 1 时，就说明由增量开发主导的新房市场趋于稳定和成熟，基于二手房流通和房屋资产管理的存量时代将逐步来临。2016 年中国二手房交易额超过 6 万亿元，占住房交易总额的比例达到 41%，从这个关键指标看，中国总体上正处于向存量市场转换的过渡期。2016 年北京、上海的二手房交易额占比已高达 74%、72%，这个比例已经达到成熟国家市场的水平。

从这个意义上可以非常明确地说，当下的中国房地产市场正在发生的显著变化不是"黄金时代"向"白银时代"的转换，而是"增量时代"向"存量时代"的转换，这是一种赛道的切换，是一种更根本、更深刻的改变。

我们如何定义存量时代？它有什么核心含义？这个时代的关键特征是什么？对于整个房地产市场和宏观经济，它又意味着什么？

存量房市场的含义和范围

在增量时代，开发商存在的最大价值在于让超过 1 亿的城市家庭拥有了自己的房屋产权，存量时代的最大命题则是让些房屋资产得到更好的配置和管理，实现资产价值的最大化。围绕这个内涵，存量时代至少有三层含义：

第一，流通层面，让房屋所有权能够以最低的交易成本、最短的交易周期实现高效的流通。原则上，每一次流通对交易双方都意味着经济学意义上的"帕累托改进"，也是对房屋资产的价值重估和充分利用，这就是"交易的魅力"，在不耗费什么增量资源的情况下，让每一个交易方都实现边际改进。2016年中国二手房交易量约500万套，存量住宅套数超过2亿套，计算的流通率为2%左右。相比之下，美国的流通率历史均值为4.5%，峰值超过5.6%；美国二手房交易额占比曾达到93%，中国目前只有41%。这说明中国存量住宅的"流通性"仍然不够。

第二，管理层面，让房屋资产得到更好的打理，实现资产的保值和增值，让资产得到最优化的使用，本质是实现房屋使用权的价值最大化。在这个层面，通常会培育四大市场：租赁市场，主要的参与者是中介，提供的核心价值是信息匹配；房屋托管市场，主要的参与者是各类服务机构，提供的是租前、租中和租后的相关服务及衍生服务；物业管理市场，对住宅、写字楼等存量房屋进行的管理和维护等；公寓市场，主要的参与者是提供运营和管理的专业化、规模化机构，在中国主要表现为公寓运营机构，在美国主要表现为公寓类REITs。如果我们仅仅从租金水平来估算资产使用市场的效率，可以发现：2016中国存量住宅资产的价值约计180万亿元，北京、上海和深圳三个一线城市的价值合计超过80万亿元。进一步对比，2016年中国住宅租赁市场的租金规模约1.1万亿元，三个一线城市的租金规模约3 000亿元。简单计算可知，中国存量资产的使用率只有0.6%，一线城市更低，只有不足0.4%。相比之下，美国和日本的这一数字分别为1.6%和0.9%。

第三，金融层面，让资产与现金流、资产与收益之间建立更多的连接方式，本质是实现资产的金融化，核心在于房地产金融市场的发展。在增量主导的时代，房地产金融的核心功能在于通过金融杠杆让人们实现对所有权的获取；在存量主导的时代，房地产金融的核心功能在于实现房屋资产的变现和投资，主要表现为房屋再融资和房地产REITs，前者提供变现渠道，在所有权和使用权不发生转移的条件下，让资产实现更多的变现方式；后者提供投资渠道，无须直接拥有所有权和使用权，也能让投资者获取资产收益。

因此，从相对狭义的角度讲，存量房市场的核心含义在于交易、管理、金融，交易是为了达成所有权的流通和转移，管理是为了实现资产的价值创造，金融是为了完成资产的价值兑现。

更加广义的存量房市场应该包括：（1）在售和待售新房库存、二手房、商办的交易市场及交易衍生服务；（2）房屋租赁、管理以及衍生服务如搬迁、保洁、维修等；（3）存量土地和房屋的更新改造；（4）围绕交易和资管的房地产金融服务。我们可以重点估算以下几类市场的规模：

商品房交易市场：2016年商品房交易额超过了11万亿元，围绕交易的媒体广告、代理服务、一二手联动等加总的货币化率约3%，由此产生的收入约3300亿元。

租赁市场：这个市场的收入比较多元，包括租金、中介费用、房屋委托管理服务以及搬迁、保洁及维修等，大致估算，合计约1.13万亿元，其中租金1.1万亿元，佣金约300亿元。

物业管理：2015年全国物业管理面积达174.5亿平方米，按照物业管理费1.91元/月/平方米，2015年物业管理收入规模约为4000亿元。

城市更新：广义上的城市更新包括土地更新、商办更新与住宅更新。如果参照日本，粗略住宅更新，180万亿元的存量资产，更新率约1.5‰，更新净收入约10%。

中国是否已进入存量房时代？

中国是否已进入真正意义上的存量房时代？这个时代的主要标志和基本特征是什么？

1. 流通性的趋势性上升

流通性衡量的是存量房市场的交易活跃程度，可以用三个指标度量和比较：

二手房流通率提高。从横向数据看，2016年中国总体二手房流通率水平为2%，北京、上海、深圳、广州分别为3.6%、4.5%、5%、2.8%。二线热点城市中，天津、成都、杭州、苏州、厦门分别为3.6%、3.2%、3.3%、2.3%、4.3%。2%的总体流通率高于日本低于美国，一线和二线热点城市已经接近甚至超过发达国家的平均水平（如图 16.11 所示）。从纵向对比看，以历史数据比较丰富的北京为例，2007 年二手房交易量开始超过新房，在此之前的流通率不足 1%，在此之后，流通率逐步提升，过去 10 年的均值为 2.4%，峰值为 2009 年的 3.9%。

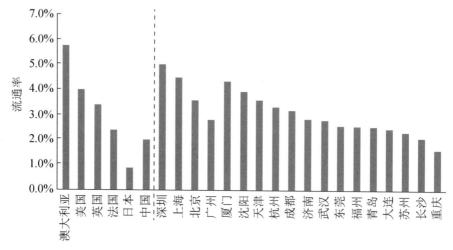

图 16.11　2016 年各国及我国典型城市流通率
资料来源：各国统计局，链家研究院。

二手房交易量（额）占比提高。近年来全国二手房交易规模占住房交易总额的比例不断提升，2016 年占比达到 41%，5 年这一比例不足 20%。一线城市二手房交易额达到 3.2 万亿元，是新房成交额的 2.13 倍，北京、上海二手房成交金额分别占总交易额的 74%、72%，占比较 2015 年分别提高 6 个、4 个百分点。二线城市中南京、厦门、福州二手房交易额分别占总交易额的 52%、67% 与 60%，比 2015 年分别提高 2 个、12 个与 15 个百分点。如图 16.12 所示。从成交量看，2016 年全国二手房约成交 504 万套，北京二手住宅成交 26.9 万套，上海成交 36.2 万套，深圳成交 10.2 万套。二线城市中，南京成交 15.3 万套，天津成交 16.5 万套。二手房交易量超过新房交易量的城市有北京、上海、深圳、厦门、南京、福州、宁波、苏州、石家庄 9 个城市。

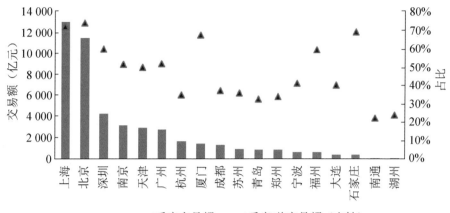

图 16.12　2016 年我国主要城市经纪房交易额

资料来源：链家研究院。

2．机构渗透率的全面上升

围绕存量房市场的专业化、规模化机构快速发展，全面崛起，这里有三个关键指标：二手房交易和普通租赁的经纪渗透率、公寓品牌渗透率、物管渗透率。

二手房买卖经纪渗透率达到 70%以上。一线城市的经纪渗透率较高，北京、上海、深圳的经纪渗透率分别达到 88%、86%和 80%，广州也达到了 75%，渗透率均比往年有所提高（如图 16.13 所示）。

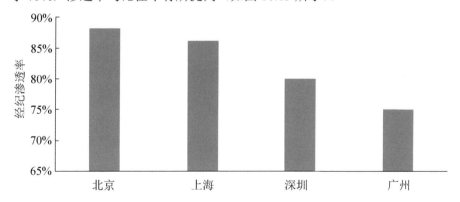

图 16.13　2016 年我国一线城市的经纪渗透率

资料来源：链家研究院。

品牌公寓进入快速成长期。自 2010 年以来，大量资本进入品牌公寓行业，长租公寓数量及规模迅速扩张（如图 16.14 所示），2014 年单轮融资出现亿级规模。2016 年我国规模较大的长租公寓企业有 1 000 多家，运营公寓数量约 100 万间，租金规模在 205 亿元左右，相对于 1.1 万亿元的租金规模，我国品牌公寓企业的渗透率为 2%左右。其中一线城市为长租公寓的主力战场，近年来发展速度较快，市场占有率在 5%左右，二线城市在 1%左右。

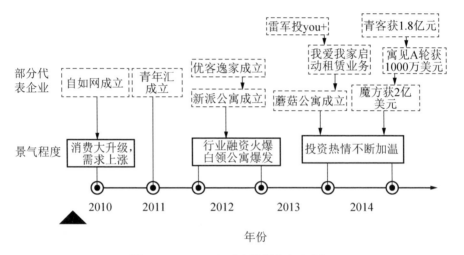

图 16.14　2010 年以来长租公寓大事记

资料来源：链家研究院。

更多的房屋引入物业管理。物业管理面积的增长动力一方面来自不断竣工的商品房，另一方面来自不断升级的消费需求。

从物业管理渗透率来看，2008 年全国物业管理面积占房屋总存量的 64%，大体呈逐年上升的趋势，预计 2016 年将有 73%的房屋引入物业管理服务（如图 16.15 所示）。一线城市的物业管理渗透率通常较高，北京为 81%，上海为 88%。

从物业管理服务内容来看，中国的物业管理深度还不够。美国 FSV（First Service Residential）是全美住宅物业管理领域最有代表性的龙头企业，其定位于全方位物业服务，服务内容不仅包括传统的代收物业费、监督维修等服务，还包括一系列客户定制的社区增值服务。根据公司 2015 年年报，公司来自社区增值服务的收入占全部收入的 70%以上，可见，我国物业管理渗透率达到一定水平后，物业管理服务的专业性与服务领域的加强将是未来物业管理行业的发展趋势。

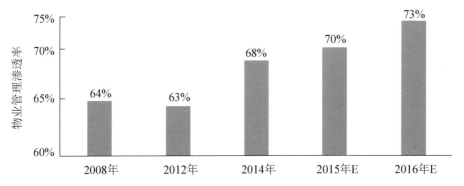

图 16.15　近年来全国物业管理渗透率
资料来源：中金公司研究部，链家研究院。

3．一批职业化服务阶层的成长与崛起

伴随着存量房市场的发展，一批以房产经纪、房屋托管、物业管理为核心的专业房产服务人员出现。从国际经验看，近年来美国平均每万人房产经纪人数量在 30 人以上。专业的物业管理经理人数越来越多。一方面，美国有一大批精通物业管理的专业人才，并实行严格的职业经理人制度，2016 年年末共有 16 850 人获得注册社区物业管理经理证书（CMCA），服务人员的专业素质较强，服务水平专业化；另一方面，除了物业管理专业人员，还有专门负责住宅与商业物业的维护运营、营销出租以及资产管理的 CPM（Certificate Property Manager）成员，据统计，7 500 名 CPM 管理着价值 1.8 万亿美元的房地产、1 160 万套住宅，101 亿平方英尺的商业用地；此外，约 552 名专门负责租赁房屋管理的 RMP（Residential Management Professional）。美国在物业管理和房屋托管等方面有如此细分领域的专业证书，其专业化程度可见一斑。目前我国在房屋托管、物业管理方面还未设置相关准入门槛，未来美国的专业化认证将是我国的发展方向。

4．新龙头的出现

存量市场的迅速发展催化出大批细分领域的行业领先机构。近年来，随着存量房市场的逐渐成熟，美国房地产行业围绕着存量相关市场等衍生出诸多细分领域，房产经纪、公寓运营与 Reits、物业管理与个人仓储等领域的发展已较为成熟，并相继涌现出一批行业巨头如 Re/Max、EQR、FSV 与 PSA 等；同样，日本房地产行业经过几十年的自我演化与调整，也形成了独特的行业格局，三井不动产、三菱地所与住友不动产从开发到运营管理、从住宅到商办物流，业务贯穿整个房地产产业链，是房地产综合领域的三大巨头。另外，日本租赁住宅的资产管理以及建筑服务领域也出现代表性企业如大东建托、大和 House；对比美国与日本在细分领域行业巨头的发展规模，中国在房地产经纪领域相对成熟些，但相比日本仍有一定差距；在物业管理领域，中国与美国两国均呈现"小而散"的竞争格局，行业巨头的市值与收入均低于日本；中国的公寓运营与 Reits、个人仓储等领域发展规模尚小，但目前正蓄势待发。

存量崛起的宏观意义

1. 存量房是房地产的重要组成部分

一是构建多元化供给主体，实现不同房屋功能之间的转换联通。存量房的加速流通使房屋的供给主体由单一的开发商变为无数业主或房屋持有机构，主体更加多元，减少对土地供给的依赖，降低市场参与者因土地供给关系产生的看涨预期。存量房市场能够连接并促进土地、新房、二手、租赁以及其他功能房屋之间互相转换，使房屋的供给更能符合需求的变动。

二是通过存量盘活为市场增加有效供给。盘活存量土地和闲置资源，增加房屋供给，弥补新房供应减少的不足。尤其是在全国热点城市的土地供给减少、集聚大量优质资源的中心城区二手房屋质量问题突出的背景下，将存量房屋加以改造或重建，或增加租赁房屋的供给，是盘活闲置住房资源、解决新市民不断升级的居住需求的重要途径。以北京为例，2016 年存量住宅 776 万套，20 年以上住宅的存量比例为 35%，适于更新的住宅 270 万套，按照日本的更新率 1.5‰计算，存在约 4 000 套的更新住宅的空间。随着新建商品住宅增速的放缓，老旧住宅比例不断增加，未来将有更多的房屋进入更新的行列。存量的崛起有助于推动人口有序流动，促进以人为本的城镇化，有助于实现住有所居的社会目标。

2. 存量市场是经济增长的重要动力

存量房市场是宏观经济的重要组成部分，对经济增长具有直接和间接贡献。直接贡献主要为存量房交易服务产生的增加值以及税收。粗略估计，今年我国存量房交易的总交易规模达到 6.6 万亿元，相当于 GDP 的 9.0%；服务总收入达到 3.82 万亿元，占 GDP 的 5.22%，对 GDP 增长的贡献率达到 6.50% 左右。此外，存量房市场能够带动建材家具、设计装修、资产管理等上下游产业发展，从而成为经济增长的重要动力，资产价格上涨带来的"财富效应"也会提高居民的消费倾向，促进居民消费。

与美国相比，我国存量房市场规模还较小，占 GDP 比重还较低，未来还有很大发展空间。2015 年美国中介行业佣金规模大约为 5 000 亿元人民币，占 GDP 的比重为 0.41%，而我国年中介佣金规模目前约为 521 亿元，占 GDP 的比重为 0.08%；美国租赁市场租金规模约为 3 万亿美元，占 GDP 的比重为 2.45%，而我国租金规模目前仅为 1 万亿元，占 GDP 的比重为 1.47%；美国住宅装修市场规模约为 4.7 万亿美元，占 GDP 的比重为 4.08%，而我国住宅装修市场规模目前为 1.66 万亿元，占 GDP 的比重仅为 2.42%。总体来看，美国存量房市场服务行业占 GDP 的比重为 7.34%，而我国占 4.97%。

此外，二手房交易为政府产生了大量的税收收入，以 2016 年二手房交易额为 6.6 万亿元、平均税费率为 3% 来算，2016 年二手房交易共产生税收 1 980 亿元。

3. 存量房的流通能够满足消费者不同层次的需求

一个人的住房生命周期与其家庭和事业形成轨迹相同，从刚毕业租房，到结婚时首次置业，再到家庭扩大、收入提高后改善换房，再到退休后养老度假，对房屋的需求不同。对于城市居民来说，不同收入、不同阶层、不同职业的人每个阶段对住房的需求呈现多层次的特征。存量房的流通有助于满足消费者在不同周期阶段不同的住房需求，满足不同阶段、不同收入群体的换房需求。

4. 存量房市场能够对抑制房价上涨起到积极作用

大城市房价上涨的重要原因在于房地产供给弹性小，房价上涨的一致性预期强。与新房的供给周期不同，二手房供给能够随着需求变化快速做出反应，增加市场供给弹性，也是弥补新房供给不足的最主要渠道，降低市场参与者因供求关系产生的看涨预期，因此二手房交易发达的地方，价格上涨的预期会出现分化。美国1970年以来二手房成交量占房地产市场成交总量的比例由79%提高至92%，二手房流通率在2004年到达5.6%的高点，二手房价的波动幅度明显低于新房。我国房屋流通率较高的地区，如成都、重庆与珠海等城市房价也较为平稳。同样，当租赁成为购房需求的有效替代时，能够缓解大城市供不应求的压力，抑制房价上涨的动力。

（本文根据作者2017年3月8日在北京大学汇丰商学院"金融前沿讲堂"的演讲整理，经作者审阅。）

专家点评

巴曙松

北京大学汇丰金融研究院执行院长
中国银行业协会首席经济学家
香港交易所集团董事总经理、首席中国经济学家

我和杨现领博士合作出版了一本新书《新中介与房地产价值链的重构》，应该说这是中国房地产业内比较早的一本关于房地产中介行业研究的学术著作。本书出版的背景主要有两个：

第一，中国的房地产行业正在经历快速的转型，转型的一个突出特征就是从新房主导到二手房主导的市场转变，从增量向存量的转变。2016年全国二手房成交金额达到6.6万亿元，北京、上海和深圳三个城市的二手房交易额就高达2.9万亿元，30个重点城市二手房交易额超过5万亿元，总体上中国的一线城市和重点城市已明确进入二手房时代。以北京为例，2016年二手房成交27万套左右，新房成交量只有10万套左右，其中的纯商品住宅成交量只有4万套左右。

第二，相比市场和行业的快速成长，该领域的专业研究几乎是空白的，无论是专业著作还是学术论文，可以检索到的文献都非常少、非常不足。鉴于此，我和杨博士在这个领域做了一些初步的工作，例如2015年我们一起合作出版了《房地产大转型的互联网＋路径》，这算是较早的研究互联网

与房地产的中文著作。一直到现在，可以说在这个领域，总体上的研究还非常不够，这也是我们举办这个讲座的主要原因，我们希望通过这样的交流，能够让更多的专业人士关注和研究这个领域。我认为，一个行业的真正成熟，必然意味着业界和学界的共同关注，以及有价值的研究成果的大量出现。

杨现领博士从存量房市场、中介行业发展、经纪人职业化、租赁市场等多个维度做了详细的分享，总体上看，是一次非常有启发性的专业交流。结合杨博士的分享内容，我做一些总结，其实主要是一些我自己认为还需要进一步研究的课题：

首先，需求研究的第一个重大课题就是：在未来的房地产市场上，要想市场达到大致的平衡，那么，新房、二手房和租赁应该是一个什么样的比例关系？这个比例在全国层面和一线城市层面，以及不同城市层面会有什么不同？我们需要实施什么样的政策才能实现这个比例关系？

其次，存量房市场的市场规律是什么？大家对房地产开发市场或新房市场已经有了不少的认识，对于房地产与人口、城市化、货币政策等之间的研究也已很充分，但是对于二手房市场的基本规律，从目前的情况看，总体上是缺少深入思考的。我们都知道，二手房是一个非常分散决策的市场，卖方与买方都是分散的消费者，他们受预期的影响非常大，也很容易波动。做金融的都知道，一个成熟的、机构投资者占比很高的市场的波动可能会相对理性一些。房地产市场也是如此，新房市场可以说是开发商主导的机构市场，他们在供给端的影响力大，但是在二手房市场就完全不一样，影响很分散。

在这个市场里，货币政策和调控政策是如何传导的，价格形成机制是什么，卖方的报价行为和买方的贷款等微观行为如何影响价格等，都是非常值得研究的课题。

再次，杨博士刚才没有提到，但我觉得非常重要的一点，就是存量房市场与金融的关系。在新房市场中，房地产金融以开发商贷款和消费者按揭贷款为主，那么在存量房时代，金融应该主要分三个层面：一是与房屋交易相关的金融，它的核心目标是让交易更顺畅；二是围绕业主和房屋资产管理的金融服务，中国总体的房屋资产的市值已经超过 200 万亿元，一线城市就超过 60 万亿元，这么大的存量资产，怎么用金融的力量去盘活是非常重要的;三是围绕租房的金融服务,如租房分期等。我们对于新房购房的金融支持体系总体是相对完善的,但是相比之下,对于租房等的金融支持是很少见的,在购租并举的大的政策背景下,怎么让金融支持租房是一个很重要的问题。

17. 香港保险热销之分析与思考

陈东

香港中国金融协会副主席
时和资产管理有限公司董事长兼总裁

我对保险做过很长时间的研究,"香港保险热销"是目前金融业一个非常热门的前沿话题。尽管有很多相关报道文章,但是能够把这个问题真正讲清楚、讲正确、讲系统的并不多,现在市场上对这个问题还是缺乏比较深入的研究。

人寿保险关键知识点回顾

如果要把保险的现象、保险业的发展讲清楚,一定要回到人寿保险关键的知识点去。如果对这个问题认识不到位,大家可能会迷失在后面展开的分析和研究。所以,我认为有必要先回顾一下这些关键知识点。哪怕你学过了,哪怕你做了很多年保险,花一点时间复习一下,也是很有必要的。我们建立起一个分析框架,对现在的保险现象进行分析。

人身保险的定义和分类

有两个概念,一个叫"人身保险",一个叫"人寿保险",这两者有什么区别?

人身保险就是广义的人寿保险。人身保险这个词用得还是比较多的,中国银保监会的统计中就没有使用"人寿保险",而是用"人身保险"。而且,中国银保监会有一个部门叫人身保险监管部。人身保险就是以人的生命和身体作为保险标的的保险,主要包括狭义的人寿保险、意外伤害险和健康保险三大类。

狭义的人寿保险就是平时人们所谈的人寿保险,是以人的生存或死亡作为给付保险金条件的保险。狭义的人寿保险分成三类:

(1)生存保险。生存保险的定义简而言之就是"活着就给钱,死了不给钱"。养老保险、年金保险、少儿成长婚嫁学业保险,这些都属于生存保险。

(2)死亡保险。死亡保险的定义简而言之就是"死了给钱,活着不给钱"。这种保险的受益人不是被保险人本人,而是亲人或者有可保利益的人。因为中国很忌讳谈死,所以保险业把死亡保险换了一种说法——寿险,比如定期寿险和终身寿险。其实,定期寿险的学名就叫"定期死亡保险"。

(3)生死两全保险。生死两全保险的定义简而言之就是"活着给钱。虽然死了也给钱"。虽然很周全,但是,它是生存保险加上死亡保险的保费,保费比较贵。在实践当中,这种保险是最常见的。

人寿保险费率三要素

人寿保险费率三要素:

(1)预定死亡率。由于人寿保险的保险事故是被保险人的生存或死亡,故其保险费的计算应依据被保险人的死亡率及生存率。

(2)预定利息率。由于人寿保险是长期性合同,保险人收保险费在先而给付保险金在后,而且相隔时间较长,因此要考虑利息因素。

(3)预定费用率。寿险公司开展寿险业务,为保户提供服务的各种营业费用也应由被保险人来负担。所以设计任何一张人寿保险保单或者设计一个险种的时候,要根据这三个要素来厘定。

我先讲第一个要素——"预定死亡率",因为既然是用生死来定,那么最关键的一点就是要知道投保的人或群体的死亡率和生存率。

生命表

表 17.1 是 2000—2003 年中国人寿保险业经验生命表。这张表在西方其实叫"死亡表",在中国,出于忌讳,改叫"生命表"。它以一个国家或地区 10 万或者 100 万人口来做统计。在这些人口从出生到全部死亡的过程中,根据每一年统计的死亡人数和生存人数,算出每一年的死亡率和生存率。这张表的年龄最高为 105 岁,也就是说,一般来讲,100 万人中,最后的生命终结点是在 105 岁。

表 17.1 2000—2003 年中国人寿保险业经验生命表

年龄	非养老金业务		养老金业务	
	男	女	男	女
0	0.000722	0.000661	0.000627	0.000575
10	0.000312	0.000169	0.000272	0.000147
20	0.000621	0.000283	0.000540	0.000246
25	0.000759	0.000347	0.000660	0.000301
30	0.000881	0.000406	0.000759	0.000351
40	0.001715	0.000828	0.001275	0.000615
50	0.003570	0.001873	0.002666	0.001393
60	0.009313	0.005768	0.006989	0.004272
70	0.027309	0.018033	0.020184	0.013337
80	0.076187	0.055774	0.056312	0.041241
100	0.484010	0.433869	0.357746	0.320685
105	1.000000	1.000000	1.000000	1.000000

下面,我们看一下 25 岁的死亡率有多高?这是 100 万人的统计结果:男士是万分之 7.59,女士是万分之 3.47。这就意味着 1 年里 100 万人在 25 岁这个年龄死亡的男士人数是 7.59 个。中国目前所有的保单都是参照这张《2000—2003 年中国人寿保险业经验生命表》的统计结果设计的。中国最

早的一张表是 1995 年编制的《1990—1993 年中国人寿保险业经验生命表》。那张表一直用到 2005 年。最近，新的《2010—2013 年中国人寿保险业经验生命表》正在制作。为什么要 10 年做一次？因为只有与人口普查结合在一起，才能取得这些数据。

接下来，我们设计一个产品。假如我们要按生命表来设计一个 1 年期的卖给 25 岁男性的死亡保险，如果保险金额是 1 万元，首先 1 年期没有利息因素在里面。其次，假定不考虑保险公司任何营业费用，请问费用是多少？1 万元的费用应该是 7.5 元，因为这个事件发生的概率，正好是万分之 7.59。但是问题来了，25 岁的男人真的投保的时候，费率肯定超过了 7.5 元。目前所有内地的保险公司里，1 年期的产品非常少，即使有，费用也要到千分之 1.2 到千分之 1.5。为什么会这样？一是投这种保险的人太少，没有达到大数法则要求的分布；二是因为卖得太少了，保险公司没有规模效应，营业份额摊到保单上的成本上升，所以定价必须定得比较高。

这张生命表有两栏，一个是非养老金业务，一个是养老金业务，而且非养老金比养老金的死亡率要高，这很有趣。什么叫非养老金？非养老金就是有死亡保险因素的保险，养老金是有生存保险性质的保险。尽管自然统计生存死亡是一样的，但是去投保的时候，保险公司发现来投死亡保险的人死亡率很高，投生存保险的人死亡率较低。这是保险业的一个特有现象——逆向选择。逆向选择不是骗保，投保人的出发点是我的身体不太好，于是就投死亡保险；我的身体挺好的，要多点钱养老，所以投养老保险。

还有一件很有意思的事，大家会问"内地居民到香港买保险，是因为香港的人均寿命长，死亡率低吗？"不完全是。但是，生命表里有一个关键词——"平均预期寿命"，100 万人的平均寿命是多少？在 2015 年时，中国香港男性的平均预期寿命是 81.2 岁，女性是 86.7 岁。中国内地是多少？内地男性是 74 岁，女性是 77 岁。世界上平均预期寿命女性最高的是日本：86.84 岁，男性最高的是中国香港。香港是没有生命表的，因为香港的人口只有 700 万，到不了大数据的规模，所以香港的保单的死亡率用的是再保险公司的数据。再保险公司是保险中的保险，有点像央行是银行中的银行，所有的保险公司要分散风险，把保单的 10%或更多分给再保险公司，所以一家再保险公司就可能会有全香港所有保险公司的数据。从预期寿命来看，香港的死亡率显然比内地的死亡率低很多。但是，这并不意味着到香港买保险保费一定便宜，因为根据之前讲的原理，死亡率越低，买死亡保险越便宜，但是买养老险会越贵。

自然保费和均衡保费

自然保费是直接以各年龄的死亡率为标准计算的保险费，均衡保费是指投保人在保险年度内的每一年所交保费相等。在图 17.1 中，保险人每年收取的保费的数量不随被保险人死亡率的变化而变化，费率在整个保险期内保持不变，故均衡保费不反映被保险人当年的死亡率。在投保人缴费的早期，均衡保费高于自然保费，超过部分为溢缴金额；在晚期，均衡保费低于自然保费，保险人用溢缴金额及其利息来弥补保险后期不足的保费。刚才我们看到死亡表，如果每年连保，保费肯定会越来越贵，因为越往后，死亡率变得越高，这样就会导致年轻人愿意投保，老年人不愿意，但年轻人没有钱投保，所以均衡保费可以把它拉平，每年都交一个平均保费，保费不因为年龄增长而增长，不因为死亡率增高而增高。

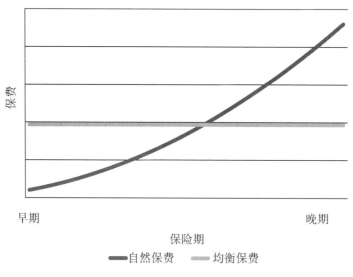

图 17.1　自然保费与均衡保费对比

所以投保时，要先看保险期限。保险期限越长，费率肯定越高。

预定利率和保险公司的投资回报率

人寿保险的预定利率是厘定寿险保费时所采用的资金利息率，以计算寿险保单从投保到给付之间的利息。这些利息一般归保单持有人所有。现在，在保险业中，纯粹卖死亡保险或者风险保单的越来越少，绝大部分都是生存保险，是带有储蓄性质的，所以预定利率非常重要。

对于预定利率，我讲三个要点。

第一，预定利率一定是个固定的利率，相当于保险公司发了一张债券，债券上的票息是固定的，到期是要支付的。根据利率计算出来的利息，一般是要归给保单持有人的。但利息不是100%，中间可能要扣点费用。

第二，预定利率在计算纯保费时，一般采取年复利计算的方式，纯保费的数量对预定利率是非常敏感的，尤其是在期限较长的保单上更为显著。无论是投保人选保单的时候，还是保险公司设计险种的时候，都要特别小心这个地方，一旦错了，对后面的影响非常大。预定利率一方面决定纯保费的高低，从而影响寿险公司的承保能力和营销能力；另一方面，也决定了寿险公司的资金运用的最低收益率要求。

第三，怎么选？预定利率的选择和确定是厘定寿险费率的一个非常关键的问题。在实践中为避免经营风险，寿险公司一般是在预测未来市场利率和资金收益率的基础上打安全折扣后作为预定利率。

但是，假如你已经知道了未来的投资回报率有多高，这个问题就很容易解决了。有一些投资公司或保险公司，认为其未来的投资收益是可预测和可实现的，于是就出现了所谓的"资产驱动型"发展策略。现在一开始就采取"资产驱动型"发展策略的公司一定觉得，传统的保险公司投资做得太差了。

现金价值

现金价值对保险客户来说是最重要的一个概念，但是对于保险公司反而不是那么重要。保单现金价值是指带有储蓄性质的人身保险单所具有的价值，是保险人提存的责任准备金，一般是低于所交保费。"保单现金价值＝已缴保费-保险公司营业费用-佣金-已承担保障责任的纯保费＋剩余保费所生利息"，也就是说，你的钱投进去以后不完全在你的保单项下，要七扣八扣。简单来说，现金价值就是你把交钱给保险公司以后，保险公司欠你的钱。注意，你交的钱和保险公司欠你的钱是两回事。一般来讲，保单的现金价值在投保初期一定会低于缴纳的保费，到后期会反过来，因为投资回报会随着时间而累积。

保单现金价值有三个功能：第一，退保或解除保险合同时按照现金价值支付，不是按照交的保费来算。第二，保单贷款是以现金价值为最高限的，一般不会超过 70%。第三，保单分红是以现金价值为分母计算的。所以，很多人买的保单说分红 5%到 6%，实际并没有那么多。之所以出现这个现象，是因为分母不是按保费算的，而是按保单的现金价值来算的。

人身保险的另一种分类

第一类是保障型险种，重点补偿被保险人生命价值的损失，不包含任何的储蓄或投资因素，所以低保费，高保障，也称为"消费型险种"。定期寿险和意外伤害险属此类。

第二类是储蓄型险种，以满足被保险人在不同年龄段的生活费用需求为主。由于储蓄型险种的保险期限和缴费期限均比较长，对利率变化比较敏感，费率比较高。它是有储蓄和分红储蓄性质的。生存保险、终身寿险、收藏保险及终身健康寿险都属于这类险种。储蓄型保险不是拿保费做储蓄，而是保单回报率跟储蓄差不多。保险公司拿投储蓄型保单的保费去做投资了，没拿去做储蓄。但是，保险公司投得很保守，大部分投债券，小部分投股票，最后的回报率跟储蓄差不多，所以叫储蓄型。

第三类是投资型险种，最大特点是将保费分为"保障"和"投资"两部分，二者分别独立运作，其中"投资"账户的保费没有固定的预定利率，其回报高低取决于保险公司的投资表现。投资型险种的特点是基本上没什么保障的功能，它有两个典型代表，一个是投资连结险，一个是万能险。两者有什么区别？投资连接险基本上买基金，客户想连哪个基金就连哪个，保险公司作为中间连接人。万能险是保险公司自己的投资团队做投资，做完以后有收益，扣掉管理费后分给客户。

香港保险热销之分析

内地人买香港保险

香港保险热到什么程度？大家看一组数据。如图 17.2 所示，自 2010 年开始，内地客户新做保单每年以 50%左右的增长率在增长，而且在整个香港的新单保费中，其所占比例在不断上升。按保费计算，内地客户 2015 年共缴纳了 316 亿港元保费，占总保费的 24%，差不多是 1/4 了。2017 年第一季度是 132 亿港元，占总保费的 34.2%，比重超过 1/3。这里我们再多讲一个概念，什么叫新做保单？为什么不是总保单保费？新做保单就是当年新增保费，因为保费的收取一般是分期的，缴 5 年或者 10 年、20 年，新增保费只统计第一年的保费。而趸缴就是一次性缴完，就要拿标准化期交换算出新增保费。也就是说内地去香港一年交的保费不止这个数，这个数据只是新单保费的统计。可见增长还是很快的。

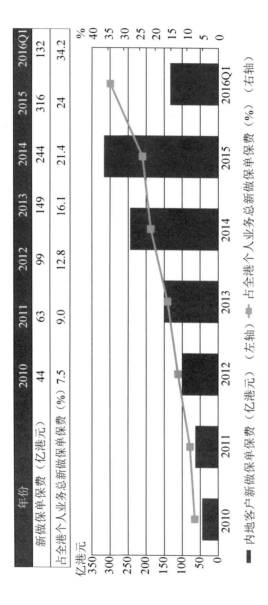

图 17.2 本港内地客户保单统计

资料来源：香港保监处。

香港保险相对内地之优势

从保险功能上看，香港热销的险种有以下几个优势：

第一，保障范围宽，例如重疾险保障范围可覆盖 100 种左右的重大疾病，还有很多早期病。

第二，保险金额大，大到什么程度？保费能达到 1 亿元，保额能达到几亿元。这么大的金额内地的保险公司肯定会提防骗保，保监会也规定不能投那么大。

第三，保险期限长，内地的保险期限一般是 18 岁到 65 岁，现在规定小孩也能投，小孩一般是 30 天以后，但是对小孩的保险，保额有很严格的限制。相反在香港，像最近热销的"X 升"，刚出生的小孩就可以投这么大额的保险，就算投比这金额更大的保险，保险公司也可以承保。

第四，热销品种的保费相对低，尤其是重疾险。但"X 升"跟内地保险的保费哪个高、哪个低不好说，因为内地的预定率很高。

第五，免赔责任少，这也是内地保险跟香港保险比较，被广为垢病的地方。香港的死亡保险只有两条免赔责任：首先，投保 180 天内自杀，不赔。也就是说过了 180 天自杀也赔。其次，犯法被执行死刑不赔，否则就不公平了。只有这两种情况除外。

第六，保险条款相对比较灵活，比如"X 升"，你只要提前 3 个月通知想拿钱，就可以取出来了。

但是，内地的保险合同的责任免除条款就很多，比如说我拿出内地比较大的一家保险公司 2013 年的条款，有这么多条是不赔的。第一，保单中特别约定不承担保险责任的不赔——你得仔细看条款。第二，投保人对被保险人故意杀害、故意伤害的不赔，属于骗保。第三，被保险人故意犯罪或抗拒依法采取的刑事强制措施致死的不赔。第四，斗殴、酗酒、醉酒，服用、吸食或注射毒品的不赔。第五，自杀或故意自伤的不赔。第六，被保险人猝死，但另有约定的除外，因为很多意外就是猝死，却不赔。第七，酒后驾驶的不赔。第八，非治疗原因的整容、整形和变性手术导致医疗事故的不赔。第九，被保险人精神和行为障碍的不赔。第十，战争、军事冲突、暴乱或武装叛乱等不赔。第十一，核爆炸、核辐射和核污染的不赔。

从其他功能比较来看，香港保险对内地的优势有：

第一，是个人资产全球配置渠道之一。过去人民币出现了明显的贬值预期以后，确实有人通过刷银联卡去香港投保，将其作为个人全球配置的一个渠道。

第二，可使金融资产多元化，分散风险。因为香港保险公司都是在境外投资，可以与你境内投资的资产起到均衡配置和分散风险的作用。

第三，可杠杆融资投大额保单。港币挂钩美元，港币利率跟美元利率差不多，所以香港很多保单的预定利率比银行贷款利率要高，所以很多人从银行贷出便宜的钱去买保单非常不便，特别是集中在大额的保单里面，大额保单能放的杠杆最多的时候，按照保单现金价值放大到差不多5—6倍。

第四，"三避"：避税、避债、避执行。首先，购买香港保险可以免交所得税和遗产税，当然内地没有遗产税。其次，在债务执行的时候，保单不会被追债，保险公司也不会拿保单给付的钱还你的债权。最后，因为个人有可能因为别的原因被法院、检察院追债，如果你的钱买了保单，在香港，保额是不会被执行的。因为英国法系规定，受益人才拥有保单赔付权利。

第五，可以作为家庭信托和遗产安排的工具。保单中有一栏必须填受益人顺序。如果不填，从法律关系上，法定受益人配偶、小孩、父母有一个清偿的顺序和比例，但实际处理起来很麻烦。

香港保险相对内地之风险

保监会曾经在2016年4月22日发布了一个关于内地居民赴港购买保险的风险提示：

（1）香港保单不受内地法律保护。投保香港保单，需亲赴香港投保并签署相关保险合同。如在境内投保香港保单，则属于非法的"地下保单"，不受内地和香港法律保护。香港保单适用香港地区法律。如果发生纠纷，香港法律诉讼费用较高。由于香港保险索偿投诉局目前可裁决的赔偿上限是100万港币，故大额保单的赔偿纠纷无法通过该局裁决处理。

（2）存在汇率风险和外汇政策风险。香港保单的赔款、保险金给付以港币、美元等外币结算，消费者需自行承担外币汇兑风险。境外购买人寿保险和投资返还分红类保险，属于金融和资本项下的交易，存在一定的外汇政策风险。期交长期寿险保单也可能存在因外汇支付政策变化导致无法交纳续期保费的风险。

（3）保单收益存在不确定性。内地保险产品分红保单演示利率遵照监管要求的上限，分别为3%、4.5%和6%。香港未做出明确要求，大多数产品通常采用6%以上的投资收益率进行分红演示。但分红本身属于非保证收益，具有较大的不确定性，能否实现主要取决于保险公司能否长期保持高投资收益率。

（4）保单前期现金价值低，退保损失大。香港监管部门对保险产品的现金价值无具体要求，大多数长期期交保单在保单前期的现金价值很低，如果退保将承受较大的损失。

（5）需认真阅读保险产品条款。香港保险条款使用繁体字，表述方式与内地不尽相同。投保人需认真阅读保险条款，避免因对条款理解不准确而引发合同纠纷。

此外，从保险功能角度来看，内地居民赴港购买保险仍存以下风险：

（1）部分保险在费率上没有优势。比如说定期寿险，优势不是很大。

（2）保证利率低，浮动收益率有不达预期之风险。

（3）保单销售在投资回报和风险上有误导嫌疑。我与香港保险的主要营销人员交流过，发现他们确实有好多信息没有给顾客讲清楚，把很多去买保险的内地人"忽悠"了。

（4）香港保险产品结构有缺失，不能完全满足内地人的保险需求。

香港保险热销之五点思考

从投资和资产配置角度重新审视人寿保险

首先从投资的角度思考，因为我是在保险公司做投资的。

（1）"复利＋长期"。巴菲特在很多次给投资者的信中，都谈到复利在投资中的重要性，投资一定要"复利＋投资"。如果有这两个，哪怕你的收益不是那么高，你最终也能获得非常可观的回报，这是香港保险热销"X升"保单的卖点。

（2）稳定收益，这个相信不用赘述。

（3）终身投资。投资要早，你给一个刚出生 15 天的小孩，去买这张保单，等于从 0 岁开始投资，如果有稳定收益，"复利＋长期"，他会跑赢很多著名的投资经理。

其次从资产配置的角度思考。

（1）少有的超长期的投资工具。终身长期的保单，或者终身保单是少有的超长期的投资工具，在个人和家庭的资产配置当中，缺少这种超长期的、财富能世代转移的工具。在现实生活当中只有两种，除了长期保单，另外一种是房地产。房地产也是很长期的投资，但房地产跟保单的周期差不多，房地产的产权是 70 年，而且以中国房子的质量，差不多 70 年到 100 年就倒了，保单也是 70 年到 100 年。但是，从个人角度来讲，真的有必要配那么长期限的资产吗？香港保单给我们了启示，时间是投资的朋友，可以实现隔代传承，所以这种工具还是值得我们配置一点的。

（2）强制储蓄满足养老需求。在资产配置的时候，大家很习惯年轻时有冲动就突然全部买了股票，一下就做了很高风险的投资，但是你缺乏一些稳定的、可应对未来养老和人生保障的资产。而人寿保险是强制储蓄，因为你投完以后不能退保，每年还得交，可满足以后养老的需求。

（3）或有资产对冲意外风险。你投人寿保险，在资产负债表只投放了一点点资产。但是因为保障倍数比较高，当你的人生出现一些意外的时候，之前你可能只投了 10 万块钱，现在一下就变成了几百万，这就能对冲你人生当中的很多风险。这突然冒出的资产就是个人资产负债表上的或有资产，可以把人生的意外风险对冲掉。

从香港险企的成长来看内地保险公司的发展策略

1. 产品策略

相同之处：

（1）中短期储蓄型分红保险或年金产品大行其道。

（2）保障型产品供给少，费率高，可获得性差。

（3）出于公司盈利和营销佣金考虑，主推期缴胜过趸缴。期缴的佣金是多少？香港比内地高，香港5年、10年期缴的差不多50%是给了营销员。保险公司的费用也会比较高。如果你是趸缴，只有5%或6%的佣金率，这也是保险公司的潜规则。

不同之处：

（1）长期储蓄型和终身保障型产品，在香港为主打产品，在内地则比较少。

（2）保证利率不同，香港保证利率低，演示的非保证收益率高，内地费率开放后，保证利率比较高。

（3）特色产品不同，香港为高端医疗保险，内地为万能险创新。

2. 资产负债管理策略

资产负债管理策略分为负债驱动型、资产驱动型和资产负债互动型。资产驱动型是内地独有的，其他两种资产负债管理策略香港内地皆有。

我们看一下图17.3，"老三家"——中国人寿、平安寿险、新华人寿是目前内地寿险市场前三名，采用资产负债互动型的管理策略，"新三家"——生命人寿、安邦人寿、前海人寿，是资产驱动型策略的代表，主打高现值万能险，过往的回报率在6%及以上，而且期限很短，短到几个月就可以退保，基本上是卖理财。万能险本质上就不是保险，但是至少到目前为止，"新三家"成功了，由它们的市场份额就可以看出，"老三家"坚守传统策略，市场份额不断下降。

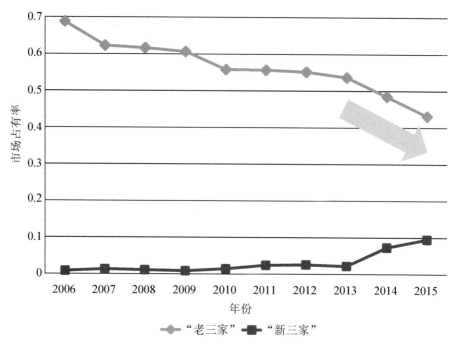

图17.3 "新三家"和"老三家"保险企业市场占有率对比

从香港热销险种看内地保险产品的创新

香港热销保险,从险种上:

(1) 着眼于财富传承,推出终身储蓄性质的险种。

(2) 着眼于医疗改革,创新和丰富重大疾病险种。

(3) 着眼于提高保障倍数,大力推广高保障型险种。

从保单设计上:

(1) 提高保单额度上限,推出超大额保单。内地保单金额太小了,审得太严了,未来应提高一下。

(2) 允许融资购买大额高现金保单。目前在内地,保单的预定利率还远远低于银行的利率,但是你不妨把这个制度先设计在那儿,等机会出现,像香港一样需求会上去的。

(3) 加快生命表更新,进一步降低风险保费水平。目前的生命表肯定是过时的,甚至有些保险公司已经不按照这版生命表设计险种了。

从离岸金融中心角度看香港保险业的发展

1. 中国保险业的发展

人身险分为寿险、健康险和人身意外险,2015 年中国的人身意外险费共 1.6 万亿元人民币,寿险深度在 2%至 2.5%徘徊,寿险密度为 1 200 元。

2. 香港保险业的发展

香港是亚太区国际保险中心,绝大部分国际保险巨头将其国际业务或亚太区总部设在香港。

香港保险业有 170 多年历史,非常成熟,保险深度和保险密度在全球排前列。2015 年,香港个人寿险及年金业务的保险深度是 12.24%,内地在这方面的数据只是香港的零头。保险深度,指保费收入占国内生产总值(GDP)的比例,它反映一个国家的保险业在整个国民经济中的地位。

2015 年香港个人寿险及年金业务的保险密度为 40 072.09 港元,保险密度是按照一国的人口计算的人均保费收入,它反映了一个国家保险的普及程度和保险业的发展水平。一般说来,保险密度越大,表明该地区保险业越发达,市场发育水平越高。

但是目前本地市场趋向饱和,增长主要由来港投保内地客户所驱动。目前香港获授权保险公司总数达 160 家,保险中介人(包括公司/个人)则超过 95 000 人,提供种类繁多的保险和风险管理服务。保险市场集中程度较高,2015 年,前五大公司占全市场 68%,前十大公司占 91%。

另外,外资、港资仍占主导,中国境内保险公司异军突起,中国人寿现在已经是前三名。

3. 如何看待内地居民赴港买保险?

(1)法律规定。

刚才讲了保监会虽然出了风险提示,但从法律来看,无论是内地的保险法还是香港法律,都没有禁止内地居民到香港买保险。保监会只能出风险提示,不能禁止。

《香港法例》第 41 章,保险公司条例并无明确说明,任何在香港获授权之保险公司,不得在香港向内地人士推销保险。香港保监处在统计保单时将寿险投保人区分为"在岸的香港居民""离岸的内地投保人"和"离岸的其他投保人"三类。

（2）监管政策。

2016 年 4 月 22 日，保监会发布文件"中国保监会关于内地居民赴港购买保险的风险提示"。2016 年 5 月 11 日，保监会发布《关于加强对非法销售境外保险产品行为监管工作的通知》。香港保监处很配合：第一，加签声明。要求内地人在港投保时须签署一份重要资料声明书，确保其清楚整个销售过程必须在港进行，以及投保前须考虑的因素及风险。第二，实地审查。按现行反洗钱措施要求，向保险公司就内地投保人的反洗钱措施，进行专项实地审查，加强监察其合规情况。中国外管局规定，根据《国家外汇管理局关于规范银行外币卡管理的通知》（汇发〔2010〕53 号），外管局将保险类商户设为金额限制类，持卡人在此类商户单笔交易金额不得超过等值 5 000 美元。

（3）政策建议。

第一，从内地保险行业分析，内地居民去香港买保险，尽管媒体炒作得很厉害，但实际上对内地保险业的实际影响甚微，但是香港保险业的很多做法可以作为内地同行学习的样本，起到"鲶鱼效应"。2016 年 316 亿港币的保费只占内地 1.6 亿人身保费的 1.67%。如果把 2010 年到 2016 年去香港买的保费加起来，再除以内地这 6 年的保费，连 1% 都不到。所以，我觉得不用太紧张。而且如果内地居民不去香港买保险，内地的保险业都意识不到内地保险市场存在的诸多问题。而内地保险公司很聪明，比如，现在它们已经学会把重疾险险种增加，把保单期限拉长。

第二，从外汇管理的视角来分析，资金外流并不大，而且最终会增值回流，是双向流动。316 亿港币不是每一分钱都是刷银联卡流出的，其实很多钱已经在香港了。而且，保险资金是"保命钱"和"养老钱"，最终是要赔付回来的，如果这些投保人都在内地生活的话，这个钱要回流到内地的。资金是双向流动的，流出了 316 亿港币，在未来若干年都要回来，而且会加倍增值地回来。

第三，从国际金融中心定位分析，香港是中国最大的人民币离岸中心和资本市场，也理应成为中国最大的离岸保险中心。我为什么说"理应成为"，不是"已经成为"？因为一旦限制，可能很多人就跑到新加坡、日本、韩国买保险了。那些国家和地区的保险我也稍有了解，个别险种比香港更有优势。到时候怎么办？如果这个趋势挡不住，还不如让香港成为最大的离岸保险中心。

第四，从"一国两制"的高度分析，有利于促进内地与香港的融合，保持香港繁荣稳定。如果有关部门宣布不准到香港购买保险，则香港 95000 名从事保险行业的人肯定受影响。而且这 300 多亿港币不仅养活了一部分保险行业的从业者，还会投资于香港的资本市场，养活资本市场其他细分行业的人。所以，这对香港当前的金融稳定、社会安定的意义太大了，不能下重手整治。

最后，我个人建议："宜疏不适堵，宜管不适控。"

大学生应当如何做好人生保险理财规划

1. 25 岁刚毕业的年轻人投什么险种？

我刚才讲的很多问题，都可以作为你们毕业论文的课题，接下来我讲一个每个人都可以用得上的话题。作为大学生，25 岁毕业了，应该买什么保险？咱们讨论一下这个问题。

第一，意外伤害险。因为你这个年纪，身体那么好肯定不会有什么病，如果出现不幸，一定是意外。意外中主要是交通意外，而且交通意外险很便宜，投 100 万元的险只要交 40 元。

第二，定期寿险，也叫定期死亡保险。这个险种按照生命表算，你们的年龄按道理就是万分之 5，1 万元保额只需要 5 元保费。但是定期寿险跟意外险的区别是，意外险是指定意外事故出险才赔。除了刚才讲的很奇葩的除外责任外，其他所有原因导致的意外，定期寿险都赔，所以这个险要买。在香港有一个保险专家，他写了很多关于香港的这两个险种的研究，他特别推荐定期寿险。

第三，中短期高现值储蓄分红险。可以等到你工作之后有储蓄再买，把它当成投资，因为这相当于是保险公司发的债券，相信投保的保险公司不会倒闭，你就买。

给父母买长期及终身储蓄分红险、终身寿险和长期看护险。终身储蓄分红险是投小孩的。长期看护险来自台湾，在中国大陆刚刚开始，以后会盛行，因为中国已经进入老龄化社会。进入老龄后，大概 1/5 的人会失能或者半失能，长期看护成本是很高的，如果可以通过保险获得高倍数的保障，就会解决这个问题。

2. 如何寻找和投保？

第一，先找免费的保险。有免费的保险吗？有的是。大家知道，例如保障型的保险费率很低，甚至有些是送的。你用深圳很多商业银行的信用卡刷卡买机票或火车票，就送你几百万的保额交通意外伤害险，不需要你花钱买。

第二，再投便宜普惠的保险，什么叫便宜普惠的保险？社保还有一些企业年金，如果你参加工作，"五险一金"一定要投的，因为是单位出一部分钱，你自己出一部分钱。什么叫"五险一金"？"五险"是工伤、失业、养老、医疗、生育保险，"一金"是住房公积金，这是中国最便宜、最基本的保险。

第三，投足有税收优惠的保险。什么是税收优惠？企业年金，还有所谓税优、税延的保险，比如健康保险。

第四，选择合适的商业保险，商业保险选险种、费率、公司和服务，保险作为你的资产配置组合和消费型支出，都不会太高，但是你获得了一份非常高倍数的保障。

我希望大家通过今天的讲座，提高保险意识，掌握专业知识，管理人生风险，获取人生保障，关爱家人安康，从容面对事业发展的挑战。

最后，我用北大著名教授胡适的话做一个结尾，胡适曾经讲过："保险的意义只是今日作明日的准备，生时作死时的准备，父母为儿女的准备，儿女幼时做成长时的准备，如此而已；今天预备明天，这是真稳健；生时预备死时，这是真豁达；父母预备儿女，这是真慈爱。能做到这三步的人，才能算是现代人。"

（本文根据作者 2016 年 6 月 16 日在北京大学汇丰商学院"金融前沿讲堂"的演讲整理，经作者审阅。声明：本文的观点并不代表作者所供职机构的立场。）

专家点评

巴曙松

北京大学汇丰金融研究院执行院长
中国银行业协会首席经济学家
香港交易所集团董事总经理、首席中国经济学家

在中国的金融行业中,保险的发展相对比较滞后,但是发展空间非常大,是一个需求非常大的金融子行业。

保险业发展的相对滞后表现在很多指标上,比如2015年保险业的保费的收入为2.4万亿元,行业的总资产为12.4万亿元,整个行业的利润是2 824亿元。而中国工商银行去年的利润是2 777亿元。也就是说,整个保险行业一年的利润与中国工商银行的利润差不多。但是随着中国人口结构老龄化,中国经济越来越市场化,保险的需求会越来越大。我希望通过陈东博士的讲座,让大家对保险有所了解。大家认真地读他的文章,能够掌握相当于保险行业的一门课程一半的知识,这是我对他提的一个要求,所以他认真地用了一个月的时间来准备讲义。

无论是做金融研究还是做金融管理,能够从一个非常熟悉的现象、指标,发掘出很多值得深入思考的大背景、大框架、大逻辑,需要很强的理解和分析能力。今天,陈东博士选择的主题是从香港保险的热销来看保险市场发展的趋势,从一个大家很熟悉的现象,来介绍保险业投资、产品设

计、监管等方方面面的内容；从一个小现象出发，探索保险业的大道理；从一个大家熟悉的现象出发，探索大家不一定熟悉的金融保险运作的规律。

在准备今天讲座的时候，我也系统地回顾了一下内地和香港保险监管部门主要的负责人近年来的一系列讲话。

内地保监会的一位主要负责人说："什么时候大家的房子出了问题、身体出了问题、出门开车碰到问题都去找保险公司，我们国家就真正充分地市场化了。"这就说明，随着市场化的推进，保险独有的风险分担、社会管理以及投资各个方面的功能，与市场化是越来越契合的。所以通过陈东博士对保险的讲解分析，我们可以看到在市场化和社会风险收益重新分布的过程中，保险业如何发挥其独有的作用。

在香港保险监管部门负责人的讲话中，我印象比较深的是："在香港金融界有一个说法，每个人一辈子要买九张保单，覆盖个人人生的全周期。"这里指的是哪九张保单呢？

第一，大学毕业了。你开始有了自己的收入，你为父母买一张保单，感谢父母的养育之恩，同时意味着你正式开始有自己独立的收入。

第二，开始工作了。工作节奏越来越快，为自己的健康提供保障，这是第二张保单。

第三，结婚了。婚后为太太或者先生买一张保单，即使有一方出现了什么意外，另一方也仍然能够正常地生活，这是第三张保单。

第四，婚后过了几年，开始有了孩子。为孩子买一些疾病、意外的保单。

第五，孩子长大了要上学，购买教育保单。

第六，30岁以后有了一些积累，开始买车、买房，所以开始购买车和房的保单。

第七，职业生涯发展继续在攀登中，这个时候预防个人可能出现的意外，提供一些还债保障的保单。

第八，为晚年的生活大病、养老买保单。

第九，为你晚年的遗产转移，购买一份保单。最后这张保单为你的人生画一个圆满的句号。

从香港人所说的"一辈子九张保单"的故事中，我们可以看到，保险会越来越有机地融合到我们的生命周期和日常生活中。那么，怎么把内地和香港市场连接起来？这就是我们邀请陈东博士讲的主题。

为什么很多人到香港市场买保险，背后的逻辑是什么？本次讲堂不构成推销建议，只是一个专业的探讨，旨在让大家清晰地了解，应该如何去挑选保险，如何去分辨现象背后的金融学道理，以及如何与自己的生活工作有机地结合，在将来的工作中能更好地理解保险。

下面我想做几个方面的评论。

第一，如何正视风险。诺贝尔经济学奖获得者罗伯特·默顿有一句话："不对风险进行管理，才是最大的冒险。"风险本来就存在，你非要假装它不存在，让风险敞口敞着，这才是最大的冒险。

什么叫冒险？金融学教给我们的学问是什么？首先，对风险进行识别；第二，识别之后对风险进行量化；第三，给出管理和控制的方案。这是一个风险管理的周期。所以今天的这个讲座，既与大家每个人的事业发展有关，也补充了学院课程里面保险学知识相对比较少的短板。同时，通过今天的讲座大家也可以感受到，金融学除了专业严谨的计算之外，还有"真正的旷达、稳健、慈爱"，可见金融学也是可以很"人文"的。

第二，研究保险可以有很多个角度。陈东博士今天主要是从资产配置角度来讲保险的。从这个角度切入，大家能看到保险产品是怎么设计的，以及支撑这个产品设计背后的逻辑是什么。无论将来从事保险业，还是与保险相关的行业，或者是作为保险客户，大家对保险业的了解都会更深刻一些。

其实，研究保险还有很多角度。比如，从金融机构的角度，在保险机构的经营方面也有很多值得研究的：在什么阶段应该推什么产品？在公司层面该怎么平衡资产和负债？以及在当前的经济环境下，保险行业面临的一系列问题。

如果从保险公司的角度观察，刚才陈东博士讲到的中国独有的"万能险"，其实就是试图利用高成本的资金来源在市场上追逐高收益的资产，并以此来覆盖资金来源的成本。当他能找到这样的资产的时候，这个游戏还是可以玩下去的。但是，他面临的风险就是"资产荒"。"资产荒"并不是没有资产，而是指在特定的情况下，负债成本下滑相对缓慢，而资产收益下降相对快速。结果拿着成本比较高的负债去追逐资产的时候，找不到能够匹配的资产。

从保险监管的角度观察，也有很多值得研究的问题。如何看待内地居民到香港去买保险？这种现象是提高还是降低了保险行业的发展效率？这种现象对现有的保险公司，可能会产生业务冲击，怎么去平衡保险公司的利益和居民的保险需求之间的矛盾？监管机构要为了扶持保险公司而刻意抑制内地居民去香港买保险吗？还是把居民的保险需求配置得越好、越有效率，整个金融资源的配置会更有效率？作为监管机构，应该站在哪一边？如果仅仅只是站在保险机构的局部利益的角度，就会产生一个狭隘的监管机构的设想。在监管学中叫作"监管俘获"，就是指监管机构被监管对象和利益局限了，运作机制就受到了约束。

从金融体制的角度观察，在人口结构老龄化越来越严重之后，和人口结构比较年轻的时期相比，人们对于金融需求的结构是不一样的。人在年轻的时候，拼命地工作存钱，所以储蓄率比较高。人要买房子，所以房地产涨得比较快。当进入老龄化之后，人们需要的就是要花好之前储蓄的钱。如果要把资产配置好，那可能就不再只是商业银行占主导地位了，至少在增量上，没有像需求量比较大、顺应人口结构的保险行业大。据保监会去年的统计，金融行业中吸收最多新增流入就业人口的是保险行业。

第三，香港作为一个重要的保险业务离岸中心，大家谈论银行和股市比较多。但是，保险作为重要一环，在内地的保险机构没有满足居民的保险诉求的时候，香港能够利用其在文化、语言沟通等方面的优势，以不大的规模、比较新的产品发挥"鲶鱼效应"，进而刺激在岸的保险产品的创新，也是一个很值得参考的路径。比如我经常与深圳或者前海的专业人士讨论深港合作，大家讨论的大多是股票市场和银行。现在看来，保险也是一个很重要的、潜在的、值得我们关注的新增业务合作领域。

我原来从事宏观研究，所以刚才陈总讲到保险和微观的资产配置的时候，我就在想，他讲的这些问题和判断都一一对应着宏观层面的很多重要的命题。比如资产的海外配置需求，以及内地居民主动到海外购买保险。即使政府进行限制，老百姓也会有其他的渠道去进行配置。所以政府还不如主动地进行引导。

"金融资产的多元化"是一个大趋势。中国居民的资产中，房地产和银行的储蓄比较多。东方人对房地产有一种偏好。如何灵活地把自己的资产盘活，多元化地配置好？陈东博士也提到了一个很重要的课题——怎么利用它合理地避税避债？这些问题反映了现在资产管理行业开始慢慢触及的，但也是刚刚起步的一个新领域。现在大家一开始投资就想着收益率多少，但这往往只是资产管理中非常初步的阶段。

最近大家都在讨论理财机器人会不会取代从事银行、证券、保险等资产管理行业的销售员。也许未来只要在机器人中输入收入和风险偏好，它就会自动给你挑产品，做完评估就可以完成产品组合。但是我经过反复考虑后认为，虽然行业对于从业人员的专业素质要求高了，但是机器人还是很难替代人的。为什么很难替代？因为理财机器人服务的对象主要是钱，而销售员是在与人打交道。销售员不仅是从投资产生多少收益的角度计算，他们会判断投资者所在的家庭以及投资者和他的家族之间的关系，从而提出包括避税、避债、避执行、家族的传承等在内的"一揽子计划"，而不仅仅只是资产的投资计划。

陈东博士为了准备这次讲座，专门咨询了很多保险的销售人员，比较不同公司的保险产品，这本身也体现了他作为一个专业人士的严谨作风。他作了充分的准备，所以才讲得这么深入浅出。我有一个从事保险行业的朋友说："能把保险都销售出去的人，还有什么东西销售不出去？"因为，卖一个话筒或一台电脑，是能够看见和演示的，但保险销售的是"看不见的风险"和"不确定性"。陈东博士没有做过保险销售，都能把保险讲得那么生动，这正说明了专业的力量。

我想说，只是通过打电话销售保险会让人厌烦。这种推销方式即使做成了业务，拓展空间也很有限。只有站在客户的角度，识别、判断客户的风险，量化客户的需求，提出一揽子的解决方案，真正给客户提供了解决问题的方案，才是保险行业走得远的真正的支撑和动力。

再次感谢陈东博士用他专业的态度和知识，为我们展现了在专业的努力方面所体现出来的影响力和判断力。

18. 互联互通推动"共同市场"发展：从"沪港通"到"深港通"

巴曙松

北京大学汇丰金融研究院执行院长
中国银行业协会首席经济学家
香港交易所集团董事总经理、首席中国经济学家

相信大家肯定很关心，"深港通"什么时候会启动？然而这不是我下面要讲的内容。因为短期内究竟何时启动，对于一个从事中长期研究的学者来说，意义其实不是太大。①

我今天要从理论逻辑和专业的角度谈一谈如何看待"深港通"。

"深港通"和"沪港通"：奠定"共同市场"的基本框架

考察"深港通"和"沪港通"，要把它们放到整个中国的资本市场、金融市场开放的不同时期的大背景下来看。不同时期中国金融市场开放主要的战略，对应着香港市场不同的开放的形式和金融市场发展的路径。

---

① "深港通"已于 2016 年 12 月 5 日正式启动。——编者注

18. 互联互通推动"共同市场"发展：从"沪港通"到"深港通"

第一个阶段是20世纪90年代，中国经济开始起飞，大量的国企急需资本金，香港发挥了把国际资本和国内想筹集资本的企业连接在一起的作用。因为这一功能，香港成功地从一个区域型的经济中心，跃升为国际金融中心。当时的香港市场成为一个离岸的集资中心，独立于内地市场，这个功能一直保持到今天。

第二个阶段是国内市场增长时代。2001—2010年内地资本市场发展，股权改革，流动性极大提升，这个时期对外开放的主要路径是有限制的管道——QFII（Qualified Foreign Institutional Investor，合格境外机构投资者）和QDII（Qualified Domestic Institutional Investor，合格境内机构投资者）。

第三个阶段是人民币国际化的开放时代。在人民币国际化的推动下，人民币在贸易结算和付款领域的使用不断地扩展。同时直接投资管道也在扩容，即RQFII（RMB Qualified Foreign Institutional Investors，人民币合格境外投资者）的获批。再加上人民币汇率定价权已落入离岸市场，离岸市场人民币汇率和以人民币标价的股票、债券，共同形成了一个人民币资产定价的中心。现在"沪港通"的启动，特别是"深港通"的启动，就基本构造了一个基本的共同市场的平台。

为什么说特别是"深港通"？因为"深港通"取得了一个很重要的突破——交易总额限制的取消。同时，在满足基本的资格要求的前提下，如果一个投资者拥有三家交易所中间的任一交易账户，就能相对便捷地投资另外一家交易所。通过在"深港通"和"沪港通"范围内的交易覆盖，三家交易所的市场就能紧密地联系在一起。

这个共同市场平台的存在有何意义？居民、企业和金融机构在进行资产国际配置的时候，需要这么一个高效率的平台。眼下，中国居民的资产结构仍以房地产和银行储蓄为主导。目前中国房地产的市值是什么样的水平？不同的口径测试、计算结果不一样。我找了几个不同的计算口径，做了一个简单的算术平均，市值大概在270万亿元人民币。银行的居民可投资的资产大概在100万亿元，而深圳、上海、香港三家证券交易所各自的市值，也不过分别为20万亿元、20万亿元、30万亿元，加起来为70万亿元。面对这样一个资产总量，大家试想一下，如果居民按照其房地产总资产 270 万亿元的 10%的比例来做香港市场的配置，那就是 27 万亿元，基本上与香港市场现在的上市公司市值差不多。银行的储蓄也是类似的局面，企业的情况也是如此。

2016 年有一个标志性的指标，就是对比外资对中国的直接投资，和中国的企业对国际市场的投资这两个数字，后者首次超过前者，意味着中国的企业正式进入国际资产的配置阶段。在国际资产配置的过程中，需要有一个上市公司的平台来进行整合、并购，发挥融资平台的作用。

在"深港通"的政策创新中，除了取消总限之外，还有一条非常重要，那就是保险资金能够入市。在"沪港通"下，出于审慎的考虑，当时保险公司的资金是不能投"沪港通"的。在"深港通"的政策创新里面，保险资金则可以投"沪港通"和"深港通"。保险资金多数是中长期资金，在资产低利率、负利率的环境下，保险资金的挑战会很大。由于保险资金要找到与之匹配的资金来源，成本和期限的难度越来越大。而且保险公司讲究资产的配置，而中国的保险公司过度集中在单一市场、单一货币、单一金融产品的组合形势，风险非常大。比如人民币对美元的贬值，对它们就形成了比较大的挑战。目前保险公司资产配置国际化非常差，保监会对保险公司对海外投资限制是 15%，而 2015 年保险公司对外投资比例加总起来的数字是 2.02%。"沪港通""深港通"给它们提供了一个很好的平台，从保险公司发行针对"沪港通"投资的产品的监管要求看，保险监管部门没有把这个产品计算到它对外投资的额度中，就是说，保险公司如果通过发行产品投了"深港通"，将不占用国际市场投资的额度。所以，中国的居民、企业和金融机构等在进行资产国际配置时需要一个高效率的平台。

同时，国际投资者进入中国市场，也有这样配置的需求。自金融危机以来，全球资产管理行业有一个非常重要的特点：主动型管理的资产规模在缩水，业绩不好；但是被动型管理的资产规模在不断地扩大。根据黑石集团的统计，其管理规模达到了 5 万亿美元，其中很大一部分是被动性投资。

中国市场如果能够进入这些主要的指数，大量全球被动型的指数基金就会把中国的市场、中国的资产、人民币计价的资产，纳入整个投资的标的里，从而吸引大量的资金流入。应该说，中国这个富有活力的市场，离加入这些主要指数只有一步之遥。2015 年股市异常波动，把很多指数基金吓了一跳，比如千股跌停，现货交易常常没有流动性；又比如限制股指期货开仓，使得很多风险管理的策略难以实施，大家担心进出会变得不方便。"沪港通""深港通"的启动，对这一部分基金投资中国市场提供了更便捷的条件，也有利于推动中国市场来加入国际主要的指数。

如果要从目前中国的资本市场中选出中国金融业发展趋势和空间比较大的领域，我可以肯定地说，资本市场、金融市场的双向开放和人民币"走出去"，将是未来十分重要的增长点。与中国的贸易占全球10%~20%的规模相比，中国的资本市场对外的部分，仅占国际资本市场市值的0.1%。

所以，这与中国实体经济规模相比，是一个巨大的缺口。中国资本市场双向开放，空间很大。

大家在讨论中经常提到，除了"沪港通""深港通"，还有没有其他的"通"？比如说"债券通""商品通""ETF通""新股通"等。从"沪港通"的经验和全球很多交易所的互联互通情况来看，互联互通有成功的案例，比如"沪港通"，也有启动之后停止的案例，比如"新伦通"（新加坡和伦敦交易所的连通）。为什么？因为互联互通的成功很重要的要素在于投资者对于对方市场的上市公司和金融产品有一定程度的了解。香港市场天然有这个优势，在香港交易所的1 926家上市公司中，内地上市企业的日均交易量高达71%，很多是国内投资者非常熟悉和了解的公司。而目前恒生指数的50只成分股里面，有24只来自内地公司，其他的成分股也有相当比例的收入来源是中国内地。

"深港通"和"沪港通"使得香港既是一个全球投资的目标市场，也是一个内外交汇的门户市场

香港是一个目标市场，也是一个内外交汇的门户市场，国内投资者进行国际投资，首先以香港作为窗口去投资；国际投资者进入中国，也以香港作为窗口来进入国内市场。"深港通""沪港通"连接的这个平台，就实现了这个效果。

那为什么我们不直接投资？随着开放程度的加深，是不是"深港通""沪港通"的框架就没有用了？就要取消了？不是的。总有一部分比较勇敢的、敢于探索的、胆量比较大的投资者，他们敢于承担高风险，专业知识也比

较丰富，直接到香港、纽约、伦敦开户，直接带着钱出去了。还有一部分非常谨慎的投资者，无论你怎么劝他们，他们都不愿意出去投资。而大部分人是介于二者中间的，他们想做一定的资产配置，但是又不愿意去熟悉完全不同的交易习惯和交易制度，"沪港通""深港通"提供了一个用原来的交易习惯来继续交易的制度框架。

所以，我很高兴"沪港通""深港通"，特别是"深港通"的即将启动。"沪港通""深港通"的先后启动和成功运行，使香港既是一个目标市场，或者说是目的地市场，也是一个门户市场。这是从投资者角度来做的评价。总体来说，香港市场的特点是，交易所产品相对丰富，能够支持多种交易策略。

为什么在"沪港通""深港通"启动之后，需要广泛加强对海外市场特别是香港市场的介绍？以前我在香港所见到很多在内地投资很成功的投资者，一到香港就"损兵折将"，被"腰斩"是常态。所以，你必须熟悉这个新的市场的游戏规则。比如，香港市场的产品比较丰富，它是一个开放的，可以有做空机制的市场，是一个再融资效益非常高的市场。所以，内地的一些理念，比如收集筹码，大幅拉高，在香港这个开放的市场中，很可能或者说很大程度上是行不通的。即使不考虑监管力度的加强，从市场本身来说，也有一个平衡机制。

香港是全球最大的股权融资市场之一，特别是融资和再融资的机制非常灵活。

过去10年，香港企业再融资一般比IPO首发融资金额更高。在符合条件的情况下，"深港通""沪港通"增发无须交易所审批，根据市场需求决定，最快可在一天之内完成。香港的优势之一是整个上市过程是全透明的，能不能上市，以信息披露和市场机制为准。所以如果把大家关心的问题都回答清楚了，投资者愿意用什么价格买、买多少，这是供需双方的事情，交易所只是从信息披露和合规角度来把握，所以没法关注你用什么价卖、卖多少。"深港通""沪港通"连通之后，两者之间理念上的差异可能会长期存在。

18. 互联互通推动"共同市场"发展：从"沪港通"到"深港通"

我经常参加一些关于"沪港通""深港通"的讨论会，从中深切地体会到，这种文化和制度上的差异带来的一些争议。比如很多人经常会说，香港可能有上市公司"抽水"，确实存在"抽水"的情况，也确实应该加强监管，加强打击，保护消费者和投资者的利益，没有人有争议。

但是我经常回答他们，香港市场的优势就是融资非常灵活。一家企业如果要在香港上市，可以收购另一家企业，十分便利。但是，确实可能有个别公司，滥用这种便利，不断在"抽水"。我们应当坚持一个理念，碰到这样的坏公司，要加强监管。

另外一个思路是，告诉投资者，要远离和防范这种"抽水"企业，要保护自己的投资利益，尊重市场，因为这种理念上的冲突以后还会长期存在。

从行业分布来看，香港与深圳、上海存在着明显的差异，各有优势和劣势。从行业分布来看，港股里的金融、地产、消费品在2015年排前三位（如图18.1所示）。

香港和内地市场参与的主体差异很大，内地市场还是以内地机构和散户为主，而香港市场是以国际机构投资者为主（如图 18.2 所示）。所以前段时间特朗普和希拉里竞选，内地有一只"西仪股份"跌停了，而另一只"川藏股份"则大涨。奥巴马当选的时候，"澳柯玛"股票一度还跌停，所以有大量的案例可供行为经济学研究使用。香港市场是由机构投资者主导的市场，所以即使连通之后，我个人认为，两地市场的差异依旧会长期存在。

在"深港通""沪港通"启动之后，大家通常认为，两个水面高度不一样的湖连在一起，湖面会拉平。理论上可能是这样，但实际上，"沪港通"启动之后，在一段时间之内，两地股票的差异反而更大了。所以，即使"深港通"启动了，还没有改变它的交易习惯和市场规律，还是两个不同的市场。"深港通"启动之后，这种差异还会存在。

当然，广泛的融资渠道给投资者提供了多种多样的选择，你做什么样的选择都可以，可以通过增发、可转换债券、普通债券等。

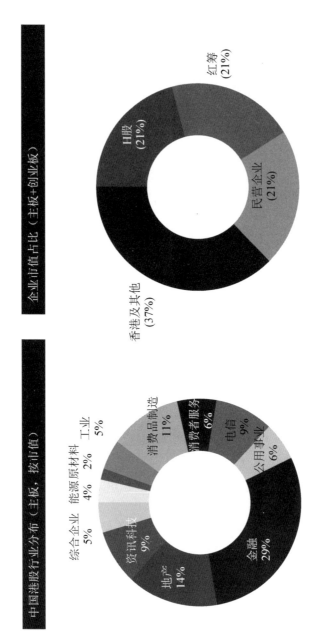

图 18.1 港股行业分布及企业市值占比

资料来源:香港交易所,截至 2015 年 12 月 31 日数据。

18. 互联互通推动"共同市场"发展：从"沪港通"到"深港通"

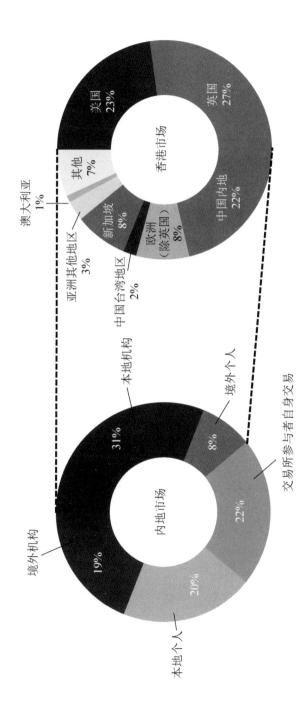

图 18.2 香港和内地市场的参与主体差异

资料来源：香港交易所现货市场交易研究调查，2014/15 全年交易量数据。

总体来看，上海、深圳、香港三家交易所都是全球前十大的交易所。但是，分开看每个都与国际主要的交易所的上市公司总市值存在显著的差异，每天股票的成交额也有较大的差异。为什么一些公司花很大的成本，跑到纽约去上市？其中很重要的原因是，纽约交易所的上市公司总市值和股票成交量比较大。虽然中国三家交易所在全球排前十名，但是它们是分割的，这三家交易所连起来，就是一个总市值达70万亿元的新的交易平台的共同市场，成交额直逼纽交所，基本上可以成为全球最领先的、流通性最好的交易平台。港、深、沪交易所连通形成的共同市场，可以带来新的故事，绝不只是停留于二级市场。

为什么？这三家交易所形成的共同市场有交易量和庞大的投资者群体。对中国庞大市场的依托，使得香港作为一个国际市场的门户市场，能和全世界各个行业的最优秀的上市公司谈判，并拥有非常强大的谈判能力。如果想一家企业进入中国市场，可以到港交所上市。既然二级市场可以互连互通，我们只需要往前走半步——从二级市场的互连互通，延伸到一级市场，全球一流各个行业上市公司都可以到港交所来 IPO 再挂牌，还可以同时向深圳和上海开户的投资者来发行股票。发行完之后可以继续交易，这样就把投资者和消费者连在一起，同时保证了流动性，所以对很多公司会产生非常强大的吸引力。

我曾经当过一家大型地产公司的董事，这家公司费了很大的力气，从香港交易所上市再退市。很多金融机构通过这种方式赚了很多钱。其实如果这家上市公司能够了解这三家交易所之间的优势、劣势，再做专业的分析，就可以找到一个更专业的解决方案。通常大家认为在香港上市的房地产公司市值都不高。但是这家上市公司有很多业务，既有重资产的房地产开发，又有轻资产的房地产管理、物业维护。另一方面，轻资产管理的模式在香港很受欢迎，因此做一个二次拆分就行了。轻资产这部分留在香港，重资产这一部分放在内地。内地投资者喜欢看到有多少平方米的建筑。因此，一个有专业水准的独立董事是非常重要的。

图 18.3 梳理了内地、香港和纽约证券交易所上市条件，内地企业在选择交易所的时候，要做一些对比。根据公司所属的行业、发展的阶段，选择匹配的内地、香港或美国交易所后再上市。

18. 互联互通推动"共同市场"发展：从"沪港通"到"深港通"

上市条件	沪深交易所 主板、中小板	香港联交所 主板	纽约证交所（对非美国公司）
财务指标	最近3个会计年度： ▶ 净利润均为正数且累计超过3 000万元人民币 ▶ 经营活动产生的现金流量净额累计超过5 000万元人民币，或营业收入累计超过3亿元人民币 ● 最近一期期末无形资产占净资产比例不高于20%	申请人需拥有至少3个财政年度的营业记录且符合下列其中一项测试即可： ● 盈利测试 ▶ 上市前1年盈利不少于2 000万港元 ▶ 上市前2~3年累计盈利不少于3 000万港元 ● 市值/收入测试 ▶ 预计上市时市值不少于2亿港元 ▶ 最近1个经审计财政年度不少于5亿港元 ● 市值/收入/现金流测试 ▶ 预计上市时市值不少于20亿港元 ▶ 最近1个经审计财政年度不少于5亿港元 ▶ 前3个财政年度来自营业务的现金流入合计不少于1亿港元	申请人需符合下列中一项测试即可： ● 盈利测试 ▶ 上市前最近3年累计税前盈利不少于1亿美元 ▶ 上市前最近2年每年税前盈利不少于2 500万美元 ● 市值/收入/现金流测试 ▶ 上市前最近3年累计现金流不少于1亿美元 ▶ 上市前最近2年每年现金流不少于2 500万美元 ▶ 预计上市时市值不少于5亿美元 ▶ 最近1年收入测试 ▶ 预计上市时市值不少于7.5亿美元 ▶ 最近一个财政年度收入不少于7 500万美元 ● 上市企业旗下公司的测试（Affiliated Company Test） ▶ 预计上市时市值不少于5亿美元 ▶ 拥有至少12个月的营业纪录
营业记录	不少于3个会计年度，最近3年董事、高级管理人员无重大变更，实际控制人没有变更	不少于3个财政年度 管理层在最近3个财政年度维持不变 最近1个审计财政年度内拥有权和控制权维持不变	对上市企业旗下公司的测试至少有12个月的营业记录
股东结构	发行前公司总股本不少于3 000万元人民币，公开发行股份占公司股份总数25%以上；或公司股本总额超过4亿元人民币的，其向社会公开发行股份的比例为10%以上	最低公众持股量一般为25% 公众持股之市值不少于5 000万港元 若预计上市时市值不少于100亿港元，则香港交易所可酌情接受15%至25%之公众持股量 至少300名股东	最低股价不能低于4美元，至少250万股，至少有5 000个持100股以上的股东 对上市企业旗下公司的测试：公众持股量价值至少6 000万美元，持股数目要求不变

图18.3 中国内地、中国香港及纽约证券交易所基本上市条件比较

资料来源：上海证券交易所、深圳证券交易所、香港交易所、纽约证券交易所。

比如，内地餐厅想要上市，餐厅的现金流和利润很难确认。中国证监会的发审委会反复问，买菜花了多少钱？利润是多少？而在香港市场，只要你提供足够的信息，投资者愿意买你的股票，开什么餐厅都行，今天粤菜，明天川菜，后天徽菜。到底在哪里上市比较好？"沪港通""深港通"开通之后，这三家交易所就提供了一个上市地点的选择，企业主要考虑因素包括：上市地市场的特点，包括市场规模与交易量；企业的特点，包括企业所处行业的特点以及该行业是否受到政府对外资的限制，以及是否涉及国家安全、业务规模、股东结构等方面。

同时，从上市的审批制度来看，香港市场强调的是以披露为本的市场化运作，一般可预期上市时间表。2016年1月到9月底，IPO接受申请和申请被拒的比例是232∶9，处理中的上市申请有140例。从申请上市到发出首次意见函的平均所需日是17天，上市前咨询至发出书面回复平均所需日是6天，非常高效，而且内部有防火墙。

内地企业到香港上市，有3个月以内上市的，像邮储银行、中国再保险，也有3个月左右上市的，基本上是4至6个月。

"沪港通"平稳运行两年来，有哪些趋势值得"深港通"参考？

"深港通"开通之后，市场会受到什么影响？交易所不能做预测，但是我可以跟大家分享一下"沪港通"启动这两年来，所体现出来的市场交易的特点和趋势。这是"沪港通"运行两年来，值得"深港通"的投资者参考的一些趋势。

关于互联互通形成的"共同市场"对上市公司的影响，我将从以下几个方面阐述。

第一，上市公司的投资者基础扩大。以前，一个上市公司的投资者群体，可能要么来自深圳，要么来自上海。现在，上市公司股东名单中的投资者可能来自世界各地，比如中国内地、中国香港、伦敦、纽约。所以，上市公司的投资者群体得到极大的扩展。

第二，中国内地和香港市场的互动会更加多元。有人会问，有哪些互动套利机会？我认为，市场有足够的智慧去发现这些机会。通常认为，在

18. 互联互通推动"共同市场"发展：从"沪港通"到"深港通"

短期升值趋势下，美元过 100 之后可能会到 110，还有 10%的升值幅度，而人民币面临贬值预期，会否出现大量资金通过"沪港通""深港通"涌入香港，加大人民币贬值压力呢？我认为，总体上不会出现这种情况。

首先，"沪港通""深港通"所形成的开放市场与资金单向流出的开放渠道是两回事，这是一个封闭可控的体系，就像一个透明天桥一样。比如，钱投出去买股票，3个月之后股票涨了，卖掉股票后，资金会原路返回。在港交所的内部文件中，我经常指出不要称其为资本流出渠道，这实际上是一个收益互换体系。在此期间，如果投资者买了香港的股票，享受了收益后卖出股票，资本就回流了。国际投资者卖出深圳的股票后，资本又流回深圳。即使当期的资本流出规模比较大，加剧短期流出压力，但是资本流出一段时间后，资产会被卖出，产生资本回流，形成支撑汇率的力量。所以，这只是做了一个资本的跨时间分配。

其次，市场非常智慧。比如，在人民币贬值预期不强的时候，国内资金倾向于购买高分红的长线资产。买得最多的是什么呢？建设银行的股票。有贬值预期之后，增量的资金在购买非中国资产的股票，比如，友邦保险、汇丰银行的股票。汇率贬值预期产生时，投资者购买一些国外上市公司的股票，看似是购买了海外美元资产，但这些上市公司的主要收入可能来自中国，其资产也是人民币资产。人民币如果贬值了，这些公司股价可能也会有所调整。市场投资者敏锐地发现这一规律后，通过"沪港通""深港通"去购买非人民币资产的上市公司股票，所以互联互通会使两地的市场互动越来越多样化。

再次，提高股份流动性。最后，提高市场的影响力。

三家交易所互联互通之后，大家通常会觉得现在香港的股票便宜，笼统地说是这样，但是分行业来看不一定是这样。我最近做了一个细致的分行业的研究，发现香港股票便宜是因为金融地产行业占比过高，显著地高于国内指数里面的金融地产板块。如果做细分的话，很多行业的市盈率比国内还要高，最典型的是健康、医疗、护理、消费、服务等行业，因此估值的高低要分行业看。所以你如果是一个发行人，哪个地方估值高，你就要去哪里发；如果你是投资者，哪个地方便宜，你就要去哪里买。

中国证监会在散户主导的市场，要保护一二级市场。如果对 IPO 做一个 23 倍发行的市盈率限制，无论市场多么看好的企业，最多只达到 23 倍。

如果市场高度低，上去之后搞了五六个涨停，那只能怪你倒霉。但是在香港市场没有这样的限制，如果市场看好你，市盈率可以达到30倍、50倍，是你自己的事情。

"沪港通"开通以来，南向是内地资金投香港，北向是国内资金投上海，占比是多少？南向投香港的资金平均占香港每天交易量的0.5%至3%。"深港通"宣布之后，正式启动之前，资金明显变得活跃，占比到了差不多5%，现在基本上在3%至5%之间波动。而北向的国际资金进入国内市场，大约占多少？基本上在0.5%至0.9%之间，很少超过5%。所以结论是，从"沪港通"的交易量所占整体交易量的比例可以看出，"沪港通"明显还未达到改变当地主场交易习惯的规模。

"深港通"启动之后，交易限额的取消和保险资金入市等，会带来新的互动机制，但是因为投资者群体的差异、上市公司的差异、监管清算制度的差异，当时预计的市场差异会长期存在。

而且，非常有趣的一个现象是，在"沪港通"项下，"港股通"和"沪港通"的交易量大致达到平衡。我专门算了一下，把"港股通"和"沪港通"的交易量做了一个百分比，发现内地投资者投资香港和海外投资者投资国内的规模差不多，投资者群体了解这个新市场的进度基本一致。

以上我与各位做了这样一个简短的介绍。我也希望以"深港通"启动为标志，能够构建一个共同市场，进一步地拓展到一级市场——或者叫"新股通"也好，或者叫作"XX通"。还可以延伸到大宗商品市场，形成一个基于港深沪三家交易所共同基础上的"金融超市"。基于庞大的投资者和充足的流通性，我们可以吸引全世界各个领域最好的企业前来上市。到那时，"货架"上就会摆满投资者最喜欢的产品，我们可以告诉投资者，这是一个由三家交易所形成的、目前总市值超过70万亿元、有数亿投资者和充足的流动性的市场。所以，以"深港通"取消总限额为标志，这个共同市场未来的可拓展性已经打开了。

第四篇

投资方向：理念与策略

19. 价值投资在中国股市

邱国鹭

高毅资产董事长兼CEO

如果非要用一句话来概括什么是价值投资,就是你用5毛钱买价值1块钱的东西。简而言之,你希望付出的价格比买到东西的价值要少。

资产配置:不做短期选时,只做长期选时

许多学术研究、业界实践都曾讨论过价值投资有效性的问题,结果发现价值投资在全世界大概90%的国家是有效的,其中包括中国。

在回国以前,我在美国做了10年投资,曾投资过加拿大、美国、韩国和中国香港地区的股票。我发现价值投资在美国、韩国和中国香港地区都很好用,但是在加拿大却不一定适用。因为加拿大有很多诸如金矿的资源股,你很难准确知道金矿的价值、开采成本、开采周期等等。这解释了为什么大宗商品、外汇等一些投资品种更多采用趋势投资,而其他很多投资品种(甚至包括科技股)都可以采用价值投资。因此,价值投资有一定的适用范围。

回国以后，我发现中国市场散户特别多，大约 80%的交易量是由散户贡献的。许多人只知道股票代码和公司名称，对这家公司在做什么几乎没有概念。在这种环境下，价值投资是否有效？答案是肯定的。我自己过去 8 年的实践可以证明，我身边很多人的经历同样也能证明。每年都会有不同的概念股票和炒作股票，一些虽然能够在 3 个月之内翻倍，但是当持有期拉长至 3 年甚至更久时，你会发现它们的价格可以跌一半。原因很简单，很多故事和题材炒作禁不起时间的检验，有人可以在短期内欺骗所有人，但没有办法欺骗所有人一辈子。

所以，不管是从定量的数据研究，还是从身边很多人的实践角度来看，价值投资在中国依然是有效的。为什么？用一种投资方法的人越多，回报率越低，这是自然的。从这个意义上讲，中国价值投资的土壤更好，因为采用价值投资的人少。在中国有一个很有趣的现象，有一批质地非常好的股票，估值很低；而有一堆非常垃圾的股票，估值反而很高。最有长期预测力的两个指标是市场的估值水平和流动性：

低估值＋政策放松＝牛市，

高估值＋政策紧缩＝熊市.

行业配置：格局决定结局

全世界大多数国家的行业龙头公司的股票一般比行业排名末尾公司的股票估值要高，这很正常，因为大多数的行业的集中度会越来越高。市场不断地大浪淘沙，最后适者生存，留下来的往往是行业龙头。当然也有一些行业稍特殊，不适用这个规律。

在比较股票优劣的时候，我一般考虑三个要素。第一个是公司的品质，第二个是股票的估值，第三个是买卖的时机。研究员给我推荐股票，我一般会问三个问题：第一，这家公司为什么好？好在哪儿？第二，这家公司为什么便宜？第三，为什么要现在买？是否出现业绩拐点、投资者情绪改变，或者管理层的变更、战略转换等等？市场上买卖股票的人，100 个人中可能有 90 个是看图说话，根本不管基本面；可能有七八个人会做研究；但是真正能做得懂研究的可能只有两三个人，因为做研究本身需要经验的积累。

在研究一个行业之前，首先要思考这个行业最后是不是赢家通吃，因为赢家通吃的行业发展空间大，能够出大公司。怎么分辨好生意和坏生意？巴菲特说，好生意，你会看到它未来的样子。有一句话讲得特别好，一家好的公司有两个特点：第一，它做的事情别人做不了（门槛）；第二，它做的事情自己可以重复做（成长）。第一个条件是它做的事情别人无法复制。在中国市场，任何事情一旦成功，就可能有100个人要模仿你，1000个人要"山寨"你。所以它做的事情必须要有门槛，它跨得过去，别人跨不过去。这个门槛决定了它的不可复制性，从而长期内，资产回报率和净利润率才能维持在一定高度，不然竞争迟早会把超额收益消灭掉。宁要有门槛的低增长（可持续），也不要没门槛的高增长（不可持续）。第二个条件是它做的事情自己可以重复，大家觉得这个非常简单，但是实际却比较难。中餐馆很多，粤菜、川菜、湘菜等等，但是真正的上市公司中有没有很大的中餐馆的连锁企业？没有。而国外有的连锁快餐企业却能够在全球开到3万家分店，为什么？因为这些跨国连锁快餐企业实现了标准化生产，不需要厨师。而同一个品牌的中餐馆，一般很难开到别的地方，因为厨师是不可复制的。从我多年的经验看，中国有很多企业没法实现自我复制，或者说自我复制到一定程度，市场空间就会受到限制，不仅是中餐馆，还有中国茶楼，能有几家像国外有的咖啡店品牌一样在全球开那么多家分店？中国有很多服装品牌，但是否出过全球畅销的服装公司？你做的事情要能够不断复制，重要的不是成长的快慢，而是成长的可复制性、可预见性、可持续性。

研究一家公司时，我们需要把商业模式剖析清楚，先不看股价，而是关注它是不是一家好公司。你持有一家好公司的时间越长，收益越高。其实并不需要太多股票，市场上近3000只股票，客观来讲真正认真做事情的公司不多，真正认真做事情的公司还需看它是不是处在好的行业。所谓的好行业，是傻瓜来当CEO也能赚钱的行业，是有跨越周期的超额收益的行业。核心是有定价权。很多行业已经达到了一定的集中度，龙头企业具备定价权，这个定价权本身是非常值钱的。

我曾写过一篇文章——《宁数月亮，不数星星》，月亮很好数，天上就一个月亮，但是星星不好数，太多太杂。"数月亮"的行业，往往呈现一家独大的竞争格局，或者两三个龙头企业占据了行业中绝大部分的市场份额，其他竞争对手不成气候，研究这样的行业就像数月亮一样简单。比如说时间倒转20年，回到1996年，如果有一个人告诉你，电商代表着零售的未来，这个人肯定是非常聪明的，而且这是一个非常好的建议。可是如果你1996年投资电商行业，这些公司可能有99%会破产。1998—1999年，美国的电商企业有多少活下来到今天？只有两三家。

我们应该胜而后求战，而非战而后求胜。如果不知道一个行业前三名、前五名是谁，或者这个行业的前三名、前五名是不断变化的，一般情况下我不会买，因为不清楚行业的竞争格局。我通常会选择格局相对稳定的行业，老大、老二、老三可能3至5年不会变化，这种行业在A股可能表现不那么突出，因为大家认为这些是传统行业。然而传统行业并非没有机会。2016年，我的组合里港股第一大重仓股就属于非常传统的行业。我们2015年买的时候大概是7倍的市盈率，2016年上半年的中报披露利润同比增长127%，相比之下，2016年一些上百倍市盈率的概念股的业绩增长连百分之十几都没有。所以说低估值就不会有业绩高增长吗？答案显然是否定的。一个行业的格局和商业模式是很重要的，一旦把它研究透了，两三年都不会变，不像概念股每年都不一样。

一些股票可能3个月翻1倍，但是再往后3年跌一半，可惜大多数人都禁不住诱惑，总觉得自己能够成为幸运的那一部分投资者。其实做投资，特别是押注概念股，最后赢的是极少数人。大家押注概念股的时候一定要明白一个道理，这个游戏相当于和老虎伍兹比赛打高尔夫，最后的结局绝不是雨露均沾，而是赢者通吃。当然股份升高有一部分是由于企业盈利，一部分是由于估值抬升。例如央行降息，你赚的是央行的钱。大多数时候，如果没有央行降息，本质是你赚我的钱、我赚你的钱，也就是互相博弈，这种钱绝大多数人是赚不到的。在股票市场里，很多人比你有分析、交易和信息的优势。有的投资者选的跑道比你快，这就是分析优势。同样是涨停板，别人的交易通道可能更通畅、更快，别人能抢到单，但你抢不到，这就是交易优势。有的投资者具备更多的信息优势，当然有些合法，有些不合法。所以，作为职业投资管理人，我们最关键的是分析优势。

就我个人而言，我一般会做长期的选时，不会做短期的选时。为什么？因为短期选时太难，当然也有人擅长这种游戏。术业有专攻，价值投资是好的，但是不代表其他方法不对。定量投资、技术分析以及高频交易等，条条大道通罗马。只是从我个人角度来讲，我比较愿意做长期选时，股票很便宜的时候重仓，很贵的时候轻仓。2012至2013年的时候，我很乐观，因为当时股市在2 000点左右，我可以买到很多3～4倍市盈率的股票，只是2012年、2013年表现得并不好，但2014年这些股票普遍涨了40%甚至翻倍，2015年就更不用说了。2012年年初的时候，市场还不到2 000点，接下来在2 000点左右徘徊了两年半。我做长期选时，哪怕2012年年初满仓股票也不亏，2 000点到现在哪怕指数也是赚50%的。

高毅资产现在有6个资深的投资经理，每个人都"各有特长"，而且他们都不是靠选时的。这说明时间拉长来看，依靠选时长期获利是很难的。国外的研究表明，判断一个人有没有选股能力需要18个月，但是判断一个人有没有选时能力需要54年。为什么？因为选时是赌大小，一次对了，很可能是巧合。例如2016年年初的时候，一个投资者对市场比较谨慎，仓位相对比较低，2016年至今市场的确下跌了，所以他选择低仓位没有错。但另一方面，如果他持仓的股票都涨得很好，那么到底低仓位是对还是错？如果说投资人判断市场会变差，因而相对谨慎，那么他的选时是正确，但是他选的股票涨得很好，但受限于低仓位而没有充分利用选股优势，这样看又错了。所以，选时和选股有时候会产生矛盾，最后真正可依靠的还是选股。

大多数时候，我配置的行业都是对的，2016年我主要配置的行业是食品饮料、家电，还有少量医药、地产。2016年地产行业基本面很好，但是地产股却没有太大反应，所以投资需要耐心和坚持。

好行业基本上有几种判断方法：

第一，竞争格局好。前面说到要"数月亮"不要"数星星"，好的行业一定是内战打完了，赢家出现了，没打出"春秋五霸"也要有"战国七雄"。走访一个行业里的四五家公司，行业的好坏就清楚了。为什么？因为竞争对手之间会讲真话。如果竞争对手互相骂，说明这个行业竞争太激烈；如果竞争对手互相说好话，那就说明整个行业都在赚钱。

第二，差异化竞争。像钢铁、水泥等同质化比较严重的行业，企业一般没有定价权，当然特种钢除外。像消费品、医药等差异化竞争的行业，企业拥有定价权。例如，心脏病跟糖尿病的药之间一点竞争关系都没有。

第三，进入壁垒高。进入壁垒有很多种，比如牌照。长期来看，金融业的回报不会太差，因为金融行业有牌照。

第四，发展空间大。中国有一些运动品牌，前几年大概开到七八千家分店的时候，开不下去了。为什么？中国有3 000多个县，全国七八千家分店，平均每个县2家分店，基本够了。互联网，比如社交软件、搜索引擎，用的人越多，搜索越准确、越值钱，这种是自我强化的。比如说购物平台，买家多，卖家就多；卖家多，买家就多。连锁店就不是了，奢侈品店更是肯定不能开这么多，大众品牌店可以开得稍多，这种行业有一定的饱和度，到一定程度再开分店就是自己和自己竞争。

第五，技术变化慢。如果你是一家公司的CEO或者总经理，你希望这个行业总是变化，还是相对不变？十年前，大家用的手机品牌现在都看不到了，这说明不是公司的问题，而是行业的问题。

为什么技术变化慢是一个优势？因为这样的行业，产品的生命周期可以更长。不同国家的情况不一样，在中国就很难出现几十年、上百年生产一种主要饮料的公司，因为中国的生产者和消费者不断地求新求变，从另一个角度看这也是件好事情。未来，电动车、汽车电子化、无人驾驶等在中国的发展很可能会超过美国，中国的移动互联网已经超过美国了。我们一直在讲消费升级、产业升级，2016年中国的自主品牌不断发展，就像10年前的家电、3年前的手机，现在华为、VIVO、OPPO正跟海外的知名手机品牌竞争。

我曾经说过一句话，在中国实践价值投资很容易，也很难。容易在哪里？坚持价值投资的人很少，所以你可以用很低的价格买到很好的公司的股票。但是又很难，为什么？因为价格和价值的偏离程度可能很高，而且持续的时间可能很久。

格局决定结局。以家电为例，国内龙头空调企业在过去的十二三年里，涨了几十倍。电视机产业却截然不同，同样是电器，为什么前者的回报率这么高，后者的回报率这么低？第一，格局不一样。空调行业竞争格局良好，市场充分竞争后产生了寡头垄断。2000年，空调行业有一次大洗牌，60%的企业不存在了，包括我们小时候听说的一些知名空调品牌；之后，两家龙头公司慢慢地占了百分之五六十的市场份额，形成双寡头。空调行业和电视机行业的格局不一样，电视行业前几名基本上都是在15%上下，胜负未分。中国的啤酒产业也是如此，而白酒和啤酒的商业模式有不同。中国有很多白酒厂商，但是价位高端的很少，1 000元以上的可能有一家，500

元以上的可能有几家，价格低的白酒跟价格高的白酒之间是没有竞争的。行业格局要看细分领域，几年前，有人说中国白酒已经年产量 800 万吨，产能过剩严重，所以这些白酒是不能买的。我认为，奢侈品包包的销量和全世界包包的产能过剩一点关系没有，它们之间完全没有竞争关系。格局决定结局，双寡头的日子一般不会太难过，就像可乐行业，竞争再激烈，也不会那么激烈。

第二，技术变化快慢的差异。白色家电的技术变化没那么快，黑电变化巨大。我们小时候看 CRT 的电视，四四方方的，随后是 DLP 背投电视、LCD 电视，接着又出现等离子电视、LED 电视、3D 电视，这种技术变化快的产业，可以短期快速爆发，但是很难有持续。

我的《投资中最简单的事》的第一章——"以实业的眼光做投资"源于我在 2013 年 9 月发表的一篇微博，是当时点击率很高的一篇微博，大概有 500 万点击率，我觉得很惊讶。当时大家普遍认为电影是一个非常好的行业，过去十年电影的票房以每年约 40%的速度增长，今天增速开始大幅缩水。3 年前我写那篇文章的时候，如果买电影的龙头股票，到今天跌幅达 25%，亏 1/4，但电影票房涨了多少？3 年以来，创业板涨了一倍，沪深 300 涨幅约 60%。所以，并不是电影这个行业不好，而是没有好的商业模式。电影的商业模式是什么？定价权掌握在谁手里？观众到电影院看电影，不是看电影公司，而是去看明星，或者一些导演的作品，所以定价权在导演和演员的手里。徐峥拍《泰囧》赚了钱，但拍《港囧》他就要分成了，电影公司就不可能赚那么多钱了。欧洲足球俱乐部里那么多天价球星，但是很多俱乐部都是亏钱的，因为定价权在球星手中。有的动画电影制作公司不是靠票房赚钱，而是靠卖衍生产品赚钱。日本去年前十大影片里，有七部是动画 IP 转过来的，因此很多东西是有可预见性的。

3 年前，大家都认为房地产泡沫要来了，转而看好电影产业，我当时说过一句话：拍电影要考虑票房分成。中国一年拍 700 多部电影，只有 200 多部能在电影院放映，其中票房超过 5 亿元的屈指可数。即使你拍出一部 5 亿元票房的电影，扣除分给院线的一半，再扣掉薪酬、剧本、编剧、制作费、道具费，再扣掉演出费，电影公司真正能分到的就剩下几千万。当时我拿地产龙头公司跟电影龙头公司比较，当时的电影票房一年 200 多亿元，而中国一年商品房销售额是 8 万亿元，地产龙头公司 800 亿元市值，电影龙头公司 400 亿元市值；今天地产龙头公司是 2300 亿元市值，电影龙头公司是 300 亿元市值。

2013 年还有一种说法，互联网金融可以颠覆银行业。互联网金融怎么颠覆这个行业？银行是一个重资本的行业，资本金从哪里来？有人说余额宝能颠覆银行，余额宝当时的存款接近 2 000 亿元，现在是 8 000 亿至 9 000 亿元，而从那个时候到现在，银行的资产规模又增长了几十万亿元。虽然我们不是算命先生，不知道未来怎么样，但是可以通过研究日本、韩国、美国、欧洲等别国的历史，进而推测未来我国可能的发展方向，因为他们比我们发展得早。

金融是什么？金融不是靠人多，是靠钱多。国内某个比较知名的零售银行私人银行的人均存款是近 3 000 万元，日本最大的网络银行乐天银行的人均存款只有 1.5 万元。金融行业和互联网在基因上不同，商业模式存在差异。例如美国有些银行的客户户均存款在 5 000 美元以下，每个月会收取 20 美元的费用。中国四大行维持一个账户，一年的成本大约 90 元人民币，客户存 1 000 元钱，银行能够赚的利差是 20 元，这对银行是不划算的。互联网银行的好处在于可以把户均成本降到两三块钱，因此可以做小额客户。但是小额客户长不大，因此网贷公司没有办法替代银行。互联网金融可以代替的是券商，因为券商只是一个通道。通过美国的历史我们很容易知道，银行不会被颠覆。在中国，客户使用一些手机银行的 App，体验非常好。做互联网金融不需要考虑产品库存的问题，因而传统银行自建线上平台相对容易。相比之下，做电商需要很多存货，有的公司先做电商成功了，而有的公司从线下业务转到线上业务就面临很多困难，它的物流配送体系和电商的不一样。我们只有把商业的本质研究清楚后，做投资才会比别人有优势。

把时间拉长一点，大多数股票的价格还是由基本面决定的。指数从 5 000 点到 3 000 多点，大多数股票市场跌了 40%以上，而有些股票却创新高了。为什么市场跌了 40%以上，这些股票还可以创新高？因为它们的基本面很坚挺。我们曾经研究过泡沫的破灭，一般来讲会有三轮下跌。第一轮是去杠杆，第二轮是降估值，第三轮是杀基本面。其实 5 000 点时有少部分股票基本面好但估值又不高。低估值和基本面这两样把握好了就能抗跌，跌的时候跌得少，涨的时候涨得多。

关于基本面分析，简单的工具往往是有效的。首先是波特五力模型，用于分析行业竞争格局和上下游关系。其次是杜邦分析法，理解公司的商业模式和核心优势。最后，让历史告诉未来，用这两个工具把公司和公司所在行业过去3至5年的历史变迁研究透，比对未来的财务模型预测更重要。

2013年前3个季度，电影、互联网金融和手游这三个行业是涨得最好的。2013年手机游戏股票被热炒，当时有十几家公司去并购手游公司，给出各种业绩承诺，后来大部分都没有达到，最后不了了之。手机游戏月流水1亿元，但很多是自己掏钱刷的，互联网特别容易刷流水。这些游戏公司到现在真正做得好的还有谁？十家里面只有两三家，80%最后不了了之了。这并不代表手游行业不好，这几年手游行业每年都是百分之七八十的增长，但还是那句话，你是"数星星"的行业，一定能"数"到最亮的"星"吗？电影和游戏属于内容产业，有点像餐馆，很难赢家通吃。除非是做游戏的分发平台，这又是另外一种完全不一样的商业模式。

一家公司是不是好的公司，管理层是不是有责任心、有诚信的，这些因素的影响是很深远的。过去十五年地产是一个很容易挣钱的行业，有的地产公司就处在这样一个好的行业，组建了一个好的管理团队。另外，存货是判断一家公司资质好坏的重要因素。例如，地价跟房价不断增长，地产的存货在不断增值，房子卖不掉也不要紧。再比如高端白酒，高端白酒的存货，卖不掉的话，第二年可能更值钱。而服装如果5月卖不掉，10月就得打三折了。如果在房地产牛市的时候，房子卖不掉，过几年更值钱。很多地产公司说，几年前觉得卖得贵，后来才觉得卖错了。同样，如果某一天中国房价进入一个长期熊市，房地产行业的商业模式就变得很差了。用杠杆的钱去买地，卖不掉的话，价格不断地往下跌，很可能使企业突然破产。所以，存货的特点很重要。

这个世界上每一个生意都有它的道理可循，我经常引用山姆·沃尔顿的一句话——"只有买得便宜才能卖得便宜"。价值投资中，难的不在于预测，而在于坚守。最重要的是坚守价值，但是最怕你坚守了不该坚守的东西。关键是什么东西该坚守，什么东西不该坚守。首先要规避价值陷阱。例如，要警惕貌似便宜，但基本面不断恶化的公司，如技术淘汰、会计造假、夕阳产业。

第一种价值陷阱是"夕阳产业"，最简单的例子就是胶卷，胶卷行业最后留下了全球双寡头。其实世界上第一台数码相机是其中一家胶卷公司制造的，但是做出来后并没有推广，最后使该企业一落千丈。我的书里有一个公式，很好地解释了价值投资。价值投资的关键是当前的价格要远低于未来的价格，就是 P_0 要远低于 P_n，怎么实现呢？有两种方式。第一种是 P_0 远低于价值；第二种是 P_0 和价值差不多，也就是今天的价值没有被低估，但是未来可以成长得很快，价值可以变得很高。"夕阳产业"是什么？今天的价值小于未来的价值。今天的价值确实高于今天的价格，但今天的价值却似一根冰棒，每天在不断地融化，这种情形很危险。所以，"夕阳产业"很可能会有价值陷阱。

第二种价值陷阱是顶点的周期股，有很多周期股在利润顶峰的时候很便宜。美国地产股在 2007 年泡沫顶峰的时候市盈率也只有 9～10 倍，从 2001 年到 2007 年大概涨了十几倍，估值从 5～6 倍涨到 10 倍。我们会计算这些周期股的常态化利润，计算正常年份挣多少钱，按照正常年份的盈利给一个合适的估值。

我们投资股票总是很小心，有人说我太谨慎了，但我相信华尔街的一句谚语——"有老飞行员，有大胆的飞行员，但没有又老又大胆的飞行员。"金融股还有一个特点——反身性，存在自我强化的负反馈和正反馈的问题，不好的情况会变得越来越不好，就像滚雪球一样，问题越滚越大。贝尔斯登在破产之前的 3～6 个月，华尔街的对冲基金基本上都不愿和它做交易了，那是一种"挤兑"。但中国银行股不一样，有国家信用和担保。美国有的银行股价从 56 美元跌到 1 美元，沿路不知道套住多少人，有人 5 美元买的股票，觉得捡了便宜，但是还能再跌 80%。

最后做个简单的小结，投资有三要素——估值、品质和时机。时机是最难把握的，可以淡化，很贵的时候少买点，便宜的时候多买一点。怎么判断这家公司的品质？是不是寡头垄断？是不是技术变化慢？估值是一门科学，时机是一种艺术，品质就在两者之间，靠行业经验的积累。

（本文为高毅资产董事长兼 CEO 邱国鹭 2016 年 10 月在北京大学汇丰商学院的演讲实录，代表当时的分析、推测与判断，不构成广告、销售要约，或投资建议，文中引用的任何实体、品牌、商品等仅作为研究分析对象使用，不代表投资实例。）

专家点评

童娜琼

北京大学商学院助教授

我将邱老师演讲中最精髓的部分先和大家一起回顾一下。

(1) 价值投资。价值投资就是用五毛钱买一块钱的东西。

(2) 宁可数月亮,不数一大堆星星;

(3) 用胶卷的案例分析价值陷阱。

(4) 周期股的问题,以及反转性的问题。

(5) 永远有老的飞行员,也有大胆的飞行员,但是没有又老又大胆的飞行员。

在这么多的经典句子中,我想先评论一下邱老师说的关于行业选择的问题。邱老师建议大家要选择一个技术变化比较慢的行业。这一点我非常认同。以前我在美国的时候,去美国超市的时候会觉得特别无聊,原因很简单,美国超市里很多饮料都几乎是一成不变的。20年以前你去买和20年以后去买,超市里面的东西都差不多,这代表着美国各个细分行业已经达到了竞争稳定的状态。相比中国,中国很多细分行业的成长性非常好,竞争格局有很多的想象和操作的空间,随着中产阶级的兴起,价值投资在中国有很广泛的应用。

今天邱老师讲了很多价值分析的东西,让我想起两年前登上的北大汇丰讲坛的国泰君安研究所所长黄燕铭老师，他当时讲了证券投资和哲学。当时黄老师给我们讲座的主要内容，不仅涵盖了价值投资，更是涉及基于技术分析的趋势投资。黄老师在哲学方面造诣很深，他引用了《金刚经》中一个"幡动和风动"的故事。当年，慧能去广州法性寺，值印宗法师讲《涅盘经》，有幡被风吹动，因有二僧辩论风幡，一个说风动，一个说幡动，争论不已。慧能插嘴道：不是风动，也不是幡动，乃是心动。中国的二级市场是散户占主体的市场。相比美国的二级市场中，机构占比70%~80%，散户占比20%~30%，中国的二级市场是散户占70%~80%，机构占20%~30%。因此基于散户的"羊群效应"，价值投资在中国更加需要耐心和毅力，如高毅资产所认为的，高屋建瓴，志当恒毅。

现在是2016年10月，借着这个机会，我想和大家一起回顾一下过去18个月发生的一些细节。2014年年底，曾经有句非常流行的话："如果站在风口上，猪能够飞。"2015年年初，上证指数基本上从3 000点开始慢慢地涨。等到2015年3月份的时候，出台了很多国家层面的政策，包括"一带一路"倡议，中国中车、中建投等公司对这一政策也积极地响应。在杠杆效用下，场外配资、融资融券市场非常火热，一直到6月初，指数从5 000多点往下降。在救市的政策指引下，国家出台了一些政策，当然最主要的是去杠杆，去完杠杆以后就开始通过各种各样的法规和规则来护市。但是，等到7、8月的时候，国家出台了很多政策来护市，第一个是暂停IPO，第二个是取消对场外配资的控制，第三个是通过汇金和中金，央行向市场注入了很多流动性。在2015年的下半年，A股大盘经历了很多次的"千股跌停"的壮举，到了10月份又出现了千股跌停的状态，等到2016年1月1日的时候，熔断出来又有一个问题。从2015年1月到12月整整一年的过程当中，整个中国的资本市场，特别是股票市场经历了非常跌宕起伏的变化。直到2016年元旦，熔断机制暂停。而2016年上半年，A股又恢复到波澜不惊的状态。

回顾过去的18个月A股的风起云涌，我感慨万千。过去的18个月在A股发生的一切，无疑印证了邱老师所讲的内容。

时机，可能就是资本大鳄索罗斯先生在其著作《金融的炼金术》中所说的，是投资者心理的映射，也是国泰君安的黄所长所说的，不是幡动，不是风动，而是心动。资本市场本身具有反射性，过去的18个月，我们看到了投资者的羊群效应，看到了投资者"心中盛开的花"。

最后，当我们回过头来，再来细想今天邱老师跟我们讲的价值投资，我们感动于邱老师对价值投资的执着，也祝愿邱老师在价值投资的道路上越走越坚定。

20. 当前经济格局下的资产配置建议

李迅雷

中泰证券兼齐鲁资管首席经济学家

当前中国经济特征：存量主导

存量主导的逻辑很简单：中国经济虽然增速下降了，但存量却是越来越大，增量相对存量而言就显得小了，如果经济零增长或负增长，就完全变成存量经济。之所以说当前是"存量主导"，是因为增量还在、还有影响，只是在不断缩小。

除了国内经济之外，大家还比较关注欧美经济，认为欧美处于复苏之中，对中国经济将产生正面的影响。此外，大家比较担忧美国加息和美联储缩表的问题。或者，与其说大家很关心欧美国家的金融收紧，不如说大家更在意潜在政策或措施将会对资产价格产生什么样的影响，人民币是否会有贬值压力？中国股市的走势将如何？

本人认为，这些潜在举措对中国经济和资本市场的影响并不大。首先，美国经济虽然正在复苏，但只是弱复苏，通胀回落或不达预期会放缓加息的步伐。其次，大家讨论美联储缩表，认为它的杀伤力可能比加息更大。关于美联储缩表的影响，我们不妨反过来看，在其扩表时期正面影响是否很大呢？如果影响很大，美国就没必要搞三次量化宽松了。

此外，中美之间的金融体制和机制也不一样，美联储与美国商业银行间的关系，跟中国央行与中国商业银行的关系不同。我国的商业银行是风险偏好型的，因为我们的金融企业基本都有政府的信用背书，可以实现刚性兑付；而美国的商业银行没有刚兑，其风险偏好相对较弱。因此，当美联储扩表时，美国的商业银行往往不太响应，美联储缩表时也一样，商业银行或许认为美国经济还处在上升通道，不会因美联储的缩表动作而立刻收缩负债。因此，对于美联储缩表一事，也不用太担心。全球经济形势对中国来说，总体上还是有利的。2017年我国出口贸易摆脱了两年的负增长，便是全球经济回暖的一个较好信号。

我再提一个与"存量经济主导"对应的观点，就是全球经济是此消彼长的。大家常说要"双赢"，但这实在是可遇不可求的，只有在彼此谈得拢的时候才可能实现，而实际中大多数时候谈不拢。中国的崛起是在20世纪80年代初期开始，彼时日本也好，"四小龙"也好，对美贸易顺差都很大。中国崛起后对美贸易顺差不断扩大，日本和"四小龙"的对美贸易顺差就回落了（如图20.1所示）。中国在全球排名提升，另一些国家的排名必然要相对下降。

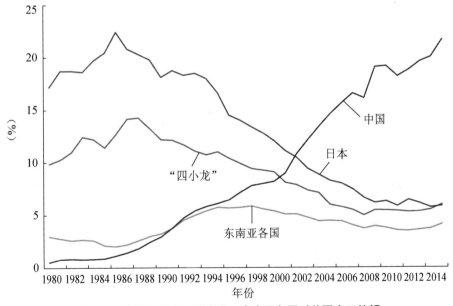

图20.1　中国、日本、四小龙、东南亚各国对美国出口份额

资料来源：Wind，中泰证券研究所。

如果印度或东南亚其他国家拥有更大的劳动力成本优势，也会对中国经济造成负面影响。在判断中国经济下一步能否走强时，我们还要研究这些国家的经济是否会走强，以及对中国经济增长造成的压力。

时下，"新周期"这个话题很火爆。在我看来，中国经济还处在中长期的下行通道当中，根本谈不上新旧周期和经济开始上行的问题，而是经济何时见底的问题。也许有人会说，中国经济不是已经见底了吗？那么，请问这一判断是依据多长时间的数据呢？爬过山的人都会有这样的经验，上山途中可能要经历数段下行，下山途中也会偶有上行。我们不能因为在下行过程中经历了一小段上行，就判断我们又在上山的途中了。

今后 5 年、10 年或者更长期的数据会是怎样呢？中国经济高速增长了30 年，2007 年走出了第一个头部，那是最高点；2010 年走出了第二个头部，因为有"两年 4 万亿"的公共投资拉动。那么，为什么中国经济增速下行了呢？其中一个较为主要的影响因素是人口：人口老龄化、流动性下降、劳动年龄人口数量减少，这是根本原因。人口变化恰好和我国 GDP 增速下行时间一致，都发生在 2011 年。这一年，中国新增外出农民工数量首次出现下降，之后持续下降。2015 年起，中国流动人口数量也开始减少。除了还有一些其他因素之外，我认为用简单的数学也能做出很好的解释：即便增量不减少，只要不变或增加的量不够大，增速必然下降，因为存量越来越大了。

如果看得更长远些，可以发现中国经济增速和出生人口是相关的。历史上出生人口较多的年份，20 年后迎来了经济较高速的增长：劳动年龄人口数量增加了，抚养比例下降了，经济增速就上来了。从这个意义来讲，经济增长就是一个人口现象。如今我们面临的问题是人口老龄化、劳动年龄人口减少，伴随着城市化进程放缓，这几个问题重叠在了一起。

这不是通过经济政策可以解决的，因为是长期形成的，并非短期问题。日本为什么会有失去的 20 年？其中一个重要原因就是日本的劳动人口平均年龄已经达到了 46 岁。印度经济增速为什么能超过中国？原因之一就是印度劳动者的平均年龄很低，只有 26 岁，而中国是 36 岁。我们处在中间位置，也许将来会超过美国。美国不断有新移民涌入，而中国是断过档的。中国在 1949 年之后经历了三年自然灾害和"大跃进"，又经历了"文化大革命"，劳动力年龄被耽误了：该上大学的时候，才读了中学。等到可以上大学了，却感觉已经力不从心了——这就是从一个阶段来看的问题所在。此外，还有计划生育政策的影响。

而我们的目标又很高，要实现中华民族的伟大复兴，要实现2020年翻番。那么如何在上述情况下实现目标呢？在劳动力优势已不明显的情况下，只有靠投资来拉动经济增长。这也就是为什么我们一直倡导经济增长模式要从投资拉动转变为消费拉动的原因，但是目前仍是靠投资拉动。投资拉动是比较有效的经济拉动模式，如果想要通过消费来拉动经济增长，服务业的比重就要进一步提高，中国服务业的劳动生产率是低于第二产业的，要实现中高速增长只有靠资本的投入。

也许有人会说，可以通过提高劳动力素质来提高生产要素的效率。但问题是过去20年来，中国劳动力素质已得到大幅提高，再次大幅提高恐不现实。随着2000年后中国出生人口的减少，今后考大学的人数会减少，大学生人数也会减少。

还有人可能会说，可以用机器人替代劳动力。但机器人是生产要素，不具有消费能力。如果机器人也能消费，日本经济就不存在失去20年的问题——日本是机器人应用比例最高的国家。因此，很多东西不是想替代就能够替代的。

另一方面，经济增长减速是好事，虽然很多人并不认可。从德国、日本和韩国的情况来看，它们都是第二次世界大战后成功转型的国家，都成功跨越了中等收入陷阱，都是通过经济减速的方式实现跨越，而不是维持经济的中高速增长，因为中高速或高速增长就难以转型，只有经济增速下降才能转型。因此，我们看到日本、德国和韩国的城市化率增速下降，工业增加值占GDP的比重下降，自然而然实现了转型。经济转型和经济增长之间到底是什么样的关系？我认为这是我们应该思考的问题。

不过，中国在资本投入的过程中，资本的技术含量也在提升，推动产业升级。我专门统计过ICT投资，在信息设备、通信设备、软件投资等方面的比重明显上升。这说明尽管拉动经济增长的模式还是靠基建和房地产投资这一传统套路，但产业升级也确实在推进，这是随着收入水平的提高而出现的自然升级和转型过程。2011年之后，中国第三产业比重超过第二产业，这也是一个自然的过程。中国经济转型一定要靠产业政策引导吗？有政策的正确引导当然更好，但不靠政策也能转型，这本身就是生产要素之间的自由选择，有需求就考虑怎样匹配。

投资拉动模式面临着投资边际效应递减的问题，即资本形成的比重在不断下降。2005年之前，我国的资本形成高于固定资产投资总额，2006年以后，情况发生了改变。当然，这一情况的发生有诸多原因，但总体反映了投资效应的下降，或是本身进入存量主导阶段。

如何理解存量主导的经济呢？我们不妨看一下汽车销量或房地产销量。汽车销售量分为一手车销量和二手车销量，房地产销售量分为新房销售量和二手房销售量。总体来看，中国目前二手车的销量增速正在上升，一手车的销量增速逐步下降。在美国这样一个比较典型的存量经济体系中，二手车销量是一手车的3倍。2000—2010年，中国新车销量一年增长1倍，10年增长了10倍。但在2011年以后，新车销量增速总体下降，而二手车销量如今已占新车销量的一半左右，相信未来几年还会不断增加。今后中国存量经济的特征会越来越明显，北京的二手房是比较典型的案例。去年北京二手房的成交额占北京整个房地产交易市场的近90%，这也是存量经济主导带来的变化。

也许有人会有疑问，既然说到存量经济，那么为什么钢材、水泥、有色金属等价格大涨，似乎新周期的特征非常明显？我认为主要有三点原因：一是供给侧收缩，二是基建投资拉动，三是房地产投资主要集中在三四线城市。整个房地产行业开发投资的增速并不高，但三、四线城市的开工面积增速很高，这是因为同样的投资金额，在三、四线城市可以购买更多土地，建造更多的房子，对应着更多的钢铁和水泥。存量经济带来更多的是结构性变化，而非趋势性变化。在增量经济下，更多的则是增量的机会，是趋势性变化。因此，2010年之前，我们看到的是全国房价普涨；2010年以后，则是结构性的上涨，2016年主要是一、二线城市上涨，2017年是三、四线城市上涨。从股市上看，2015年以前是创业板、中小板表现较好，2016年以后则是主板、蓝筹股在表现，中小创出现下跌，所以存量经济下结构性机会更多一些。

在存量经济下，虽然经济增速有所回升，但原有的投资拉动增长模式还是没有发生变化，依然主要靠房地产投资和基建投资。制造业投资代表着民间投资，其增长速度非常缓慢。我不认可新周期，因为没有发现新的拉动经济增长的力量，或者新兴产业占经济总量的比重很小。如果考察所有企业的总资产周转，也还是持续下降的。企业的经营效益有好转，但没有更多的扭转。如果再仔细研究一下刚刚公布的2017年上市公司中报，可以发现上市公司的资产收益率水平并没有得到明显的提升，这也是我们所看到的中国经济面临的长期问题。

不过，对中国经济实现稳增长没有什么可怀疑的。我们毕竟有那么多的投资，比如，除了雄安新区之外，中国先后推出过18个国家级新区、11个自贸区、147个高新技术开发区，这些都是国家级的。很多开发区、新区、自贸区目前还处于建设和投入阶段，因此今后几年中国的固定资产投资增速应该还会维持在较高水平，但同时也带来了债务问题。

债务率快速上升的问题，主要是由于有投入、没产出，或者投入多、产出少等客观原因，表现为全社会杠杆率大幅上升。比如，居民杠杆率快速上升，尤其今年以来，居民的杠杆水平上升很快，政府杠杆率也还在上升过程之中。不过我不认为政府的杠杆率绝对水平偏高，中国政府的杠杆率大概只有美国政府的一半。此外如果考虑资产因素，我国政府比美国更具优势，毕竟拥有这么多的土地、国有企业、矿产、水等资源。当然，前提是土地价格不要出现大幅波动，如果土地价格出现暴跌，资产端还是会有很大问题。

中国最大的问题还是企业问题。企业杠杆水平过高，所有非金融企业的杠杆率大概是150%，而且主要是国有企业，美国这个数字约为75%，日本约为90%。企业杠杆水平偏高是改革必须面对的问题。从金融行业来看，去杠杆也是当务之急，因为中国金融业创造的GDP占到中国GDP总量的8.4%，美国只有7.3%，英国为8.1%，日本为5.2%。中国不知不觉间已经成为一个金融大国，金融比重过高。很多大学生把金融业作为职业选择的主要方向，也和金融业体量大、收入水平高有关。

五年一次的全国金融工作会议提出的主要任务还是"去杠杆"，但"去杠杆"不是一蹴而就的，因为金融的体量已经非常大了，"去杠杆"要考虑金融风险的问题，要保证不发生系统性风险。因此我相信这个过程是比较缓慢的。一方面，我们要认识到这是问题所在，另一方面，在做资产配置的时候，也要考虑配置资产的风险有多大，这个风险是会马上爆发，还是以后会爆发？作为券商分析师，总会从不同角度思考问题：从政府的角度，思考政策的效果如何；从投资者的角度，分析政策带来的风险和机会。对于"去杠杆",从投资角度来看不用过多担忧,这将是一个长期的过程,因为我们要守住两条底线:一是保住增长,二是防止发生系统性金融风险。在这样的底线思维下,投资的风险就显得不大了。

再看看美国和日本经济。在发生金融危机之后,两国政府杠杆率均出现上升,居民杠杆率则明显回落,但非金融企业部门的杠杆率则没有出现明显的回落。因此,从全球来看"去杠杆"都是国际性难题,不要认为想去就能去得掉,从而把金融监管的加强视作股市或楼市的利空因素。

不过,既然我国已步入存量经济主导的时代,既然金融监管的目标之一是防止资产价格出现大起大落,就意味着市场整体向上的趋势性机会大大减少了。投资应更为注重资产配置结构的合理性。存量经济主导对应的是结构性投资机会,增量经济对应的是趋势性投资机会,因此目前应该多去寻找结构性机会。

举个例子,在我国房地产市场上,虽然政府的调控政策频频出台,但房价依然维持在较高位置,房价收入比也很高,这意味着房地产市场整体估值水平偏高。对于这一情况,大家应该没有太大异议。但关键还是在于,房价究竟是涨还是跌。我认为,既然中央提出了防止发生系统性金融风险的底线思维,提出了"稳中求进"的总原则,就要维持房价的稳定。2016年,中央经济工作会议提到两句话:一句是房子是用来住的,不是用来炒的,希望房价能够稳定;二是防止房价大起大落,大涨肯定不好,大跌也不好。大跌对金融体系的冲击、对财政收入的影响都非常大。2016年,土地财政占到整个税收收入的30%以上,假如房价大幅下跌,财政将首先出现严重的赤字;银行的坏账率也将大幅上升,对全社会都会带来巨大冲击,并可能引发金融危机。鉴于此,我认为今后两年,政策上一定要力保利率和汇率的稳定,以防房价出现大跌。

在房价力争稳定的情况下,房地产投资机会将是结构性的。比如,结构性机会之一源于人口逆流现象。大家都认为,大城市化是社会发展的必然趋势。我现在也依然这样认为,人口集聚的大城市化趋势不会发生根本变化,但与此同时,人口出现了逆流现象。这个逆流现象可能是短暂的,如持续5至6年,直至中国人口的流动性大幅下降。人口的逆流,引发了流入地房价的大幅上涨,例如合肥。安徽省过去是劳动力净输出的地方,2011年以后,出现了人口的正增长。其他人口净流入的地区还有不少,例如，四川、湖北、广东和浙江等。其中，广东省人口净流入的现象长期持续，广州市人口的大幅增加也很明显。去年，广州市的常住人口增加了50万人，这就带来了房地产的投资机会。房地产投资的区域选择无非看两点，一是人口流向，二是货币流向。人口流向是投资基本面，货币流向反映了产业发展前景和吸引力、就业机会等。但我们也应该看到，有些地方的房价可能缺乏持续上涨的基础。例如，江苏省人口增速非常低，但2016年房价涨幅非常大，属于补涨的性质，与人口的流向相背离。大部分省份及城市房价的涨幅，与人口流入量还是比较一致的。所以，做房地产投资，还是应该研究人口流和货币流的变化趋势。

此外，还要考虑高铁、地铁等基础设施建设对房价的影响。根据中泰证券房地产团队的研究，高铁、地铁的布局与房地产价格正相关。高铁、地铁经过的城市或停靠的站点，其附近的房价上涨非常明显。高铁和地铁改变了人们的经济地理感受，原先地理位置不好的，有了高铁或地铁经过，土地就得到了增值。

我认为，中国未来出现房地产过剩是必然的：房子越建越多，而人口老龄化早已出现了，购房主力人口数量在不断减少。那么，未来中国哪些地方的房价会继续涨呢？由于人口不断集中、大都市化是大趋势，而核心区域的土地资源具有稀缺性，故这些地方的房地产值得配置。用简单的数学公式可以来解释土地稀缺程度：圆的面积＝πr^2，假如半径（r）增加一倍，从10km变为20km，则面积扩大至四倍。所以，离核心城市或地区越近的地方，稀缺度越高。

综上所述，如果我们投资房地产，就一定要关注人口流量和货币流向，还要注重稀缺性。做资产配置的时候，应考虑在存量经济主导下，资本市场更多的是结构性机会，而非趋势性机会。作为大类资产，房地产已占到中国居民资产配置的64%左右，明显偏高了，因此我建议加大金融资产的配置比例，如股票、债券或各类基金，还有就是外汇、黄金等。

资产配置策略——债券与股票

先介绍一下我们做资产配置研究的"中泰时钟"。大家都知道"美林时钟"，它是根据经济周期配置资产，在经济周期的不同阶段配置不同的资产。

例如，复苏阶段配股票，经济过热时配债券，滞胀配大宗商品，衰退配现金。有人戏称，"美林时钟"像电风扇，转得太快，以至于参照它配置资产时无所适从。

由此可见，"美林时钟"虽然简洁易懂，但可操作性较差，其分析维度只有两个：一个是产出，另一个是通胀。正是看到"美林时钟"的不足，同时又看到政府逆周期经济政策的平滑作用，故我们中泰研究所在2017年年初推出了"中泰时钟"，比"美林时钟"增加了两个维度：一是政策，政策是用来平滑周期的；二是其他资产的变化情况，因为资产间存在此消彼涨的关系。

对于一个维度的判断，"美林时钟"很简单，它只有两个区间，一个上升、一个下降。"中泰时钟"不仅维度比它多两个，而且每一个维度又用多个指标来刻画。例如，产出用上游、中游和下游三个指标；通胀又分为生活资料的通胀、生产资料的通胀；政策维度分为货币政策和财政政策；同时还要考核政策所处的不同阶段以及变化趋势。当然，对政策的评估打分还是略显粗放，但通过这种分类和打分方法，可以帮助我们开展资产配置研究。我们分别做了权益资产配置的"中泰时钟"，也做了债券增减仓位的"中泰时钟"。

债券的"中泰时钟"相对简单，就是把收益率变化分为四个阶段，即"风""花""月""雪"。债券收益率处在较高位的时候，我们定义为"风"，可以分段建仓；收益率下降的过程，我们定义为"花"，可以大幅增持；收益率处在低位时，我们定义为"月"，需要谨慎，不再增持；收益率再抬升的时候，我们称为"雪"，应该大幅减仓。所以债券的资产配置依据，就是"风""花""月""雪"四个阶段。我们认为现在处于"风"的阶段，也就是收益率相对高位，债券收益率很难进一步上行，可以分步建仓。

为什么收益率不会进一步上行呢？这和政策导向有关。中央经济工作会议要求降低融资成本，因此也不希望利率进一步上行。所以央行采取了多种手段来抑制利率上行，比如调控流动性、去杠杆等手段。当然，利率还是有上行的压力，因为此轮经济增长好于预期。2017年年初时大家认为经济可能是前高后低，现实确实是前高，但是后面并不低。不低的原因是基建和地产投资对经济的拉动。当然经济结构的调整并不理想。前面提到，经济拉动还是靠传统的模式，没有进入一个所谓创新驱动或消费拉动的阶段。

另一方面，我们确实面临一定的通胀压力，通胀更多地体现在生产资料价格上，也就是 PPI 的上涨。这与供给侧收缩有关系。由于对一些产能过剩的行业通过提高环保要求等方式从严限制，而需求端又确实有投资带来的需求，这成为 PPI 上涨的主要原因。整体来说，我们认为收益率处在高位，且还有一定的上行压力。

那么，2017 年下半年有没有经济下行的可能？我们对财政政策和货币政策的作用进行打分，得分较低，得分低，收益率就会低，因为 2017 年下半年的财政支出增速下滑，主要是上半年财政收入增长较快，财政支出也过多，因此下半年经济增速略微回落。

做债券研究，更多是从流动性、资金面等宏观方面来分析，框架包括三个层面：第一，海外资金的流入，决定央行投放多少基础货币；第二，公开市场操作，调控市场利率；第三，银行信用扩张，影响信贷利率。

总体来说，现阶段主流银行"去杠杆"比较明显，中小银行"去杠杆"不明显，非银体系金融机构有略微"加杠杆"的趋势。这个阶段资金链有所紧张，也有前面讲到的众多原因，大致印证了我的想法，即"去杠杆"过程不会那么简单和轻松。总会有较多的因素促使"加杠杆"，市场化手段的效果肯定有限，但若通过行政化手段来实现目标，又会导致价格扭曲，而价格扭曲会引发市场参与者进行套利，套利又导致"加杠杆"。因此在"去杠杆"的过程中，又会出现"加杠杆"，"加杠杆"中又"去杠杆"。大致判断，今后管制的领域会越来越广，因为金融工作会议提出的目标还是要实现的。综合评估，我认为整个利率水平还是往下走，有利于债券价格走强。

对于权益类资产的配置，前文讲到"中泰时钟"的第一步是判断市场风格的变化。我们把权益类资产分成五大类：周期性上游板块、周期性中游板块、周期性下游板块、成长性板块和大消费板块，通过四个维度的分析，判断投资应偏向周期类、大消费还是成长类，通过对历史数据的回测，可获得超额收益的大致水平。

之后，我们把资产配置策略做得更加细致，提供基于行业层面的资产配置建议的报告。如把行业进行标准化分类，如房地产行业、家电行业、社会服务行业等。做行业配置判断的难度大于风格切换的预测，因为中观数据对股价波动的领先性要差于宏观数据，这也是我们运用"中泰时钟"提供行业配置建议时遇到的挑战。不过，我认为我们还有可能获得更有价值的数据，如类似 BAT 的数据。它们所拥有的数据就像原油，特别是大样本数据很有开采价值，如果这些数据能够被充分利用起来，将对提高"中泰时钟"资产配置策略的操作性有很大帮助。例如，通过汇总和归类消费者用百度地图来检索到哪些饭店、商场或休闲场所的大数据，可以据此分析消费者偏好和商品及服务的消费规模。此外，也可以分析京东、淘宝等平台上的交易数据，以便更好地把握社会资金流向。

2017 年 7 月，中泰研究所推荐了保险、交通运营、石油石化、钢铁、银行五大行业组合，该组合涨幅超越了指数涨幅。8 月，我们又推荐了基础化工、券商、建材、传媒、轻工制造，更是大幅跑赢指数。因此，我们当前所做的"中泰时钟"分析方法确实能够提供有效的资产配置方案，当然，"中泰时钟"的开发及应用时间还较短，需要进一步细化和完善。

做资产配置离不开数据，我们需要透过数据，寻找到行业板块的投资机会。数据很重要，如何把握数据同样重要。我们研究的特点是，将宏观、金融工程、固定收益和股票策略四位一体，即在中泰这里，四个研究团队变成一个团队，彼此之间进行紧密的研究合作。

对于上市公司的盈利变化，我们要客观、理性地去评估。如有些上市公司短期盈利增速惊人，而长期仍会回归常态，但投资者往往会把短期趋势视为长期趋势。比如，2017 年上半年，大部分上市公司的盈利很好，不少人认为整个上市公司进入效益提高、盈利增长的上行通道之中，但事实却未必如此。

假设一家上市公司 2016 年利润为 40 亿元，2017 年第一季度比上一年第一季度盈利增加 200%（2016 年第一季度盈利 1 亿元，2017 年第一季度盈利 3 亿元），但第一季度通常是生产淡季，在生产淡季利润增长 200%，到生产旺季未必也会有同比例增长。假设 2017 年每季度的利润都比上一年对应季度增加 2 亿元，那么，每季度得到的盈利增速就不一样，实际结果是 2017 年利润只比上一年增加 20%。因此，做研究的时候，一定要避免把短期数据看得过重，如果通过季节调整，采用季节累加折年率的方式进行处理，会更加客观。

按照上述方法，我们得到的结论是：2017 年第二季度主板的盈利增速是下降的。而大多数人认为，2017 年第一、二季度主板走势非常强，创业板不看好。不过，尽管创业板在第一季度盈利增速是下降的，但第二季度盈利增速回升。为何我们这一结论与大多数研究机构或者媒体推送的结论不一样呢？首先，我们扣除了非经常性损益，因为这部分变化较大，不具可比性，也会影响对上市公司盈利能力的客观判断；其次，我们用中位数的数据代表上市公司的整体盈利水平、效益好坏和估值水平，因为中国上市公司差异太大，例如，银行业利润占到整个上市公司总利润的 50% 左右，所以，不应把银行业的数据加权到其他上市公司的数据中，从而影响了整体判断的客观性。

也有不少研究机构在发布上市公司总体业绩报告时，会声明"剔除银行板块、剔除两桶油"，但是还有一些企业如中国平安、茅台等，它们的市值和盈利占比非常大，如何排除掉这类公司对整体盈利水平的影响呢？所以，剔除谁或者不剔除谁，很难给出一个具有说服力的衡量标准。只取中位数，就可以避免个别公司对所有上市公司整体业绩的影响。因此，通过季度累积折年率、剔除非经常性损益再取中位数的统计方法，所得到的数据就比较客观。我们据此分析中报得到的结论是，创业板盈利增速回升了。

统计上半年上市公司净资产收益率（ROE）水平时也会出现结论不一的情况，如根据 Wind 统计数据，2017 年上半年家电行业净资产收益率最高。通常而言，银行 ROE 肯定超过其他行业，但有些行业数据通过加权平均计算后，就让人很难理解。实际上，整个家电行业 2017 年上半年总利润才 300 多亿元，而格力和美的两家公司的利润就有 200 亿元，由于这两家利润占比过大，其他九十几家家电企业的"ROE 就被平均了"。如果采取我前面所说的中位数方法，则银行业的 ROE 水平还是所有行业中最高的。

对权益资产配置而言，很多人注重行业配置。无论是选行业也好，还是选主题投资也好，投资收益率最有说服力。从长期来看，资产配置侧重行业的不同，对收益率的影响非常大。我们总共分了 39 个行业，研究发现在过去十年中，净值增加最多的是医药生物行业，最少的是钢铁行业。这是过去十年的数据，你会发现这十年不同行业的净值差异非常大。所以，选行业资产配置策略非常有意义。

如果以一年为一个周期看，配置且持有你所看好的行业却很难获得超额收益。例如，我们把每月各行业在股市中的表现都分为五档，某个行业在某月涨幅最高（或跌幅最少）得 5 分，涨幅最低或下跌最多的，就得 1 分。假如有色金属行业每月涨幅都是第一，就应该得 60 分。假如公用事业得分每月垫底,则应该是12分。过去十年中,是否出现过这样的典型案例?其实是没有的。过去十年里,表现最好的生物医药行业,平均每年得分最高也只有37.6分,离60分非常遥远,而表现最差的是新能源,平均得分是32分(如图20.2所示)。也就是说,表现最好的行业和表现最差的行业,在这一年之中的差异其实很小。那么,结论是什么呢?你无法通过选出年内表现最好的行业来大幅跑赢市场。一年之内行业轮动特点非常明显,守着一个行业跑赢市场的难度较大。

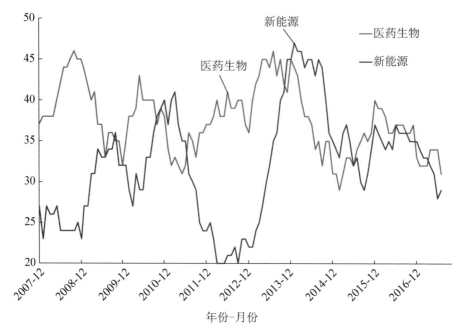

图20.2　过去十年新能源、医药生物得分对比

资料来源:Wind,中泰证券研究所。

很多人喜欢炒题材股、概念股,流行什么就炒什么,但究竟炒什么类型的概念股、题材股才能获得高收益呢?我们也做了这方面的统计,发现有技术含量的概念和题材股价格上涨幅度比较大,没有技术含量的行业概念表现较差。例如,网络安全、互联网金融、网络游戏、在线教育、智慧医疗、智能电视、文化传媒、大数据、第三方支付、云计算,都是有技术含量的,代表着社会发展的大趋势,就是互联网技术的广泛应用。

表现较差的题股、材概股念往往是"讲故事"成分比较多、实质内容比较少，例如，页岩气、国企改革、新疆振兴、丝绸之路等，都是概念讲得比较多，没有实质性盈利提升。因此投资者要提高对题材股、概念股的甄别能力，不能只看表面，更要看背后深层的东西。此外，时机的选择很重要，投资题材股和概念股要趁早，后知后觉的风险就比较大了。从这类股票的表现来看，震荡非常大，越到后面，负收益的概率就会越大。

我常说，"要相信逻辑，不要相信奇迹"，但发现 A 股市场的个人投资者特别盼望奇迹出现。我们也做了相关统计，发现 A 股盈利高增长的奇迹其实很少——连续五年盈利增长超过 20% 的公司，只占 1.2%，可以说是百里挑一。很多分析师去路演，说某公司可以连续五年盈利增长 20% 以上，这些绝大多数是不可信的故事。即便 5 年中有 4 年增长超过 20%，也是很少见的，仅占所有上市公司的 2.9%，大多数公司 5 年内没有一年增速超过 20%。

因此，要选出一只好股票非常不容易，能选到相对较好的就已经很不错了，不要听那些"每年增长 50%"的故事，即便今年增长了 100%，明年的增长可能只有 20%，等到后年可能就零增长甚至负增长了。

A 股市场还有一个与成熟市场不同的特点，即过去一直是小市值股票战胜大市值股票，随便买一只小市值股票，只要放上十年、二十年，都是赚大钱的。这也反映了一个很不正常的现象。为什么小市股票这么具有投资价值呢？我们做过统计，根据股票市值排序，等权购买市值前 5% 的股票（大市值）及后 5% 的股票（小市值），每年年初更新组合。结果是，十年前同样投入 100 万元，到 2016 年年末的时候，投资大市值的变为 111 万元，投资小市值变为 4 700 万元。买小市值股票获得高收益，和其行业属性没有关系，因为它可以不断变换行业：当企业经营不下去的时候，会有新的资产注入，然后又借壳上市。只要市值小且退市风险极小，就会一直有资产注入、借壳的机会。这也是我前面讲到的，改革越到后面难度越大，比如说打破刚兑的问题，至少已经提了五年，但刚兑还是未被普遍打破。A 股很早就实施了退市制度，但真正退市的却非常少。原本应该退市的公司又换了一个主营业务，又推出了迎合市场偏好的概念，又可以讲新的故事了。很多讲故事的小公司市盈率长期可以维持在几百倍的水平，这就是 A 股市场过去的特点。

今后，A 股市场这些"怪癖"会不会发生变化？应该是会变化的。不要因为我讲了小市值的高收益表现，大家就去买小股票，市场永远存在不确定性。从 2016 年以来，小市值股票走势并不好，2017 年尤为明显，小市值股票出现负收益。但反过来讲，小市值股票会从此将一蹶不振吗？我想未必。我们怎么会那么巧，恰好处在从偏爱小市值转变为偏爱大市值的历史转折点上呢？

将资产配置的研究建立在大样本数据的统计之上，还是很有意义的。比如，我们发现了和一般价值观不一样的统计结果：盈利好收益就高吗？2007 年，同样投入 100 万元，到了 2016 年年末，绩优股组合收益 280 万元，绩差股组合收益 730 万元，投资绩差股的收益远超绩优股。此外，低估值未必取得高收益，高估值未必取得低收益。这些数据统计的结果，和大家惯常的想法差异很大。总体来说，A 股估值并不便宜，但不等于就不能获得高收益。

2016 年之后，市场逐步回归理性。我们同样用中位数计算了目前 A 股市场的市盈率，将 3 300 多家上市公司按市盈率高低排序取中位数（即自上而下的第 1 650 只股票），发现该股票的市盈率为 65 倍（剔除非经常性损益）。也就是说，目前 A 股市场市盈率的中位数是 65 倍，而通过加权平均数计算的市盈率只有 21 倍。尽管从加权平均数看，A 股颇有投资价值，但毕竟低估值的股票少，且今年以来也已经涨了不少，能否持续上涨呢？从历史来看，低估值股票之所以涨不起来，是因为有不被市场认可的原因，难道今后就会被认可了？

另一方面，投资者很担忧 M2 增速回落会对股市产生负面影响。我认为，这倒未必值得担忧。从过去 M2 增速与 A 股市盈率水平的相关性看，M2 增速回落确实会导致 A 股估值水平回落（股价下跌），上升时也确实能够带动股价上涨，说明 A 股估值水平和 M2 增速的相关性比较明显。但是近年来，这种相关性已经明显弱化，说明当 M2 的存量足够大的时候，增量对存量的影响度就会减小。

通过一些例子，我们会更清楚为何存量经济主导下多见结构性机会，而缺乏趋势性机会。以消费为例，2017 年全国的消费增速明显乏力，但不乏消费热点，其中网络消费增速依然可观，家具、家电消费的增速回升，可能与住房销量大幅上升有关。此外，奢侈品消费增速明显高于普通商品消费增速，这是否也与房地产投资增速回升有关？

从历史数据对比来看，澳门博彩业毛收入涨幅和国内地产销售收入增长有明显相关性，即销售收入的增长领先于博彩业毛收入的增长。而博彩业毛收入增速和茅台酒终端价格涨幅也存在明显的相关性。如何解释？因为基建投资和房地产投资的火爆，更有利于高收入群体收入的增长，而GDP增速与中低收入群体的收入增速更具有相关性。这一轮投资拉动经济增长的模式和上一轮不同之处在于，2009年推出的四万亿元投资拉动了全民收入的大幅增长，导致2010年白酒销量增长了近39%，其中茅台酒销量增加26%，同时猪肉价格也出现大幅上涨（白酒与猪肉销量代表普通民众消费水平的变化情况）；而这一轮经济拉动中，白酒销量几乎零增长，猪肉价格回落，但茅台酒的销量奇迹般地增长了17%。尽管"八项规定"会影响茅台酒销量的增速，但实际上并没有有效遏制住茅台酒的涨势。

不过，"八项规定"却有效抑制了奥迪车销量的增速，奥迪车销量增速大幅回落。两者增速差异的背后是什么原因呢？大家可以思考一下。我们选择消费股的时候要有深层考虑：茅台酒除了有消费功能，还有储藏升值的投资功能；奥迪车在"八项规定"出来之前，具有身份象征功能，而现在，既无投资功能，又失去了"官车"的代表意义。

回顾1990年至今A股估值的历史，可以发现A股市场估值方法也在不断演进。1990—1995年，投资者只搞技术分析，大家都没有分析师从业资格，也不去上市公司调研；1996—2002年，基本面分析较多，研究员会去上市公司调研，但A股已经进入资产重组时代；2003年，进入价值投资时代。价值投资理念为何在这个时候被广泛接受呢？这和重化工业化进入高增长阶段有关，大市值的周期性板块主要靠业绩提升获得上涨，大家都以价值投资的名义买股票，骨子里却未必接受了价值投资理念，只是周期类上市公司的业绩表现与投资者的炒作套路一致了而已。现在大家说2016年开始进入新价值投资时代。所谓新价值投资，与2003—2007年的阶段相比，投资理念是否发生了根本变化？其实并没有，还是周期股的业绩表现又与投资者的通俗套路一致了而已。

随着这一轮周期回落，大家可能又会回到旧习惯，可能还是炒概念、炒题材。中国股市走过了27载春秋，和美国股市200多年的历史比，A股市场的里程确实还非常短暂，当前还处于典型的散户时代。我们这一代证券市场参与者将是中国证券史上的先驱者。

资产配置——外汇与黄金

外汇也是我们需要考虑配置的资产。我们暂且不对人民币汇率作任何评价，只是考察两种美元指数的走势：一个是对欧元、日元、英镑等 7 个主要国际货币的美元指数（Major），另一个是对中国、俄罗斯、印度、巴西、南非、墨西哥等约 20 个新兴市场国家货币的美元指数（OITP）。我们发现在 1973—2016 年这 43 年的时间里，美元对 7 个发达国家的货币仅贬值 15%，分摊到每年几乎没有多少波动；但另一个指数（OITP），即美元对新兴市场国家货币从 1973 年至今升值了 80 倍。这说明从长期来看，新兴市场货币的稳定性还是大有问题。

就国内来讲，货币规模过大是非常突出的问题。2004 年人民币 M2 的规模不到美国的一半，到了 2009 年则超过了美国，而美国超过了日本。到了 2016 年，中国 M2 规模超过了美国与日本之和。有人可能会说，美元是国际货币，可以流到美国以外的国家，故美国本土的 M2 规模并不大。但是中国拿着那么多美元，最后还不是大部分都去买美国的国债？所以大部分美元还是流向美国以获得投资回报，我们不能想当然地去看中美 M2 差异的问题。

图 20.3 表明，中国目前海外资产配置比例还是偏低，海外资产在居民总资产的占比是 1.6%，剔除房地产以后金融资产占比是 4.6%。不管将来人民币表现如何，我们海外资产配置比例过低都是一个扭曲的问题，因为我们已经是货币超级大国，而配置的资产几乎都是本土资产，都是本币资产，这有很大的风险。因此，扩大海外资产配置肯定是必要的。

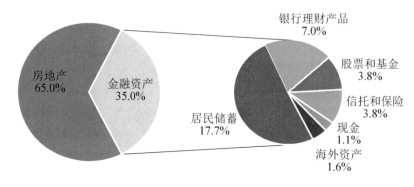

图 20.3　中国居民资产分布

在比特币疯涨的时候，很多人认为黄金没有用了，将来会是数字货币的时代。我认为，未来数字货币会替代纸质货币，这只是一个时间的问题，但不会那么快。黄金几千年前就是货币，到目前为止，还是最具有货币属性的贵金属，所以我觉得黄金的货币属性还会长期存在。全球货币都在超发。在过去100年中，美国货币增速是美国GDP增速的2倍；2001—2008年，达到3倍；2009—2015年，达到4倍。

2000—2016年，黄金价格上涨了300%，跑赢了美国房价，但跑输了中国房价。不过，这并不代表未来也将跑输中国房价。此外，黄金量很有限，它不像石油那样埋在地下深层可以抽上来，以黄金目前的可开采量，估计25年左右就开采完了。2016年3月，我前后写了三篇文章，核心思想是"换美元不如买黄金"。那时很多人给我留言说应该换美元，因为从历史上看，黄金只能和CPI走势差不多，甚至还跑输了CPI。但关键是，黄金在当前阶段是否大幅跑输了长期CPI呢？若如此，它可能有补涨的需求，就像钢铁和有色金属那样。

（本文根据作者2017年9月7日在北京大学汇丰商学院"金融前沿讲堂"的演讲整理，经作者审阅。）

专家点评

涂志勇

北京大学汇丰商学院金融学副教授

李老师提出来一个客观的、理性的、结构主义的观点。什么是结构主义？结构主义既是悲观的观点，同时也是乐观的观点。

从经济上，结构主义的观点意味着中国经济从增量的博弈转移到存量的博弈，这也是由我国经济新常态的趋势所决定的。众所周知，宏观经济驱动因素有三驾马车——消费、投资和进出口。由于人口出生率下降，消费增长乏力；因为海外需求不是很给力，进出口增长乏力；最后中国经济增长的引擎逐步地转移到了投资。

但是投资驱动的边际效益在下降，所以中国经济逐步过渡到存量经济，在存量经济之下，就会面临一些结构性的机会而不是增量的机会。在一个增量的经济情况下，我们说闭着眼睛买，买啥都涨，这就是趋势性的机会。

李老师在做出大的宏观判断之下，提出来一些好的投资建议。在存量经济之下，我们如何去博弈？如何找到好的机会？

第一个是二手经济，二手车、二手房的交易量会提升起来。与二手经济相关的就是共享经济，从宏观上来看，二手经济、共享经济是个结构性的机会。

具体到大宗资产类别，根据结构性的观点，李老师也给我们提出一个建议，第一个是地产，地产有底线思维，应该不会出现资产价格暴跌的情况。

第二个根据时钟，债券可以买，因为利息可能会走低，所以说债券价格可能会涨起来。

对于权益领域，我们有很多配置的方法，权益这一块，李老师有一些"武功秘籍"，他的时钟切分的纬度非常多，而且速度会比较快。所以我们要抓住权益类的投资机会，也要抱有结构性的观点。

在研究行业的时候，我们经常被一些数据所误导，刚才李老师给我们提到一个很好的例子，一个行业可能被两个大的企业主导，这个时候，从行业平均指数来看，可能被平均了，所以现在有很多终端、媒体披露很多指数，这个指数很和平，只是总量的指数，可能并不能给我们提供结构性的投资机会。如何从总量的指数里面发现结构性的投资机会？就需要用结构性的思维去看待这个行业，去理解这些数据所产生的机制，这样更有助于我们发现有价值的个股。以上是李老师推荐的三大类——股市、债券和房地产趋势，我从中受益匪浅。

另外，在银行，有一个马科维奇的资产配置理论，告诉我们该如何配置资产，才能使风险调整后的收益最大。我们需要让这些资产的相关性非常低，让这些资产相关性浮动，有的涨、有的跌，放在一起，我们可能会购置一个比较稳健的资产组合。

我补充一下李老师讲的内容，另类投资是对大宗资产类进行多样化的一个非常好的品种。数据表明，截至2016年年底，美国的另类投资总规模创了历史新高，达到7.8万亿美元，这是一个非常大的体量。中国的体量还远远没有达到这个规模，还有很大的增长空间。从这个纬度，我们可以将另类投资看成一种增量，因为相对于股票、楼市、权益这些大宗资产，另类投资是一个新的东西。如果把它看成增量，如果我们认可其增量幅度还有很大空间，也许在另类投资领域，它的机会可能就不是结构性的，也有可能是增量性的结构。

21. 面向中产人群，受益于中国以及亚洲的长期成长机会

梁信军

复星集团联合创始人

现在投资界面临的一个重大挑战，是怎样找到成长机会。面向中产人群需求的，未来受益于中国和南亚增长，并且在互联网环境中能够存活和发展——符合这三点的，我认为是未来的成长机会。

未来的需求动力——中产人群

谈未来的成长机会之前，必须要思考未来的需求在哪里？需求的本质还是人的需求，所以还是要分析一下未来需求人群的变化。站在今天这个时点，我认为基本上可以得出三个结论，当然也许有人会存在异议，我只是抛砖引玉。

第一，在地球上 80 亿左右的人口中，中产人群的成长是最快的，特别是在中国，在亚洲，这一点很多人会有共识。为什么全球的中产人群成长最快？因为有越来越多的庞大人口的来源地——中国的人群变成了中产。未来会有越来越多的庞大人口来源地——印度的人群，也会变成中产人群。所以，中产阶层的高速增长，超越了其他阶层的增长，这是人类当前的一

个阶段性的现象。

什么是中产阶层？从一个非中产阶层变成中产阶层，究竟发生了什么样的变化？一是，你会追求过得更加健康一些。二是，你会比非中产阶层要过得更加快乐一些。三是，你希望更有安全感，过得更加富足一些。

所以，围绕中产阶层的需求，应该朝着怎样让他们过得更健康、快乐、富足的方向去使劲。从这个角度去配置资产，你就会非常安全，能找到成长点。

第二，到 2030 年前后，亚洲将取代 OECD（Organization for Economic Co-operation and Development，经济合作与发展组织），成为全球主流市场。

现在讲全球的主流市场、主流国家、主流行业的需求方，其实潜台词都指的是 OECD，指的是北美、欧洲、澳大利亚、日本、韩国。其实到 2030 年左右，甚至不用到 2030 年，全世界一半以上的 GDP 就将来自亚洲。站在 2016 年年底，大家想象一下，十三四年以后，说到全球的主流市场的时候，只要说亚洲就可以了。传统亚洲，或者说成熟的亚洲，一般指的是日本、韩国，然而日本、韩国增长有限，到十三四年后，真正的主流亚洲就是中国。将来的新兴亚洲就是南亚，主要指的是印度及印度尼西亚。因此，十三四年后，想要在全球能够具有竞争力，就要在亚洲成长。

图 21.1 是一个柱状图，以统一和康师傅为例，可以看到快消品行业自 2013 年以来增速快速下滑。

十分巧合的是，这些企业销售额增速的快速下滑，都出现在 2013 年以后，2014—2015 年快速下滑，2016 年继续下滑。会不会是由于农民工回流问题？从 2014 年开始，中国的城市流动人口每年平均减少 800 多万，这些人口的回流使得对快消品的需求减少，所以这些企业的销售额就下滑了。

但是区区 800 万的农民工回流人口，很难解释如此巨大的快消行业销售额下滑，所以不得不想另外一个原因，很可能是消费升级：由于中产人群增加了，他们的消费形态发生了根本的变化。如果一个集团有低阶、中阶和高阶的品牌，那么，这家集团综合销售额的下降是不明显的。但如果有些集团，只聚焦低价格的消费品，销售额的下滑则非常大。因此如果企业不重视中产阶层，不能认识到中产阶层是以后的消费主流，相信未来发展还是会有问题的。当然但愿这只是我观察到的情况。

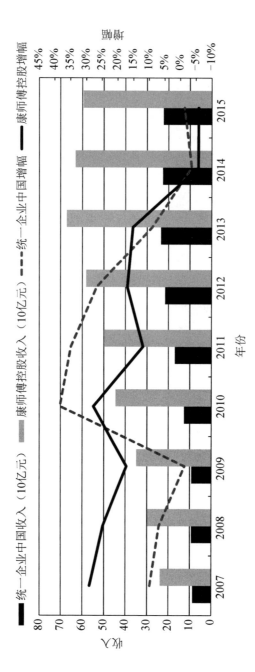

图 21.1 统一、康师傅收入及增幅（2007—2015）

未来的需求动力——"千禧一代"

"千禧一代"是指 1990 年以后出生的，伴随着互联网成长的一批人。全球"千禧一代"人群高速增长，预计至 2020 年，"千禧一代"将占据逾 1/3 的全球劳动力人口。这群人有非常显著的特点：第一，消费心态完全不同。第二，能接受的金融服务的方式也不同，社交方式也不同，他们与社会、政府的管理交流的方式也不一样。有些行业已经遭受了巨大的打击，比如零售、大卖场、百货、家电专卖等行业。

2016 年，无论是百货还是家电专卖，几乎所有的龙头企业都要关掉一二十家商场，即便没有关的企业，商场销售额也要下降 7%—8%。所以我的问题是，传统行业还有生存和发展的可能性吗？如果活下来，同样的名字，内容还一样吗？我相信它们可以活下来，但是内容一定不一样，必须要找到新的活法，因为你要与"千禧一代"共生。

在商业当中，已经看到"千禧一代"带来的挑战，但对教育的挑战，你们看到了吗？我相信很多人还没看到。对金融的挑战，你们看到了吗？可能也没有。互联网是最直接的、数字化的东西，按道理最快的挑战应该来自金融的变化，但现在还没看到，同样，我相信很快就能看到。包括对制造业的挑战，所以实际上，面对"千禧一代"的蓬勃兴起，对传统行业来说，不得不研究以下两点：第一，如何生存；第二，发展的可能性。

从发展的可能性里，自然会看到很多创新的机会，"千禧一代"成为主流的消费者之后，诞生了很多创新的机会，比如说优步、滴滴。复星聚焦"千禧一代"的投资有很多，富足方面有大特保、保险极客、Sure、量富征信、徙木金融；健康方面有挂号网、名医主刀、宝宝树、妈咪知道、Scanadu；旅游方面有世界邦、来来会；娱乐方面有摩登天空、梦之城，等等。这些公司都是在新的互联网这一代环境下成长起来的，成长得非常好。

从全球杠杆率看

所有的国家和地区都有三个杠杆，第一个是政府杠杆率，第二个是企业部门的杠杆率，第三个是家庭部门的杠杆率。

自 2008—2009 年国际金融危机以来，政府杠杆率的增长非常快，导致今天的美国、欧洲、日本、加拿大、澳洲等国家的杠杆率非常高，中国政府的杠杆率也不断地增加。政府的杠杆率增长，政府支付的能力就被相应削弱了。现在很多企业非常乐意投资政府担保的生意，觉得非常安全。但我们认为，这很可能是不安全的。欧盟签署《马斯特里赫特条约》的时候，规定政府债务/GDP不得超过60%，政府赤字/GDP不得超过3%，现在中国政府的政府债务/GDP勉强没有到60%，美国已经突破100%，意大利是110%左右，欧盟普遍在90%以上。

所以，如果说真的要做B2G（business to government）的生意，要用心找一找，还有哪些国家是低杠杆率的。即便是发展中国家，杠杆率都很高，比如印度是65%，巴西是64%。反而有几个风险很大的国家的政府杠杆率是很低的，比如俄罗斯的政府杠杆率只有9%，印度尼西亚只有20%。

前不久，有一个朋友要投政府保证支付的电厂或垃圾焚烧场，问我印度尼西亚安全不安全。我说，从负债角度看很安全，投印度尼西亚政府担保支付的生意没问题。但是，你得考虑法律环境，有能力、愿不愿意支付是一个问题，有的时候想履约但没能力也是一个问题。因此，B2G的生意是什么？当前非常热门的新能源汽车，主要盈利模式还是依靠政府补贴，每部车补贴5万至7万元，这样才获得了盈利。再比如，污水、垃圾、风电、太阳能等相关行业都是依赖政府补贴，这就是B2G的生意。总之，如果当前你还觉得不错，宁愿把未来想得艰难一点，我相信未来一定会更加艰难。当然有些低杠杆率的国家还是可以的。

其次，由于政府的杠杆率普遍比较高，政府的货币政策在分化。美国开始压杠杆，缓慢加息，当然行动是比较缓慢的。

再看企业部门。从全球看，企业部门的杠杆率存在着产能过剩的问题，企业部门的杠杆率总体偏高。当然，中国的企业部门杠杆率尤其高，全球平均大概在50%~70%，企业部门的负债除以GDP，中国高达120%~130%。所以中国真真实实面对企业部门去杠杆的压力。但是从全球看，过剩产能压缩还没完成，还需要一年甚至一年多的时间。因此，跟企业部门有关的生意，我们姑且称之为B2B的生意，我认为是没有见底的，但是如果你现在准备买，现在也是一个研究的好时机，因为如果研究一个项目，需要7~8个月，完成交易还需要4~5个月，我想你今年开始研究应该也是一个好时机。当然，我觉得在B2B业务里面最有机会的是C2M（customer to manufactory）。经过互联网改造的柔性制造的，我觉得是非常有前途的。

第三个是 B2F（business to family）的模式，我们讲一下家庭的杠杆率。欧美的家庭负债率普遍是比较高的，高达 70%~75%。所以，欧美虽然说从 2008—2009 年经历了"去杠杆"，家庭负债率有所下降，但是负债率还没有到安全的边际，所以家庭消费能力增长还是有限的。发展中国家普遍比较低，中国只有不到 50%。很多发展中国家的这一比例是 35%。因此，B2F 的生意非常好，尤其 B2F 中聚焦于中产家庭的生意非常好。

所以，从杠杆率考虑，结论是 B2G 的生意今天看上去不错，明天会有压力。与你原来想象的可能不一样：你觉得有些是安全的，将来会不安全，因为它的杠杆率会越来越高；有些你没试过，由于它的杠杆率很低，反而可能是安全的。政府的杠杆率高了，一般来说政府会倾向于降低利率。因为它的负债这么高，利率下降，有助于其少付点钱出去。

我认为全球已经进入到低息环境，而且还在降息通道当中。在低利率的环境下，无论中国还是全球的其他国家，最大的压力首先会加给金融机构，因为在中长期的低利率环境下，表面上看金融机构的存款成本下降了，但是问题是，贷款利率也会下降。总的来说，利差在低利率环境下都是压缩的。这个情况从表面看不出来，当刚降息的时候，你的贷款通常是长期的，比如两三年，存款多数是短期，所以存款马上可以看到下降，贷款还不能马上看到。但是随着两三年后，利差的压缩，金融机构的压力会非常大，金融机构的压力不仅在于对过剩产能的削减，会对它的资产负债表产生破坏，净资产会减少；同时，更重要的压力在于，由于低利息的环境，会压缩其净利差，进一步压缩金融机构的获利能力，所以金融机构这方面的确压力非常大。

此外，在全球范围，包括在中国都会看到"资产荒"，高收益资产很难找。所以，从 2016 年 4 季度起，整个债券市场的利率下行非常明显。这种情况明显对实体经济是有好处的，因为利息下降相当于融资成本下降了，这样使得很多公司能够受益。以复星为例，2014 年复星整个贷息占负债成本的比例大概在 5.6%左右。2015 年该比例降到 4.97%，降幅非常大。2017 年上半年该比例又降到 4.6%左右，又降了 0.4 个百分点。对民营企业来说，如果负债率比较高，可能会从负债中受益。当然对于很多企业而言，要抓住国家降息的时机，尽早做好自己负债的调整。

刚才讲了汇率、货币政策问题，这些都是基于已有数据判断，其实还有很多风险没有反映到汇率、利率当中去。比如美国大选、意大利宪法修订、英国脱欧公投，还有意大利银行危机的问题。这些因素的影响大家自己要做研究，把这些东西反映出来。

（本文根据作者2016年11月3日在北京大学汇丰商学院"金融前沿讲堂"的演讲整理，经作者审阅。）

专家点评

任颙

北京大学汇丰商学院副院长、企业发展研究所所长

我们现在处于纷繁复杂的环境中,梁总帮我们拨开云雾,让大家看到非常光明的前景,而不是一直在网上看到的很多悲观论调,让大家在不确定的环境之下坚定了信心。未来前景还是光明的,而且梁总是用一个非常轻松的语调描绘出这样一个前景,首先给大家鼓劲,让大家看到一个光明的未来。

我们现在处于什么样的世界?VUCA(Volatility, Uncertainty, Complexity, Ambiguity)的世界——动荡、不确定、复杂、模糊不清。企业随时面临跨界挑战,有时候对核心的竞争力很难识别和预测,也很难维护。学习的过程也是速度非常快,往往慢了半拍以后,很难把握市场的局面,可能满盘皆输。在这样的市场上怎么坚持?怎样在绝对美好的后天到来之前,不倒在更加黑暗的明天?这样的情况下,除了发挥"洪荒之力"以外,还要沉心静气,有反复寻找突破口的定力。

梁总演讲的题目就有"生存""发展"这样的关键词,引领我们找到未来的风口和突破口。并且,通过复星成功的实例,梁总向我们示范了一些

非常清晰的投资策略，这是我首先感到非常有启发的一点。

第二点，从 2008 年到现在，复星集团经历了很长时间的学习、沉淀、积累的过程，最后实现了业务发展方向和发展模式的成功转型，主要体现了两方面的特点。首先，它们建立了非常清晰的业务模式——双轮驱动、以保险为核心的综合金融体系，并且形成中国动力嫁接全球资源，包括现在引入南亚资源的独特的投资模式，并且选择了中产、中国和南亚、互联网。其实这三个是互不关联的概念，中产是人口结构的概念；中国和南亚是地域的概念，也代表了世界发展的形式；互联网实际上是在技术变迁推动之下产生的一个新的商业生态，现在是人类生活的生态。所以，这三者的交集确立了复星集团的发展方向。这样明确的业务架构和发展思路，以及明确的发展方向，既是在实践里积累出来的成功模式，同时也给我们很大的启发。当我们选择自己未来的方向时，可能也要从这个关键领域里寻找一个突破口或风口。

近期我们也看到一些新闻，比如，格力电器准备跨界去做新能源汽车；阿里巴巴也在互联网的发展上寻求突破，第二季度的财报营收增长率为 55%，盈利增长率在 40% 以上，都超出了我们的预期，意味着这种风口可能又是一波比较强势的来临。

实际上，在寻找企业未来方向的时候，要抓住一些关键的推动力：一是人口结构变迁，这是非常关键的外生的推动力。二是技术变迁，也是非常关键的外生的推动力。它可能不以很多人的意志为转移，但是它的来临是所有个人和企业必须面对的。同时，在这个过程里，围绕这两个关键推动力，复星集团建立了一个 C2M 的商业模式，并以这个商业模式为基础，建立了自己的业务生态，围绕未来不断增长的中产者在财富、健康、快乐领域的核心需求，发掘与培养独角兽企业。比如，在健康领域，关注人口老龄化、新生儿、亚健康、肿瘤，这些转型都是根据对未来核心推动力的把握，最终实现突破。

在这个过程里，除了抓住核心推动力，还体现出企业对真实需求的深刻体察。推动力或者人口结构变迁的真实需求在什么地方？学习梁总的文章可以体会得到。另外，这也体现出这家企业采用了一种平衡和生态系统的思维，包括内容与模式的平衡，在 C2M 的商业模式和人工智能、大数据，

21．面向中产人群，受益于中国以及亚洲的长期成长机会

包括新兴产业或者传统产业中的新兴业态模式等方面的结合，全球化之中本土的原动力和当地资源的结合，人才的结合等。这些都反映在企业的平衡和系统的思维里，这是中国人独有的智慧，是传承的智慧，反映在企业的发展中。

总的来讲，复星集团代表的是未来，代表着新人类，代表着新的社会发展的方向，我们也衷心祝愿复星集团将来会成为下一代的伯克希尔·哈撒韦。

22. 风暴前的平静？
——新常态下的全球资产配置

浦永灏

弘源资本创始合伙人兼首席投资官
香港中国金融协会副主席

全球资产配置是一件复杂的工作，因为要面对很多不确定性，经常会犯错误。现在做资产配置，除了基本的经济周期、企业盈利与经济政策的判断，还需要考虑政治因素。

2016年年初，我们做了几个风险点的判断，包括石油价格暴跌、中国经济硬着陆、英国脱欧和特朗普当选，但后来发现这些最后都不是最主要的风险。真正的风险在于我们不知道的东西以往知道。如果我们今天认识到有看不到的东西，就会在做资产配置时小心一点。最怕的是面对不知道的因素，你以为知道。

资产配置听起来很神秘，其实就是对美元走势及各经济体的商业周期、企业盈利周期和利率走势，以及各种政治因素变化的判断。大家看到我的题目有"风暴"两个字，想知道金融危机是不是又要来了。这取决于用什么时间度量来计算。如果说2009年有金融危机，哪怕是经济衰退，都不大可能会见到，但是以后呢？从2009年至2017年，全球股市的复苏已经快9

年了，一个牛市周期能够持续9年，从过去200年的历史看是很少的。

古时候的意大利是一个强大的国家，但很多当时华丽的殿堂现在已经倒塌，只剩下柱子。今天的全球经济就类似于当年的意大利，房子没有倒塌，外面挂了很多灯笼，一片繁荣景象，但许多柱子里已经有了很多裂缝。全球一片歌舞升平，靠三根大柱子支撑着，第一是全球的杠杆，第二是量化宽松，第三是财政赤字。柱子什么时候会塌倒下来？没有人知道，我只能从蛛丝马迹中找一找。

在金融危机发生前的几年，一些著名的基金经理已经感觉到风暴要来了，他们在持仓位置和投资布局上采取了非常保守的做法。正因为他们的保守，在2004—2006年的牛市中，他们的基金由于表现平平被别人取笑。但最终，金融危机爆发，他们的保守投资策略，没有让客户的财富在危机期间大量缩水，因而也保住了他们自己的基金。

2008年2019年的金融危机是百年一遇的大危机，也说明了经济繁荣背后的问题。很多客户问我，金融市场是怎么回事，钱怎么就没有了，你有没有办法让它回来？我解释说，钱是从来处来，到去处去，从股市上赚的，又从股市上赔了，一切多很正常。教训是什么呢？金融危机后很多客户明白了资产配置的重要性。

金融危机后，大家都知道要实行彻底的结构性改革，但真正"动刀动枪"的改革并不多，大多数国家用宽松的货币政策渡过了经济困境。1929年经济危机后，再也没有出现过这样的大危机，传统教科书对此少有提及。前美联储主席本·伯南克是研究金融危机的专家，临危受命，出了一招：量化宽松。这是用经济做实验，看能不能把通货紧缩导致企业破产经济滑坡的趋势逆转过来。在这种情况下，为了挽救经济，中国政府也用各种各样的手段做试验，包括印发钞票。但结果是大部分钱没有进入实体经济，而是到了资产市场，出现了资产价格泡沫，贫富差距扩大。目前，全世界的债务水平到了前所未有的地步，同时财富不均现象日益严重。

有的时候，见到年轻人我会感到愧疚。我们这一代确实建设了现代化的社会，但同时也把一个高债务、高污染、高度老龄化、社会关系高度紧张的社会交给了他们。国家有这么多债务等着你们还，你们可能觉得没关系，这是政府欠的债。但其实政府是没有钱的，但会以各种各样的税收，让年轻人来偿还这些债务，或者让你们的下一代来偿付。

一个社会有了巨额的债务，等于社会财富缩水。现在，国家、种族、宗教之间的矛盾越来越深，表面上是文化或宗教的冲突，但背后最终原因还是经济因素。

现代人面临着紧张的家庭、社会和国际矛盾，但如果我们每个人不再抱怨政府和社会风气，而是从自己做起，多关心身边的每一个人，社会就会更安全，我们生活的安全系数就会得到提升。基督教里面说到爱，每个人都应该有爱心；佛教讲慈悲，天下众生是同体大悲；孔夫子也讲到仁。有了这种思想，社会才有希望慢慢变得安全和和谐起来。

过去我们强调政府不干预，实行自由经济，让市场来发挥功能。金融危机以后，政府的功能越来越重要，美国、英国乃至整个欧洲，都是政府在唱主角。但政府的功能强化到了一定的地步，可能会扭曲市场，影响资源的最佳分配。

为什么当时明晟（MSCI）不愿意把中国A股加进MSCI指数？就是因为中国政府扮演的角色太大了，做空、做短都有限制。这么多年的投资经历，到现在，我才真正理解了为什么我们要学政治经济学，政治因素现在越来越成为投资中的一个重要变量，政治、社会、种族、国家间的矛盾加深以致发生军事冲突，也成为投资的一类新风险。

既然要考虑这么多因素，大家是不是觉得无法再做投资决策了？我们只能在可知的范围内做好资产的配置，"我们没办法预知未来，但是我们可以准备未来"。比如，与2000年相比，目前全世界的债务水平翻了一倍，中国的家庭债务也大幅度上升，无论是企业、家庭还是个人，债务越高，风险也就越高。再加上收入不均衡现象越来越严重，现在地区、社会、国家之间的紧张局势都与这些因素有关。

技术上有一个定律叫"摩尔定律"，是指每两年新生产芯片的计算能力会翻一倍，也就是说芯片的价格会大幅度下降。为什么说硬件行业永远在逆流中挣扎？因为潮流不是顺着你的，这与以前的房地产行业是刚好相反的。你买了地，如果地涨价，你就赚了开发和土地升值的两份钱。但是像芯片、硬件这样的产品，价格在大幅度下降，在价格下降的过程中要想赚到钱是很难的。

从另一个方面来说，技术进步降低了投资成本。过去投资的都是厂房、机器，要花很多钱，现在新经济投资以信息技术为主，投资所需要的货币资本也会相对减少。这样，今后对货币资本的需求可能会出现新的格局。在这种情况下，我们看到最近几年美国的投资一直起不来，其中一个原因就是，美国以技术和人才资本为主的高科技投资大幅度上升，而对中低端的旧经济的投资减少。

第二是人口老龄化。1989年，日经指数到达4万点，近30年过去了，现在还在2万点以下。所以，长期投资不一定有用，得看在什么市场。1989年，日本究竟出了什么事情呢？第二次世界大战后，日本经济起飞，失业率大幅度下降，但到了1989年进入了人口老龄化的转折点。人口老龄化的后果就是劳动人口减少，储蓄也就相应地减少了。作为一个整体而言，社会里提供劳务和产品的劳动人口比重在减少，产品和服务会越来越贵，社会的税收负担也会越来越重。

从2016年开始，中国进入人口老龄化阶段，财富的剩余会越来越少。现在大家感觉钱很多，那只是幻觉，因为政府印了很多钱出来。学货币经济学的就知道，发行1元的货币要有1元的实物相对应，如果货币发行超过了实物的货币量，就会引起通货膨胀。

为什么我们很关注美国的通胀呢？美国的通胀和中国关系太大了。美国的通胀指数中一部分压力被技术进步和自由贸易所缓解。比如，电子商务降低了物品成本，但本地劳动力的成本在上升，所以总的通胀指数还是会慢慢上升的。

再讲讲"反全球化"的问题。

2001年，中国加入WTO，我在野村证券做经济分析师，无法估量中国加入WTO的效果，只是拍脑袋算一算对GDP的贡献是多少。中国入世的影响到底有多大？2002年以后，中国占国际贸易的比例大幅度上升，而美国的贸易占比大幅度下降，西方国家的普通劳工阶层对全球化越来越不满，因为他们是受害者，这就是为什么特朗普会当选的主要原因。

图22.1是《经济学人》(*The Economist*)中的一张图，如果把全世界的人放在一起，按收入来看过去二十年各个社会层次收入的变化，全球化显著提高了新兴市场中产阶级的收入，上升了百分之五六十。但发达国家中产阶级的收入状况几乎没有什么变化，相比而言，他们的情况是恶化的。

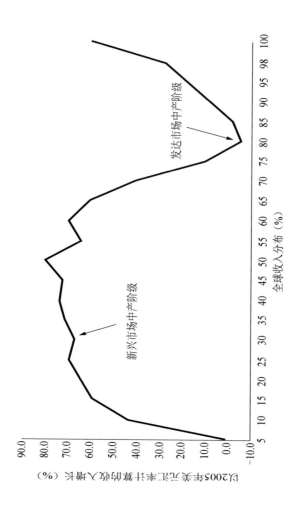

图 22.1 发达市场与新兴市场中产阶级收入增长分布

资料来源：*The Economist*, Julius Bear。

现在，国际上签署自由贸易协定的数量大幅度下降。在发达国家，原来是支持自由贸易的占多数，最近几年大幅度下降。

金融危机后很多国家为了经济增长用加杠杆的办法进行了刺激。其实除印度以外，全球的增长潜力都在下降。比如，2007年欧盟的经济增长是2%，2015年是负的；美国的增长本来是2%左右，2015年也变成1%以下；2007年前中国的增长达到8%～10%以上，现在是6%左右。

麻烦的是，一个经济体，靠刺激常常会有副作用的。就如人体，你常常靠增加特别的营养，你的器官本身将食物转化为营养的机能就慢慢退化掉了。在经济方面，如果长期给企业提供低息贷款和优惠，企业就会慢慢失去竞争力，也没有动力去研发和推出新产品，到市场上去竞争。

因此，全球经济增长速度趋势性地放慢，这说明世界劳动人口越来越老化，技术创新又不能够完全补偿。如果不是让经济通过自然调整疗愈而复苏，而是以大量"吃补药"的方式维持经济一直是正面的增长，长此以往负面后果可想而知。全球经济的增长速度在往下走，投资回报的预期同样要相应降低，所以我们经常对客户说，对投资回报的期望不要太高。2007年以前，A股一路上升，2007年以后上证指数从6 000点到现在3 000点左右。企业的盈利在下滑，实体经济越来越困难，人工成本又在上升，尽管政府以20%的增速在投放货币，但经济增长速度还是在下滑。

特朗普当选的时候，大家觉得股市要暴跌了，大部分基金经理都是短线做空。后来一看，这些推论大多是错的，市场当天就大反弹，因为大家意识到特朗普的政策在短期内可能会对美国的实体经济有利，另外特朗普还受到国会的制约，并不能为所欲为。

2017年全球经济比2016年好一点，主要是美国经济确实在强劲，欧洲和日本也是稳定增长。

特朗普提出给美国企业减税，税率从35%减到15%，为什么？因为美国行政系统里面存在太多的浪费和官僚主义，特别是国民医疗系统。减税受到很多人的支持，普通的中产阶级、专业人士、企业家、小企业主都非常欢迎。但IT行业反应比较冷淡，因为IT行业吸引的是全世界的人才，他们在奥巴马时代已经享受了很低的税率，再实行减税政策，对他们也没有更多的好处了。

奥巴马2008年上台以后，觉得银行业犯下了滔天罪行：市场好的时候，银行高管们得到分红，拿着巨额奖金，一旦出事就需要纳税人拯救。国会觉得这样不行，要限制银行，包括必须把银行的自营投资业务分出去。同时还要提资本充足率，杠杆率不能太高。2008年金融危机前，高盛的杠杆率算比较低的，大约也有20倍左右，现在降到9倍左右。这就是说，当资本充足率达到10%左右，如果银行的资产端出现了10%的亏损，你会先把银行股东的股本赔进去，而不需要外部的支援。欧洲的银行杠杆率普遍高，像2008年金融危机前德意志银行的杠杆率大概是40倍左右，资产损失只要2.5%，就把股东的资本就全部亏掉了。

奥巴马采取的从紧监管政策是对的，银行业务不能做太大的杠杆。特朗普上台后，要给银行松绑，因为银行给中小企业的贷款受到限制。但其实美国银行对中小企业的贷款是增加的。不过，我在银行工作时确实也感到了监管收紧的压力，银行的前线同事要花30%或40%的时间做监管合规方面的工作。我到任何一个国家做一场投资展望的演讲，只讲投资，不讲产品，我必须自己先通过一个与有关该国监管规定相关的内部考试，每年要重考一次，因为每年的规定可能会更新，告诉你什么东西该说，什么东西不该说，不能误导客户。所以，现在特朗普提出的金融监管放松会受到银行界的欢迎，但社会会反对，现在特朗普政府提出的议案是要对银行放松监管。我估计，监管的有些方面会做一些放松，但是也不会出台大规模的放松的政策。

2008年金融危机之后，美国推出量化宽松政策，大量印发货币，2016年才停下来，基本上维持这个水平。但欧洲和日本还在继续扩张。就债务占GDP的比例而言，日本最高，同时日本的国债也是全世界最多的。日本的债务问题以后也会成为一个潜在的"炸弹"。

假如，一个家庭的月收入是10 000元，花了9 000元，就有1 000元的财政剩余。但现在财政出现了亏空，也就是说赚了10 000元，却花了11 000元。现在，全世界都在谈财政赤字，要实行积极的财政政策，最后就是要进一步增加发行货币来扩张财政政策。

特朗普说，美国国债是可以违约的，懂行的人不会说这话。美国国债评级最高，如果违约那还得了，首当其冲的就是持有美国国债比较多的中国和日本。中国辛辛苦苦把自己地下的矿挖光了，空气也污染了，出口换了外汇，最后买了美国国债。而10年期美国国债的回报率是每年2.4%左右，最低的时候为1.4%。中国拼命地支持贸易出口，用社会的各种资源和补贴换来的外汇，最后不要说回报低得可怜，买了美国国债现在连本金的可靠性都有疑问。

最近几年，美国经济的基本面在进一步好转。根据2015年的数据，美国家庭债务占GDP的比重，最高的时候达到90%以上，现在大幅度下降了。债务下降背后隐含着无数的故事，比如很多债务都违约了，变成了银行的坏账。花旗银行是全世界最老的银行，有两百多年的历史，巴菲特都曾对其投资。2008年金融危机的时候，花旗银行的股价从每股55美元跌到1美元以下，坏账已经把股东的资本亏光了。

不仅花旗银行，当时瑞士银行在瑞士的地位相当于汇丰银行在香港的地位，老百姓的钱都存在里面。瑞银的股票从每股60多法郎跌到9法郎左右。原因是什么呢？因为金融危机前瑞银买了美国的次级债券，等到这些债券一出问题，大幅度地减值，银行的资本也就亏没了。幸亏瑞士政府和新加坡投资公司投了瑞银，美国的银行像高盛等，每一家都是靠美国政府投钱进去才渡过了难关。

亨利·保尔森为了挽救银行，要求银行两两联盟，而且强迫它们接受政府的援助，把资本金的缺口填补起来。但要命的是一开始美国国会根本不通过保尔森的救助方案，为了让国会的议长同意，他竟跪下来。国会的议长说，我不知道你是个基督徒（基督徒才会在上帝的面前跪下来）。后来议长说，我没办法，你要在国会里面通过，你写这么多文件，议员哪有时间看？回去后，保尔森就叫助手们赶紧连夜加班，将厚厚的一摞文件精简成几张纸，把问题说清楚。经过几轮周折最后国会总算通过了银行的援助方案。我们金融业真是责任重大，做不好就是对社会的严重犯罪。

现在，美国中小企业的信心又反弹了，个人消费也开始回升了。2008—2009年美国大量裁员，当时的失业率达到了10%，年轻人的失业率更是高达20%，而现在美国的就业市场已经明显改善。

实际上，美国在量化宽松的同时还发生了大量的银行倒闭或行业洗牌。2008年金融危机中，美国大大小小的银行倒闭了430多家。美国人会选特朗普，原因在于他们经历了产业调整的痛苦过程。即使今天美国的失业率已经降到了4.5%，其中很多人是兼职，或者工资很低，但还有很多人根本找不到工作。美联储也在关注小时工资率，其他的通货膨胀的要素——石油、粮食都是转移成本，唯有人的工资成本是刚性的，所以我们也很关注这个数字。

美国是一个以消费为主的国家，家庭不会急着还掉贷款。现在的30年房贷固定利率大概在4%左右，贷款的还款期通常为30年。过去高的时候在6.5%，现在降到了4%左右，最近稍有反弹，油价也在下降，这些都利好美国大众消费。所以，美国的消费确实有明显的好转。

2008年金融危机期间，美国的房价指数在全国范围里大幅度下调了40%左右，现在刚回到2007年的水平。美国有一个房价指数，叫Case-Shiller房价指数，是衡量美国住房价格变化情况的指标。Shiller是著名经济学家，也是诺贝尔经济学奖得主，另外一位经济学家Case，最近刚刚过世了，享年69岁。让Case最困惑的地方，就是他作为一个研究房地产的著名经济学教授赚的钱还不如他拥有一套房子的增值多。在中国，这种情况就更普遍了。这就是人类社会的奇怪而是不正常的现象。

美国的居民财富也在不断地上升，但是上升的背后是财富不均，收入最高的人群增幅最大。从1979年到现在，近40年里，普通老百姓的工资只改善了25%左右。

美国在财政支出方面还有很多调整的空间，现在还没有正式出台具体的方案。

再说一下欧洲。现在的问题是欧元区会不会破裂？一旦欧元区出现破裂，对全世界的冲击非常大。所以，政治家李光耀说，欧元区最后可能会破裂。其实问题归根结底是国家之间的竞争力差异太大。欧元区都变成一个大家庭，货币是统一货币，但是各国都有自己的预算和花钱方式。在财政方面，今后能不能统一安排，这是最关键的问题。欧元区的前景很难说，现在又面临移民等问题。

关键的一点是什么呢？就是各国劳动生产力的融合趋同。比如，从1999年开始，德国单位产品的相对人工成本一直是最低的，所以大家要向德国靠拢，否则德国经济就会成为一枝独秀，而其他国家就会有麻烦，因为它们的成本高、产出低，生意的订单就会去别的地方。

欧债危机一爆发，爱尔兰工人大幅度减工资，集体减薪达40%来换取竞争能力。西班牙的劳工市场也有明显的调整，这样别人才会把订单给你。现在这些国家的经济终于复苏了。这是一个非常重要的道理，你只有勤劳地工作，提高产出，才能够生存下去。意大利等国家必须要经过整个生产制度和文化的彻底调整，才可能会和德国的劳动生产率水平接近。

现在欧元区的信贷也开始复苏，信贷的复苏非常重要。2012 年欧洲央行推出 LTRO（低息贷款），中央银行用 1 厘的成本贷给商业银行，商业银行拿了低息的贷款，只要能在 1 厘以上的利率水平贷出去就可以赚钱。但是，就这么低的利率都没法贷出去，商业银行最后只好把这些钱还给欧洲央行。所以，那段时间，欧洲的信贷是萎缩的。在国内，大家用各种名义借到了钱，可以去炒楼，只要有钱，就能赚钱，是否会亏损也不用管。在西方，情况是正好相反的，如果企业看不到这种投资增值的潜力，是绝对不会去借钱的。最近，欧洲的信贷才开始复苏，而且还是家庭信贷为主，企业信贷还没有明显的增长。

英国脱欧说到底是个移民管控的问题。最近伦敦的房价开始跌了，原因在于德意志银行、荷兰银行等大部分银行都会撤回一部分员工到本国去，因为有一些金融业务必须要在本国做。一旦英国不是欧盟成员国，这些金融业务就不能做了，所以伦敦高端的房价开始下调，不过听说中国的富豪成了伦敦房产的"接盘侠"。

日本的情况其实也是这样的，安倍晋三在经济上有功也有过。在他的管理下，日本银行信贷确实有复苏，但是也就在 2% 左右。如果你是日本人，想在日本买房子很容易，马上贷款给你，利率也很低。"安倍经济学"是 2012 年四季度开始的。安倍上台以后发了"三支箭"，之后 M2 也有增长。但是，GDP 增速并没有明显的改善，特别是日本劳工的工资在增值税提高后甚至出现了负增长。但是再不加税，国家就会出现危机了。这就是中国可借鉴之处，如果政府债务太高，到最后就必须要加税，这样经济增长就出问题。

日本企业的盈利 2017 年有明显的好转，通货膨胀开始抬头。比如，就日本而言，除了 2008 年出现物价疯狂上涨，大部分时间都是通货紧缩。东京一套 100 平方米的房子，售价大概在 800 万元人民币，但是日本的人均 GDP 是中国的 4 倍以上，中国的房价已经这么高了，合理吗？

同时，日本政府近两年积极鼓励妇女出去工作，以弥补人口老化造成的劳工不足。以前日本的妈妈是不工作的。现在日本妇女的劳动参与率超过美国，因为男人们在外面赚不够钱，太太必须也要出去赚钱。另外，日本办了很多托儿所，所以妈妈们可以脱身出来工作。

作为国际通用的制造业领先指标之一，全球的 PMI（采购经理人指数）

的上下波动非常明显：其他国家如果经济不景气，指标往下；如果经济好转，指标向上。但是中国近些年的领先指标几乎是一根横线，无法解读到底好不好，很遗憾。

其他国家的通胀明显复苏，经过这么多年的通缩，价格一直往下跌，现在开始反弹，是不是意味着全球通胀的时代来临了？市场各派争论非常激烈，因为这影响到全球资产的配置，到底是高配债券还是高配股票？通胀来了，你要高配大宗商品、股票，如果是通缩，就要买债券。所以CPI是一个最重要的指标，也有人说人口老化，生产效率提不高，以后会维持通缩。也有人说大量货币印发，应该会出现通胀。我的看法是通胀确实会慢慢来临，只是不会那么快、那么大幅度地上升。

中国的劳工成本在过去这么多年里持续上升，连华为也不得不考虑把部分工厂迁出深圳。因为劳工成本上升，也会强迫老板采用人工智能等技术。

2016年全球的出口表现令人失望。投资新兴市场其实有很多负面因素，实际上最好的投资时间是2003年"非典"以后，那个时候全球的杠杆率低、新兴市场的劳工和土地也便宜。2003—2007年是新兴市场，包括中国和其他新兴市场国家最黄金的5年，跑赢了全球的股市。但是，今天的新兴市场已经不是过去的新兴市场了，靠出口？欧美的需求在长期萎缩，虽然短期有所复苏，但新兴市场国家如中国的人工成本已经很高，汇率也是一个风险，还有很多潜在的影响因素。与过去相比，所谓的新兴市场已经今非昔比了。

深圳的新经济很有活力，但是全国新经济的比例还是比较低，能不能拉动全国经济还是一个很大的疑问。现在最明显的特点就是民营投资的基数下降，靠地产行业一枝独秀。深圳很多做实业的老板说，他们辛辛苦苦做了一年，还不如买一套房子。德国和瑞士等国家是不用房子来拉动经济的。2017年上半年中国经济应有一些复苏，主要还是存货的回补、大宗商品的价格回调，生产价格和经济有一个企稳反弹的过程，但是能不能持续，我还是有疑问的。

在金融危机时美国的楼价出现了大幅回调，以香港的楼价调整过程为例，1997年，假定香港楼价是100，2003年跌到了30，因为香港小，所以波动性大。现在且不说深圳，就说全国的房地产，是不是会出现过剩？很

22．风暴前的平静？——新常态下的全球资产配置

多人买了房子很高兴，因为确实涨了，但那些没买的或者住在偏远地区的人是不高兴的。买了房到底是不是真的值得高兴呢？当然是值得高兴的，因为财富增加了。但是从另外一个方面来说，其实也是货币在贬值。

有一次，我听国内一位开发商讲，国内哪个城市值得投资，他说了一个衡量的标准——地方房价的以往涨幅超过全国货币的发行平均增速。这个话其实是很有道理的。中国的很多地方不是房价真正在涨，而是货币超发了。当然有的地方房价上涨速度超过货币发行速度，如深圳。

中国的未来还是要靠改革，如果不改革，仅靠长期发行货币，很难真正地走出困境，结构性改革和创新是关键。中国的新经济蓬勃发展，这是非常好的地方，像深圳是一个非常值得骄傲的地方，未来中国的硅谷可能就在深圳。中国的医疗健康还需要长足发展，另外，中国专利申请的数量急剧上升，也是特别让人高兴的地方。而美国、韩国等国专利申请数量的上升速度则相对比较慢。当然，从人均水平来看，中国还是落后的。

最后讲资产配置的问题。全球的经济在好转，杠杆率提高了，政治风险因素提高了，通胀也开始出现。2016年，中国A股的表现最差，其他的国家和地区像欧洲、美国的股指都还可以，有5%~7%的增幅，美国的国债发行量还在增加。

一个经济周期，等到通胀出现、大宗商品开始大涨的时候，通常是经济开始过热了。当前的经济周期需要多久才会过热还有待观察。

美国国债已经走了32年的牛市。在美国加息的情况下，美元坚挺是肯定的。但是，我对美元综合指数的看法是比较悲观的，虽然土耳其、墨西哥的货币都在贬值，当然俄罗斯的货币在2016年是涨的，大家都比较看好美元的指数，多数银行都看高美元，预测美元对欧元会升到1∶1。我的看法是美元对于新兴市场的货币的汇率长期还是会上升的，但是对于欧元则是一个慢慢下跌的过程，因为欧洲的贸易顺差很强。至于人民币汇率的走势，还是在于人民币的发行速度，至于走势如何，就由人民银行来决定了。

目前，人民币资本外流猛增，这是根据中国的官方数字推算出来的数字，现在管控得越来越严格了。大宗商品会继续复苏，相对来说我是看淡美元的，我对大宗商品温和看好，包括对黄金、铜工艺金属、农产品等几大类等都是相对看多的。各国面临巨额退休金潜在支付债务，美国退休金给客户承诺的回报有一个巨大的空缺，可能会导致美国的退休金会继续大

量购买国债，所以债券的利率不一定能升那么快，我们预测美国国债息率长期可能会到 2.5%～3.0%，但短期内不会升得那么快。

在这种情况下，美国高收益企业债券的利差已经很低了，比美国国债收益率只高出 2%左右，并不值得投资。亚太区高收益企业债券（对国债）的利差也已经很低了，吸引力不大。就股票而言，大家还是喜欢看好美国。因为尽管美国有政治风险，但相对来说，一旦有风吹草动，还是美国的股票跌得最少，欧洲、日本、新兴市场会跌得更多。当然，美国的估值会比较高，但是有两个产业还算不贵——IT 和医疗产业，它们的行业平均市盈率不高。

欧洲股票市场也很便宜，但是市场担心政治风险，比如荷兰、法国和德国大选。只要民粹派没有控制这些国家的议会和政府，欧洲政治风险就是可控的，欧洲的股票也应该会有一轮涨势。新兴市场股票很大程度上看美元的走势，我不看多美元，所以觉得新兴市场的股市，包括 H 股，都会有一波行情。中国的 H 股，其实估值是很便宜的，以前说是价值"洼地"，加上港交所一直在推"深港通"，还是有上升空间的。

投资说到底是一个长期累积的经验，就是在不确定性中找到相对确定的部分，做好资产的配置。比如，2017 年多配一些股票、少配一些债券。在债券中，你可以把期限缩短一点。但是无论如何，资产的配置是非常重要的。

孔子说过，"好学近乎知，力行近乎仁，知耻近乎勇"。资产配置是一个勤奋和虚心学习的过程，你对市场认知永远是有限的，只有在市场面前保持卑微的姿态，市场才会眷顾你。

（本文根据作者 2017 年 2 月 22 日在北京大学汇丰商学院"金融前沿讲堂"的演讲整理，经作者审定。）

专家点评

巴曙松

北京大学汇丰金融研究院执行院长
中国银行业协会首席经济学家
香港交易所集团董事总经理、首席中国经济学家

当前，资产管理和财富管理是金融行业非常重要的一个组成部分。金融界通常认为，这块业务全世界做得最出色的，是瑞士的金融机构，而浦先生此前一直在瑞士银行做财富管理。

现在的国际环境下，金融行业做资产管理和投资非常关键的一点是"拐点"。现在大家通常在争论，现在全球究竟是不是处于几个拐点：

第一，全球化是不是处于历史的拐点？过去30年，全球化高速推进，现在是不是已经出现了逆全球化的趋势？

第二，利率。2008年金融危机之后，低利率持续了很长的时间。现在，国内和国际的物价都上升，带动利率上升，其实是不是意味着又出现了另外一个拐点？

第三，美元走势。美元已经经历了长时间的持续升值，什么时候到达升值的拐点？如果到达拐点，接下来会对全球金融体系产生什么影响？

在转折时期，讨论资产配置非常需要综合的判断力。根据我的观察，2015年中国股市大幅波动之后，中国的金融行业和资产管理行业开始慢慢

接受一个概念：资产配置。做投资不应当是高风险地以赌徒心态拿性命相搏，把所有的资产押在一只股票上；资产配置是通过风险收益权衡、投资偏好评估和对未来不同类别资产组合的判断，来构建一个你能接受的风险组合。个人也好，机构也好，如何在转折时期构建这样的组合？今天我们特地邀请浦先生就给大家讲解这个问题。

资产配置首先是一个现实问题，它对应着大家的金融课堂上的多门课程，所以这是最能体现实践和理论相结合的领域之一。对每个资产走势的判断，背后其实都需要有支撑的理论框架。

市场有风险，投资需谨慎。今天所有的建议不构成所谓的"投资建议"，但是，讲座中展示出来的资产配置的理念和方法，却是值得我们深入思考的。

下面，我想做几个方面的评论：

第一，金融是由一连串的故事和一个个标志性的时刻组成的。

美国著名汉学家史景迁有一句名言：历史是一连串关于人的故事，所以我们要做的事情就是尽可能把故事讲得接近真实。我把它借用到今天，对浦永灏先生的讲座做一个评论。金融也是一连串的故事，也是一连串的、一个个的、标志性和代表性的时刻、拐点和趋势，所以大家听起来觉得好像一个个的故事，但仔细想是一个特定的时间和历史条件下金融实质的展现。所以有很多标志性的画面，在金融发展史上留下非常深刻的烙印。

刚才浦永灏先生讲了，亨利·保尔森在美国金融危机时期找国会批准他的救助计划，他在自传里写了下跪的那一幕，在我主持翻译的《大而不倒》一书中也提到了。我记得我在另外一本书的序言中写道：有一个朋友的孩子在国外学金融，费了很大的劲儿找到我，希望我鼓励和启发小朋友学习金融，但我的收获比那个孩子还多。因为我的那个朋友在我说话时不断地补充、评论，有的评论很有启发性。例如，他说，你们在海外学习金融，就好像是在别人的汽车厂学习修车，现在西方的金融业出了大车祸，正好你们要多去看他们如何修车，这个时候才最能展现他们对整个金融体系动荡的应对和处理。

从这个意义上说，《大而不倒》这本书，按照修车的比喻，它就是美国应对2008年金融危机的一部"修车史"。在这个修车的过程中，美国经济金融体系中的方方面面的应对就是一连串的故事。

今天，浦先生花了很大的篇幅，从几个方面讨论了资产管理。关于资产管理，哈里·马科维茨有一句话经常被引用：在资产增值过程中，90%以上的收益来自资产的配置和组合。比如，以我的经验，如果请大的机构投资者中操盘的投资总监推荐一只股票，他往往推荐不出通常标准来看十分出色的股票。我有一次开玩笑问一家非常大的保险公司的负责人，说现在大牛市来了，你们有没有什么好的股票研究比较充分的？他说，我真的不是不想告诉你，但是以我们现在这么大的资产规模，我的主要精力是放在整个组合上，追求的是不同资产类别组合所带来的效益，比追着一两只股票更重要。

第二个评论是，刚才浦永灏先生总结说，资产配置关键看经济周期和一些标志性的指标，我们通常认为资产配置分成以下几个方面：

第一是规划，你的期望值是多少，能容忍多少损失，获得多少收益。

第二是实施，怎么通过组合不同类别的资产，实现这个目标。

第三是情况在不断地变化，你要对它进行动态的优化管理。

这是三个阶段，每个阶段都需要你对每个资产类别背后的逻辑、经济因素、关键性故事和指标有深刻的了解。

在中国股市出现大幅波动以前，在中国市场上谈资产配置和资产组合的似乎很少，通常的投资者都希望找牛股。经过这一轮股市波动，散户的占比大幅下降。根据前段时间的统计，持有股票的账户数量已经在5 000万以下，处于历史低位，几万家私募基金在崛起。在机构投资者崛起的背景下，大家越来越认可组合的观念。一个没有经过股灾的人可能是不容易从内心接受组合观念的。

所以，刚才浦永灏先生有一个很重要的判断，我也很认可——市场实际是无法预测的。但是我们可以针对市场的不确定性，从组合角度进行准备。如果真出现风险和意外，一个良好的组合让你的风险部分得到对冲，这就是组合的概念为什么如此重要的原因。

第三个评论是，当你对短期的市场感到迷茫的时候，要转向思考一些长期的结构性问题。比如，浦永灏先生没有同我们谈很多短期的涨跌预测，他主要谈的是人口结构、技术进步和劳动力成本的调整。这些大趋势会成为你作决策时强有力的逻辑支撑。如果没有重大的外在力量改变你的基本判断，你是很从容的，不用经常看行情。

现在，每年全球的很多投资者都会把巴菲特的年会作为一个交流的盛会。巴菲特的公司那么大，却只有二三十个人管理。所以，基本的决策逻辑清晰之后，投资就不会那么复杂。

第四个评论是关于全球化的配置。中国的国际收支周期已经发展到这个阶段：

首先，多年积累的财富币种非常单一，主要是人民币；

其次，资产类别也非常单一，第一是房地产，第二是银行存款；

最后，市场也很单一，只有中国这个市场，中国市场任何一个要素出现波动，就可能会对你的组合形成非常大的影响。

所以，怎样形成一个组合的概念？我经常反思，比如，中国的媒体经常说日本"迷失的10年""失去的15年"，日本失去了这么多年，为什么在日本，人们的生活还能维持一定的水准？其中的原因之一，就是在日本经济快速成长的时期形成的大量全球配置的资产，支撑了日本保持较高的生活水准。在中国的人口老龄化到来之前，如何对资产进行多元化配置？

由于全球市场现阶段的分化，我们得以在同一个时间内穿越不同的经济周期，在经济回落的经济体中，是有低估的资产的，我们可以在资产便宜的时候扩大负债。所以，需要利用周期差异在不同的市场进行资产的组合，这是中国的资产配置下一步要关注的新方向。

23. 当前资产配置和股票市场投资策略

王庆

重阳投资管理股份有限公司总裁

我是做研究出身，也做过很多其他方面的工作，比如投行，现在从事私募基金管理，经历比较丰富，因而对有些问题的思考虽然不一定深入，但都有所涉猎。所以，大家如果在相关方面有关心的问题，我非常愿意分享自己的一些想法。

重阳概览之"数字重阳"

有几个数字可以概括重阳投资现在的基本情况：2014 年年底前，重阳投资是国内最大的私募证券投资基金，也是最早管理百亿级人民币资产规模的私募资金。2015—2016 年，私募行业发展非常迅速——一方面，私募基金的相关行业政策宽松了许多；另一方面，我们运气比较好，又赶上了一波大牛市。所以，现在的重阳投资可以说是最大的私募基金之一。

虽然重阳投资管理的资产规模看起来比较大，但其实是一个小机构，人员并不多，只有 60 多人。在这几个数字中，我们更引以为豪的数字是"7"。在私募界含金量最高的奖项是由中国证券报社主办的"阳光私募金牛奖"，从 2009 年第一届评选开始，已经连续举办 7 届了。重阳投资是唯一连续 7

年获得"阳光私募金牛奖"的私募机构。

在这些数字的背后凝聚了大量的努力，集中反映在投资业绩上。重阳投资虽然在2001年成立，但是真正有公开历史记录、运作时间最长的基金产品是2008年9月份成立的"重阳1期"。这一产品在过去8年多的时间里实现的年化回报率是18%，这也是历史业绩最长的一只基金。以同期沪深300为市场基准，其年化回报率大概是个位数——5%～6%。

重阳投资的另外一个特点是市场上最早尝试做灵活对冲策略的私募基金管理人。所谓的"灵活对冲策略"是指一方面做多股票，一方面做空股指期货，一多一空，通过实现对冲来控制整体的投资波动性和风险。

重阳投资成立时间最早的主动对冲策略基金是在2012年年底成立的"君享重阳"，平均年化回报率大概为21%。对比沪深300，产品的净值走势有一个非常明显的特点，波动率比较低，而且有些走势与市场是反的，市场涨的时候它也涨，市场涨得很快的时候它涨得比较慢，但市场跌的时候它涨得很多，这就是实践中对冲策略操作的成果。

重阳投资虽然一直投身投资实践的最前沿，但做了很多分析和研究，比较偏学院派。今天，我按照从经济到市场、从市场到策略、从策略到具体的选股操作这一顺序，自上而下地与大家分享我们的观点。

全球经济大背景

从2008年由美国次贷危机引发的金融危机席卷全球到现在，全球各个主要经济体演化的特征基本可以概括为"先进先出"。美国最先发生危机、受到冲击，最先有政策的反应，经济也最早地触底反弹。次贷危机的"震中"来自美国，逐渐波及其他世界主要国家和经济体，是一个逐渐传递、逐渐形成影响的过程。全球经济后危机时代有"先进先出"的动态特征。从这个意义上来讲，美国是最早受危机影响的国家，也是最早走出危机的国家。而包括中国在内的新兴市场国家，是最后受危机影响的国家，在实践中也是最晚走出危机的国家。所以，中国当前面临的所谓的经济问题和困境，很可能是全球危机的最后"余震"。

走出危机后的经济，进入到什么状态？进入到所谓的"新常态"。"新常态"这一术语最早被用于描述经济状态，经历多种解读。从宏观经济层面对经济"新常态"的解读就是"三低"——"低增长、低通胀、低利率"，这是全球后危机时代的经济静态特征。即使是复苏最早、目前各大经济体中表现最亮丽的美国，与危机前相比，现在的经济增长速度和通货膨胀也不是一个量级的。且不说欧洲和日本等经济体仍然处于通缩边缘，利率水平仍然是零利率甚至负利率。像中国这样的新兴市场国家，现在国内生产总值增速在6.5%左右，生产价格指数（PPI）也只是刚结束了40多个月的负增长，通缩结束，出现反弹，而居民消费价格指数（CPI）也只有不到2%，利率水平也很低。所以，全球经济大的特征可以总结为，"先进先出"，以及进入"新常态"，在未来相当长的一段时间里，全球经济仍然会表现出这个特征。

中国资本市场

从全球经济特征情况来看，2016年是中国资本市场非常沮丧的一年。因为各国股市指数的表现是以各国本国货币计价，从全球范围内来比较，也需要考虑汇率的因素。为什么说2016年中国资本市场的表现令人沮丧？全球各国股市指数中，表现最差的4个指数——创业板、新三板、中证500和沪深300，都是中国的指数。

尤其是创业板的指数，2016年跌了27.6%。2016年人民币对美元贬值了6.5%。从全球范围内来看，假定一位投资者可以在全球各个市场做投资，一般以美元为基准。如果以美元计算中国股票市场的表现，以创业板为例，股票市场跌了34%，这就是中国A股市场2016年的成绩单，非常令人沮丧。

在2016年，投资做得不好非常正常，少亏就属于做得非常好。2017年中国资本市场开局良好，主要是以沪深300为代表的蓝筹股的表现不错，尤其是同样是以中国企业为主的香港恒生指数和香港国企指数表现非常不错，以两位数的涨幅迅速成长，但创业板的表现仍然无法令人满意。与此同时，人民币对美元的汇率基本稳定。

股票市场投资策略

重阳投资是一家专注做股票市场投资的私募基金公司。多年来，我们总结了投资思路和框架，一直坚持股票市场的"四个纬度"和"四个框架"。我们认为影响股票市场的基本因素有四个：第一个因素是利润，也就是企业的业绩；第二个因素是市场的利率，就是指无风险的利率；第三个因素是投资者的风险偏好;最后一个因素是资本市场的制度。这四个要素都非常重要,共同构成了影响股票市场的四个基本因素。

首先,我先讲四个结论,这四个结论分别对应了这四个要素。

第一,考虑到中国当前的经济周期和状况,股票市场是各类资产中最具有投资价值的,这个判断与影响股市基本面的第一个要素——利润相关,因为利润直接与经济总量变化和增长情况密切相关。

第二,不要期望有大牛市。我们认为,当前并不具备再次出现大牛市的基础,这个结论主要是与影响股市基本面的第二个要素——利率相关的。未来利率的走势,不支持股票市场出现大的牛市。

第三,股票市场目前风险不大,风险释放比较充分,投资者的风险偏好在修复。这是从投资者风险偏好角度得出的结论。

第四,布局股票市场最重要一点,是抓住结构性机会,要规避的风险是结构性的风险。而这种结构性的机会和风险,很大程度上是通过资本市场的制度环境决定的。

利润

如果用一个时髦的词汇概括中国经济,2016年至2017年中国经济属于再通胀。图23.1中的左图,黑色线表示的是名义GDP增速,灰色线是实际GDP增速。右图是两个通胀指标——CPI和PPI。从实际GDP增速来讲,中国经济增速仍然在低位,但是增速的下降趋势明显在收敛。

但是另一方面,名义增长速度已经出现明显的拐点,开始出现反弹。反弹的原因主要是实际和名义GDP增长速度的差异,也就是通货膨胀。右图显示,长达44个月的通缩结束,开始转正,而CPI是比较稳定的。

2008年金融危机以来,经过长达数年痛苦的调整,尽管拉动中国经济增长的"三驾马车"——消费、投资、出口仍然没有明显的起色,但中国经济在供给层面已经出现比较微妙的变化。市场的竞争格局发生变化,该退出的企业已经退出市场,剩下企业的定价能力在提升,利润也在提升,表现为供给的收缩,从而促使利润的改善,也就是PPI的改善,这是中国经济的基本态势。

从实际增长速度来讲,中国经济正在触底,逐渐出现慢慢复苏的迹象,这是对宏观经济的概括。如果宏观经济有这个周期性特点,对资本市场有什么影响？

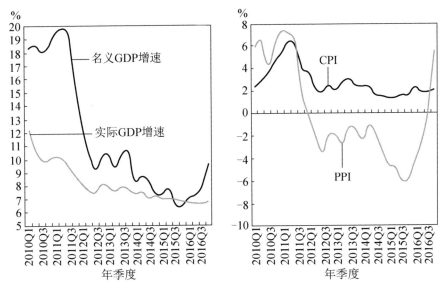

图23.1　2016—2017年中国经济再通胀

资料来源：重阳投资，Wind。

分析宏观经济的波动性、周期性的特点对资本市场的影响，很重要的一个概念是"美林时钟"，这是一种将经济周期与资产和行业轮动联系起来的方法，是一个非常实用的指导投资周期的工具。

经济总是在周而复始地演进，"美林时钟"将经济周期划分为四个不同的阶段——衰退、复苏、过热和滞胀，这是一个客观规律，其中不同周期、不同阶段和不同类型的资产价格表现是有规律性的，这种规律性就像时钟一样，每个阶段都对应着表现超过大市的某一特定类别资产：债券、股票、大宗商品和现金。

不同大类资产的表现，是有其规律性的。比较几类资产的收益率，列出每个阶段的收益率排序：

Ⅰ 衰退：债券＞现金＞大宗商品；股票＞大宗商品

Ⅱ 复苏：股票＞债券＞现金＞大宗商品

Ⅲ 过热：大宗商品＞股票＞现金/债券

Ⅳ 滞胀：大宗商品＞现金/债券＞股票

在经济衰退、存在通缩风险、利率下行的情况下，通常债券市场表现得比较好。但是经济复苏以后，经济有一点通胀的苗头，但是又没有明显的通胀压力的情况下，慢慢地，股票市场会表现得更好一点。如果经济复苏前景逐渐成熟，开始出现过热，甚至出现通胀风险、倒逼政策，或者央行开始紧缩的时候，股票市场的表现不一定好，实物资产，包括大宗商品，甚至房地产的表现会更好一点。

随着通胀的形成、政策的收紧，经济开始放缓，但是通胀压力还没有消除，通常表现为滞胀——一方面经济停滞，一方面有通货膨胀的压力，现金会更安全。

当前，中国经济处在底部，在逐渐复苏反弹的过程中。PPI 结束 44 个月的通缩，开始转正，经济增速的放缓也明显收敛，GDP 增速从 6.5%到 6.7%，当中的经济速率是 6.9%，尽管有通货膨胀压力，但是压力不是很大，这种情况下是最有利于股票市场投资的。

如果债券市场不好做，跟债券有关的各种固定收益的产品也就没太大的投资价值，相对其他理财产品来说，股票市场的投资价值最充分、最突出，这个基本判断与四要素框架中的另一个因素是密切相关的。而四要素框架的利润因素与宏观经济、GDP 增长密切相关，而通过"美林时钟"这一分析框架，得出第一个结论：在现在这一阶段，相对其他类投资，股票资产的投资价值最突出。

利率

第二个结论是，股票市场没有大牛市，因为资金和利率环境不支持。各国开始执行量化宽松政策，当利率持续走低，以及市场投资者对利率走低形成明确预期的时候，股票市场通常对应有一个持续的牛市，美国、欧洲、日本和中国都是如此。中国的股票市场有其特殊性，中国股票市场的上一轮牛市从 2014 年第 4 季度开始，触发因素是 2014 年 11 月央行两年多来首次降息，触发了一轮货币政策宽松、利息下降周期的开始，而这个预期很快形成，事后也证明是正确的。央行 2014 年 10 月份降了 1 次息，2015 年降了 5 次息，中间穿插 2 次存款准备金率下调。利率下行引起风险资产价格重估，股票市场上涨。在股票的定价的理论模型里，无风险利率进入到股票理论定价的分母里，利率越小，估值越高。所以利率非常重要。

判断股票市场有没有大牛市，需要对利率的未来趋势有一个判断。如何理解利率的未来趋势？需要分析所谓的"债灾"。2016 年第 4 季度的 11

月份，中国债券市场发生了灾难，开始出现了断崖式的调整。调整的幅度不亚于 2015 年 6 月份出现的股灾，所以大家称之为"债灾"。为什么出现"债灾"？因为无风险利率开始上行，无风险利率上行最好的代表是中国国债收益率曲线在不同时间点上在上行，也就是各个期限的利率在上行。

债券的价格与利率之间是反向的相关关系，为什么会发生"债灾"？因为利率上行。为什么利率会上行？为什么 2016 年利率上行引起了债灾？许多人说是因为中国通胀压力上升，央行要收紧货币，要"去杠杆"。这些说法都有道理，但是我认为，中国利率上行有非常具体和清晰的原因和逻辑。

图 23.2 中有两条线，灰色线是人民币对美元的汇率，向上的是人民币对美元的贬值。黑色线是 7 天回购利率，这个利率非常重要。美联储、欧洲央行的加息、减息，对应的概念不是央行规定的银行贷款和存款基准利率，而是 7 天回购利率的争夺。中国所谓的加息、降息的基准利率，是商业银行与客户、储户或贷款人决定的利率，是存款的基准利率或者贷款利率；但央行决定的是与商业银行之间借贷关系形成的利率。两个利率是不一样的，商业银行与客户之间的利率是零售利率，中央银行与商业银行之间的利率是批发利率。中央银行通过影响批发利率，进而通过商业银行影响零售利率，进而影响全社会经济体系的利率，这是央行操作的基本原理。

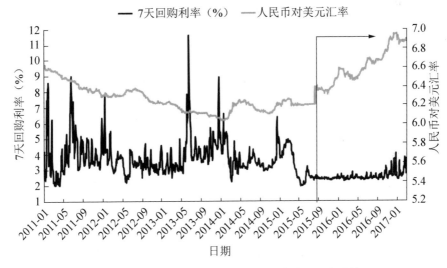

图 23.2 "8·11"汇改之后利率政策从属汇率政策

资料来源：重阳投资、Wind。

由于中国的特点，历史上央行可以直接影响商业银行的零售利率。但是在中国，真正与中央银行对应的货币政策是7天回购利率。

7天回购利率在历史上出现过明显的波动性，2014—2015年，7天回购利率曾经快速地下降，这是中国降息的过程。但在2015年8月，7天回购利率的波动性突然消失，消失的时点是2015年8月11日。中国开始实行"8·11"汇改，也叫二次汇改，人民币汇率开始贬值。

人民币汇率开始贬值的时候，中国的利率政策的波动性就消失了。因为人民币汇率要实现有序、渐进、缓慢地贬值，就要缓解贬值压力，就必须实现中国利率水平相对美国利率水平的稳定，中美两国利差稳定有利于稳定人民币的贬值压力。

所以，"8·11"汇改以来，当缓慢、渐进的人民币贬值成为主要政策目标的时候，利率政策就不得不从属于汇率政策，以至于波动性消失。因为美国利率不变，人民币利率也不能变，不能有波动性。

这一情况从2015年8月一直延续到2016年第4季度，直到2016年第4季度的11月，人民币汇率才逐渐开始往上涨，原因是美国的利率上涨，而美国利率上涨的原因在于特朗普当选了。特朗普的政策核心就是"减税＋基建"的财政刺激政策，财政刺激使美国经济政策前景更加明朗，美国通胀预期回升，美国利率水平随之上行。美国利率水平上行，使中美逆差收窄，从而加重了人民币的贬值压力，为了缓解人民币贬值压力，倒逼中国利率跟着往上走。

从数据和行为上看，这个传递过程非常明显。2017年3月底，美联储头一天宣布加息，第二天央行紧跟着发生变化，公开市场操作的利率上调。

所以，影响当前中国利率走势最重要的因素是美国的利率走势，因为中国的汇率政策使中国利率和美国利率出现同步变化。

后来有一段时间，中国的短期利率又开始下行，因为美国短期利率开始下行。这意味着，除非中国汇率政策发生明显的变化，不再遵循渐进性的、缓慢贬值的汇率政策，只要中国汇率政策没有灵活性，就要跟着美国亦步亦趋。现在总的判断是，美国的经济复苏、通胀前景和利率走势前景比较确定，普遍预期美联储要加息两次，如果中国利率没有下行空间，甚至有上行压力，在这种情况下，我们认为，中国股票市场没有出现大牛市的基础，因为大牛市通常需要资金推动，而资金成本是一个很重要的因素。

风险偏好

第三个结论是,既然现在股票市场不会出现大牛市,为什么还值得投资?因为做投资,首先要想风险,先不要想有没有牛市,当你觉得没多大风险的时候,就是可以参与的时候。作为一位投资者,首先要做到小风险、不亏钱,再想赚钱。从这个角度来讲,股票市场貌似风险不大,因为股票市场风险释放得比较充分。

分析股票市场的风险,要分析"股灾"的成因。在股票市场,个人投资者参与得比较充分,与债券市场主要是机构在参与不同。债券市场出现"债灾",大家只能从现在银行理财产品的收益率上感受到一些影响,但是股票市场的调整,泡沫的破灭对大家冲击比较大,感受比较深。接下来,我将回顾股票市场的调整背后的原因,进而分析为什么股票市场风险释放相对充分。

图 23.3 中,上图是上证综指对应基准利率,通过基准利率反映汇率的变化,下图是人民币对美元汇率。从上图可以看出,股票市场从 2014 年下半年慢慢开始上涨,从 2014 年年初的 2 000 点涨到 2014 年年底的 3 000 点,再到 2015 年第一季度的 3 500 点、4 000 点、5 000 点,有不同阶段。

第一个阶段是 2 000 点涨到 3 500 点,我们称作利率下行引起资本市场、风险价格上涨的过程。

第二个阶段也是泡沫生成的过程,从 3 500 点一路涨到 5 000 点。中国股票市场涨到一定程度,是能够得到支撑的,但是再往上很容易制造泡沫。什么是泡沫?我个人理解就是"高估值+高杠杆",只有高估值没有高杠杆,不是泡沫;只有高杠杆没有高估值,也不是泡沫,只有两者加在一起才是泡沫。2015 年 6 月份市场最高点的时候,创业板平均市盈率是 140 倍,个股层面是上百倍,显然估值非常高,杠杆也很高。

于是,股票市场出现了 2015 年 6 月份的"股灾",我们称之为"股灾 1.0",就是泡沫的破灭,压缩估值和杠杆的过程,使股票市场在很短时间之内从 5 000 点一路跌到 3 500 点之下,这是第一跌。但是随后股票市场又出现两次大幅度的下跌,被称为"股灾 2.0""股灾 3.0"。"股灾 2.0"是在 2015 年 8 月份,跌了 30%。"股灾 3.0"是在 2016 年年初,又跌了 30%。

金融前沿讲堂

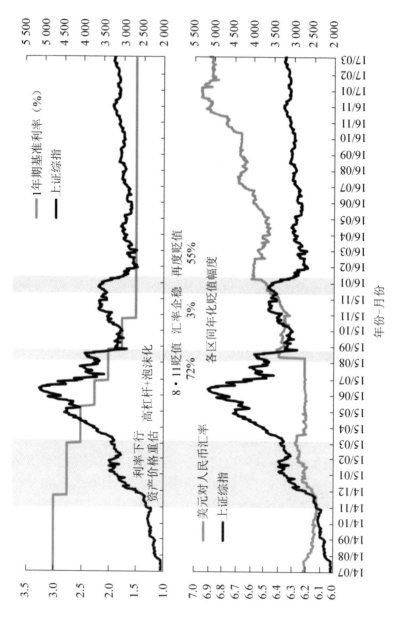

图23.3 风险偏好：解析"股灾"

这三次股灾里，第一次下跌和后两次下跌发生的机理是不一样的。第一波下跌是泡沫的破灭，但是第二次、第三次下跌的触发因素是人民币对美元的贬值。2015年8月，人民币对美元汇率突然在一周之内贬值4%，股票市场相应跌了30%，人民币对美元年化贬值72%。所以，在任何一个国家，无论发达经济体还是新兴市场国家，当汇率出现快速的短时间的贬值的时候，都是这个国家经济的系统性风险上升甚至发生经济危机的一个重要征兆。所以汇率突然快速贬值，实际上是广大投资者对中国经济系统性风险的一个重新定价，而这个重新定价得以在股票市场充分地释放。

后来汇率稳定，但是到2015年年底、2016年年初的时候，人民币对美元汇率再一次出现快速贬值，年化贬值率是55%，股票市场相应又跌了30%。大家都认为这次"股灾"是因为2015年年初熔断的影响，熔断是技术原因，但是触发因素还是同一个因素——汇率的加速贬值，股票市场对两次汇率下行做出强烈的反应。

作为一位研究人员，我认为引发股票市场调整的主要因素是汇率的异动，引起投资者风险偏好方向一致的恶化，使股票市场出现这样的反应。股票市场出现这种现象非但没有说明中国股票市场的缺陷，反而恰恰因为有风险因素，说明中国股票市场是一个真正意义上的市场。

为什么股票市场对于汇率贬值反应如此强烈？因为股票市场是真正的市场，其他市场不是真正的市场。在中国所有金融体系和金融资产中，股票市场是唯一没有刚性兑付预期的市场。投入股票市场的预期是要亏本的，但是从最普通的银行存款、理财产品、各种信托产品、PE投资到债券市场，中国其他金融产品都有或强或弱的刚性兑付预期，中国30万亿元规模债券市场违约的债券寥寥无几，这是中国市场的特点。

那么，金融产品、金融市场的功能是什么？其中一个很重要的功能是定价风险，这是金融市场和金融产品的功能。

一个经济体有系统性风险，一家企业有财务风险，一个家庭有风险，个人的行为方式也注定有风险，风险是客观存在的，只能分散不能消除。金融产品、金融市场就起到分散风险的作用，但是，金融产品、金融市场中都有明显的刚性兑付预期，这意味着金融市场、金融产品没有好的风险定价功能，无法释放分散风险。结果，客观存在的系统性风险在上升，但在其他金融产品中无法释放风险，于是过度集中的风险在唯一没有刚性兑付预期的股票市场释放出来。所以，作为唯一没有刚性兑付预期的市场，股票市场成为中国金融体系中风险集中释放的地方。所以股票市场的调整，可以归咎于股票市场的不健全，但可能更多的是因为股票市场是一个真正的市场。

如果将中国经济体系比作压力锅系统，理论上经济体系的"锅盖"上要有六七个"减压阀"，每个金融产品都是一个减压装置。但是，由于有刚性兑付预期的存在，其中五六个"减压阀"都封死了，只剩下股票市场这一个"减压阀"还在工作，系统性风险稍稍上升一点，就会全部从一个出口出来，冲击力非常大，这时候的汇率异动引起投资者的担心，进而对股票市场产生巨大风险。

回顾2015年至今的市场变化，股票市场已经对三个大的风险做了释放：第一个是估值风险，第二个是杠杆风险，第三个是宏观经济系统性的风险。股票市场对宏观风险反应过两次，每次下跌30%，累计下跌了60%。在几大类资产中，股票市场是唯一对三类风险都做了相对充分释放的资产。从这个意义上说，我们说中国股票市场风险释放最充分、投资者风险偏好在缓慢修复，从而它的下行空间也并不大。

2016年，人民币对美元贬值了6.5%，但是2016年熔断之后，股票市场对汇率就没有反应了，这是因为股票市场的风险早已释放。而资本市场的特点是，凡是预期到的事情，再发生就对它没有影响了。因为风险释放得最充分的中国股票市场在2016年熔断之后的低点到现在，一直在估值逐渐修复、缓慢上升的过程中。

我们认为，股票市场内在风险释放得相对充分。这是两层意义上的，一是宏观上，汇率异动再次发生的可能性降低。另外，股票市场经过调整之后估值和杠杆都降下来了。所以无论是宏观经济基本面因素还是股票市场内在特征、估值和杠杆，都表明了股票市场风险释放相对充分。此后自然就有投资者风险偏好修复的过程。

考虑到投资者的风险偏好、股票市场风险的释放，我们认为，股票市场大的风险不多，做投资要分析风险和收益，对下行风险心里有底了以后，就可以做投资了。先不要想未来能挣多少钱，先想未来不亏钱、少亏钱，把这些风险因素都屏蔽掉，挣钱是迟早的事。按这样的思路，我们的结论是，现在应该做股票市场投资。

制度

如果股票市场在中国经济周期的状态下具有投资价值，但是在又没有大牛市同时又没有大风险的情况下，怎么投？这里面最需要关注的就是中国的制度性因素。

中国资本市场的制度在2016年年初发生了很大的变化。2013—2015年，中国股票市场最亮丽的、最活跃的部分是中小市值的成长股。但是，2016年，以创业板为代表的中小市值的成长股跌了27.6%，以美元计算跌了34%，而中国经济基本面没有变化。为什么跌了这么多？中国股票市场中有两类不同性质的资产，一个是以沪深300为代表的蓝筹股，一个是以创业板为代表的中小市值成长板块，这两个板块的投资逻辑不一样。而以创业板为代表的成长板块的投资逻辑，在2016年年初受了颠覆性的影响。而这一颠覆性的影响，远远大于上市公司企业基本面的变化，所以出现了股票市场的调整。

从图23.4中可以看出，以中证500为代表的中小市值股票的估值很高，是以沪深300为代表的蓝筹股估值的2倍以上。

以沪深300为代表的蓝筹股的估值总体来讲是合理的，放在国际横向比较，基本上处在同一个数量区间（如图23.5所示）。成长板块的估值高，原因是高成长支撑了高估值，如果估值是100倍市盈率，每年都能实现翻番的业绩成长，100倍市盈率也不贵。

中小市值股票超过2/3的业绩成长来自外延式的扩张，并不具备业绩支撑（如图23.6所示）。外延式的扩张是指上市公司通过并购其他公司资产，注入自己公司里，实现外延式的扩张，而不是通过销售提升、利润提升、成本控制等实现有机式的成长。外延式扩张的本质是一家公司成为上市公司，上市公司估值比非上市公司高很多。一家公司不上市只值5亿元，一上市就值50亿元，与其辛辛苦苦地提升公司业绩、销售，控制成本，不如选择上市。上市后最简单的方式是以100倍市盈率发股票，定向增发，获得现金，直接购买非上市的资产，买了资产以后注入上市公司里，成长就变得非常轻松。

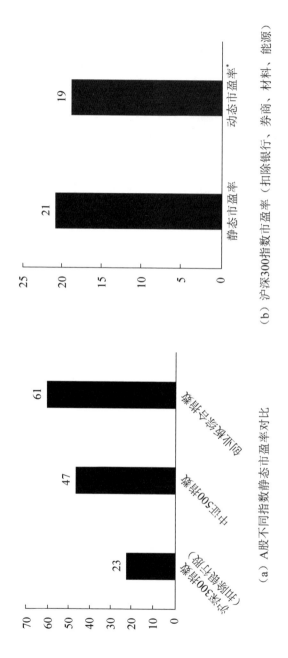

图 23.4 蓝筹股与中小股票估值对比

*动态市盈率：基于 2017 年业绩增长 10%的假设

资料来源：Wind。重阳投资。

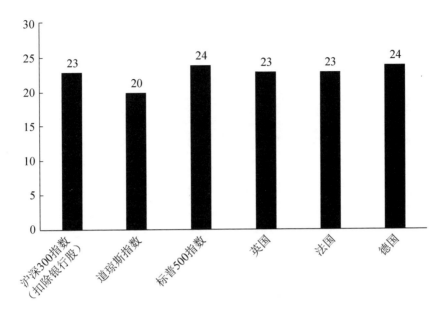

图 23.5 蓝筹股估值的国际横向比较

资料来源：Wind、重阳投资。

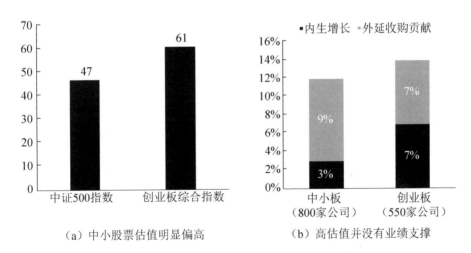

（a）中小股票估值明显偏高　　　　（b）高估值并没有业绩支撑

图 23.6 中小股票高估值并不具备业绩支撑

资料来源：Wind、重阳投资。

中国资本市场新股发行的核准制,使上市公司成为稀缺资源,造成了一级、二级市场估值的巨大差异,从而使上市公司高估值、高成长形成了一定的良性循环。高估值支持高成长,高成长反过来让人认为高估值合理,这个根本性变化也颠覆了中国以创业板为代表的成长板块的核心投资逻辑。

在创业板块里,利润越高的公司,估值越低。创业板500多家公司中,利润排在前10名的公司的平均估值只有25倍;利润排在前20名的公司,估值是33倍;但是,剩下的460家公司的估值超过100倍。

所以,如果中国的制度环境发生变化,不实行新股发行的核准制,而实行注册制,一级、二级市场估值的差异就会迅速收窄。如果收窄,100倍市盈率股票即使"腰斩"了还有50倍,再"腰斩"也还有25倍。2016年创业板的表现非常糟糕就是因为中国的制度环境发生了变化,2016年"股灾3.0"发生之后,证监会更换领导,新的证监会领导推动了中国资本市场制度的"三化"改革——市场化、法治化和国际化,核心内容是注册制,使新股发行不再成为制约资源,而相关制度都在推进,都在挤压一级、二级市场空间。刘士余上任后,首先停掉战略新兴股,严格审核定向增发,加强对信息披露、造假的惩戒力度,2016年下半年以来,迅速加快了新股发行的节奏。这一切都是为了推动实质上的注册制,将使中国股票市场制度套利的空间越来越小。这个变化影响了投资者的预期,大家预期未来将实行注册制,预期上市公司由于制度环境造成的高估值现象会得到根本逆转,从而颠覆了成长板块不冷静的投资。市场将会表现出非常明显的结构性特征,而结构性特征最根本的因素就是中国资本市场制度的最新变化。

展望前景,市场可能继续演绎这种以分化为重要特点的趋势,未来的投资策略、市场展望就比较清楚,要投蓝筹股中的优质公司,它们可能会成为稀缺资源。而且,中国经济基本面没有明显改善,但是股票市场的估值体系有可能发生大的变化,以前要给成长股溢价,是不确定性溢价,未来要给蓝筹股溢价,是确定性溢价,是而回归投资的本质,就是要关注企业的基本面,不要关注制度的因素,因为制度因素本身是不可持续的。

四个可挖掘的股市领域

具体来说，我们认为以下四个领域可以挖掘优秀股标的：（1）引领中国经济转型升级的优质公司，比如制造业的龙头。（2）受益于国企改革但并未被市场充分预期的公司。十八大之后，市场对国企改革有很高的期许，随后变得冷淡，从 2016 年下半年开始，市场对此又十分关注，因为央企采取了一系列国企改革的举措。我认为，央企层面的国企改革更多的是从行业自上而下的层面，对整个行业的战略发展有重要性，但是不必然创造价值。真正要创造股东价值，应该更多地关注地方国企层面的改革。（3）长期基本面向好，但遭遇短期利空因素打压的行业龙头，比如实体零售、航空等。（4）内地和香港市场折价比较大的标的。

总体来讲，相比 A 股市场中的蓝筹股，香港市场似乎更有投资价值。香港市场应该是所有主要市场中估值最低的市场，尤其表现在 A 股、H 股的差价上，H 股有明显的折价，尽管今年以来港股涨得不错，A 股、H 股的折价已经收窄了，但是收窄的主要是银行、保险等金融股。剔除金融板块，一些中等市值的港股与 A 股的估值差距仍然很大。

另外，"沪港通"开通以来，从交易层面上，香港市场上来自内地的投资者的比重在不断地提升。港交所 2015 年年底的数据显示，内地投资者所占比重已经达到 22%。传统的香港市场是国际投资者主导的市场，但是随着内地资金的进入，由于无论是微观层面，还是宏观层面对中国公司的研究，内地投资者显然更有优势，确定性更高，更愿意给这些公司高的估值。这类投资者比重的上升，也有利于提升港股估值，以及缩小 A 股和港股之间的估值差异。

一个简明的投资思路

股票市场的投资不仅要关注二级市场，还要关注一级市场，甚至海外市场。在这里，我给大家总结一个我自己提炼的简明的投资思路。

如果你钟情于成长，喜欢新的东西，喜欢成长快速的企业、行业，最好直接布局 PE。做成长股，哪怕投 5 000 个二级市场标的，也不太好赚钱。因为二级市场中有许多好公司，但不一定是好股票，好公司与好股票不是一个概念。如果以 100 倍市盈率投一家企业，即使这个企业成长得比较快，事实上其股票也很可能已经不是成长股了，因为价格已经太高了。所以如果投成长股，通过 PE 的方式最合适，二级市场给成长股的溢价太高，无法在现在的股价获得超额收益。

如果你青睐相对成熟的企业，那就去做二级市场。也就是说，如果投二级市场，就投蓝筹股。

如果布局海外，那就买指数，因为海外市场毕竟不是我们的主战场，研究实力也跟不上，即使精选个股、行业，肯定也比不上经营海外市场投资的投资者。海外市场当中的美欧市场、日本市场本身就比较成熟，个股和行业层面的机会并不是很好挖掘，与其去所谓的精选个股，不如在指数层面布局。而且这些市场本身更有效率，指数层面投资成本又比较低。从投资角度来讲，基于中国现在的基本情况、中国的制度环境和中国二级市场的特点，我们总结了三句话——"钟情成长投 PE，青睐蓝筹做二级，布局海外选指数"。

A 股市场的五个发展阶段

回顾中国股票市场的成长历程，我们简单地把它划分为五个阶段，这五个阶段分别有各自的特征，作为投资管理人，在每个阶段都要顺势而为。

第一阶段是股票市场的初创期，1991—1995 年，即股票市场诞生的前 5 年，这个阶段行之有效的做法是技术分析，股票是新鲜事物，大家看图表做技术分析。

第二个阶段是 1996—2001 年，逐渐开始把股票和公司挂钩，开始通过研究上市公司的基本面、财务报表、现金流、业绩预测判断股价走势。微观基本面投资开始被大家注重，也是在此期间，出现了价值投资的理念，巴菲特等受到了推崇。但这个阶段的股票市场还很小，还远远谈不上经济"晴雨表"。

第三阶段是 2001—2011 年，很多投资者发现，如果不懂宏观，很难做投资。这个阶段中国宏观经济出现了较大的趋势性变化以及波动。好的波动是 2003 年中国加入 WTO，经济迎来一轮快速成长。但是到了 2007 年，经济过热，加上 2008 年金融危机的冲击，出现了 4 万亿刺激计划、外部盈利率、负量化宽松等一系列宏观因素，对经济、市场的影响非常大。这个阶段想做好投资，宏观基本面的分析就非常关键，至少让管理人或者投资人意识到宏观分析很重要。

第四个阶段是2012—2015年，投资中最活跃、最亮丽的、最有故事的板块就是中小市值板块，核心投资逻辑是一、二级市场套利，背后是制度性的因素。但这个阶段在2016年终结了，2016年以来制度环境的变化，标志着中国投资真正进入了立体化的价值投资时代。这个判断是否正确？需要几年后回头来看。为什么我们有这样的判断呢？投资者开始重新回归投资的本质，关注基本面，而这个基本面不仅包括微观的基本面，关注价值投资，也包括宏观的基本面。

第五个阶段是现在所处的阶段，当前的宏观经济环境已经是利率市场化、汇率市场化以及资本市场双向开放的环境。基本面的投资，在这样一个环境下做价值投资，就是立体化的价值投资，尤其考虑到制度环境造成的扭曲正在得以修正。

在立体化的价值投资时代，想要做好投资，对于任何一个投资人，尤其是专业投资人来讲，对功力的要求非常高，在这个市场上想赚钱越来越难。未来中国真正进入了价值投资的黄金时代，但在实践中很难驾驭，需要专业人士做专业的事情，为专业时代的投资做出应有的贡献。

（本文根据作者2017年4月18日在北京大学汇丰商学院"金融前沿讲堂"的演讲整理，经作者审阅。）

编 后 记

2016年4月7日晚,"北大汇丰金融前沿讲堂"(以下简称"前沿讲堂")举办首场讲座。三年来,金融前沿讲堂已成为国内金融领域规模最大、规格最高、涉及领域最全、举办频次最稳定、会场秩序最好、持续时间最长的大型品牌金融学术论坛之一。

"前沿讲堂"由北京大学汇丰商学院主办,北京大学汇丰金融研究院承办,深圳市资产管理学会作为学术支持。北京大学汇丰商学院创院院长、北京大学汇丰金融研究院院长海闻教授发起创办"前沿讲堂",北大汇丰金融研究院执行院长巴曙松教授具体负责。北大汇丰副院长任颋教授多次参与讲堂并致辞、点评。副院长李志义等学院领导都对讲堂给予大力支持。

"前沿讲堂"还邀请了北大汇丰副院长欧阳良宜,以及涂志勇、史蛟、卢骏、童娜琼、王春阳、岑维等教授参加讲座并做点评。此外,招商局集团原董事长秦晓先生也受邀参加讲座并分享精彩观点。在此一并感谢。

讲堂得以举办,还要感谢海闻教授和巴曙松教授在北京大学汇丰商学院指导的硕士研究生余淼、梁炳培、王卓、王思权、方堉豪、朱伟豪等同学,他们在讲堂的联系协调、会务组织等各个环节付出了辛苦劳动,刘璐、韩世俨、邹佩轩、何师元、葛建宇、杨璨瑜等同学也参与了相关工作。朱伟豪、方堉豪等还协助联系嘉宾,确认本书稿件清样。

讲堂创办之初,嘉宾演讲文字稿的编辑工作就同步进行。本书的整理编校主要由北京大学汇丰商学院公关媒体办公室（经济金融网）的编辑团队完成，北京大学汇丰金融研究院秘书长、北京大学汇丰商学院公关媒体办公室主任、经济金融网主编本力老师负责本书总体策划、篇目遴选、框架拟定及整体协调。叶静、绳晓春、金颖琦、谢凤、熊艾华、吴晨等参与讲座会务、文稿编辑、校对等工作。许甲坤、都闻心参与了本书的后期校对工作。本书稿件前期由郭倩编辑，后期由曹明明跟进。

本书得以出版，要感谢北京大学出版社总编辑助理兼经济与管理图书事业部主任林君秀女士和责任编辑裴蕾女士，她们从选题策划、编辑修改到最终出版，在每个环节上都付出了大量心血，使本书日臻完善。

"我们不仅要培养学生，更要推动中国经济的变革与发展。"海闻院长在北大汇丰商学院创办之初就将其定位于培养中国未来的商界领袖，把金融专业作为发展重点，并在汇丰银行的支持下，成立了北大汇丰金融研究院。

未来，"前沿讲堂"将继续作为北大汇丰商学院和北大汇丰金融研究院学生培养和社会服务的重要载体，记录金融变革，助力社会发展。